U0143067

国家社科基金
后期资助项目
GUOJIA SHEKE JIJIN HOUQI ZIZHU XIANGMU

先秦气论哲学体系试构

王小虎　著

科学出版社

北　京

内 容 简 介

　　中国哲学史的研究长期受到教条主义和虚无主义的严重影响,陷入搬弄外国人的问题意识和学术话语的困境中。本书以先秦儒道、道家、黄老、杂家等诸家的气思想为中心,试图冲出教条主义者和虚无主义者设置的误区,证成先秦诸子对于"气"的讨论从来都不仅仅限于解释宇宙万有的来源及其生成,还指向发行实践的心理情感和精神世界。这对中国传统气论哲学之主体性、民族性和现代性的挺立,以及黄老道家在先秦时期的证立和两汉元气论在先秦时期的发生发展,都有重大意义。

　　本书适合哲学、历史、文献等相关专业的研究者和学生阅读。

图书在版编目(CIP)数据

　　先秦气论哲学体系试构 / 王小虎著. -- 北京:科学出版社,2024. 7.
-- ISBN 978-7-03-078919-8

　　Ⅰ. B220.5

中国国家版本馆 CIP 数据核字第 2024H0E613 号

责任编辑:任俊红　陈晶晶 / 责任校对:张亚丹
责任印制:师艳茹 / 封面设计:有道文化

科　学　出　版　社 出版
北京东黄城根北街 16 号
邮政编码:100717
http://www.sciencep.com
北京中石油彩色印刷有限责任公司印刷
科学出版社发行　各地新华书店经销
*
2024 年 7 月第 一 版　开本:720×1000　1/16
2024 年 7 月第一次印刷　印张:23
字数:412 000
定价:168.00 元

(如有印装质量问题,我社负责调换)

国家社科基金后期资助项目
出版说明

后期资助项目是国家社科基金设立的一类重要项目，旨在鼓励广大社科研究者潜心治学，支持基础研究多出优秀成果。它是经过严格评审，从接近完成的科研成果中遴选立项的。为扩大后期资助项目的影响，更好地推动学术发展，促进成果转化，全国哲学社会科学工作办公室按照"统一设计、统一标识、统一版式、形成系列"的总体要求，组织出版国家社科基金后期资助项目成果。

全国哲学社会科学工作办公室

序

    在教条主义的语境中，中国哲学史的研究事业在很长时期受到严重创伤。它就像一位病人，需要拄着两根拐杖艰难前行。一根拐杖是"以西范中"，另一根拐杖是"以苏范中"，都是用外来的问题、外来的方法乃至外来的话语曲解中国哲学史，结果把中国哲学史研究弄得面目全非。教条主义者强行推广"两军对战"模式，致使中国哲学史研究陷入低谷。虚无主义者矢口否认"中国哲学的合法性"，在中国哲学史界刮起一阵歪风。试想：如果中国哲学连合法性都没有，岂不意味着从事中国哲学史研究事业乃是无中生有？他们只会鹦鹉学舌地搬弄外国人的问题意识和学术话语，甘当外国人的附庸，就是不肯说中国话，反过来却对中国哲学指手画脚，充当中国哲学史研究的绊脚石的角色。教条主义者和虚无主义者有一个共同之处，就是迷信单数哲学观。教条主义者认为世界上只有一种哲学，任何哲学都必须围绕着世界从哪里来的问题展开。无论哪国的哲学家，要么是唯心主义者，要么是唯物主义者，别无其他选择。无论研究外国哲学史，还是研究中国哲学史，都必须遵照"两军对战"的模式，概无例外。虚无主义者认为只有西方哲学具有合法性，其他哲学形态一律不合法，包括中国哲学在内。单数哲学观荒谬绝伦。现代意义上的哲学是一门关于世界观的学问，而世界总体并不能成为人们观察的对象。人与世界同在，人就在世界之中。人是世界中的"演员"，不能成为世界的"观众"，人无法在世界之外找到观察支点。世界观中的"观"字，不是观察意义上的"观"，只能是观念意义上的"观"。哲学家提出某种观念，表示他对世界总体有一种独到的理解。这种理解并不能成为定论，可能会得到一部分人的认同，也可能会遭到一部分人的质疑，这都是很正常的现象，无可非议。世界观中的"世界"也是广义的，既包括物质世界，也包括精神世界。人们面临的物质世界是共同的，毕竟只有一个地球，这可以达成共识；而人们面临的精神世界五花八门、各具特色，这就决定了哲学形态必然会呈现出多样性。世界上没有纯粹的哲学，只有各种各样具有鲜明特色的哲学。在哲学的前面必须加上一个前缀作为限制语，如西方哲学、中国哲学、马克思主义哲学等。要求用统一的模式书写中国哲学史必然会失败，如同硬要中国人放弃使用筷子、改用刀叉一样荒唐可笑。

王小虎博士冲出了教条主义者和虚无主义者设置的误区，抛开两根拐杖，回到中国哲学自身。他秉持复数哲学观，坚持走用中国哲学自身的观念解释自身哲学史的新路。中国哲学有自身的问题意识，有自身的发展逻辑，这是任何外国的研究范式所不能取代的。我们的前辈早已意识到哲学形态是复数不是单数。金岳霖先生把哲学叫做一种"说出道理的成见"。既然是成见，就意味着哲学形态是多，而不是一。不能用一种成见去衡量另一种成见。金先生访问英国时，索性把哲学叫做"概念的游戏"。游戏规则有许多种，不能要求国际象棋遵循中国象棋"马走日、相走田"的规则。冯友兰先生在《中国现代哲学史》一书中引用金先生的观点，并表示认同。张岱年先生也认为哲学形态是复数，把哲学叫做"类称"。意思是哲学形态有多种多样，中国哲学位列其中，乃题中应有之义。他主张研究中国哲学史就必须牢牢抓住中国哲学的特色，不必按照任何外国范式。张先生这种意向在本书中得到了落实。王小虎博士不再采用以外国人的范式曲解中国哲学的错误做法。

在教条主义者语境中，有些人把气直接等同于物质，对此王小虎博士提出不同看法。他认为中国哲学所言之气，从来都不仅仅限于解释宇宙万有的来源及其生成，同时还指向发行实践的心理情感和精神世界。气的含义十分复杂，不可以笼统地一概而论，必须结合具体语境做具体分析。在教条主义的语境中，许多人只讲分，不讲合，只把中国古代哲学分成若干派，而不讲各派之间的联系。王小虎博士改变了这种思维定势。他强调气的综合性，气乃是各家都使用的范畴，并且通过气把各家联系在一起，呈现出中国哲学丰富多彩的画面。例如，道家使用的气观念，偏重于描述和解释宇宙万有；儒家使用的气观念，偏重描述和解释精神和价值。二者构成互补关系，并非截然对立。

我有一个猜想，以为中国哲学之所以提出气观念，恐怕同中国哲学的基本问题——天人之辩有关，但苦于没有找到充分的证据。先哲"近取诸身，远取诸物"，可能从人的呼吸现象中演绎出气观念。王小虎博士治气学多年，有能力破解我的疑惑。希望王小虎博士结合天人之辩，深入研究气学，取得更多研究成果。

王小虎是我指导的最后一批博士研究生之一。他毕业十多年仍勤奋求索、笔耕不辍，终于写成此书。付梓之前索序于我，遂有上述感慨，是为序。

宋志明

序于北京中国人民大学宜园 2 楼思灵善斋

2024 年 6 月

目　　录

第一章 绪 论

一、回到中国哲学自身：百年中国哲学史研究的前瞻

自 1912 年京师大学堂设立"中国哲学史"课程以来，中国哲学史作为独立之学科已然经历了百年的艰难发展历程，之所以说艰难是因为中国哲学史作为一门独立的学科并不是中国古代传统中就有的，而是在外来文化的刺激下依附于中国哲学学科衍生的。又因为哲学作为一门学科在传入中国以前就已经发展成熟，甚至"哲学"一词都是日本人西周发明的[①]，所以中国哲学的研究是在经历了"否定之否定"的痛苦历程之后才找到自己的方向的，中国哲学史的研究也是在不断地否定和自我认识中找到自己的定位的。

回顾百年来的中国哲学史研究历程，归纳起来主要是一个"坚持"、两个"否定"和一个"肯定"。一个"坚持"是：坚持中国文化本位主义，拒斥西学，故此又被称为文化保守主义。两个"否定"是：先否定中国固有传统，后否定"以西范中"和"以苏范中"的思维模式。一个"肯定"是：肯定中国哲学史研究的现代性和民族性，即肯定哲学是复数而不是单数。引发这一连串思考的话题之一则是"金岳霖问题"。金岳霖在给冯友兰先生所著《中国哲学史》的《审查报告》中说：所谓中国哲学史是中国哲学的史，还是在中国的哲学史呢？（冯友兰，2010）这是对哲学尤其是中国哲学的特殊性提出了拷问，是承认中国哲学作为中国传统国学之一的特别学问，还是作为形式与西方不同的发现于中国的哲学呢？金岳霖先生选择了后者。他认为据前一种态度书写中国哲学不是难度太大就是没有意义，只有采取借鉴西方哲学的形式和系统这一根本态度才能真正写出规范的中国哲学史。可以看出金岳霖先生虽然在这里否定了中国哲学的民族性而以西方哲学来规范中国哲学，但毕竟留下了从中国国学传统中分离出中

[①] 日本人西周在《百一新论》中将"论明天道人道兼立教法"的 philosophy 译名为哲学。转引自卞崇道等（2005）。此是"哲学"这一复合词首度出现。他认为之所以如此翻译是受到《通书·志学》中周敦颐"圣希天，贤希圣，士希贤"的影响，将 philosophy 翻译成希求贤哲之智之学，简称哲学。转引自宋志明（2014）。在中国古代，虽然没有"哲学"一词，但"哲"作为大智慧的意义早就有了，如《尚书·皋陶谟》"知人则哲，能官人"，《史记·孔子世家》记载孔子临终慨叹："太山坏乎！梁柱摧乎！哲人萎乎！"等。

国特色的中国哲学的可能，即能够成功地从中国国学传统中写出有意义的反映中国特色之完全的内在系统的中国哲学史的可能，因为借鉴西方哲学史规范只是一种根本的态度，却不能完全替代中国哲学是中国传统思想主体性和民族性之挺立这一根本特点。①这既是对胡适先生所写《中国哲学史大纲》的批评②，也是对冯友兰先生所说中国哲学也有其内在的实质系统的肯定。③其后张岱年先生更对此问题有所回应。

　　首先是一个"坚持"，即坚持中国文化本位主义，拒斥西学，始终以中国固有传统或实际研究中国哲学，提倡复兴儒学。在新文化运动时期，他们被称为"旧派"，与倡导西学（包括马克思主义）的"新派"相对而立。其主要的代表人物有辜鸿铭、陈黻宸、钟泰、陆懋德以及王新命等诸先生。这一类学者的"坚持"基本上可以分为两个时期，即以 20 世纪 30 年代为分水岭。在此之前，以辜鸿铭为代表的"旧派"在与李大钊和陈独秀为代表的"新派"进行论战时，始终处于弱势④；陈黻宸在北京大学宣讲自己研究多年的中国哲学史，竟不能说服冯友兰等学生⑤；陆懋德和钟泰两位先生分别于 1923 年和 1929 年出版《周秦哲学史》和《中国哲学史》，公开质疑胡适先生书写《中国哲学史大纲》却悬置三皇五帝之思想的做法，认为中西哲学各有系统，中国哲学虽然略于方法组织，但这正是中国哲学精神之所在，因为微言大义须从悟开始，强用西方哲学规范和比附中国哲

---

① 金岳霖先生认为当时的中国人免不了时代与西学的影响，且中国哲学作为一门新兴学科，不得不接受西方哲学的经验与规范，因为如果坚持中国哲学的民族性则很不容易写出中国哲学史来（冯友兰，2010）。这里说的是不容易，并没有说完全不可能。

② 金岳霖先生认为胡适先生是完全根据实用主义的主张来书写中国哲学史的。他认为胡适先生既有此成见，所以注重效果，所以看那本书的时候，难免有一种奇怪的印象，有的时候简直觉得那本书的作者就是一个研究中国思想的美国人。哲学要成见，而哲学史不要成见（冯友兰，2010）。这都是在表达对胡适先生用实用主义的观点和思维方式对中国传统大刀阔斧的切割和认知的不满。

③ 冯友兰（2010）认为中国哲学家的哲学，虽无形式上的系统，但并非不成东西；中国哲学家之哲学之形式上的系统虽不如西洋哲学家，但实质上的系统，则同有之。因此，讲哲学史之一要义，即是要在形式上无系统之哲学中，找出其实质的系统。

④ 梁漱溟先生见证了新旧两派的论战，他在《东西文化及其哲学》（梁漱溟，1999）中评论说旧派只是新派的一种反动，他们的思想内容异常空泛，并不曾认识旧化的根本精神所在，怎能禁得起陈先生那明晰的头脑、锐利的笔锋？这里的陈即是陈独秀。

⑤ 陈黻宸先生在北大讲授中国哲学史课程，竟用了半年时间才从三皇五帝讲到周公，让冯友兰先生如堕五里雾中，追问其何时才能讲完，陈黻宸先生说无所谓讲完讲不完。若说讲完，一句话可以讲完。若说讲不完，就永远讲不完（冯友兰，2001）。故此后冯友兰和胡适两先生以西方哲学的方法书写中国哲学史时直接把这些内容全部悬置不论了，名之曰：此哲学史自孔子讲起，盖在孔子以前，无有系统的思想，可以称为哲学也（冯友兰，2010）。胡适先生则怀疑三皇五帝之不可证不可信，无以为哲学史。

学必然无法道出中国思想之本真，尽管论辩掷地有声，可社会影响依然比较小。在此之后，随着现代新儒家的兴起和西方哲学的现实困境，守旧派（或者说文化保守主义者、本位文化派）在同西化派的斗争中取得了一定的效果，如1935年王新命联合10位教授公开发表了《中国本位的文化建设宣言》，刊登在《文化建设》第1卷第4期，虽然没能在同西化派的论战中取得优势，却也让西化派无力再像五四新文化运动时期那样控制舆论导向了，而自此之后之斗争的天平也是越来越趋向于平衡。针对这类文化保守主义者，不可否认他们这么做对中国文化的传承和独立性确有好处，但终究只是不可能实现的美梦而已。原因有二：其一，近代以来西方文化对中国的影响已经到了无以复加的地步，即使在张之洞时代都已经无法拒斥西方文化的影响①，何况是联系更紧密的当时呢？其二，从社会变迁之大势来看，无论是中国哲学发展的内在需要还是当时社会现实的斗争实际，中国都急切地、必然地需要改变，中国哲学想要脱离经学的束缚不得不也不能不接受西方哲学②，唯有如此，才能真正迈出中国哲学独立的第一步。

其次是否定中国固有传统，最有力的两个武器是西方哲学的研究范式和马克思主义哲学的研究范式，又称"以西范中"和"以苏范中"。

所谓"以西范中"，就是用西方哲学的标准来研究中国哲学，甚至认为中国无哲学③，主要以胡适和冯友兰两位先生为代表。④其中胡适先生运用经验的实用主义的思维方式写作《中国哲学史大纲》，肆意地对中国固有传统进行剪裁，以效用作为评判价值的标准⑤，如他在《先秦名学史》

---

① 据说张之洞曾要求属下不要滥用"新名词"，有人则向张之洞建议说名词二字本身就是新名词。可见在张之洞时代想要完全拒斥西方文化的影响已经不可能（宋志明，2011）。

② 胡适（1997）在《中国哲学史大纲》中曾说我们若想贯通整理中国哲学史的史料，不可不借用别系的哲学，作一种解释演述的工具。蔡元培先生在该书"序"中也指出编中国古代哲学史，有两层难处，其中之一是中国古代学术从没有编成系统的记载，因此我们要编成系统，古人的著作没有可依傍的，不得不依傍西洋人的哲学史。从这里的"不可不"和"不得不"可以看出，中国哲学史学科想要独立出经学就必须要借助于形式上更完善的西方哲学。

③ 胡适先生就认为中国没有如西方那样的哲学，或者说中国固有的传统不足以称为哲学。自德里达来中国讲学提出"中国无哲学，只有思想"的观点后，竟在学术界掀起一股中国哲学合法性的大讨论。有学者主张"中话中说"以反对西方哲学的霸权话语，也有学者主张"中华胡说"，即用西方哲学话语来表述中国哲学的意涵，甚至认为中国无哲学（宋志明，2011）。

④ 其时，以西方哲学来疏释中国传统思想实是20世纪50年代以前学界盛行的思想潮流，只不过胡适和冯友兰两先生最具代表性。如贺麟（1988）主张重建儒学需要吸收西洋哲学、基督教精华及西洋的艺术，用以充实和发挥儒家的理学、礼教及诗学。方东美先生则颇多吸收怀特海、尼采、叔本华、桑塔耶纳等哲学家的思想，借以阐释儒家生生不已、刚健不息的创化精神，树立起"生命本体"哲学的大旗（陈鹏，2006）。

⑤ 胡适先生曾明确说自己所用的比较参证的材料便是西洋的哲学（胡适，1997）。

中强调只有那些在比较研究中有类似经验的人才能真正领会西方哲学在帮助我们解释中国古代思想体系时的价值。冯友兰先生虽然认为中国哲学有自己实质的系统，但仍然受新实在论的影响，认为中国哲学没有形式上的系统。冯友兰先生虽然没有像胡适先生那样以一种哲学的成见来书写中国哲学史①，但仍然强调哲学本一西洋名词，欲讲中国哲学史，主要的工作就是以西洋所谓哲学规范和研究中国历史上的各种学问，又说所谓中国哲学实就是中国之某种学问或某种学问之某部分符合西洋哲学的逻辑和形式，所谓中国哲学家就是中国某种学者可以西洋所谓哲学家名之者（冯友兰，2010）。可见，中国哲学史作为一门新兴学科，其不得不借助于西学才能跳出经学或学术思想史的藩篱，然其现代性向度又让其不自觉地陷入西学的牢笼。②用西方哲学规范和解释中国哲学史，虽然在学科建立的初期为其发展研究提供了积极的动力和思想资源，但却不免抹杀中国哲学独特的民族性，以现代性替换民族性，则中国哲学史不能成为中国哲学的史，而只能是在中国的哲学史，中国独特的文明将会有断裂的危险，这正是冯友兰先生抒发同情之理解的"释古"情怀与张岱年先生回应"金岳霖问题"的根本原因。

所谓"以苏范中"，是指在马克思主义思想的指导下，以苏联哲学的模式来疏释中国哲学，又因为苏联哲学家日丹诺夫把哲学史定义为"唯物主义与唯心主义斗争的历史"③，所以又被称为"两军对垒"。这一思维模式因其独特的历史文化背景，尽管持续时间不是很长，但研究马克思主义理论的广度和深度都大大超越了以往的年代，成绩尤其卓著。如侯外庐先生编著五卷本《中国思想通史》、任继愈先生编著四卷本《中国哲学史》

①　金岳霖先生在给冯友兰先生《中国哲学史》的《审查报告》中说冯先生的态度也是以中国哲学史为在中国的哲学史；但他没有以一种哲学的成见来写中国哲学史（冯友兰，2010）。这里暗示的是金岳霖先生批评胡适先生书写《中国哲学史大纲》完全按照实用主义哲学的成见来肆意地剪裁中国固有传统的做法，以至于让人错误地以为其书是由一个研究中国思想的美国人写的。

②　陈卫平（2005）也有此论述，他认为中国哲学学科从中国传统学术中脱颖而出是因为西方学科体系的范本效应，故中国哲学史必须借助西方哲学才能脱离经学，而脱离经学则必然依附于西方哲学。

③　日丹诺夫认为，亚历山大洛夫提出的哲学史就是人类对于周围之宇宙的知识之前进、上升、发展的历史，以及各种哲学派别在书中是先后排列或比肩并列的而不是互相斗争的说法，脱离了唯物主义的阶级性和党性，成了资产阶级哲学史家的俘虏；他强调哲学史教科书需要对哲学史这门科学下一个确切的定义，这个定义就是科学的哲学史，是科学的唯物主义世界观及其规律的胚胎、发生、发展的历史。唯物主义既然是从与唯心主义派别的斗争中发生和发展起来的，那么，哲学史也就是唯物主义与唯心主义斗争的历史，转引自陈卫平（2013）。

等,直到 21 世纪初,很多大学的中国哲学史教科书依然是采用"以苏范中"思维模式书写的产物。此种思维模式虽然丰富和发展了中国哲学史的思想资料和研究方法,但是后来出现的极左思潮和教条主义又给中国哲学史研究带来了极大的困难,因为其从根本上忽视了中国哲学的民族性和特殊性,无法真正深入了解中国固有的传统,甚至会严重到造成中国哲学史研究的断裂(刘文英,2001)。所以学术界迫切地需要展开一次思想解放运动,彻底拿掉束缚在思想研究上的枷锁,好让中国哲学史的研究可以自由地深入,于是标志着中国哲学史研究之思想解放运动的"1957 年中国哲学史座谈会"应运而生了。①

再次是否定"以西范中"和"以苏范中"的思维模式。自胡适和冯友兰两先生之后,学术界发现中国哲学史本就是一个自我完善的系统,有着自己不可缺少的民族性和独立性,用西方哲学来规范中国哲学不但不能真正研究透中国哲学,也不能回应和解决时代的问题,所以张岱年先生作《中国哲学大纲》以为此一思潮的阶段性总结。"以苏范中"的思维模式也因为严重干扰中国哲学史的研究被清算。前一个否定主要以新中国成立初之"以苏范中"思维模式的确立为开端,新中国成立前虽也有部分反对声音,但不影响学术之大势;后一个否定则肇始于 1979 年中国哲学史学会的成立,昌盛于其后的几十年至今。可见,中国哲学史学科之自主的学科意识实际是在经历了连续的否定之后,在束缚学者们研究思想学术之枷锁被去掉的情况下,才逐渐得到普遍的关注和认同的。②学术界也通过不断地探究其研究方法和内涵从而初步寻找到了中国哲学史研究的方向,即肯定中国固有的传统,在继承和发扬中国固有传统的基础之上,广泛吸取其他文明的精华,回应社会的实际问题,从而实现中国哲学史研究之现代性和民族性的统一。需要说明的是否定"以苏范中"的思维模式,并不是推翻马克思主义,相反是要真正回到马克思主义的真精神的指导之下,推翻受到苏联学者"以苏范中"思维模式影响的对中国古代哲学的偏见,这标志着中国哲学史学科的独立性日益得到确证。

最后是一个"肯定",即肯定"以西范中""以苏范中"的局限性和文化保守主义的落后性,肯定哲学是复数而不是单数,即所有关于世界观和人生观的系统化的学问都是哲学,所以各种哲学和文明之间本可以相互

---

① 座谈会实录可参看赵修义等(2012)。
② 所谓普遍的关注和认同指的是中国哲学史学科意识已经形成并趋于成熟,且已经成为所有研究中国哲学史之学者自觉遵守的学科规范。所以这里不包括在学科初建及前期探索过程中,蔡元培、冯友兰、张岱年等先生为中国哲学史之学科意识的完善和学科建设所做贡献之情况。

借鉴以资己身。这与守旧派最大的不同就是在肯定中国哲学的同时，不但不拒斥西方哲学，反而致力于中西哲学的融通并以此来发展和充实中国传统哲学，以期将其民族性与现代性合一从而开创或重建新儒学。由此中国哲学学科得以成立，中国哲学史学科得以成立，中国哲学家也不再被看成是在中国的哲学家。由此中国哲学史理所应当地成为研究中国古代哲学的史而不被当作在中国的哲学史，学术界虽然对中国哲学史的内涵和研究方法尚有争议，但对中国固有传统之肯定及作为哲学之一份子之肯定及对以融合中西哲学的优长作为中国哲学史研究的方向之肯定的根本的学术基调已然达成共识。①这个共识能够得以实现，最大的功臣就是现代新儒家②，因为现代新儒家从梁漱溟先生初创之时就明确表示了接续儒家道统的文化保守主义立场，借从西方现代哲学中寻找可利用的资源和思想方法去比较融通和重新诠释儒学之优长，从而达到复兴儒学的目的。观其发展历程，则主要分为三个阶段。

　　第一个阶段主要发生在五四新文化运动到 20 世纪 50 年代，以梁漱溟、熊十力、冯友兰、贺麟、马一浮、钱穆等先生为代表，其中梁漱溟先生则是现代新儒家的鼻祖，开辟了现代新儒家的学术方向。其后熊十力先生提出"新唯识论"，由佛教转向儒家；冯友兰先生提出"新理学"，奉程朱理学为正宗；贺麟先生提出"新心学"，借用黑格尔主义的思想方法和材料承续陆王学脉；马一浮先生调和朱陆；钱穆先生则从史学角度倡导儒学。虽然这一阶段前后不过 30 年时间，但现代新儒家所主导的学术主旨和潮流已然成型，为后续现代新儒家思想的发展奠定了坚实的基础。

　　第二个阶段主要发生在 20 世纪 50 年代初到 1979 年中国哲学史学会

---

① 中国哲学及中国哲学史的未来发展是必然要吸取西方哲学（包括马克思主义哲学）的优长来充盈己身的，因为这是中国哲学现代化之必然，也是回应中国乃至世界之实际的必然，更是中国哲学百年发展所得出的结论。需要强调的是这种发展必须建立在充分继承和发扬中国传统哲学的基础上，以运用西方哲学资源来帮助中国哲学现代化或重建新儒学为最终目的。这就涉及时下学术界讨论之中国哲学的"合法性"问题。虽然有部分学者认为中国哲学"不合法"，但毕竟是极少数，且没有否定中国传统的思想，而只是过分强调西方哲学的范式以至于抹杀了中国哲学的民族性，况且这部分学者也不是中国哲学史研究的主力军，无关于中国哲学史研究的大局，因为即使是讨论中国哲学"合法性"问题的学者也大多认为中国哲学是"合法"的。并且，"合法性"一词本就不能被用在哲学上，因为哲学是关于世界观和人生观的学问，是人的思想和精神领域，是无法被立法的，故不存在所谓"合法性"问题。

② 现代新儒家有广义和狭义之分。狭义新儒家奉儒家内圣学为道统，尊陆王而贬程朱，采取生命的进路，标榜道德形上学，主张由内圣开出外王，以梁漱溟、熊十力、唐君毅、徐复观、牟宗三为代表；广义的新儒家选择的是理性主义的学理进路，道统观念比较宽泛，如冯友兰奉程朱为正统，贺麟则倾向于陆王。

成立的 30 年中。这一时期由于社会政治环境的不同，内地（大陆）比较沉寂，而港台新儒家则渐渐活跃，尤以唐君毅、徐复观、牟宗三及张君劢在《民主评论》和《再生》上发表《为中国文化敬告世界人士宣言——我们对中国学术研究以及中国文化与世界文化前途之共同认识》为重要标志。一方面批评了西方学者对中国文化的偏见和曲解；另一方面公开地、正式地向全世界介绍了中国文化和表达了港台新儒家的基本主张和共同的学术立场，对中国文化立于世界文化之林做出了重要贡献。且这一时期，尽管队伍不够壮大，但学者们笔耕不辍，唐君毅先生的《中国哲学原论》、牟宗三先生的《心体与性体》及徐复观先生的《中国人性论史》等都是中国哲学史研究中创建颇丰的巨著。

第三个阶段主要发生在改革开放后至今，以 1979 年在太原召开中国哲学史学会成立大会为标志。此后，中国内地（大陆）学术界越来越重视儒学研究，与港台新儒家和国外汉学家的交流也日益密切。所以这一时期思想资源最为丰富，学术环境最为自由，学术气氛最为活跃，学术成果最为丰硕，甚至出现百花齐放、百家争鸣的可喜局面。其中港台地区以刘述先、杜维明、余英时及成中英等先生为主要代表，内地（大陆）则以冯友兰、张岱年、朱伯崑、汤一介等先生为主要代表[1]，这一时期著作颇丰，如方克立先生于1999年在《人民日报》上发表的《中国哲学史研究五十年》认为这一时期学术成果大概是前两个 30 年之总和的近 10 倍。故难以尽表，暂不赘述。

至此，中国哲学史的研究也终于完成了否定之否定的历史进程而进入了趋于成熟的新阶段，剩下的就是沿着这条路继续创造性地发展下去，即在回应现实、综合其他各种文明之精华的同时创造性地发展和重建中国传统哲学以满足现时代的社会对文明的需求，而我们的使命就是沿着这条路走得更远、更深入。

然则要如何创造性地继承以深入对中国哲学史的研究呢？在回答这个问题之前，要先总结这百年来中国哲学史研究之得失。中国哲学史研究虽然经历了曲折的发展历程，并始终受到外来文化的影响，但却最终坚持了正确的方向，积累了丰硕的研究成果，为我们的继续研究打下了坚实的基础，是所谓的"得"；至于"失"，则在于没能真正从中国哲学自身出

---

[1] 宋志明（2009a）在《现代新儒学的走向》中提出"现代新儒家思潮"的观点，认为其外延应该有"现代新儒家"和"儒家解释学"两部分，其发展历程则是：肇始于现代新儒家，而由对儒家保有同情之理解以诠释之的儒家解释学者接续和发扬光大。笔者以为然。况且现代新儒家也有广义和狭义之分，所以此地将张岱年、朱伯崑及汤一介等先生也列在其内。

发，而只是以外来哲学话语规范或者诠释中国哲学，既失却中国哲学本身的内在意蕴，又没能完全回应中国社会之实际，因而缺乏对时代新文化建设之大局的掌控，注定不能成为新文化建设的最终理论形态，其主要缺陷表现在以下四个方面。

第一是"不够中国"。[①]这主要体现在研究者没能从中国哲学自身出发去研究中国哲学。长期以来，学术界对中国哲学及其哲学史的研究总是受到西方哲学和苏联模式的影响，即使是标榜接着中国传统哲学继续讲的现代新儒家，也是在肯定西方哲学之自由、民主、科学等价值观的基础之上，试图从孔孟老庄中寻求符合这一新潮流的思想资源并以之重建儒学在现代的哲学形态和表达方式。其学术团体得以成立的前提共识就是融汇中西方学术思想借以重新诠释和建构儒学，是所谓的"新"。可见利用外来哲学研究中国哲学及其历史已经成为中国哲学史学科独立出经学的必经之路，但是对独立出来的中国哲学史之继续深入研究如果再依赖外来哲学就会使其异化成为外来哲学的"婢女"，如所谓中国哲学"合法性"问题，如借用西方所谓诠释学、解释学来研究中国哲学的问题，等等[②]，其实这些问题本不是中国哲学自身的核心问题，而只是被现在学者以现代化之名强加或者套用的。所以研究中国哲学的学者必须能讲出中国自己的哲学，讲出中国哲学自己的特色，况且哲学本来就不是单数，不是某个民族特有的专利，而应是所有关于世界观和人生观的系统的学问（宋志明，2010），则中国哲学及其历史之固有特色显矣。

第二是"不够哲学"。这里的"哲学"不是指西方哲学的思维模式，而是指中国哲学及其历史的研究没能真正从其自身出发，没能真正完成中国哲学之民族性与现代性的历史的统一。造成这个结果的原因主要有两个：一个是社会政治环境的限制，另一个是外来哲学的影响。前者是社会历史的原因导致意识形态上一元化的话语限制而使研究者无法形成自己的见

---

① 宋志明（2011）在《中国古代哲学发微》中总结中国哲学史研究的缺陷时，将其归结为三点：不够中国、不够哲学和不够历史。笔者以为宋先生之总结简明扼要，故此沿用其表述。

② 余敦康（2005）在《诠释学是哲学和哲学史的唯一的进路》中认为诠释学中国自古就有，且采用的是史论结合的方式，既能表达前辈学者的思想，也能表达著者的思想。"六经注我，我注六经"等诠释方法是中国几千年的传统，其本身与西方所谓诠释学不同，西方诠释学是为维护人文和历史主义，牵涉到哲学问题。笔者以为中国古代的"注、疏、传、记"等皆是诠释学方法，不必非得去附会西方所谓诠释学，且西方诠释学所维护之哲学传统也必须有自己主客合一的理解（余氏说），不能被孤立地当作一个对象来研究，更不能不顾中国哲学自己的传统。陈来先生也批评片面地、外在地用欧洲哲学的规定性和概念套释中国哲学的问题性和概念，反对伪诠释学观念，认为这种不顾中国哲学意识的主体性或没有就中国哲学本身做出内在的深入理解的诠释是必须要抛弃的（陈来，2013）。

解，这已然成为过去；后者则是中国哲学史研究路上将要长期面对的事情，故而必须要改变由外来文化之冲击而导致国人丧失自我的可怕局面。所以中国哲学及其历史的研究再也不能只是简单地重述前人的哲学思想，更不能将哲学基础建立在外来文化之上，而是必须深入到中国传统文化的精髓里，取其内在之精神而继承之，再在与前人沟通的情况下加上自己的哲学思考以形成自己的哲学见解并建立属于自己的精神世界，从而以中国哲学自身为根本实现真正的思想生产。[①]黑格尔（1959）曾说哲学史的研究就是哲学本身的研究，又说哲学史本身就应当是哲学的，可见哲学与哲学史的研究实际上是密不可分的一体之两面，中国哲学史的研究也理当如是。

第三是"不够历史"。当中国传统的思想学术文化被理解为知识、材料，甚至是过时的古董之时，中国哲学史的书写就难免会陷入千篇一律的复述当中，要么是按照朝代的更迭来书写，要么是按照人物的出场顺序挨个书写，让人产生一种看中国历史或是中国人物思想史的感觉。窃以为中国哲学史所要表达的应该是中国哲学的历史，其必然要以中国哲学发展的内在逻辑为理论内涵，只有那些有创见地对整个中国哲学之发展有莫大促进推动作用的哲学家或哲学流派才能被写入哲学之历史当中，如冯友兰先生说哲学家必有其自己之"见"，以树立其自己之系统。故必有新"见"之著述，方可为哲学史史料。如只述陈言者，不可为哲学史史料（冯友兰，2010）。至于具体是哪些哲学家或哲学流派及对其思想内涵的诠释，则又是哲学史研究者的"我见"，不必都要相同。

第四是"不够实际"。中国哲学及其历史之研究的思想材料不是外来哲学就是中国传统学术资源，这导致研究者们忽略了对当下中国实际的体味和观察，这种情况必须改变，因为中国哲学的研究虽然高于实际但却不能脱离实际，更是要反过来对实际具有指导的意义，尤其是要安顿人们的心灵和精神生活。[②]然中国几经变迁，社会之现实早不同于以往，更与西

---

① 李景林（2013a）在《思想生产与学术研究——中国哲学研究方式之反思》中认为当前中国哲学的研究仍然只是"史"的角色，没能实现"照着讲"和"接着讲"的逻辑统一。这样就造成了"哲学思想的生产和学术研究的两歧"，即一方面不能进行思想生产的中国哲学界只能依赖外来哲学理论，却又不能上接民族文化之慧命；另一方面中国传统思想学术文化被理解为知识和材料，无法参与当代社会思想文化创造的过程。这就造成一个尴尬的局面："中国哲学界"里无"中国哲学"或存在着一个无"中国哲学"的"中国哲学界"。好在这种情况在近年有改善的势头。

② 郭齐勇（2009）认为主张弘扬传统文化精神并不意味着没有现实感、不关注现实或脱离现实，而恰好包含着批判现实、批判现代性的负面与偏僻，还说强烈的现实关怀和忧患意识并非每个学者必须都得有，但要求中国哲学特别是儒学学者，在言行一致、经世致用方面力求做得更好一些。

方之现实大相径庭，所以直接的"拿来主义"和简单的"综合创新"①都不能立刻解决中国所面临之实际问题，反而会掩盖中国正处于一个既不同于以往又不同于西方的全新之社会的孕育与变动之中的现实，因此所有思想资源只能是这个"新社会"可资参考的材料，而不能是"新社会"的指导，中国哲学及其历史的研究应该在充分了解中国社会的实际、充分体现中国哲学之民族关怀的前提下，为中国社会及思想的现代化提供思考和应对的方法，应该在与实际的碰撞和互动中融汇中西方思想的学术资源，避免中国哲学之研究与社会现实的脱节。这就要求中国哲学及其历史的研究必须"开新"，必须打破只能作为"史"而无法进行思想生产的僵局，中国哲学的内涵也必须扩展成为整个中国哲学界的思想学术活动及其成果，而不能仅限在"史"的方面（李景林，2013a）。诚如现代新儒家之开山的梁漱溟（2005a）所说的那样："现在只有踏实的奠定一种人生，才可以真吸收融取了科学和德谟克拉西两精神下的种种学术种种思潮而有个结果，否则我敢说新文化是没有结果的。"所谓"奠定一种人生"就是指现实的人生。在悟透文化之根源和本质之后，梁漱溟先生就为着自己"弘道的人生"②，抱着"为现在的青年解决他烦闷的人生问题"的决心（梁漱溟，2005a），毅然辞去北大教职而转入对农民问题和乡村自治的研究，用他的笔杆子为中国的实际开出一条路。大概只有这种关注现实并以实际社会之情状为自己学问改造之对象的融思想与实际于一炉的学者才是真正的儒者，才能真正引领文化之创造使其先于现实社会之变迁（哲学或者文化上的创新不仅是为了总结社会，也不仅是为了反映社会之现实以供后人观看，更重要的是在于开出一种符合现实实际的"新学"以对当下和未来社会提

---

① 张岱年先生曾提出文化的"综合创新"的观点，主张在充分把握中国哲学本身之内在的脉络和实质的优长之后，要融西方等外来文化之精华于一炉，综合创造出符合当下实际的且超越中国古代文化和西方外来文化的中国社会主义新文化。张先生所说作为指导思想的确不失其高明，笔者是赞同的。这里所要强调的是，在"综合创新"的过程中，其前提就是不能脱离当时之实际，充分把握中国哲学本身之内在脉络和实质的题中之义就有对现实实际的关注和对当下社会之人的精神安顿方式的思考，毕竟现在的社会既不同于以往也不同于西方，完全依赖文化的传承和过往的积累不可能解决问题，必须要有符合时代的创造性发挥，所以哲学或者文化上的"综合创新"必须有可以直接转化为对现实个人和现实社会之整体有向上指导意义的潜力，而不能只是简单的综合。但当下所谓文化的"综合创新"似乎都陷入思想生产与学术创作和社会现实脱节的尴尬局面。

② 梁漱溟（2005b）在《人心与人生》第一章第一句话开宗明义地说道："吾书旨在有助于人类之认识自己，同时意亦有志介绍古代东方学术于今日之知识界。"从中可见其弘道的雄心壮志。据梁培恕先生，在该书完成的当天，梁漱溟先生在日记中说他现在可以去了（转引自《中国社会科学报》2011年1月20日第16版《人类需要认识自己——谈先父梁漱溟的一些儒学观点》），亦可见其"仁以为己任""死而后已"（《论语·泰伯》）之拳拳赤子之心。

供有益的指导思想），才能以莫大的毅力于纷繁复杂的实际社会中找到自己弘道的方向和担当，才能真正开出一种融合古今中外且对当下之实际有现实指导意义的"新学"。

综上，中国哲学史的研究要想深入应该以"中国的""哲学的""历史的""实际的"等要素之逻辑统一为前提。这就要求哲学史研究者必须要有"我见"。哲学史研究者之"我见"，实际上反映的是研究者对历史上哲学家之"我见"之"见"，故不必得相同。冯友兰（2010）说："哲学家必有其自己之'见'，以树立其自己之系统。故必有新'见'之著述，方可为哲学史史料。如只述陈言者，不可为哲学史史料。"这句话有两层意思：一是哲学史所记述之哲学家必然有自己所不同于前人之系统的思想，或创造发挥，或另树新意，总之是必有其独到之见解；一是哲学史研究者也应该有自己独到之"见"，起码应该对中国哲学及其历史之研究的深入有所裨益才是，虽然材料相类，但研究者之结论完全可以不同，因为哲学史研究的本身就是哲学。黄梨洲言："学问之道，以各人自用得著者为真，凡倚门傍户，依样葫芦者，非流俗之士，则经生之业也。……以水济水，岂是学问！"（黄宗羲，2008）正此之谓也。

哲学史研究者之"我见"并不是随意产生的，更不能任意附会外来哲学，而是必须遵循铁一般的基本规律：一切以深入理解历史上哲学家之"见"为根本前提。这对中国哲学及其历史的研究者来说尤其重要，即在进行任何的文化评论和创新之前，必须以对中国传统文化做出充分深入的内在理解为第一要务，以坚持中国哲学的民族性为根本原则，此两者互相补益、互为促进。这就好比整部中国哲学及其历史是一个完整的活生生的生命有机体，有自己的发展脉络和完整的系统，需要研究者不断去了解、去发现，只有深入理解并与历史之问题或人物沟通才能阐发其所"见"，也才能建立自己的精神世界从而阐发"我见"，否则只能是管中窥豹。陈来（2013）在《"中国哲学史"的学科建设》中强调中国哲学研究的内在继承性正是此意，并说到在没有内在理解的状态下用欧洲哲学的问题、概念规定中国哲学的问题、概念，在哲学史的解释实践中已经被证明是不能令人满意的。所以，中国哲学史研究不能肆意地运用西方所谓诠释学等哲学理论和概念，因为必须要关照到中国哲学学科意识的主体性，即中国哲学及其历史本身就有自己的系统和表述方式，不能一概而论地套用西方哲学的问题和概念，相反中国哲学史研究的基本功夫主要在于内在理解文本及其适时重述的呈现（陈来，2013）。这与宋志明（2008）强调中国哲学及其历史研究的"民族性"和郭齐勇先生强调中国哲学史研究范式之"内在式批判和继承性创新"殊途同归。①实际上，无论"内在理解"还是"内在式批判"，其实都是哲学研究者之"我见"，因为哲学史研究的本身就是哲学，绝不是史料的简单攒集。但是这种"见"都只能是建立在对中国固有传统文化之深入理解的基础上，即在充分照顾到中国哲学史研究的民族性和学科主体意识的前提之下，才能开启中国哲学的现代化进程。②所以中国哲学研究的问题应该是中国社会发展过程中实际存在的问题，而不是从外来哲学那里找来的话题，中国哲学的发展也必然是应时代和社会实际的需要而进行的继承性创新，绝不可能是运用外来文化进行颠覆式的创造，"取他人之火，烧自己之肉"才是应有的态度（宋志明，2011）。

随着中国哲学的世界化和现代化，中国哲学史学科对建立自己之学科主体性的需求越来越迫切。中国哲学及其历史的研究本来就担负着传承中华文明和塑造现代社会新文明的历史重任，而现阶段中国哲学界的"三驾马车"还不能并驾齐驱，即中华民族的思想生产和学术创造已然落后于社会实际对文明的需求，所以中国学者尤其是研究中国哲学及其历史的学者迫切需要建立真正意义上的中国哲学，以使其思想生产能够跟上社会发展的步伐和符合中华民族的特性，因为只有这样才能真正接续和实现中华传统文明的现代复兴，才能使中华民族始终屹立于世界民族之林。

本书正是在这样的指导思想和研究方法下探索出来的。

二、气论哲学在中国古代哲学中的地位

中国古代哲学主要体现为"天人之学"，这是学术界的共识。依此逻辑，大致可以分为如下三个理论维度：一是"天学"，即侧重谈"天"的哲学；二是"人学"，即侧重谈"人"的哲学；三是"天人交互"，有"天人合一"和"天人相分"两个层面。三个理论维度并非截然对立，也不是

---

① 郭齐勇（2009）在《中国哲学史研究范式的探究与省思（专题讨论）——内在式批判与继承性创新》中也批评"强势的诠释"（即强行借用西方的诠释理论和概念来规范中国哲学而不顾中国哲学学科意识的主体性），认为对中国哲学的诠释必须建立在同情且以继承为前提的深入地、内在地理解中国哲学的基础之上，而不是以西方某种哲学的成见和概念去规范中国哲学，所以他又称之为"谦虚"的方法、"弱势的诠释"。可见其"内在的批评"并不是宣扬"中国无哲学"或是"中国哲学精神无意义"，而是反对"强势的诠释"，特别是自以为是西方的，实际是自己的某些想当然来粗暴地宰制、肢解或强加给中国哲学一些东西的做法。

② 这里并不是说必须先学习中国固有文化以达到"知至"的程度，然后才能借鉴融汇外来文化关注实际以开启中国哲学的现代化进程。只是强调一种态度，即中国固有的传统文化才是真正符合中华民族特性的根本文化，未来任何文化的新生都应该是脱胎于此，所以只有充分深入地理解了中国固有文化才能在中国哲学的现代化进程中不偏移方向，也才能避免肆意地运用外来文化的理论和概念规范限制中国哲学的发展。

划分学派的标准，只是梳理"天人之学"的自然分际，如"天学"并非只谈"天"不谈"人"，事实上，中国古代的每一家、每一派的思想体系都是从上述三个维度共同交融构建的，只是各有侧重和进路而已。下面将分而述之。

就"天"的维度而论，主要用于描述和解释世界总体及其演化过程，也就是千差万别的现象世界得以自然而然发生发展变化的所然和所以然，要之，即为中国传统的宇宙理论——本体论和发生论的结合。众所周知，中国古代哲学的主流宇宙理论是儒道两家的理论，在本体论上，除少数直接强调以气为本体的学者学派外①，儒道两家一般都以"道""理""天"等范畴作为最高本体，同时以气作为最高本体直接化生的"副本体"，即最高本体与具体现象事物的沟通桥梁，如老子"道生一"的"一"、孔子的"天何言哉？四时行焉，百物生焉"、孟子的"气者，体之充"、庄子的"通天下一气"、宋明理学的"理气相即""无分先后"等，故此儒道两家皆以气的聚散作为一切变化的凭借和内在动因，气论也就成了描述和解释宇宙本体及其发生变化的联系性思维。当然，儒道两家谈"天"依然是有区别的，那就是"天"作为现实世界的最高本体，在道家看来是自然而然的，在儒家看来则是"至善"的，所以道家更多强调天演万物的规则性和自然性，以人道顺于天道为最高，而儒家则强调人道即为天道根本，以人道进于天道为路径。那么道家如何以人道顺于天道呢？息欲无为、心静气理达到涤除玄览、和光同尘的境界，即可能得道；而儒家则认为继善成性、扩充善端、尽心知性、养浩然之气即可能得道。可以看出，气论在两家的思想体系中占据着沟通天人的不可动摇的地位。

就"人"的维度而论，主要关涉的是伦理层面，包括政治、心性等社会和人生思想。在道家看来，人生价值和意义的获得在于顺遂天道的自然演化，这就要求人们必须如初生婴孩一般无欲无求，只有先天的自然本能，不受后天的习俗习惯沾染，所以人的行为应该是无为的，思想是无欲的，唯一的大患就是"身体"，因此"治身"才是人道的最主要内容。如何治身？庄子言"听之以气"，就是将人生价值和意义的获得融贯于"通天下一气"的气论中，表现为"心斋""坐忘""莫若以明""是非两行"的理论形态，其延续老子以人道顺于天道的思路将心性论与气论联结并超越之的路径十分明显。在儒家看来，气论从一开始就被用来描述和解释心性所指向的心理精神等问题，如孔子的"血气"，孟子的"夜气""平旦之

---

① 如黄老道家的"精气"论、汉代儒道皆谈的"元气"论、宋代张载的气论等。

气""浩然之气"，等等。到两汉以气禀释人性、宋明以理气释天人就可以更加明确地看出：气是天人合一的中介。换言之，立德修身之要在治气、养气，唯其如此才可能尽心，才可能知性，从而知天。

就"天人交互"的维度而论，主要区分为"天人合一"和"天人相分"两个层面。"天人合一"是儒道两家所代表的中国传统哲学处理"天人交互"问题的主流进路，所不同的是道家是以人道合于天道，儒家是由人道进于天道，上文已述，此不赘论，而只就"天人相分"作简要探析。一般认为，荀子虽强调"天人相分"，但同样坚持气化万物的宇宙论，这从其"水火有气"之论可知，就是说荀子并不是强调"天""人"完全不同故而相分，而是强调"天""人"虽然都源于气但具体的职分不同故须相分，所以他的"天人相分"是指向同一宇宙论下的不同职能和分工，这与孔孟强调"正名"的思想是一脉相承的，只不过荀子更多推演到了宇宙论即"天论"上，也因此荀子和孔孟一样以"天人合一"为最高境界和追寻的目标，"制天命而用之"即是此意。荀子的这种思想被唐代的柳宗元和刘禹锡继承并进一步发挥，即两人都明确提出了"元气自然""元气自动"的宇宙论，不但强调了宇宙万物所由来的本体是"元气"，而且以"元气"内在蕴含的阴阳两方面的规定性作为最初的自然之动力，塑造了结合本体论和宇宙论为一整体的中国古代哲学特色的本体-宇宙论。可以看到，所谓"天人相分"皆是在气化宇宙论的基础上才证立的，至于其流行至社会和人生论域，则是"理一分殊"，因此想要获得人生的价值和意义，就必须通过"变化气质"的方式才可能最终实现。

需要说明的是，佛教哲学讲缘起性空，似乎并不注重气论，其实不然。因为缘起论的基点在于主张现实的一切都是条件的聚合，故而没有自性，因其无自性所以不是真的，因其不是真的所以现实的一切道理都是"俗谛"，都是被超越的对象。笔者以为，佛教哲学虽然不像儒道两家那样承认气化宇宙论的终极性和实在性，但同样没有否认气化宇宙论的基础性和必然性，只是认为这一切都是假象，必须超越之，而儒道两家事实上也是借助气论去理解现实世界背后之所以然，从而最终实现对现实世界的全面超越并达至最根本的道，从这个角度来讲，气论作为儒释道三家理解世界图式的基础理论，是三家在追寻终极价值和意义的过程中都必须凭借和超越的中介和桥梁，只是超越的程度和理论形态各有不同罢了。

综上，气论哲学在中国古代哲学中，首先，是宇宙本体论和发生论的主要理论形态；其次，依据"推天道以明人事"的思路，气论被推衍到社会和人生论上，直接关涉心、性、情、才诸方面，成为价值和意义获得的中介,所以"养气"即是修身、修心。故此,笔者以为,气论哲学不仅是中国古代哲学的基础理论形态,还是核心内容,是中国古代哲学沟通"天""人"关系并最终实现内在超越的中介和桥梁。

三、先秦气论在中国古代气论哲学中的地位

先秦作为中国古代哲学的原创期,包含了整个中国古代哲学几乎所有的重要论题,所以张岱年(1993c)认为中国古代哲学历程有别于西方否定之否定过程的"复",即"复"在西方哲学中体现为否定之否定的逻辑,有正反之综合之意;中国哲学所谓"复"则不然,体现为更新再始之义,无综合的意思,两者之不尽相同可见一斑。换言之,张岱年先生认为后世学问都是对先秦学问以及由先秦学问所生发之学问的不断更新和再始。且不论张岱年先生对"复"字之解释是否合理,单单其言后世中国古代学问都是从先秦学问生发而来的,就为大多数学者所接受。笔者也以为然,所以先秦气论作为中国古代气论哲学的源头和思想基础,是没有异议的。

事实上,先秦气论不仅仅是源头和基础,还为后世中国古代气论构建了完整的理论框架和思维路径。所谓完整的理论框架指的是气论早在先秦时期就已经被用来描述和解释世界总体以及精神追求的价值和意义,前者是儒道两家主流学者共同遵循和认同的宇宙理论,如老子的道气论、庄子的"通天下一气"、《管子》的"精气"论、《鹖冠子》的"元气"论、《吕氏春秋》的"与元同气"、孟子的"气者,体之充"和荀子的"水火有气"等;后者则更多体现在儒道两家的心性论和修养论上,如老子的"抟气致柔"、庄子的"听之以气"、孔子的"血气"、《性自命出》的"喜怒哀悲之气"、孟子的"浩然之气"、荀子的"治气养心"等。要之,气论作为先秦诸子描述和解释世界总体、意义和价值的主流理论,从来都不是被局限在物质或精神的某一方面,而是一个综合的整体,是道与万物之间自然交替、演化的根本凭借,道生气而气聚为万物,万物灭散为气复归于道,也因此气的本然状态就是最接近道的状态,"养气"也就成了沟通"天""人"的必然手段。汉唐学者继承了这种气论并更多强调天道推向人道的一贯性、根本性,故而大倡元气论的说法;宋明儒者则以回到先秦诸子尤其是思孟一派为目标,不是提出系统的元气论,就是"以理统气"或"以心统气",甚或有"性气一元论",总之是通过气论对思孟一派主张的心、性、情、才及相互间的联结和转化问题进行更新再始,贯通于"天人合一"之始终。

　　如果将宇宙理论称为气论①，将心、性、情、才等道德伦理意义和精神价值称为仁学的话，那么气论从来就不是单一地描述和解释世界总体即宇宙的理论，而是作为仁学之天道根源的气论，是内在逻辑地必然指向仁学的气论；仁学也从来不是孤立地被限制在只关涉人心、人性善恶的人生论域和社会论域，而是有着宇宙情怀并最终通过内在心性之超越进于天道根源从而获得超越价值和意义的仁学，是必然涵复气论的仁学。这便是先秦气论所开拓的中国古代气论哲学的思维路径：由气论进于仁学，由仁学涵复气论，两者之间的关系犹如阴阳，谁也离不开谁，谁也不能完全代替谁，放在具体的学派或学者那里，只是隐和显的不同，并非有和无的差别。要之，气论既是仁学的基础，又是仁学的终极目标，因为没有气论，仁学就成了无源之水、无本之木，其最终的天地一体的境界也不可能存在和实现；仁学的最终目的不是自己，是最根本、最深远的道，气论便是桥梁。所以，气论可以推出仁学，或者说，仁学是气论的高级理论形态。

　　综上，笔者以为，先秦气论在中国古代气论哲学中有着不可替代的重要地位，既是思想基础和源头，又开拓了气论哲学的理论框架和思维路径，可以说是中国古代气论哲学的核心之一，因此要想深入理解中国古代哲学，必须要深入理解气论哲学，而深入理解气论哲学的前提便是深入理解先秦气论，这便是本书研究的原因之一。

四、先秦气论思想的研究现状及历史使命

　　气论思想作为中国传统哲学的根本内容之一，是任何一部哲学史、思想史或是研究中国哲学的人都无法回避的，而先秦气论思想作为气论思想的发端和根基，又是整个气论哲学乃至于整部中国哲学及其历史得以成立的基础。然而到目前为止，学术界有关将先秦气论思想作为一个整体进行研究的论著还非常少，尤其是专著方面。大多数情况下，学者们都喜欢进行个案研究，或以哲学史和范畴史的方式做专题研究，笔者认为这不符合中国哲学发展的内在逻辑系统，因为若没有气论思想，则先秦宇宙论成为空谈，天人无法合一，心性道德论也成为无法说通的谬论，则汉唐以后的中国哲学无以立，更成为无源之水、无本之木了。所以对先秦气论思想的专门研究应是紧迫和必要的，也应是 1979 年以来倡导破除苏联和西方哲学影响以确立中国哲学及其历史学科之主体性意识而首先要做的。在此之前，

---

① 这里只是一种方便说明的假设，并非定性，事实上气论和仁学本相互交织，若以下定义的方式区别两者显然不是最合适的方式。

要先回顾前辈学者之研究成果，笔者总结其研究的现状是：论文居多、专著偏少、总体研究不够。

（一）研究现状

1. 以专著或论文形式总论先秦气论思想

专门性研究先秦气论思想的著作非常少，通常都是关于整个中国气论思想之研究的著作，或者由气论思想切入而研究相关话题的著作，或是关于气论思想研究之个案的论文集。在此，笔者只截取其书中关于先秦气论思想之部分以做材料。

1）《中国古代元气学说》（程宜山，1986）

该书以整个中国古代哲学之元气学说为研究对象，受苏联马克思主义哲学研究范式的影响，直接将中国古代气论思想关于宇宙论之部分称为元气自然观，并将其性质规定为朴素唯物主义的自然观，通过归纳总结从而上升到一般气论哲学的高度，并与西方哲学进行对比。其于先秦部分，所论本就不多，且只论述气论思想之宇宙论方面，而对气与心、性、德等人文意涵方面的内容弃而不顾，这受到苏联研究范式的影响。

2）《中国气论探源与发微》（李存山，1990a）

该书以先秦气论思想为研究对象，通过对气概念产生、发展及演变的考察，尤其是对春秋以前之气概念进行详细梳理，不但深入阐述了春秋战国时期气论思想的流变，而且运用马克思主义哲学的研究理论将先秦气论思想上升到一般气论哲学的高度，并与西方哲学进行比较，填补了长期以来学术界对先秦气论思想专门研究的空白。该书是笔者目前掌握的唯一一部专论先秦气论思想的著作。此外李存山先生又分别于 2008 年和 2009 年出版了《中国传统哲学纲要》和《气论与仁学》，前者对先秦时期提出气论思想的人物和典籍分别进行了个案研究，后者收集了作者近些年发表之先秦气论思想研究的文章。

3）《气论与传统思维方式》（李志林，1990）

该书以整部中国哲学史之气论为思维对象，运用马克思主义哲学的分析研究方法，将中国古代气论之逻辑发展分为"察类"、"求故"及"明理"三个阶段，其中"察类"对应先秦气论思想，注重对气的形态分类之考察。在书中，作者将气概念定义为五种含义：自然常识之气、人生性命之气、精神状态和道德境界之气、客观物质之气及能动的实体之气。与李存山先生相同的是，作者同样将中国古代气论思想上升到一般哲学的高度并与西方哲学进行对比，得出气论理论体系和逻辑结构的内在缺陷正是中国古代朴素唯物论、朴素辩证法以及传统思维方式的内在缺陷之结论。

4）《中国气论哲学研究》（曾振宇，2001）

该书吸取西学的观点，主张"中国有哲学"是虚假判断，但"气"范畴则是"前哲学概念"。为此引发李存山先生与之论道，如曾先生发《董仲舒气哲学论纲——兼论中国古典气哲学的一般性质》一文，李先生就发表《如何探讨气论哲学的"一般性质"》一文与之商榷，又作《"前哲学概念"的"气论哲学研究"——评曾振宇著〈中国气论哲学研究〉》一文就中国气论哲学是否成立进行深入探讨。该书可以说是第一部研究中国气论哲学而又否定中国有哲学的著作。

5）《气的思想：中国自然观与人的观念的发展》（小野泽精一 等，2007）

该书对先秦时期出现之气论思想的材料广泛征集，甚至甲骨文、金文中的气都被提取出来，具有较大的思想史意义和材料参考价值，但疏于对其进行哲学的研究，即没有进一步探讨先秦气论思想之内在的发展逻辑，无法形成对先秦气论思想的总体认识。

此外，其他直接涉及先秦气论思想且篇幅相对较多的专著，有张岱年先生于1957年和1981年分别出版的《中国唯物主义思想简史：从周秦到明清唯物主义思想的发展》和《中国唯物主义思想简史》、杨儒宾先生于1993年主编的《中国古代思想中的气论及身体观》、白奚先生分别于1998年和2007年出版的《稷下学研究：中国古代的思想自由与百家争鸣》和《先秦哲学沉思录》、李申先生于2012年出版的《道与气的哲学：中国哲学的内容提纯和逻辑进程》等书。

6）总论先秦或中国气论思想的文章

萧萐父和郭齐勇的《气论与仁学之间的张力：读〈中国气论探源与发微〉》、张运华的《先秦气论的产生及发展》和《先秦气论与古希腊原子论的比较》、李申的《中国哲学的气论与儒教》、陈永武的《中西哲学比较：气论和原子论在说明世界物质统一性上的差别》、阎平的《中国气论的实证基础分析》、卿臻和梅良勇的《气论——世界物质统一性的中国式说明》、黄开国的《气论研究的重要成果——〈中国气论探源与发微〉》、杨儒宾的《两种气学 两种儒学：中国古代气化身体观研究》、王世达的《中国古典哲学气结构论》、邬焜的《中国古代气一元论学说中体现出的整体统一论思想》等。

综上可见，无论专著还是论文，直接以先秦气论思想整体为对象进行深入探讨的都很少，且或多或少受到西方哲学思维模式（包括苏联模式）的影响，表现在研究先秦气论的指导思想和方法以及自然地用西方哲学的理论和概念来规范先秦气论思想的研究上，尤其是 21 世纪以前的论著。

2. 以气范畴为线索梳理先秦气论思想

这大多出现在对中国哲学范畴综论的著作或一些相关论文中。从范畴谈气论思想，就无法深入研究各家各派之气论思想及相互的内在逻辑关系，却可以简明扼要地勾勒出气范畴在先秦发生发展的脉络，有利有弊。

1）《中国古典哲学概念范畴要论》（张岱年，2002）

书中有关先秦气范畴的条目主要有"气、元气""精气""阴阳""五行"等，虽然没有系统地对先秦气论思想进行深入研究，却也扼要地勾勒出了先秦诸子对气范畴的理解，对我们研究气论哲学在先秦发展的轨迹有参考价值。

2）《中国哲学范畴精粹丛书：气》

该书以气范畴的发展演变为贯穿中国哲学的主线，对各个时期的气论思想进行分别研究和梳理，其宗旨就是"立足于当代，反思于传统哲学"，"使人们对现代化只能是中国式的现代化、中国式的民主和自由以及中国式的社会主义有一种内在的自觉"（蔡方鹿 等，1990）。该书对先秦气论思想专门单列出一章，材料充足，内容翔实，虽然没有特别或重大之结论，但对气论思想在先秦的状况描述得比较清楚。此外张先生 1988 年还出版有《中国哲学范畴发展史》。当然作者的研究并不包括出土文献和材料。

3）《中国哲学范畴通论》（葛荣晋，2001）

该书对气范畴进行了专门性研究，虽然没有以先秦气论思想为一整体之研究对象，但在梳理气和精气的概念时，对先秦气论思想之相关材料的展现也是比较充分的。

4）以气范畴为线索探讨先秦气论乃至中国气论思想的文章

刘长林的《"气"概念的形成及哲学价值》、张运华的《"气"与"元气"的辨析——关于先秦自然观形态的探讨》、黄毓任的《先秦道家的"气"与南方原始宗教》、路红梅的《论先秦至汉初"气"范畴的演变："气"范畴发展的第一个辩证否定圆圈》等。

此外中医学方面也有一些关于元气、精气等气论思想的内容和源流探析，虽属交叉学科，但其讨论并未脱离气论思想的范围，故此不再列举。

3. 哲学史或思想通史中的先秦气论思想

哲学史或思想通史中的气论思想注定是被分开割裂而作的个案的研究，它们被提及是因为其本是哲学史或思想通史之不可分割的一部分，而非是作为先秦气论思想之整体存在，所以通常只是随笔带过，或是简单提及，总之都比较分散、论述不多。

1）张岱年《中国哲学大纲》

在该书宇宙论之本根论部分，张岱年先生广泛探讨了气论思想在整部中国哲学中的脉络和内容，对我们从宏观上把握先秦气论思想之地位及其在以后哲学中的发展有很大的帮助。关于先秦气论思想部分，则主要体现在"气论一"、"太极阴阳说"及"道"中。与此书体例相类的还有李存山先生于 2008 年出版的《中国传统哲学纲要》和方立天先生于 2012 年出版的《中国古代哲学》。

2）陈来《古代思想文化的世界：春秋时代的宗教、伦理与社会思想》

因为研究的范围被局限在春秋时期，所以只能是对先秦气论思想的发端及在春秋时期的发展演化有一个了解。该书由阴阳谈起，认为春秋时期阴阳已经被当作解释现象世界的两种基本力量，而气则成了"中国思想说明宇宙万物构成和变化的基本元素"，阴阳于是又成为解释万物构成变化的二元原理（陈来，2009a），进而又谈到五行，篇幅虽小，但对作为气论思想之发端的春秋时期来说，已然初步勾勒出了气论思想发端后的发展演变。

3）冯达文、郭齐勇《新编中国哲学史》

该书对春秋时期的思想未展开论述，对战国时期的气论思想，也只是选择性地提及了《孟子》、《管子》、《易传》及阴阳五行说，其他诸如《吕氏春秋》、《黄老帛书》及《列子》等均未提及，但却增加了出土文献的材料，诸如《性自命出》和《太一生水》[①]，所论虽不多却别有新意。

4）周自强《中国古代思想史·先秦卷》

该书所论之篇幅相当小，只在文化思想一栏下有"阴阳五行说与气论"小目，述说甚少，其所用史料及所主张观点基本与前人一致。诸如此类的研究，普遍存在于思想通史和哲学史的著作中，此就不一一列举了。

---

① 冯达文等（2004）在《新编中国哲学史》中将天命看作是"气禀"；又认为"太一生水"说是对老子宇宙观的继承和发展。

4. 先秦气论思想中的个案研究

这类研究相对来说显得比较多，但也只是主要集中在几个重要的人物或典籍上，如孟子、《管子》、《庄子》、《易传》等，这类研究无论著作还是论文，都比较多，无法逐一列举，所以笔者只是简单地将这几个个案被研究的重点提炼出来，以资参考。

1）关于孟子

"浩然之气"是孟子气论思想中的亮点，与"平旦之气""夜气"等被研究得最多，但孟子气论最大的难点却不在这里，而是气论与心性论之间的连接与转换，此处争论颇多，也与《管子》"心气结构论"关联较大，曾引发学术界关于孟子与《管子》谁影响谁的论战。[①]

2）关于《管子》

主要集中在"精气"说和"心气结构论"上。作为稷下黄老学派的重要代表作，《管子》一书具有重要的哲学和思想史意义，因为其气论思想在某种程度上实现了从老子道论向气论的转化，但是学术界对这种转化感到有些突兀，直到《黄老帛书》等出土文献的出现，才消弭了《管子》与老子之间的时间隔阂，使得自老子以后产生的黄老学派的学术脉络渐渐清晰，再结合对《文子》《列子》《鹖冠子》的研究，终于使得让学术界一直感到无力和神秘的先秦黄老学派显现出来。

3）关于《庄子》

在继承老子道论的基础上，庄子提出了"通天下一气"的宇宙观，一如既往地延续了老子的道气关系论。不同的是，庄子不只是用老子的阴阳二气来解释万物之生成变化，还认为万物流变都是"气之聚散"，开启了中国哲学气聚散论的先河。

4）关于《易传》

其最著名的论点就是"太极阴阳说"，明确提出了先秦儒家关于宇宙图式的理解。目下学术界对"太极"的理解尚有争议，较多被认同的观点是"淳和未分之气"或"元气"，即包含着原始未判的阴阳二气[②]，而"两

---

① 争论主要发生在李存山先生与白奚先生之间。李存山（2009）认为孟子在先，《管子》受孟子影响，在《〈内业〉等四篇的写作时间和作者》和《再谈〈内业〉等四篇的写作时间——与学友白奚先生商榷》两文中可见，由作者收录在《气论与仁学》一书中；白奚则反之，在《稷下学研究：中国古代的思想自由与百家争鸣》一书和《〈管子〉心气论对孟子思想的影响》一文中可见（白奚，1998，1995a）。

② 王夫之（1975a）在《张子正蒙注·参两》中说："太极之中，不昧阴阳之象"，在同书的《太和》篇又说："误解《太极图》者，谓太极本未有阴阳。"可见，所谓"未分"指的是未分成天地或未分出独立之阴阳二气，因为阴阳二气在太极中混为一体。

仪"或理解为阴阳，或理解为天地，则宇宙发生的图式便可理解为："元气"变化，生出天地、阴阳，序为四时八卦，进而化生万物。《易传》最大的特点就是主张"唯变所适"的变易思想，认为整个宇宙时刻都处在"生生不息"的气化流行中，是所谓"一阴一阳之谓道"也。

5）新出土材料

近年来，随着大量文献的出土，先秦气论思想的内容不断充实和丰富起来，这不仅是因为出土提供了很多气论思想方面的材料，如《黄老帛书》《性自命出》等，更因为出土文献证明了长久以来被怀疑甚至被认为是伪书的《文子》《列子》《鹖冠子》等书的真实性，且与先秦诸如《吕氏春秋》《管子》等典籍相互印证，对学术界重新定位和深入研究先秦思想有重大价值。

（二）研究中的不足

总而言之，学术界对先秦气论思想的研究，除了在某些个案上面比较充分之外，其他尚显不足，尤其是将先秦气论思想作为一个整体而进行的研究。即使是已取得的成果，也因为时代或历史等诸多原因，或多或少有些不到位的地方，需要花费大量时间进行进一步的深入研究。针对这些不足，笔者将其总结为五个方面，下面将分而述之。

1. 受西学思维模式的影响

近代以来，包括思想、哲学等新名词都是从西方文化中翻译过来的，随之而来的还有整个西方文化的术语和思维方式，给中国学术界带来了前所未有的变革，甚至在很大程度上，这一百多年来的中国学术研究都是在西方思维理论和方法的指导下完成的，所以中国迫切需要建立独立的、符合中国实际和传统的学术体系。

这种西方思维理论和方法的影响，反映在对先秦气论思想的研究上，突出表现在三个方面：一是运用西方原子论思维方式来规范先秦气论思想关于宇宙观方面的探讨，这就割裂了中国传统中气范畴的连续性和根本性，因为气范畴既是万物所以由来的根本原因和质素，又是万物得以生成变化的所以然，如先秦所论之"淳和未分之气"或"元气"等，与西学所谓实体之概念大相径庭，所以不能强行与西学所谓原子论比附研究；二是气范畴是一个包容性的整体概念，不是实体性范畴，其不仅具有宇宙观方面的意涵，更包含有精神性，如先秦所论"浩然之气"与"德气"等，故而不能如西学那样运用概念推理逻辑的方式通过对气范畴下定义而去研究先秦气论思想；三是气范畴作为中国哲学的根本范畴之一，不能用西学的思维方式和规范来研究，更不能强为比附，那样势必会影响中国哲学的根基，即气论哲学是中国哲学传统理解世界和安顿人们心灵的理论之一，不存在所谓合法性问题，中国哲学自有中国哲学的特殊性与传统，本不必非得用西学所谓哲学之概念和一般原理来规范，中国哲学如是，气论哲学如是，先秦气论哲学亦如是，所以对先秦气论思想的研究应该以中国哲学自有之主体意识和特殊性去研究。当然这并不是说不能与西学进行比较研究，也不是说气论哲学的研究就应该故步自封、闭门造车，而是说在根本上还是要以中国哲学之自由的系统为前提，即在继承的基础上，综合外来哲学之精华以进行"综合创新"。

2. 受苏联思维模式的影响

在相当长的一段时期内，中国哲学的研究只能运用"以苏范中"的思维模式，表现为唯物主义和唯心主义的斗争史。虽取得丰硕的成果，但也从根本上局限了对中国哲学自身的发展和研究。究其根本原因，则在于中国哲学只被当作哲学史研究的材料，对其研究的方法是马克思主义哲学的理论和方法而非中国哲学自身的理论和方法，造成对中国哲学研究之"精神上的断裂"和"实际上的继承"。所谓"精神上的断裂"，是因为这种研究无视中国哲学自身的特殊性和民族性，更无视中国哲学的精神；所谓"实际上的继承"，是指运用马克思主义哲学的观点实现中国哲学的现代化符合当时历史之实际，且马克思主义哲学作为一种外来哲学，在一定程度上，对中国哲学的现代化进程具有滋养和补充作用。

这种研究的缺点很快就暴露出来，尤其是在对气论思想的研究中。主要表现在以下两个方面：一是气论哲学被赋予朴素唯物主义自然观的性质，即被当作中国传统中用来认识世界和解释世界的理论，然则先秦气论思想本身并非如此，如老子用阴阳二气的理论来解释万物化生，但又认为气复归于道，这就产生了气论思想既是唯物主义又是唯心主义的矛盾，诸如此类的人物比比皆是，若只依此来研究气论思想，则必然出现说不通、讲不明白、无法理解的矛盾局面。二是运用马克思主义哲学关于世界观和人生观的理论来研究气论思想，体现为：将其割裂再归纳为几对重要范畴，再借用马克思主义哲学的理论思维方式对其进行重组和再研究，致使中国哲学之内在系统和精神四分五裂。所以这种研究方法要不得，好在1979年之后学术界对此已有深刻认识，正在逐步脱离并回到中国哲学自身的研究上来。

3. 缺乏历史感

前文已述，学术界将先秦气论思想作为一个整体的研究非常少，而是大多体现在哲学史或思想通史、范畴史及一些个案研究上，这直接导致先秦气论思想的研究被弄得四分五裂，严重缺乏对先秦气论思想之发生发展的内在系统和逻辑的研究，更缺乏站在中国哲学自身之角度对先秦气论思想的逻辑进程的观察。所以虽然研究成果不少，但严重缺乏历史感，且不论个案的研究无法连续贯穿起来形成历史演变的脉络，就算哲学史或思想通史及范畴史的研究，也不过是按照年代人物来排列书写，而不是以气论思想之发展为线索书写，无法演示先秦气论思想发生发展演变的逻辑进程，因为年代的更迭虽然对哲学思想的发展有影响，但却不是必然关系（宋志明，2011）。

4. 缺乏哲学感

除了个别的著作和某些个案研究外，几无将先秦气论思想当作一整体而进行的哲学研究，即使是哲学史、思想通史及范畴史的研究，也不过是选择有限的具有代表性的人物或典籍进行割裂式的分别研究，本身就是篇幅较小甚至随笔带过的，又还是充当"史"的角色，所以基本上都表现为对一些相同或相类的材料进行简单的说明和梳理，几乎没有对其进行深入的哲学研究。就算是个案研究，也很少表现为对研究对象之哲学逻辑的说明及其在先秦气论思想中之地位和意义，而多表现为对史料的整理和说明倾向于思想史。

5. 材料运用不周

到目前为止，大多数研究成果都没能把马王堆帛书和郭店楚简等出土文献的材料用上，这当然有历史现实的理由，因为两者分别于 1973 年和1993 年出土，距今时间尚短，学术界还未来得及对其进行更深入的研究，而只有对其进行更深层次的探索才能挖掘其对思想史和哲学史的重大意义。

综上，先秦气论思想的研究现状不容乐观，尤其是其作为中国气论哲学乃至于中国哲学的根本基础，又处在中国哲学及其历史之学科的独立性和现代化的探索中，对其深入研究更显得尤为重要。

（三）历史使命

对于学术界为何如此缺乏将先秦气论思想看作一整体的研究，笔者甚是不解，首先，气论思想在中国哲学的根本地位毋庸置疑，而先秦时期作为中国哲学的原创期，其重要性和根本地位也是不言而喻的，至少其他历史时期的气论思想乃至哲学思想都是标榜私淑于先秦诸家的；其次，就整个中国哲学的发展实际来说，后世哲学所论往往都标榜自己来源于先秦哲学原创期，事实也正是如此，以气论思想为例，不论是其宇宙观还是心性论、生死观等，都在后世哲学中被放大和追溯，这既源于中国哲学特殊的学术体系，又源于哲学研究的习惯和惯例，即先秦时期虽然是百家争鸣，但对其后世学者来说，并非一一对应的关系，而是一对多的关系，即研究者们要面对的总是整个先秦学术，当然这并不是说学者们不能学其中一家而发挥自己的思想，而是说研究者们在发挥之前应都会广泛涉猎先秦诸家，以从中获得自己思想的原动力。所以先秦气论思想早应该被作为一个有机的整体、作为整个中国哲学气论思想之源头部分被广泛研究才是。

何以有现在这种尴尬局面？笔者以为主要原因有两个：一是长久以来，中国哲学及其历史的研究都受到西学（包括苏联）思维模式根深蒂固的影响，尽管经历了 1979 年变革之后已经渐渐摆脱被规范的命运，但毕竟时间尚短，且思想的转变非一蹴而就，更重要的是，对回到中国哲学自身的固有系统以实现在中国哲学现代化过程中确立独立之中国哲学及其历史学科的主体性意识的探索，才起步不久；二是中国哲学及其历史的研究一直以来都充当"史"的角色，而非"思想生产"的主角，故思想性、学术性研究非常少。

然则，少并不代表不重要，相反表现出了需要深入研究的紧迫性和必要性。因为少是历史、学术环境及社会现实造成的，重要则是本应如此。所以然者，笔者以为主要有以下四个方面的原因。

首先，气论思想作为中国哲学宇宙观的主体部分，是构成中国哲学解释世界的主要方式。不论老庄道家的道气论、黄老学派的气论，还是先秦儒家之荀子的"阴阳之化"及《易传》的"太极阴阳说"，最后都是通过气论来解释对世界的哲思的。在先秦气论思想成型后，其后的汉唐"元气论"、宋明清之"理气论"等皆是在延续此思路的基础上发挥的。

其次，气论思想作为心性论问题的重要维度，在先秦时期已经与心、性建立了联系，甚至在某种程度上，已成为人们沟通天人的中介。如《管子》的心气结构论及孟子的心气论思想、帛书《五行》的"仁气""义气""礼气""智气"及思孟学派所谓的"德之气"等，即气范畴早在先秦时期就已经被赋予了精神性意涵，成为人们解释人生和安顿心灵乃至于沟通天人的重要维度。

　　再次，先秦气论思想的重要性还表现在大量出土文献上，主要有两个方面：其一是新出土文献关于先秦气论思想的材料非常丰富，尤其关于气论与心性论之间关系的论说非常多，补足了心性论与气论之间的转换成为可能的材料，对我们理解精神性的气很有帮助；其二是出土的文献材料在一定程度上填补了春秋末至战国初的思想史和学术史空白，对先秦古籍的证伪及学术体系的充实和再建立有重大的学术价值，甚至可以被当作重写先秦哲学史乃至中国哲学史的材料。①

　　最后，在中国哲学及其历史学科的世界化和现代化进程中，尤其强调要以中国哲学自身的内在系统之继承为前提，这是中国哲学之民族性和特殊性的体现，也是建立中国哲学及其历史学科之独立性的前提，更是对中国哲学能否担负起未来创造中国乃至参与世界新文化建设之重大历史使命的考验，因为中国哲学及其历史学科天生担负着延续和创造中国文化的历史重任，而一个不能创造自己独立哲学的民族不但无法延续文化、传承文化，更不可能让既不同于以往又不同于西方社会的中国在全球文化的激荡下屹立于世界强者之林。

　　总而言之，不论是基于先秦气论思想对中国哲学本身之重要性的角度，还是站在中国哲学现在和未来之发展的角度，先秦气论思想作为中国哲学的源头之一，都应该被给予足够的重视和研究。这正是我们的历史使命。所以，我们不只要将深入研究和阐发先秦气论思想作为一个学术发展的整体之内在的逻辑理路，破除一切外来思维的影响，回到中国哲学自身，去探究其在中国哲学的地位和在中国哲学现代化进程中可能的新形式；更要在追本溯源的基础上，采用综合创新的方法重构先秦气论思想之世界化和现代化的新形态，以为创造符合中国哲学民族性和中国社会现实的社会主义新文化打好根基。对先秦气论思想研究的历史意义，从小的方面说，在于使中国哲学的研究回到自身，在坚持中国哲学民族性的基础上，从源头实现中国哲学的现代化进程；从大的方面说，在于使中国社会的历史进程获得一种独立自主的内在驱动力，不是被推着走，而是在中国优秀之哲学传统的现代化进程中切于实际地行进。

---

①　所谓思想史空白，指的是公元前 467 年到公元前 334 年这 133 年间，没有历史记载。但正是在 133 年间学术界甚至整个中国社会都发生了很大的变化，如顾炎武在《日知录》卷十三"周末风俗"条说到春秋时期还很重视礼仪、祭祀、宗姓氏族，但七国时期（战国时期）就毫不在意了。曹峰先生同此看法，认为无论从思想史之纵的角度还是横的侧面来看，出土文献和材料都在很大程度上填补了这一段历史的空白，所以出土文献为我们提供了改写思想史的可能（曹峰，2012）。

五、范畴的界定

作为哲学研究之基本单元的"范畴",是从西学中翻译过来的,中国古代哲学中并无此称谓,而是分开提到的,如《尚书·洪范》有"洪范九畴"之说,意思是九类基本的规则或原则,与"范畴"一词的意思颇相靠近。熊十力先生在《新唯识论》中曾对"范畴"一词有过专门论述,他说:"有物有则,此吾古诗之明训也。则之为义,至极宽广。今此所欲略明者,只是物所具有的若干基则,为一切科学知识所发见之法则或律则之所待以成立,实即吾人对于物的知识之所由可能之客观基础。其在知识论或认为论,则谓之范畴。"(熊十力,2001)这是说物上具有种种规范和形式或法则,是名范畴,与"洪范九畴"所论如出一辙。可见中国古代虽无"范畴"连用一词,但作为标志哲学产生和所以可能的范畴及其称谓,却早在中国哲学萌芽的时期就已经以另外一种形式出现了。

至春秋战国时期,中国哲学的发展进入原创期之高峰,专有的与范畴相当之称谓也已出现,即"名"。孔子提倡"正名"(《论语·子路》),庄子认为:"名者,实之宾也。"(《庄子·逍遥游》)公孙龙说:"夫名,实谓也。"(《公孙龙子·名实论》)《墨经》甚至将"名"分为"达""类""私"三种,"达"指普遍概念,"类"指一类事物的概念,"私"则是个别的名称,不是哲学概念。与此相类,荀子也有"共名"和"别名"之说。[①]有宋以后,学者们渐渐以"字"取代"名",以疏释"字义"为哲学研究之重要一维,如陈淳的《北溪字义》、戴震的《孟子字义疏证》等。可见,无论"名"还是"字",都与西学所谓范畴相当,故而对它们的阐释就是对范畴之研究。需要说明的是,若以西方哲学之范畴的规范来看,则"名实""字义"之说难免宽泛;但若从中国哲学自身的角度去看,则正好显示出中国哲学之不同于西方哲学的民族性和特殊性。所以说,中国古代哲学虽无范畴之称,但着实有一套自己的范畴(张岱年,1996)。

考虑到时下中国哲学之现代化和世界化之大势,虽然中国古代哲学有自己的"名实""字义"之系统,但本书依然选用"范畴"一词。值得说明的是,不同的哲学家可能对同一范畴有不同的理解,而同一个哲学家可能对不同的范畴有相同的理解,所以哲学的研究一般要以范畴的清晰和确定为前提。下面笔者将就几个重要范畴进行分别研究,以为本书的继续开

---

① 《荀子·正名》说:"故万物虽众,有时而欲遍举之,故谓之物。物也者,大共名也。……有时而欲遍举之,故谓之鸟兽。鸟兽也者,大别名也。"这里的"大共名"就是墨家所说的"达","大别名"就是"类"。

展奠定基础。

（一）先秦

关于先秦，主要有两种理解：一是广义上的说法，从人类产生到秦始皇统一六国；一是狭义上的说法，从春秋时期开始到秦始皇统一六国。

关于狭义的说法，多出现在以西方哲学的思维范式研究中国哲学的情况下，如冯友兰先生之《中国哲学史》两卷本及胡适先生之《中国哲学史大纲》。前者运用的理论和方法是新实在论，从孔子讲起；后者则是实用主义，从老子讲起。盖此类学者以为孔老以前的中国哲学及其历史缺乏可证实性，也没有系统性，就直接悬置不论，而只从可考的有文献记述之哲学家谈起。所以对这类学者来说，孔老以前最多只能是中国哲学及其历史的孕育期而非正式的发端期[1]，不必论之，则先秦哲学也只是指从孔老开始到秦始皇立国这一时期。

关于广义的说法，虽说从人类产生开始，但也只能是在文明产生后方可研究，为大多数中国哲学及其历史的研究者所接受。[2]如《汉书·河间献王传》说，"献王所得书皆古文先秦旧书"。徐复观（2001）也说："我认为中国哲学思想的产生，应当追溯到殷周之际；所以我便从周初写起。"可见，先秦之提法产生很早，其本来意义便是指早于秦代的历史时期。现在国内外大多数研究中国哲学及其历史的学者，谈到先秦，多认同此广义的看法，所不同的是对哲学起源之时期的认定。自甲骨文、金文渐被学术界认可后，此一看法更为学者所据。王国维（2011）就曾说古来新学问产生大都由于新发现，并指出："自汉以来，中国学问上之最大发现有三，一为孔子壁中书；二为汲冢书；三则今之殷虚甲骨文字、敦煌塞上及西域各处之汉晋木简、敦煌千佛洞之六朝及唐人写本书卷、内阁大库之元明以来书籍档册。"文字的产生表明文明已然发展到一定程度，虽然无有足够文献资料可考其思想，但也不能随意搁置不论。

综上，笔者认为先秦应取广义之说法，狭义之说法实人为设置限定条件，悬置中国文化实际产生之源流而不论，断章取义，有使中国文化发展陷入无源之水、无本之木的尴尬局面。且具有哲学意义之概念和观念的产

---

[1] 胡适（1997）在《中国哲学史大纲》中划分中国哲学史时代时说自老子至韩非为古代哲学。冯友兰（2010）在《中国哲学史·上》中也说孔子以前无私人著述之事，有无正式哲学，不得而知，又说，以此之故，此哲学史自孔子讲起。

[2] 如李锦全（1984）认为先秦一般指的是秦始皇统一中国以前的那段时期，如果从进入阶级社会算起，大约可以包括夏、商、西周以至春秋战国时期的历史。

生本就早于成熟的哲学思想，即孔老思想本不是突然产生的，并非真的"生而知之"（《论语·述而》），而是在对前人思想或观念之总结基础上经过自我之哲学思考才产生的，这对中国哲学及其历史的研究尤为重要，所以断不能悬置不论。本书所论的气范畴的演变历程及其主要意涵正是在这样的指导思想下完成的。

（二）哲学、思想及其历史

无论是哲学、思想及学术范畴，还是哲学史、思想史及学术史范畴，都是相互涵摄、难以厘定明确内容和边界的模糊概念。为此学术界曾展开长时间的讨论，以 1983 年《哲学研究》组织的"思想史与哲学史关系"的专题讨论为界，此前的学术界基本上是哲学史、思想史及学术史不分，甚至互相重合替用（卞崇道 等，2005）；此后的学术界则将哲学史、思想史及学术史分别作为一门独立的学科看待，随着学科主体意识的觉醒，学术界开始自觉讨论三者之间的区别与联系，虽然各执一词、无有定论，但也在一些基本的问题上达成共识[①]，对学者们继续深入研究三者之间的关系具有奠基作用。

事实上，中国旧学传统中并无哲学、思想等称呼，而是近代以来受西学影响，从西方翻译过来的"舶来品"。如钱穆先生就认为中国学术史上并无纯粹之思想家或哲学家。"思想"二字是近代中国接触西方后兴起之新名词，中国旧传统只言"学术""学问"，不言"思想"。[②]所以对这些范畴的研究，须从最根本处着手，即首先对哲学、思想和学术进行根本性的界定，才能相应确定哲学史、思想史及学术史的内涵和外延，虽然这样的研究难免切割中国旧有之传统学问，但也是中国学界之现代化进程所必然面临的抉择，正是张岱年先生所论"综合创新"的开始，笔者虽力有不逮，亦愿跟随前辈学者思考之脚步。

1. 哲学与哲学史

"哲学"一词是日本人西周翻译出来的（西周，2005），意为"希求贤哲之智之学"，简称哲学。何谓哲学？这是个众说纷纭常讲常新的话题，笔者无意于梳理哲学这一范畴的产生及发展演变历程，也无法尽举前辈学

---

① 基本共识有：哲学史和思想史是两门相互独立之学科；两者在研究对象和范围上存在差异；两者存在着相互包含关系，一般认为思想包含哲学。
② 见钱穆（2001）。此外韩星（2006）作《中国古代思想简史》、李锦全（1984）作《试论思想史与哲学史的联系与区别》皆支持此看法。

者之研究成果,而只能就中国哲学的现代化进程中对哲学之反思略论一二。如汤一介（1983）认为哲学是关于自然、社会、人类思维的最一般规律的科学。李锦全（1984）认为哲学是自然知识和社会知识的概括和总结,是人们对于整个世界包括自然界、社会和人类思维的根本观点的理论体系。张立文（2004）说哲学是关于人对宇宙（可能世界）、社会（生存世界）、人生（意义世界）之道的道的体贴和名字体系。宋志明（2011）认为哲学是关于世界观和人生观的学问。可以看出,尽管学者们对哲学的定义不尽相同,但有一个共同的基本点,即哲学不是只有西方哲学一种范式,中国同样有自己的哲学。这是中国哲学成立的前提,也是中国哲学史得以成立的前提,更是本书得以证立的前提。

哲学史,顾名思义就是哲学的历史。由以上可知,哲学史的研究对象包含整个宇宙、社会和人生,是对整个物质世界和精神世界的观念的把握。李锦全先生认为哲学史是理论思维历史发展的内在逻辑,汤一介先生认为哲学史应解决历史上哲学思想发展的内在逻辑必然性,张岱之（1983）认为哲学史是研究人类对自然界、社会和思维的一般规律的认识。可见,哲学史研究之对象主要是历史上之哲学理论及将哲学史作为一个活生生之有机生命体时,其内在系统和发展演变之逻辑。究其特征则表现为高度的概括和抽象,以哲学概念和范畴为思考的基点。需要说明的是,所谓"内在逻辑"或"内在逻辑必然性"之对象,指的是历史上对哲学之发展演变起到推动作用或开辟出新领域的哲学家,而不包括只是阐述重复前人哲学成果而自己一无建树的哲学爱好者或追随者,哲学爱好者可能是思想家,也可能是哲学史家,但不可能是哲学家。

2. 思想与思想史

所谓思想,是指人们对整个世界,包括物质世界和精神世界,所有现象描述、思考和解释的体系。[①]这是一个很宽泛的概念,其内容包罗万象,如侯外庐等（1957）就说"这部中国思想通史是综合了哲学思想、逻辑思想和社会思想在一起编著的"。侯外庐先生这种对思想及思想史界定和研究的方式已经成为中国思想史研究的两个最重要范式之一。一般地说,思想包含哲学,因为纯哲学的形上之思作为对宇宙、社会、人生的终极关怀

---

① 张立文（2004）在《中国学术的界说、演替和创新——兼论中国学术史与思想史、哲学史的分殊》中将思想界说为"人对宇宙（可能世界）、社会（生存世界）、人生（意义世界）的事件、生活、行为所思所想的描述和解释体系"。

本来就是人们对所处之整个世界及其行为和存在方式的反思。关于具体领域的实际影响了一般或者普遍之社会生活和历史的所思所想也属于思想的范畴，诸如经济思想、政治思想等，当然这一类思想可能是理论化的，也可能是非理论化的，因为思想的产生源于人们对当下生活的感悟①，而只要其出现在现实中并产生一定影响就可以作为历史中之思想而存在（黄玉顺，2009），如《尚书·尧典》曰："钦明文思安安"，马注："道德纯备谓之思。"《逸周书·谥法解》也说："道德纯一曰思。"需要说明的是，思想的发展和演变固然需要知识分子的不断求索和思考，但就新思想的产生之初或人类社会思想的产生之初来说，现实生活之感悟才是思想得以萌芽的唯一来源，且思想之产生不是一蹴而就的，尤其是早期思想，是要经历漫长时间的酝酿和众多思想家的共同发展和开拓才能完成的，中国如是，西方亦如是。

关于思想史的研究对象和范围，学术界众说纷纭、莫衷一是。主要分为两种范式：一是以侯外庐先生为代表，主张思想史研究的范围不仅包含哲学思想，还应该包含逻辑思想和社会思想，张岂之、李锦全、汤一介等先生皆主此意见②；一是以葛兆光（2003）为代表，则认为思想史研究的对象应该更"精英化"和"经典化"，须为"思想家的思想史或经典的思想史"（葛兆光，2004）。笔者认为两种说法各有其道理，不必拘泥于孰是孰非，思想史的研究不一定非要一成不变地按照同一个套路去走，而应该大胆创新，跟上思想史研究的现代化进程，只要真正达到了思想研究的目的就行。总的说来，思想史的研究范围更广。

综上，哲学史与思想史作为两门相互独立的学科，虽然颇多重叠涵摄之处，但也有明显区别，表现在以下四个方面：一是研究对象和范围不同，哲学史以哲学思想之内在逻辑联系为对象，则哲学史料须是历史上有"所见"之哲学家著作才行；思想史的材料则不仅包含哲学史，还包含很多其他社会思想，诸如政治思想、经济思想等。二是研究方法不同，哲学史以

---

① 这并不是否定纯概念推理或在纯理论上能创造出思想，尤其是科学领域。只是强调真正对社会生活普遍产生影响的重大思想，其要么是来源于现实生活的感悟，要么是以改变现实生活为导向，若其产生脱离于现实社会而又不能对现实生活产生重要影响，则不符合思想应该对普遍一般社会生活产生较大影响的内在规定，也不能称之为思想，而只能是空想、瞎想。

② 张岂之（1983）认为"思想史就是理论化的人类社会思想意识的发展史，思想史就是研究人类历史上社会思想意识发展、演变及其规律的学科"。李锦全（1984）也认为思想史是"思想流变发展规律的历史进程"，汤一介（1983）认为"'思想史'是个很含混的名称，它可以包括人类意识形态各个部门的思想，如政治思想史、经济思想史、伦理思想史、逻辑思想史、艺术思想史、宗教思想史、军事思想史等，当然也可以有哲学思想史"。

理论思维为主，即使是中国哲学的特殊体验也必须建立在义理之学的基础上，多强调形而上者；但思想史可以是考据、训诂，更可能要通过社会历史环境及生活事件等去研究。三是研究责任和目的不同，哲学史研究需要选择历史上对哲学发展有重大贡献和推动作用或是开辟新的哲学研究领域的学者，通过对他们之哲学思想的考察和研究进而揭示整部哲学史的内在逻辑演变历程，哲学史的研究就是对哲学本身的研究（黑格尔，1959），所以除了必须阐述历史上哲学家之"见"外，还必须有"我见"（冯友兰，2010）；思想史则必须对所有思想家所有领域的思想进行研究，以梳理出整部思想史流变发展的规律，则思想史再经典也应以回到历史本身去研究而不能掺杂太多研究者的"我见"，所以不是每一个被记载的哲学爱好者都能被称为哲学家，但他们无论是重述前人的哲学思想还是无所建树地诠释或力行，都能算是有思想的学者。四是研究的深度和旨趣不同，哲学史是一种反思，是对已然成型的哲学理论的再思考，是对思想的"思想"；而思想史则在于呈现出思想的原貌和流变历程。换句话说，哲学史是要反思思想"何以可能"和"如何可能"的问题，而思想史则是解答思想"是什么"和"为什么"的问题。

正是基于上述分析，笔者才拟定了本书的题目：先秦气论哲学体系试构。在这里，笔者不是为了写作先秦气论思想史，也不是为了写作先秦气论哲学史，而是站在整部中国哲学史的角度，将先秦气论思想史看作整部中国哲学史这一个活生生的有机生命体之一部分（好比是支撑整个身体的双脚），以对先秦气论思想的总体考察为基础，运用哲学研究之"综合创新"的方法，对其进行再反思，以期为推进中国哲学及其历史之研究的现代化进程尽一份力。

（三）中国哲学与中国哲学史

哲学并非西方文化的专利，任何关于世界观和人生观的学问都是哲学。所以中国哲学的研究不必非得像冯友兰先生那样"选出西方哲学可以名之者"加以研究[1]，也不必像胡适（1997）那样不可不借用别系的哲学作为解释的工具，而应该以自己哲学之民族性为前提，在充分深入地理解自己哲学之内在系统的基础上，综合外来哲学之精华创造出符合当下实际的新文化、新哲学，或者说继承性地创造出中国传统哲学在现代的新形态，

---

① 冯友兰（2010）认为中国哲学就是以西方哲学的范式重写或重讲中国之某种学问或某种学问之某部分。

故而有所谓"儒学三期说"。①所以中国哲学的研究,绝不是"哲学在中国",而是要实现中国固有哲学之内在系统的现代化,中国哲学史研究也只是中国哲学的历史而不是"哲学在中国的历史"。

与中国思想史不同,中国哲学史的研究范围应该更集中。汤一介(1983)认为"哲学史"应该把研究的内容更集中、重点地放在研究人类理论思维发展的内在逻辑的历史上。所谓理论思维发展的内在逻辑,就是指历史上之重要哲学家之理论思维逻辑及其与前人理论思维之逻辑关系。之所以是重要的哲学家,是因为历史上无所建树的哲学研究者比比皆是,但他们的理论思维能力与成果有限且也不能与前人衔接,无法契入中国哲学史"一以贯之"之"道统"或理论及思维主线的发展脉络。可见,不是所有从事中国哲学研究的学者都能被写入中国哲学史,而只有那些对哲学发展有重要贡献和推动作用或开辟出新领域的哲学家才行,但中国思想史不同,它可以把"国学""经学"直接当作研究的对象。

中国哲学的内在系统是一贯的,也是独有的,与西方文化和印度文化并世为"三大文化",或者说是文化的"三路向"。②所以对西方哲学的研究,不必非得从中国传统哲学寻找根据,也即现代新儒家之"内圣开出新外王"之观点,事实证明这很难完成,几近于不可能;对中国哲学的研究,也不能以西方哲学之范式为原则和导向,那样以丧失中国哲学民族主体性为代价的现代化哲学历程也被证明是不符合中国实际的。然而中国哲学面向世界已不可避免,且中国之社会也在几经变动后出现了既不同于以往也不同于西方之特色社会,这就要求中国哲学及其历史之研究者们在进行文化思想之生产时要慎之又慎,"综合创新"也必须要有基本原则和指向,即以中国社会当下的实际和世界文化格局为背景、以中国传统文化之精华为根本起点、以西方文化之精华为素材,创造出超越东西方文化的社

---

① 牟宗三先生在《重振鹅湖书院缘起》中正式提出"儒学三期说",宗旨就在于论证"内圣开出新外王",主张第一期是先秦至东汉末年;第二期是宋明理学;第三期是现代新儒学。实际上,沈有鼎(2006)提得更早,他在《中国哲学今后的开展》中也提出中国哲学发展的"三期说",认为从尧舜三代至秦汉是第一期,魏晋至宋元明清为第二期,现代新儒学开始为第三期。杜维明先生在《北京日报》2014年4月21日第19版主张"儒学三期说",他一方面赞同牟宗三先生的意见,另一方面又有所补充,即以地域为导向,认为第一期是从曲阜地方知识地域文化发端,经过先秦至汉代数百年发展而成为中国文化的核心,第二期是从中国文化发展成为东亚文明,以宋明儒学为主导,第三期儒学则是要面向全世界,成长为"具有全球意义的地方知识"。

② 梁漱溟(1999)在《东西文化及其哲学》中主张文化的"三路向"说:西方文化是意欲向前的文化,中国文化是调和折中的文化,印度文化则是反身向后的文化。

会主义新文化。[①]中国哲学及其历史的研究本来就担负着未来中国文化创造的历史使命，所以中国哲学界迫切需要建立完备的、独立的中国哲学学科及中国哲学史学科，迫切需要改变中国哲学及其历史的研究始终被作为"史"而不能参与思想生产之历史命运（李景林，2013a），迫切地需要参与到未来世界文化创造的历史进程中，唯其如此，中国文化才能绵延不断，中华民族也才能屹立于世界民族之林而经久不衰。

---

① 张岱年（1996）在《综合、创新，建立社会主义新文化》中正式提出"文化综合创新论"，即一方面，要总结我国传统文化，探索现代中国落后的原因，并对其优缺点有一个明确的认识；另一方面，要研究西方文化，并对其优缺点有明确的认识；再根据我国现实国情，将上述两个方面的优点综合起来，创造出一种更高的文化。并强调，所谓创新就意味着这种新文化与中国传统文化和近代西方文化都不相同，因为它是具有中国特色的社会主义新文化。

第二章　中国哲学视域中的气

所谓中国哲学视域，就是指站在中国哲学自身的立场，而非站在外来哲学的立场采用中国哲学的视角或用外来哲学的理论和思维方式研究中国哲学。所以中国哲学视域中的"气"指的是中国哲学本有之气、源头之气，而非外来哲学所谓唯物之气、实体之气。然观近一百多年来中国哲学及其历史的发展状况，不难知道中国学术界一直深受二分法观念的影响①，以致失却中国哲学本有的立场和思维方式，迷失在追随外来哲学的学潮中。尽管现在已经醒觉，但毕竟时间尚短、范围有限，效果也不尽如人意。窃以为，要想真正改变这种局面必须循次完成以下三个步骤。第一步，破除外来哲学的影响，主要体现在对"以西范中"和"以苏范中"两种外来思维模式的批判上，论证中国学术界从来就不是割裂的排斥性二分法的思维方式，而是整体的互系性思维；第二步，借确立中国哲学基本问题来展现中国哲学之民族性与特殊性，主要体现在对中国哲学之宇宙论和人生论的阐述上，论证"气是天人合一的中介"之结论；第三步，基于前两步，再探讨气范畴的演变历程和主要意涵，既能避免外来哲学之割裂的排斥性二分法思维的影响，又能从中国哲学自身的角度将气论思想还原成一个活生生的有机发展的生命整体来研究，从而理解气论思想在先秦时期发展演变的历史过程及理论形态。

第一节　气不是实体性范畴

气不是实体性范畴，有两种理解：一是指气范畴不同于实体范畴，二是指气范畴不是类似于实体性质的范畴。前者很容易成立，因为从一开始，气范畴与实体范畴就属于中西两个不同的哲学系统，尽管气在中国古人看来也类似于一种实体，但终究与实体不完全相同②；后者则探讨两种不同

---

① 杜维明等（2012）在《"出土文献与古代思想记忆的新方位论坛"纪要》中认为中国学术界一直以来受二分法的观念影响太深，但整个中国学术界又不是一个排斥性二分法的思考方式，导致在研究中国哲学相关问题时，总出现割裂的、非此即彼的思维漏洞。

② 李存山（2009）在《气、实体与场有》中也认为气与实体有相同处也有不同处，且更多倾向于认为气与实体主要是相同处多。

哲学系统之哲学概念的论域和性质问题，即气的论域不是如实体一般探讨世界本原的第一性问题，换句话说，气范畴可以不只是探讨世界本原问题，也可以是不探讨世界本原问题，而就中国古代气论思想来看，气范畴自然是不只探讨世界本原问题，因为当气范畴被用于说明"浩然之气"、"夜气"及"养气"等诸多精神理念和行为时，已经成为安顿现实人之精神世界的思维方式，不仅如此，气还是世界万物之所以然的根本原因，这与亚里士多德关于实体的定义和讨论大相径庭（北京大学哲学系外国哲学史教研室，1961）。所以，气范畴不是实体性范畴，所要表达的意思是：气范畴作为中国哲学对世界本原论的追寻，与西方哲学的实体范畴既有相同也有不同之处，但总体说来，不同大于相同。当然，在证明这个问题之前，先要回答西方哲学所谓实体是什么的问题。

何谓实体？西方哲学普遍认为，实体是表述世界之本原和存在之最普通的本质的哲学范畴，是哲学家对世界之客观实在性的终极追寻。考察历史上的哲学家关于实体的理论，虽然差别很大[①]，但大都不会违背以下两条结论：一是实体被当作本体论哲学的终极范畴讨论，即实体就是世界万物的本原，作为第一性存在的东西；二是实体作为本体论概念，都被诠释为独立自存的，不依赖于他物和条件而存在，既是各种具体事物的原因，又是自身的原因（李林昆，1985）。基于此，西方哲学家在讨论实体之具体规定性时，有的将实体解释为物质，如亚里士多德、费尔巴哈等[②]；有的将实体解释为精神，如黑格尔等[③]；有的赋予实体双重含义，既有精神性又有物质性，如笛卡儿等。[④]所以笔者将气范畴与实体相比，方知两者

---

① 如亚里士多德就将具体的个别事物看成是实体，也认为构成实物的质料和形式是实体，且实体是变中的不变，不依赖于他物而独立自存；斯宾诺莎直接将自然界当作实体；黑格尔则将实体当作绝对精神等。诸如此类的论述非常多，可以说在马克思主义哲学以前，关于本体论的思考，自从亚里士多德明确提出实体范畴后，就一直被学术界沿用以讨论本体哲学，在一定程度上，实体甚至构成了哲学发展的基本链条，把哲学史上所有以本体论为基础的哲学连贯成一个整体（梁枢，1990）。

② 亚里士多德在反对柏拉图的理念论时，曾将具体的现实可感的一般物体当作实体，认为只有具体的事物才是现实存在而不依于他者而存在，当然构成具体事物的质料和形式也被看作是实体；费尔巴哈反对黑格尔的绝对精神，也认为只有感性的物质才是实体。

③ 黑格尔强调"绝对精神"，认为只有它才是唯一真实的实体，世界万物都是由这个唯一的实体演化而来的；贝克莱强调"存在就是被感知"，试图彻底否定实体的客观实在性，两人的区别在于，黑格尔的绝对精神外在于人心和人的意识，而贝克莱则强调一切以人心的感知为根本。

④ 笛卡儿赋予实体以双重性质，即精神性和物质性，而上帝作为绝对实体，则是两者的创造者，是世界的最高本原，笛卡儿试图统一实体的物质性和精神性，即实现上帝实体同万物的统一，但最后并没有成功。其后斯宾诺莎部分地继承了笛卡儿的实体观念，力图克服二元论的缺陷，他认为唯一的实体是自然界，也是神，可最终又导致实体脱离样式而自身具有实在性（高文新，1988）。

之同与不同在何处。

先论不同。主要表现在三个方面：第一，在老庄道家那里，气并不是独立自存的，也不是完全不依赖于他物和条件而存在的，因为气是由道产生的，道就是气所以存在的原因，其聚其散皆遵循道之自然而然的轨迹，在程朱陆王那里，也分别以理和心作为气的原因，即使在先秦黄老道家之气论、汉唐之元气论和张载代表的气本论那里，要么隐晦其辞地说出道生气的思想，要么强调气化之运行必由于道之自然而然方可有序进行，总之气在最后也要被归于道、天道或太极①。第二，气不仅是世界万物的本原，更是世界万物如此的原因，即不论是形式还是质料，抑或是具体的个别之物，其存在的状态和方式都不是突然的，也不是先在的，而是由气化的流行决定的，气化的始末和规则又是由道决定的，需要说明的是：气化之动力源自气本身，是由气内部之阴阳互动生发的，而非如实体那般需要最初的推动力。第三，气化的过程是自然而然的，没有其他意志的推动和干扰，但并不是孤立的独化论，因为气化的过程离不开道的指引，换句话说，道普遍存在于气之聚散过程的每一个环节，气化过程的本身就是道的体现，所以两者既是生成与被生成的关系，又是一而二、二而一的关系，是完美的统一体，这是中国哲学根本区别于其他哲学的地方之一，即气范畴从中国哲学的原创期开始，就已经作为一个统一的整体概念被赋予了构成宇宙观、人生观和价值观的历史使命②，是一个包容性极强且早熟的根本范畴，与西方哲学之实体范畴或被诠释为精神性，或被诠释为物质性，或被认为是两者的结合，有本质不同。所以，如果把实体看作一种哲学的思维方式，则气也是一种中国哲学传统的辩证思维方式，实现了质料与形式、本原与动力、精神性和物质性的高度统一。

再论相同。气范畴和实体范畴都被作为世界万物之本原进行讨论，且

① 黄老道家虽然与老庄道气论分离，开始了由道论向气论的转化过程，但是并没有完全抛弃道生气的思想，如《管子》强调精气就是道，《列子》认为气之前还有"太易"，即使是明确提出元气概念的《鹖冠子》，也认为"有一而有气"（《环流》），气是道体化生万物的介质；而在汉唐，元气论则有"太极中央元气""太极元气，函三为一"（《汉书·律历志》）等说法，扬雄也提出"玄""摛措阴阳而发气"（《太玄·玄摛》）等；张载气本论虽然主张气为万物之原，但是却必须归于道，因为如果没有道则气化不能进行，世界万物也必然无以生成，"太和所谓道""由气化，有道之名"（《正蒙·太和》），又说"一物两体，气也"（《正蒙·参两》），"一物而两体，其太极之谓与！"（《正蒙·大易》）可见，气在最后都是要归于道或太极的。

② 先秦时期，不论是老庄道家及黄老道家等道家一脉，还是孔孟儒家及思孟学派等儒家一脉，抑或是兵家、阴阳家等，谈到气都自然而然地将其作为宇宙观的根本范畴，并与人心、人性及道德相连，成为人们解释人生和沟通天人的中介。

在对本原的理解中，中西方哲学的选项是相同的，即都有将本原诠释为精神、物质或两者之结合的思想，不同的是中国传统哲学的气范畴是所有选项的有机统一，而西方哲学的实体范畴则是三者取其一。

由此可见，气与实体相比，不同大于相同。正如李泽厚（1986）所说：中国古代哲学范畴（阴阳、五行、气、道、神、理、心），无论是唯物论还是唯心论，其特点大都是功能性的概念，而非实体性的概念，中国哲学重视的是事物的性质、功能、作用和关系，而不是事物构成的元素和实体。当然，在马克思主义哲学中，较少提到实体范畴，而是以物质范畴代替，作为与精神相对立的范畴，此与气范畴的差别又比实体与气范畴的差别更大。

一、"以西范中"视域下的误解

由于受西方哲学之主客二元对立思维的影响，学者们在进行哲学研究时，总是要明确区分主体、客体，并以主体对客体的逻辑研究为哲学思维的过程，这本无不妥，作为人类认识世界的一种方式，是有着时代的进步性的，但是如果仅仅以此作为哲学思维的唯一标准，并以之否定人类文明史上的其他哲学形态和思想，就不可避免地要陷入教条主义怪圈。如近代以来，以胡适和冯友兰两先生为代表的西化学派，在书写和研究中国哲学史时，就认为中国本无哲学，只有借鉴西方哲学的理论和形式或将中国传统中关涉哲学问题的思想用西方哲学的思维表述出来，才是哲学，这就造成中国哲学史实际是在中国的哲学史而非中国哲学的历史之尴尬局面。现代以来，虽然这种状况在逐渐改变，但是中国哲学相对于西方哲学而言，仍然处于弱势，甚至出现中国哲学合法性危机的问题，这充分说明世界哲学界甚至是中国哲学界，仍然用西方哲学的眼光看中国传统哲学。所以中国哲学要想自立，就必须要改变这种现状，就必须要认清西方哲学范式对中国哲学的负面影响，只有破除了西方哲学范式的唯一性，中国哲学才能取得与之平等对话的资格。

在气论哲学中，西方所造成之最大的误解就是将气类同于实体，出现这种结论的原因，笔者以为主要是西方哲学二分法思维的影响，将实体看作是独立于主体之外的客观实在的客体，现实的主客二元对立，造成认识论上的僵化，即实体范畴要么是精神，要么是物质，就算是有如笛卡儿的思想者那样想要统合两者，最终也是无法实现，甚至形成两个平行实体的二元论矛盾体。如李存山（2009）在《气、实体与场有》一文中，一方面认为气与实体既有相同又有不同，一方面又提出气就是实体的说法。如他说中国哲学的"气"范畴，从"实体"不限于形体、形质的意义上讲，与"无""理""良知"一样，也可称为"实体"；当然，"气"作为中国古代的物质性范畴……也不失为一种"实体"。事实上，笔者大部分同意李先生在文中的观点，只在此处稍有不同意见。笔者以为气范畴本与实体范畴不同，两者属于中西两个哲学系统，不能因其与实体范畴的论域相似，就用实体范畴的规定性来讨论它，即文中所提到的"从'实体'不限于形体、形质的意义上讲"。首先不用附会实体范畴，气范畴在先秦时期也已经有"太虚""浩然之气""仁气、礼气""德之气"的意涵，与"无""理""良知"在一定程度上相类；而附会"实体"范畴，则"'气'作为中国古代的物质性范畴"一句又有漏洞，因为气既然已经与实体相同且不限于形体、形质而有精神意味，又为什么只能作为物质性范畴？笔者思之再三，难有正解，姑且一论，以就教于方家。窃以为这是由于受二分法影响，因为实体的最先提出是由于人们预设了实体之客观先在性逻辑，即实体被作为客观万有的来源而先在地外在于人类，至笛卡儿喊出"我思故我在"的口号并强调作为主体的人在认识中的作用，更是鲜明地提出作为主体的人也可能是客体的思想，是所谓"心灵实体"，但旋即被斯宾诺莎否定，仍然倡导一元论的实体观，其后的哲学家也大都认为二元论的实体观不可行而提倡主客两分的一元论实体观，可见在欧洲哲学史上的实体范畴之演变历程中，其由来已久的惯性思维就是主客两分且非此即彼、不可调和，表现为物质和精神是无法统合的分裂的对立面。所以如果气等同于实体，基于气范畴本身在中国古代哲学中的规定性，则气只能被理解为客体的物质，而主体的"我"才是具有认识能力的能动精神。这样虽然能解释气范畴被理解为实体时只能作为中国古代哲学的物质性范畴的判断，却无法解释在中国古代哲学中，气范畴广泛被用来解释精神和价值甚至就是精神和价值之源的思想，如孟子的"浩然之气""夜气""平旦之气"，显然是精神性的气而非物质性的气，李景林（2009）也说我们今天讨论物质实存性，往往受西方哲学质料与形式原则对峙观念的影响，并认为孟子所言"气"并不是构成事物的质料，而是基于人的物质实存性显现人的内在精神生活，是一种与肉体活动相统一的精神状态或精神力量。故此笔者以为，气范畴不能等同于实体范畴，相反，气不应该被认为是实体性范畴，因为即使在先秦气论思想中，气也很早地被用来解释人心、人性和价值，早已经不局限在解释世界的宇宙观方面。

　　所以，我们在抛弃掉西方哲学范式的"眼镜"而回到中国哲学自身来研究先秦气论思想时，就应该站在中国哲学本有之哲学思想的角度，关注气范畴在先秦时期已经被用来解释世界和解释人生（包括人心、人性、道德及价值等）的事实，将之视为一个活生生的有机生命整体来进行研究。

二、"以苏范中"视域下的误解

"以苏范中"，又被称为"两军对垒"，指的是研究者奉苏联马克思主义研究者日丹诺夫之哲学史定义为唯一定义而产生之研究中国哲学及其历史的思维定势。日丹诺夫认为哲学史应该就是"唯物主义和唯心主义的斗争史"，自此中国哲学的研究就变成单纯地划分和论证思想是属于唯物阵营还是唯心阵营，且两者是不可调和同为一体的，而中国哲学史就成了两大阵营斗争的历史。经过几十年的研究，事实雄辩地证明，完全运用这种研究中国哲学及其历史的方式不但不能真正了解和继承中国古代哲学的系统，反而有使中国传统文明断裂的危险，必须要被抛弃。本来，马克思主义哲学作为一种研究中国哲学的方式，是有着许多可借鉴之处的，但如果作为研究中国哲学的唯一范式，就抹杀了中国哲学固有的民族性，也无法完全回应中国现在之既不同于以往又不同于西方的社会现实实际，所以必须破除这种误解，回到中国哲学固有之内在系统上来，在了解和继承的基础上，再融汇西方哲学和马克思主义哲学的精华，"综合创新"出超越两者的社会主义新文化。

在"以苏范中"的思维模式中，与气范畴相对应的是物质范畴，然而两者却有着极大的不同。因为在中国传统哲学中，气不仅被用来解释世界，更被用来解释人生，是安顿人们的精神世界和树立精神价值的重要范畴，甚至被理解为天道、天理在人性中的规定，从而成为天人合一思想的中介，这些从笔者对先秦气论思想的研究中都可以看出，但物质范畴作为精神范畴的对立面，是不被赋予精神意涵的。然而在中国哲学及其历史的研究中，气一直都被诠释为物质范畴，这就从源头否定了中国传统哲学固有之系统，也从根本上抹杀了中国传统哲学之气论思想的实质，强用物质范畴规定气范畴，最后只能陷入一个哲学家或一个哲学思想既是唯物主义又是唯心主义的困局。

总而言之，不论欧洲哲学的实体性范畴还是马克思主义哲学的物质范畴，都无法概括和比附中国哲学的气范畴，因为中国学术界本来就不是排斥性二分法的思维方式，即不是以主客体二元对立之思考方式主导下的对象性思维看待本原性问题，故而没有二元对立论，也没有独立于万有之外的高高在上的超越的本体论。海德格尔认为正是这种主客体二元对立的思维方式造成了形而上学讲不清楚的弊病，他认为当哲学家陷入这种思维时，就会自然而然地把自己当作认识的主体，而把世界仅仅当作一个客体的对象来考察，这样做的结果是直接割裂了认识世界与认识人自身的同一辩证关系，从而陷入"知识论-本体论"的窠臼之中（宋志明，1998）。这是中国哲学与西方哲学包括马克思主义哲学之根本的不同，所以要想继承和发扬中国哲学的优秀传统，首先就必须要破除这些外来哲学视域下的误解。

　　然则破除外来哲学的误解之后，要确立怎样的中国哲学思维传统呢？也就是说，与西方哲学主客体二元对立之思考问题的范式相比，中国传统哲学是怎样的一种思考问题的方式？笔者以为，要回答这一问题，首先要解决中国哲学主要谈什么的问题。冯友兰先生晚年在思考何谓哲学时曾说哲学是人类精神的反思（冯友兰，2010），又说，人类精神的反思必然要牵涉各方面的问题，对于广泛的问题作广泛的讨论，并将人类精神的反思概括为自然、社会、个人的人事三方面及其间的互相关系（冯友兰，2010）。可见，冯先生晚年不但摒弃了早年的单数哲学观，即哲学不是只有西方哲学一种讲法，所有人类精神的反思都是哲学，所以中国也有哲学，本不必非得借用西方哲学的范式来研究中国哲学，且与西方哲学传统思维所限定之哲学有且仅有自然界为其唯一的研究对象相比，中国哲学的论域则有三个：自然、社会和个人的人事。所谓自然，是指人生活于其中的客观环境，属于宇宙论部分，在中国哲学中可以称之为"天"；而所谓社会和个人的人事，则分别对应群体的生存样式和个人的生存样式，属于人生论部分[1]，在中国哲学中可以称之为"人"（宋志明，2010）。所以中国哲学主要谈论的问题就是天人关系问题，或者说天人关系问题是中国哲学的基本问题[2]，且气论思想就是天人关系问题的基础与核心，姑不论中国古代哲学基本都以气论思想作为宇宙论的主要内容，单就人生论来说，不论是老庄"抟气致柔""听之以气"的修养论，还是孔孟"血气三戒""浩然之气"的修养论，又或者思孟学派以气释心、性、德的道德论，等等，都历史地证明了气论思想一直被用来作为描述和解释人生的价值及意义，这也本然地符合中国古代哲学发端之"推天道以明人事"的思路，所以气论思想从其产生之初就被赋予了沟通"天""人"的历史使命，从而成为思考天人关系问题的重中之重。

　　明确了中国哲学的基本问题和主要论域，便可通过对其在中国哲学史中的变化和演进历程窥得中国哲学之传统思维特色。于是我们发现，中国

---

① 本部分以下再谈到人生论时，若无特殊说明，都是指社会和个人的人事之整体。

② 关于中国哲学的基本问题是天人关系问题的论述，本章第二节会有专门论述。

哲学独有之思维是气论思维，而气论思维的最大特色就是整体互系的描述性思维[①]，被用来描述和解释世界整体及人在其中的地位、价值及意义，因为世界本就是不可分割的先在的圆满的整体（中国古代哲学先在地认为只有一个世界），所以宇宙论和人生论本来就是"一"，只不过所处位置不同而有差别体现，故而先哲提出"推天道以明人事"的思路，以期参悟最本原的"一"。因此，"天"与"人"从来就不是两相对立的论域，而是相通相依相合的一体之两面，"中国传统哲学，从先秦时代至明清时期，大多数（不是全部）哲学家都宣扬一个基本观点，即'天人合一'"（张岱年，1985）。换句话说，中国的思想家或学派大多数都同意"天人合一"，不同点只是在对怎样的"天""人"及如何"合一"的理解上。要之，中国古代哲学思维以气论思维为独有之特色，是一种整体联系的描述性思维，表现为："天""人"本为一体，哲学的演进是以两者的统一为前提的，不存在主客体二元分立的对象性、分析性思维，"天"对于"人"的先在性是不证自明的基础，所以中国学者不会追问"天（世界）是什么"，而只会寻求"天（世界）怎么样及人与天的关系怎样"的答案，反映在哲学上就是："天道"与"人道"也只是一个道，只不过侧重点不同，"道一也，在天则为天道，在人则有人道"（王夫之，1975a）。

关于中国哲学之整体的联系性思维，国内外学者们虽称呼不一，但内涵却一致。国内学者以蒙培元和陈志良两先生为代表，称之为"主体性思维"，如蒙先生说按照中国哲学思维，客观原则即存在于主体自身之中，主体与客体、人与自然的统一需要靠主体的内在意识及其实践才能实现。人作为主体，不仅是万物的"主宰"，能够与天地"参"；而且是宇宙的中心，能够"为天地立心"。它突出了人的主体性，但并不强调主观性。从这个意义上说，是一种东方式的或中国式的主体思维（蒙培元，1991）。陈志良（1992）也认为中国传统思维鲜明地突出了人的主体地位和"参"的作用。国外学者以葛瑞汉和安乐哲两先生为代表，其中葛瑞汉先生认为中国宇宙论将一切事物都看成是互相依存的，而不依赖超越原理解释万物，也没有规定一个超越的源头去派生万物，并认为这种看法的新奇之处在于揭露了西方诠释家的先入为主，即以为西方那种终极原则的超越性必定包含在"天"和"道"这种概念中（田辰山，2002）。安乐哲先生在《孟子哲学与秩序的未决性》一文中认为所谓的互系性思维，是中国人基本的思维方式，而且是汉代以前就有的，又说，不含本体论观点的思维使得中国

---

① 详见本书第五章第一节，此处只略作证明。

传统与古希腊人所习惯的潜在本源观念形成鲜明的对照。所以中国只有一个发现于世界本身之内的、永远在变化中的过程常性，其使得世界具有某种连贯性和定性，又由于其内在的不定性而显得常常出新和不可预测。可见中国哲学之整体性的联系性思维与西方之主客体二元对立的分析性思维有着本质差别，这是研究中国哲学及其历史者必须要注意的问题，因为只有认清差别，才能避免被西学影响，才能真正运用中国传统的整体性的联系性思维模式重新审视和研究中国哲学，尤其是气论哲学，也才可能在未来新文化的塑造中坚持正确的"综合创新"之道路。

综上，气论哲学，尤其是先秦气论哲学，其关涉的论域不只是在宇宙观即"天"的领域，也同样关涉人生观即"人"的领域，更是在根本的理论中充当"天人合一"的中介。是所以气范畴是一个包容性极强的哲学概念，从其产生之初到成型，中国哲学家不仅赋予了它描述和解释世界总体的宇宙论论域，还赋予了它描述和解释人生价值及意义的人生论论域，且两者并不是水火不容的二元敌对的关系，而是被融贯成一体，成为理解人之内外[①]、沟通天人乃至于贯通儒道的中介，更是中国哲学实现内在超越进路之不可缺少的一维，故而不能简单地用二分法去规定它，相反只有回到中国哲学自身之系统，将气论思想尤其是先秦气论思想，看作是一个活生生的有机整体，才能真正理解气论思想在先秦时期的发展演变历程。

第二节　气范畴的演变历程

气论思想作为中国哲学之根本思想之一[②]，在每个时期都有着不同程度的发展，相应地，气范畴的哲学内涵也在不断地丰富和演进当中，两者本就是相生相成、互为存在的。所以，若要厘清气范畴发生发展变化的逻辑，须先弄清楚气论思想之发生发展变化的轨迹。第一，气概念最早出现在甲骨文和金文当中，于西周末年出现哲学意义上的气概念；第二，在经历春秋时期宗教神学的动摇后，气论思想产生，气范畴已然具备了表示精

---

① 所谓理解人之内外，即是指理解人之内在精神（如儒家的伦理信念和道家的"心斋"等）与外在世界之流变的关系，如告子提倡"仁内义外"说，孟子则认为天赋予人"仁义礼智"四端，《中庸》说"诚者，天之道也；诚之者，人之道也"等，宋明时，如朱熹强调"人人有一太极"及"理一分殊"和阳明主张"心外无理"及"心外无物"等。

② 李存山（2012）在《气论对于中国哲学的重要意义》中说："气论与儒家的仁学、道家的道论等等共同构成了中国哲学的基本倾向或特质。"黄开国（1991）在对李存山先生著《中国气论探源与发微》一书的书评中也认为气论是中国哲学自然观的主流，应成为研究中国哲学的重点。

神和心理状态的意涵；第三，至战国时期，气论思想进入高速发展期并趋于成熟，气范畴的主要论域已经定型并逐渐成熟，"元气"论思想也初具模型；第四，汉唐时期，气范畴被进一步诠释，"元气"思想发展成熟，并被作为人性论的直接来源；第五，宋元明清时期学者则在前人研究的基础上，从理、心、性等角度对气范畴进行新的诠释从而产生不同学派，虽然各家说法不一，但气范畴的根本的主要论域及由其生发的气论思想的地位和作用，并没有发生变化①，一直被作为"天人合一"的中介，兼顾到宇宙论和人生论两方面，更使得气论思想的地位得到加强。

总而言之，气范畴的产生至发展成熟共经历了五个阶段，即甲骨文金文时期、春秋时期、战国时期、汉唐时期、宋元明清时期，而气范畴的主要论域，则是从一开始哲学意义上的气概念产生时，就已经初具规模，在经历春秋战国时期的高速发展后，气范畴的内蕴已然成熟。汉唐及宋元明清时期，都是在此基础上，不断整合与完善气范畴的主要论域，从而生发出一脉相承的气论思想来，也正因为如此，气论思想才能作为中国哲学的根本思想之一而不动摇。下面，本节就从气范畴的演变历程及主要论域两个方面分而述之。

一、甲骨文金文时期：哲学意义上之气概念的产生

这里说的甲骨文金文时期，主要是指西周及西周以前时期。其时，已经出现作为动词使用的气的象形字。如甲骨文的三，于省吾先生认为即是今之气字，有乞求、迄至、终讫三种含义②；而气在金文中写作彐和⺄，是为区别数字之三而来，其用法也与甲骨文相似。据此，有日本学者认为甲骨文金文中只有动词的"气"字，没有名词的"气"字，故此"气"字也没有《说文解字》所解释的"云气"的含义，从而将气论思想的产生推延至战国时期（小野泽精一 等，2007）；李存山（1990a）则从气字象形的角度，认为春秋及春秋以前就已经有名词"气"字，且动词"气"字的用法是在名词"气"字的基础上发展起来的。笔者以后者为有理。首先，金文中也有名词"气"的用法，如"行气铭"（《三代吉金文存·卷二十》），这里的"气"写作氖，陈梦家（1938）认为此"气"与《老子》的"抟气致柔"、《孟子》的"养气"相同，白奚（2003）也主张此"气"与人的

---

① 刘长林（1991）也认为"气"作为哲学范畴，不同的哲学家有不同的看法，但是"气"的重要地位和作用，一直为大家所公认。

② 转引自李存山（1990a）所著《中国气论探源与发微》；另外，日本学者小野泽精一等（2007）的《气的思想：中国自然观与人的观念的发展》也持此说。

精神、生命、智慧有密切关系，即"行气"可以静心凝神、扩充自己，很显然此"气"已不再是简单的"云气""山川之气"的概念，而已经与人的心理活动和精神状态联系在一起，已经从单纯地、具体地解释自然现象变成对人身、人心的把握，则此名词概念的"气"势必经历长时间的变化发展才能形成，而根据先秦象形文字发展之逻辑，则此名词"气"字的概念必然引申自对自然界之概括的象形"气"概念[①]，比如因火而产生的烟气、蒸气，因为天气变化而产生的雾气、云气等，《说文解字》解释"气"时说："云气也"，解释"气"则说："山川气也"，正合此意。又因为西周末年，伯阳父以阴阳二气之运动变化解释地震之由来，其所凸显的思想倾向也是将人对宗教神学等不可捉摸的神秘崇拜拉回到对现实自然界的理解和顺应上来，所以这里的阴阳二气已经不再是单纯的云气概念，而成为解释自然现象之所以然的根据，是比云气、山川气、烟气、蒸气更为高明的概念，换句话说，云气、雾气、烟气、蒸气，甚至呼吸之气，都是比阴阳二气更为早期的概念，而之所以在甲骨文金文中不见这样的名词"气"概念，大概是因为出土之甲骨文金文文献，本来就极其有限。可见，此时的"气"概念已然初步形成了解释自然现象、社会现象以及人类精神世界的思想倾向。[②]

其次，古人有焚人牲以祈雨或祭祀云、天神的做法。[③]其所期望的是燃烧产生的烟气能够乘风达于上天，则"帝"或者"鬼神"就能获知，就可能行云布雨，刮起大风，"己丑卜，宾贞，雨，庚寅风？"（《殷契佚存》五五）而在更多的甲骨卜辞中，风、土、雨都成了"气"概念的另一种形态，或者说名词性的"气"概念是从风、土、雨等概念中脱胎而出的。[④]所以说春秋以前时期已经出现"气"概念的名词意义，而这也成了《左传·昭公元年》所记载的"阴、阳、风、雨、晦、明"之"六气"

---

① 拉法格（1963）说人是从象形文字开始的，他用物象的描写来代表物，李存山（1990a）评论说世界各国文字的初期发展都需要经过这样的历程，中国也不例外。

② 小野泽精一等（2007）的《气的思想：中国自然观与人的观念的发展》之中译本序中也提到，最早的气概念实际上已经包含了作为构成人体与自然的基本物质和作为支撑人的心理、道德修养要素这两方面的内容。

③ 如焄（炆），止从雨；焄（炆），亡其从雨"（《殷墟书契前编·五·三三·二》），"裵于云"（《殷墟遗珠·四五一》），《说文解字》："裵，紫祭天也。"又说："紫，烧柴焚燎以祭天神。"

④ 日本学者前川捷三认为气概念的原型应该是殷代甲骨卜辞中所见的风和土；平冈祯吉则从风与人们日常生活关系密切的角度，把寒、暑、风、雨归纳为风之一项，得出风即抽象的气的结论，因为风最易体验得知气的变化；赤冢忠氏根据风对农作物生成变化的影响，认为气概念是因风和季节变化的关系而产生的。以上皆转引自小野泽精一等（2007）。

的原型，所不同的是《左传》所谓"六气"是指天之气，而地之气则是指与"六气"相对待的"五行"。由此，也容易解释动词性"气"概念的乞求、迄至、终讫等意义是从名词性气概念演变而来的缘由了（如人们利用烟气蒸腾上天祈祷和祭祀，祈求上天下雨），即所谓"同声相应，同气相求"（《易·乾》），而名词性"气"概念演化为动词性"气"概念，也符合"动静相应"之变化规律。

可见，早在春秋以前时期，名词性的"气"概念就已经出现，且已经初步具备了解释具体的自然和人类社会现象甚至是人类心理和精神活动的思想倾向，不过这都是在物质性之"气"的基础上推衍来的，如"行气玉秘铭"和烟气祈祷祭祀所反映之先民的心理活动等。需要说明的是，"气"概念的这些意涵（所谓意涵就是指"气"范畴的论域，但因此时"气"范畴尚没有发展成熟，故如此称）或由其引导的思想倾向并非是哲学反思的结果，而只是朴素而浅显的涉及，是有识之士在长期的社会生活实践中总结归纳出来的，正如《易经》的卦爻辞一样，带有很浓厚的猜测和预言的性质，所以结论必然是断裂而又矛盾的，集中表现在人们虽然能够不断尝试去描述和解释具体的自然和人类社会现象，如用云气、烟气、蒸气以及呼吸之气来描述和解释，甚至也能在一定程度上明白自然现象对人类社会的影响，但始终只能将气概念归结为具体的气而无法上升到抽象思维的高度，更无法回答自然现象发生之缘由，故而只能将其归结为宗教的能力，这从人们祈雨和祭祀活动中即可看出。需要说明的是，笔者以为，人们的祈祷和祭祀，作为一种原始宗教形式，恰恰反映了人们的心理和精神世界，即人们祈望在自然环境的巨大压力下能够安稳地生存，祈望鬼神能够对人们的艰难生活给予启示和希望，因为早期人类对环境的依赖程度非常高，所以这是一种集体意识，是集体精神世界的外显，虽然与诸子哲学所论道德修养的精神世界不同，但综合人们对自然现象的解释，其试图从纷繁复杂的自然现象及其来由中获得人们生活的希望和准则的思路，却十分明显。这正是"推天道以明人事"的思路在春秋以前时期的萌芽，是中国古代哲学思维最初的朴素形态：在描述世界的过程中获得人与自然的和谐。可以说，到这里，气论思想作为中国古代哲学的基础，其论域和思维的框架已经初现端倪，只待气范畴的抽象的哲学意义之产生，气论思想就可以初步成型了。这一过程是由西周末年的伯阳父完成的。

笔者以为，伯阳父论地震，才真正标志着哲学意义上之气概念的诞生。因为气在这里已经从具体之气抽象为天地之气，并成为地震等自然现象出现的原因，这说明宗教神学在一定程度上已经开始动摇，有意志的人格神的天开始被怀疑，有识之士已经不满足于"天命""鬼神"对人的主宰，而是从自然和人类自身寻找根据，试图以气论的思想替代宗教神学，但这只能是一种天启式的伟大的思维构想，因为没能找到更多文献材料说明这种思维路径在其时已经被知识分子广泛接受，相反的是，很多材料证明其时知识分子主要信奉的还是宗教神学，而只有极少数人能像伯阳父一样思考。究其原因，也许只是因为出土的文献材料有限，我们只看到了一部分而已，也许是因为伯阳父论地震只是标志着哲学意义上气概念的诞生，只是标志着气论思想在西周末期的萌芽，本书取后者。因为一个思潮的广泛兴起，必然是在社会思想的各个领域都能有所体现，也不可能只是一人一家之言，所以依托现有材料，根据考古学"孤证不立"的原则，笔者以为西周末年的伯阳父论地震并不能代表气论思想的真正产生和流行，而只能作为哲学意义上之气概念诞生的标志。

二、春秋时期：解释人之心理活动和精神状态的气论思想产生

气论思想的产生，必须满足两个条件：一是天命信仰与宗教神学的动摇；一是农业文明的发展所催生之"推天道以明人事"思维的确立。只有破除了天命和鬼神对人类社会和自然的主宰，气论思想才有生存的空间，因为气论思想从其萌芽开始，就充当了人类描述和解释自然现象的媒介，也成了平复人类心灵由破除天命与鬼神信仰后所引发的空虚与恐慌情绪的工具，是以通过气论思想，人类可以依据对自然现象的认识来解释人类自身产生的社会现象，自然现象代表天，社会现象代表人，则最初的也是最根本的天人关系开始确立；而农业文明的发展，标志着一个全新的稳定社会形态的产生，且这个社会形态注定要在一定程度上掌握自然界之规律才能满足人类之生存，即人类社会必须通过在与自然界打交道的过程中获得足够多描述和解释自然现象的知识与能力，并将之运用到人类自身以顺应自然之道，从而满足自己的需要，是以"推天道以明人事"之思维自然确立，可以说，从气论思想萌芽的那一刻起，就注定了人类必然要走上"推天道以明人事"的道路，这是由农业文明的本质决定的，更是由最初的智者追索世界本原问题时的提问方式所引发的。[①]这两个条件，缺一不可。

---

① 宋志明（2010）在论述中国哲学基本问题时，谈及中西差别，认为古希腊之所以与古中国在哲学基本问题上有不同，是因为最初的智者在追索世界本原问题时的思考方式不同：古希腊哲学家遵循"世界是什么"的思路，而古中国哲学家则依循"世界怎么样"以及"人与世界的关系怎样"的思维方式，所以中国哲学家不像古希腊哲学家一样重视本原问题，而更注重本然问题：真实的世界究竟怎么样？人应当如何应对这个世界？

正是因为破除了天命与鬼神信仰，自然现象与社会现象之所由来及其相互关系急需一个切近人类自身的合理的解释；又因为农业文明的发展恰恰为描述和沟通自然现象与社会现象提供了一个切实的必需的方向，所以气论思想就应运而生。可以发现的是，从气论思想萌芽到产生之初，其论域就不仅仅是被用来描述和解释自然现象或是表现出被局限在把握世界总体之宇宙论（存在论）的思想倾向上，而是也被用来描述和解释人类社会现象乃至于把握人生价值的人生论（价值论）。

关于春秋时期的气论思想，其延续伯阳父论地震的思路，对气范畴进行高度的抽象化，已经从具体之气上升到用以解释自然和人类社会现象的抽象之气，比如：在解释自然现象方面，《国语·周语下》说"天六地五，数之常也。经之以天，纬之以地。经纬不爽，文之象也"，韦昭注"六"即是"六气"，与《左传·昭公元年》记载之"阴、阳、风、雨、晦、明"相同，此"六气"皆指天之气，与"五行"相配对，被用来解释各种自然现象的由来，此外，《国语·周语下》还记载太子晋"川谷导气"的思想，认为山川峡谷的存在和运动变化都自觉遵循气之运动的本然规律，"气不沈滞，而亦不散越"，人应顺之。在解释人类社会现象方面，《国语·鲁语上》提出"人助宣气"的思想，里革认为阴阳二气之运动变化自有其规律，鸟兽虫鱼也正是依据这样的规律才能生生不息，所以君王治理国家、教导百姓也应该遵循这样的规律，《左传·昭公七年》还记载了子产谈论"魂魄之气"，用以解释人死为鬼的现象。可见，其时气论思想已经被广泛应用到解释自然和社会现象上来，甚至上升到国家政治层面，成为"人道"的代名词，"天道远，人道迩"（《左传·昭公十八年》）。

需要说明的是，春秋时期学者特别注重用气来解释人的心理活动和精神状态，甚至认为气可以影响人的精神世界。[①]如兵法中的"勇气"，"夫战，勇气也"（《左传·庄公十年》），这是说战争的成败取决于军人的"勇气"，军人的"勇气"聚合则成为军队的"士气"，而将帅作为国家安

---

① 关于此点，学界尚有不同看法，如金银润（2009）援引李淑萍《两宋孟学研究》中黄俊杰和杨泽波两先生的观点认为，孟子以前先秦诸家的气都是物质性的。笔者以为此种说法不妥，理由有三：第一，郭店楚简出土的《性自命出》《五行》等明确提出了"以气释性"的思路，说明孟子以前气的精神性已被提出，更被用来解释人心、人性；第二，《孙子兵法》中的"勇气""士气"以及《左传·昭公七年》记载子产的"魂魄之气"等，都明显与人的心理活动和精神有关；第三，若孟子以前没有精神性的气，而在孟子那里突然出现，这一方面不能解释孟子为什么不同意或没有继承孔子"血气三戒"与人的心理活动和精神的关系，另一方面使得孟子的"浩然之气"成了无源之水、无本之木，不符合思想产生发展的思维逻辑。所以笔者以为春秋时期就已经大量产生用以描述和解释精神性的气。

危之主，则可以通过金鼓掌控和激发军队的"士气"，即《孙子兵法·军争篇》所谓"治气"者也。这里有几点需要注意：第一，所谓"勇气"，也即军人的战斗意志，是一种由内而外的气质，其代表的是军人内心的思维活动和价值准则。第二，"勇气"可以积聚也可以散失，高明的将帅正是通过金鼓将自己的意志传达给军队，以聚集成高昂的、统一的战斗意志的，而这一切都是通过"声气"来完成的，即所谓"金鼓以声气也"（《左传·僖公二十二年》）。"声气"何以能与人的心理和精神产生共鸣？盖由于呼吸之气，因为人的生命都只是气的维持和变化，所以遵循"同声相应，同气相求"（《易·乾》）之原则，气的变化能引起人的心理和精神的变化就理所当然了[①]。第三，所谓"治气"，在某种层面上，也就是"养气"，即保养和维持军队的"士气"。再比如医和所论的"淫生六疾"、子产的"魂魄之气"以及孔子所说的"血气"等都是气论思想影响人心理活动乃至于精神世界的明证。可见，伴随着气论思想的产生，气范畴天然地形成描述和解释自然现象的宇宙论（存在论）论域和解释人类心理、精神、思维等的人生论（价值论）论域。

三、战国时期：气论思想尤其是气范畴之主要论域的逐渐成熟

这一时期，气论思想有了长足的发展，尤其是经历了老庄的本体-宇宙论与孟荀人性论的改造后[②]，气范畴的主要论域基本成型并趋于成熟，奠定了气论思想在未来发展的基本方向。

首先，在经历了老庄本体-宇宙论的改造后，气范畴获得终极意义上的抽象，已然成为描述和解释世界总体的本原性概念，即气范畴是作为世界万物之所以成和所以然之意义而存在的。何为所以成？是就本原或本根意义说的，宇宙万有皆由其化生，谓之本原或本根；何为所以然？是就发生论意义说的，宇宙万有必须依赖它才能如此发展变化。需要注意的是，这种本体-宇宙论的思维模式，在先秦时期，主要体现为"道气之辩"，其有两种变化形态：一种是以老庄为代表的"以道统气"的思维模式；一种是以《管子》《文子》为代表的"道气合一"论。所谓"以道统气"，是说"道"是根本性的最终极的概念，而"气"是由道派生出来的，"道"

---

①　《管子·枢言》曰："有气则生，无气则死，生者以其气"，《十大经·行守篇》曰："气者心之浮也。"李存山（1990a）也认为"人气""血气"等词都是从呼吸之气演变而来的，并认为中国哲学家把精神气化的一个原因是人的精神状态与呼吸有密切的关系。

②　所谓本体-宇宙论及老庄孟荀气论思想的主要内容，在后面会有专门论述，此处未免重复，只作简要说明以梳理气范畴发展演化之逻辑。

有时也称为"一"，如一般情况下，当说明宇宙万有之终极本原时，"道"是第一性的，"气"由"道"派生，"天得一以清；地得一以宁"（《老子·三十九章》），这里的"一"即"道"，当说明宇宙万有之发生发展演化时，"气"则成为描述和解释一切的根本，当然也是在"道"的范围之内，此时的"一"又可与"气"通用，"道生一，一生二，二生三，三生万物"（《老子·四十二章》），此外，《庄子》《吕氏春秋》《鹖冠子》《列子》等都有这样的思想，因后文有专论，此处为免重复，故不赘述；所谓"道气合一"，意思是直接主张"道"即"气"，这在《管子》中有突出表现，"精也者，气之精者也"（《管子·内业》），此外《文子》《黄老帛书》也有这样的思想。

其次，在孟荀人性论思想的改造下，气范畴被赋予了人性论意义，直接被用来解释人心和人性，如《孟子》的"浩然之气"和"不动心"等，李景林（2009）就强调孟子的气是人内在精神生活的显现，不是惰性物质、质料的概念，可以概括为一种与肉体活动相统一的精神状态或精神力量。笔者以为然。

当然，气范畴被直接用来解释人的精神活动乃至人心和人性，并不是孟荀的独创。如郭店楚简《性自命出》篇的"喜怒哀悲之气"，韩非子《解老》和《喻老》篇的"德之气"，而《庄子》和《管子》也明显带有"以气释心"的痕迹。[①]可见，此时气范畴的两个主要论域已经成型：一是宇宙论（存在论）论域，即描述和解释世界总体；一是人生论（价值论）论域，即描述和解释人生的价值和意义。此后气论思想的发展都是按照此思维模式进行下去的。

四、汉唐时期：气论思想的新发展

汉唐时期，气论思想的最大亮点就是将先秦时期的"元气"思想进一步丰富和发展，正式提出"元气"一元论思想，并广泛地用来描述和解释人生的价值和意义，尤其是人性。

据现有材料考订，最早提出"元气"一词的是《鹖冠子》，"天地成于元气，万物乘于天地"，《吕氏春秋》也有"与元同气"的说法，然此时"元气"更多是作为对天地万物之本原的气范畴的形容，强调的是最根本的、最原始的气，由"道"派生，且"孤证不立"，所以只能被当作"元气"思想在先秦时期的萌芽，还不是发展成熟的"元气"思想。可到了两

---

① 详见本书第四章第二节相关内容。

汉时期，先是由董仲舒明确提出"元气"，"王正，则元气和顺"（《春秋繁露·王道》）、"布恩施惠，若元气之流皮毛腠理也"（《春秋繁露·天地之行》），虽然这里的"元气"并不具有本原论意涵，但其后的谶纬神学却明确提出以"元气"为天地万物之本原的思想，"元气闿阳为天"（《河图》），《易纬·乾凿度》说："通天地之元气"，《太平御览》引《礼统》说："天地者，元气之所生，万物之所自焉"，如此等等，都在说明"元气"是天地混沌未分之前之一气，所以是一切的来源和所以然，而天地判后，"元气"亦存在于天地之中。当然，谶纬神学并不是真正的"元气"论者，因为"元气"在这里只是为了解释的方便，其最终目的还是为其有意志的人格神的"天"服务。实际上，真正对"元气"一元论思想作出重要贡献的是王充、张衡及王符等人。

关于"元气"一元论的宇宙模式，《淮南子·天文训》说得很清楚：

> 道始于虚廓，虚廓生宇宙，宇宙生气。气有涯垠，清阳者薄靡而为天，重浊者凝滞而为地……天地之袭精为阴阳，阴阳之专精为四时，四时之散精为万物。

"虚廓"，即虚无，也可称为"一"，"所谓无形者，一之谓也"（《淮南子·原道训》），可见这里的宇宙模式承袭于老庄的思想，以"道"为天地之最本根，"道"始于"虚廓"，"虚廓"生宇宙，也即时空，进而化生"元气"，派生出天地万物。这一时期的道家基本遵循这样的宇宙模式，然儒家不同，并不承认在"元气"之上还有"道"，相反地，以王充为代表的儒者集团认为，"元气"就是宇宙万物之最根本，也即"太极"，在其之上并没有更高的存在，如：

> 易始于太极，太极分而为二，故生天地。（《易纬·乾凿度》）
> [天]地者，元气之所生，万物之祖也。（《白虎通义·天地篇》援引《礼统》）
> 说《易》者曰："元气未分，浑沌为一。"儒书又言："溟涬濛澒，气未分之类也。及其分离，清者为天，浊者为地。"如说《易》之家，儒书之言，天地始分，形体尚小，相去近也。……儒书之言，殆有所见。（《论衡·谈天》）
> 天禀元气，人受元精。（《论衡·超奇》）

可见，王充认为天地未分之前只有浑沌之"元气"，而"天地，含气之自然也"（《论衡·谈天》）。此后，张衡、王符都对王充的"元气"论做出进一步的发挥，将汉代"元气"论推上了巅峰。此后的魏晋、隋唐时期，对"元气"思想的阐述也不曾间断，如阮籍、嵇康、柳宗元、刘禹锡等都曾讨论过"元气"思想，然因与本书主题较远，且都在两汉"元气"论思想的框架之内，故此省略。

这一时期，"元气"还被用来解释人性论。如董仲舒认为人皆有"仁贪之气"，这是由人之生（也即"气禀"）造成的①，所以人性也有贪、仁两个方面，当然这主要是针对"中民之性"；王充用禀气之厚薄来说明人性之善恶，"禀气有厚泊（薄），故性有善恶也……人之善恶，共一元气"（《论衡·率性》）；等等。可以想见，"元气"之所以被用来解释人性之善恶，正是因为"元气"即"太极"，是一切之根由，在这个角度上，"元气"理所当然地要被用来解释人心、人性之所以然。

综上，这一时期的气范畴，总的来说并没有脱离先秦时期的思维框架，即主要有两个论域：描述和解释世界总体的宇宙论（存在论）论域及描述和解释人生价值和意义的人生论（价值论）论域。气论思想也只是有了新的更深入的诠释，而其传承关系并没有发生变化。

五、宋元明清时期：气论思想的理论化和系统化

在先秦气论思想所确立的思维框架之下，经过汉唐"元气"论思想的发展，这一时期，尤其是宋明理学家，对气论思想的发展成熟做出了重大贡献，其最突出的一点就是气范畴从源头上成为人性之所由来，其一方面被用来描述和解释世界总体；另一方面又是人性之所以然，且人的精神价值、心理活动及意义世界也完全可以通过"养气"来实现，是所谓"变化气质"，完全打通了"天""人"的界限，所以，气论思想在这一时期更加理所当然地成为沟通"天""人"的桥梁。

在描述和解释世界总体的宇宙论方面，张载提出"太虚即气"的命题，他认为宇宙的本原是无形的"太虚"，而气又是"太虚"之气的聚合，宇宙万物的毁灭与新生都取决于气之聚散，"太虚无形，气之本体，其聚其散，变化之客形尔""气之聚散于太虚，犹冰凝释于水。知太虚即气，则无无"（《正蒙·太和》）；程朱虽然认同气化万物的说法，但是却在气

---

① 董仲舒说："人之诚有贪有仁，仁贪之气两在于身。身之名取诸天，天两，有阴阳之施，身亦两，有贪仁之性。"（《春秋繁露·深察名号》）

之上冠以"天理"，主张"理"为第一性；陆王更是提出"心外无理""心外无物"。此后学者都是承袭这三种观点，在理、气、心三者何为第一性的问题上阐发自己的哲学思想，虽多有纠缠，但有一个宗旨却始终没有变过，即万物之生成变化皆是气之聚散离合，由此则天地万物与人皆有着共同的生命基础，成为息息相关不可分割的有机生命整体，所以人的精神境界和宇宙胸怀针对的是整个宇宙而不仅是个人与社会，但由于学者们关于何者为第一性的争论不能达成一致，所以追求的最高精神境界尽管实质相同却称呼不一，如张载主张"民胞物与"，以气为第一性，以穷神知化的宇宙思考为基础；程颢提出"浑然与物同体"，以"理"为第一性，强调个人的直觉体悟；陆王则提出"大心之知"，以"心"为第一性，"大人者，以天地万物为一体者也，其视天下犹一家，中国犹一人焉"（《王阳明全集·卷二十六》）。可见，这一时期所谓博大的宇宙胸怀，都建立在"天地万物为一体"的基础上，而这都在气论思想的主导下才能实现。

在描述和解释人性之所以然时，学者们都认为现实人性的不同是"气禀"的原因。这里有两个方面：其一，将人性区分为"天命之性"（天地之性）和"气质之性"，主要以张载、程朱及陆王为代表，首先，张载认为"天命之性"源于"太虚之气"，程朱则认为"天命之性"是"天理"在人身上的投射，强调"性即理"，陆王与此不同，主张"心即理"；而对"气质之性"的解释，其都认为是由人出生时所禀之气造成的，这一点几乎能达成共识，当然与张载不同的是，程朱陆王还用"理"和"心"与气相杂以解释"气质之性"①。"天命之性"人人相同，是最为根本的本然之性，体现的是最根本的儒家道德原则；而"气质之性"人各有异，又因为是后天的缘故，所以可改变，只要通过修养的功夫就能达到"变化气质"的目的。显而易见的是，"天命之性"较之"气质之性"虽然更为根本，但并非二元对立关系，而是互补关系，且现实人性也多是"气质之性"的外显，"论性不论气，不备；论气不论性，不明"（《遗书·卷六》）。此后的学者，在人性论问题上虽多有不同，但也都遵循"以气释性"的思路。

其二，将"天命之性"与"气质之性"合而为一，直接以气论性的主要有罗钦顺、王廷相和王夫之，如罗钦顺说："但曰'天命之性'，固已就气质而言之矣，曰'气质之性'，性非天命之谓乎？"（《困知记·卷

---

① 朱熹说："论天地之性，则专指理言；论气质之性，则以理与气杂而言之。"（《朱子语类》）王阳明则说"心外无理""心外无物"，则气自然也不在"心"外。

上》）王廷相说："宋儒只为强成孟子性善之说，故离气而论性，使性之实不明于后世……后之学者，梏于朱子本然气质二性之说，而不致思，悲哉！"（《雅述·上篇》）王夫之则说："气质中之性，依然一本然之性也。"（《读四书大全说·卷七》）如此等等，不一而足，至清代，依然有诸如颜元、戴震等学者持此说，限于篇幅，故不赘述。由此亦可见，这一时期，气范畴已经明确被用以解释人性，甚至在某种程度上，人性论已成为气论思想的一个方面。此外，如黄宗羲、颜元、戴震也都有类似的思想，限于篇幅，笔者不再赘述。

　　总而言之，气范畴在这一时期正式被系统地、理论化地、直接地用来描述和解释人性和人心，如果说以前时期的学者们是在探索建构描述和解释世界总体与人生价值和意义之气论思想的话，那么这一时期，气论思想已然正式发展成为系统化、理论化的宇宙论和人生论，气范畴的两个主要论域也正式发展成熟并进一步巩固了影响中国哲学几千年之气论思维模式的地位，从而达到中国哲学之气论思想的巅峰。

　　综上可见，单就先秦时期来说，气范畴的发展成熟也经历了一个复杂的演变历程：首先是解释具体现象的物质性气概念，如云气、烟气、蒸气、呼吸之气等，并初步与人类社会的具体现象联系起来，使得气概念有了表达精神性内容的意义，如从"烟气祈祷祭祀"所反映之先民的心理活动中可明显看出由表述物质性的气推出表述心理或精神的气的可能和倾向；到春秋时期，气概念开始全面被用来描述和解释现象及世界总体，并在此基础上诞生出描述和解释人类的心理和精神活动的气，如"士气""勇气""魂魄之气""情慢邪僻之气""悲哀志懑之气"等，张奇伟（2001）认为表示精神或心理状态的气是由表示某种物质的气演变而来的，且一旦形成，就与表示某种物质的气并列起来，成为气的另一个主要义项，而有了自己的推衍系统和使用范围。正此之谓也。到战国时期，无论是描述和解释世界总体和现象的气范畴，还是描述和解释人的精神和心理状态的气范畴，都有了自己相对独立的推衍系统和使用范围，但不论哪一家哪一学派，其实都兼顾两者，且都以前者为后者的基础，并贯穿"推天道以明人事"之"天人合一"思路的始末，纵然各有侧重，但实际仍是相互联系的整体。

第三节　气范畴的主要论域

　　关于气范畴的主要论域，前辈学者曾多有论及。除了冯友兰先生的看法外，张岱年、张立文、葛荣晋、李存山、小野泽精一等学者都曾专门论说（张岱年，1982；蔡方鹿 等，1990；葛荣晋，2001；李存山，2009；小野泽精一 等，2007），日本学者丸山敏秋（1993）也有提及，他说物质、生命、精神的三个世界就是"气"的呈现。山田方谷更以"气一元论"解释孟子学，直接赋予气以伦理学和宇宙论之双重性格（黄俊杰，2008）。在笔者看来，上述意见虽不尽统一，但都坚持了一个基本事实：气范畴具有描述和解释宇宙和人生、物质性和精神性的双重性格。但角度不同，所得意见和立论也都有异。就本书而言，笔者所论气范畴的主要论域，并不是具体就气范畴的释义来说的，也不是着眼于整个中国哲学的抽象概括，而是以先秦气论思想为中心，通过对气范畴及气论思想之演变历程的考察，以其在先秦时期发生发展变化之逻辑及存在之意义为起点，以思想史发展演变的内在理路为参照，总结出几个不同层面上的论域，也可以说是指引未来气论思想发展的主要因子或方向。简言之，气范畴主要有三个方面的论域，即描述和解释具体现象的论域、描述和解释世界总体的宇宙论（存在论）论域、描述和解释人生价值和意义的人生论（价值论）论域。下面将分而论之。

一、气范畴之描述和解释具体现象的论域

所谓描述和解释具体现象，是指气概念从产生之初，只是被用来描述和解释自然和人类社会之具体现象，这是气概念所以产生之自然而然的历史使命，如早期的云气、烟气、雾气、呼吸之气，到春秋时期的"六气"和"勇气"、血气、魂魄之气，再到战国时期的"精气"，等等。因为气范畴的这些概念，都只是被用来解释各种各样的现象，并没有上升到哲学世界观的高度，但是从思想史发展的内在逻辑来看，这些概念的出现并不是一蹴而就的，而是在气范畴的发展演变过程中扮演了非常重要的角色，也指引了其后气论思想发展的方向，所以为叙述方便，本书第二章将其分为描述和解释具体自然现象、具体社会现象和对现象总体之抽象的哲学说明三个方面来阐释。

关于描述和解释具体自然现象的气，除了云气、烟气、雾气、"六气"外，还有山川之气、天地之气、阴阳二气等；关于描述和解释具体社会现象的气则还有"士气"、志气等。这些气的概念在春秋或春秋以前时期就已经产生，虽然在一定程度上反映了自然和社会现象的真实面，但毕竟没有完全突破其时宗教神学世界观对人类思维的束缚，所以依然停留在气论自然观的萌芽阶段。到战国时期，以《管子》为代表的稷下黄老学派提出"精气"说，才开始从哲学层面上对现象总体进行概括阐述，然而"精气"

说虽然源于老子道论，却又与之有根本区别，因为《管子》的道论并没有抽象到哲学世界观的高度，并没有解决世界从哪里来的问题，而只是在一定程度上描述和解释了现象世界如此的原因，所以依然停留在描述和解释现象的层面。不过，其所提出的道即"精气"的思想对后世影响很大，汉唐"元气"思想及宋元明清时期学者所提的气本原论或是受此启发。

二、气范畴之描述和解释世界总体（宇宙论）的论域

所谓描述和解释世界总体，意即以气为天地万物之本原和发生发展变化的所以然，故又称宇宙论。这首先是在老子哲学中完成的，其后的《庄子》《鹖冠子》《列子》《吕氏春秋》《易传》都在不同程度上发挥过作用。虽然各家论述有异，但主旨皆相同，即以道为天地万物之最根本，而气由道派生，虽然是"以道统气"，但是气范畴却已经上升到哲学世界观的高度，是对世界总体的哲学概括。具体表现为：在本原论上，气由道派生；但在宇宙论上，天地万物由气化生，因气而成，最后又归本于气，是以气成了天地万物之所以成和所以然。这种气论的思维模式，对后世气论思想的发展产生了极其深远的影响。

三、气范畴之描述和解释人生价值（人生论）的论域

所谓描述和解释人生价值，是指气范畴用以描述和解释人性本原、心灵安顿和道德人生的追求和意义，故又称人生论。其出发点在"天"，而其落脚点和归宿却在"人"，与前文的宇宙论相对，属于人文的范围，象征人类文明的道德伦理和文化，"文明以止，人文也。观乎天文，以察时变。观乎人文，以化成天下"（《易·贲》）。

在先秦时期，气不但被用来诠释身、心，如"血气""不动心"等，还被用来描述和解释人性及道德，如"浩然之气""德之气""喜怒哀悲之气"等。不仅儒家有此论述，道家、法家等也都有涉及，如韩非子《解老》和《喻老》的"德之气"，《管子》和《庄子》的"以气释心"等。这体现了气范畴在发展演变过程中的一个根本趋势，即沟通天人。本来天人关系问题就是中国哲学的基本问题，而气论思想作为中国哲学发端的逻辑起点，正是为满足中国哲学描述和解释世界的需求而诞生的，所以气论思想从其萌芽开始就是为人类描述和解释世界沟通天人关系服务的，其发展也必须遵循"推天道以明人事"的思路，因此气范畴必然地要被用来解释人心、人性及道德，甚至在某种程度上，秦以后气论思想的发展历程就是不断完善和系统化以气释心、性及德等思想的过程，这在其后的气论思

想中也可得到证明。

　　综上可知，气范畴的三个主要论域，代表了先秦气论思想的三个发展方向，既体现了先秦气范畴的发展演变历程，也构建了后世气论思想发展的思维框架，成为中国气论思想的核心主题。需要说明的是，这三个论域，从来就不是截然对立的，相反，根据中国传统的相互联系的思维和"推天道以明人事"的思路，这三个论域常常相互联系为一个整体，相互包含，相生相成，从而构建了一个根本的为中国所特有的气论思维模式，如描述和解释具体现象的论域实就包含在后两个论域之中，既是后两个论域的基础又是其延伸：说是基础，是因为没有对具体现象的描述和解释，则对世界总体和人生价值的描述和解释成了无源之水、无本之木，不符合思想发生发展的逻辑；说是延伸，是因为思想在发生和传播的过程中不可能一成不变，《管子》《文子》等黄老道家就是源自老子而又与老子不同。这也是笔者在立论时不说只有后两个论域而非说有三个论域的原因，即从思想史和哲学史的角度来看，笔者要立论就必须交代清楚气论思想之萌芽、发展、传播的复杂过程和具体细节，且还有为表述方便的原因。但实际上，对后世学者来说，气范畴自战国时期就已经发展成熟，且主要就包含后两个论域：描述和解释世界总体的宇宙论（存在论）论域及描述和解释人生价值和意义的人生论（价值论）论域，也即宇宙论和人生论，如冯友兰（2010）曾说"气"字本来有两种意义，一种是指客观存在的物质，这是稷下唯物派所谓气。一种是一种精神或心理状态，这是孟子所谓气。是其证。一言以蔽之：气范畴无论从其萌芽之初，还是在发展成熟的过程中，都本然地被赋予描述和解释世界总体（宇宙论）及描述和解释人生价值和意义（人生论）两个论域或思想倾向，即气论思想的本质是宇宙论和人生论的结合体，而非独指宇宙论，这种整体互系的描述性思维方式也成为中国哲学的根本特色之一。

第三章 以气释天：描述和解释具体现象和世界总体的气

"气"被用来描述和解释具体现象，自春秋及春秋以前就已经诞生，如作于春秋末期的《考工记》有"郑之刀，宋之斤，鲁之削，吴、粤之剑，迁乎其地而弗能为良：地气然也"。《逸周书·太子晋》也有"志气麃麃，取予不疑"之说，李存山（1990a）更从甲骨文、金文中"气"之字形及意义演变考察，认为"气"字象形是春秋及春秋以前有名词"气"的主要证据，笔者以为然。

描述和解释具体现象的"气"，有烟气、蒸气、云气、雾气、呼吸之气等，前文已述，在此不作讨论，而主要以气论哲学之产生为界限，阐发用以解释具体现象的"气"及其所形成之气论思想。为叙述方便，本章分为三个部分：前两个部分，也即用以描述和解释自然现象和社会现象的"气"，主要以春秋时期的气论思想为对象，当然也包括与主题相关的战国时期的气论思想，比如医学上的气；第三部分是对现象总体的哲学说明，则主要是以战国时期的气论思想为对象。之所以如此划分，主要是基于三点考虑：其一，春秋时期的气论思想并没有完全成型，还不具备广泛的化生万有的本原意涵，因为这一过程是在老子那里提出并经由后人逐步明确的，而老子是春秋末期人，所以主要发生在战国时期，而其被用来解释自然界现象的所以然以喻示人类社会现象，也没有上升到哲学世界观的高度，而只是作为一种天才式的假想，反映的是社会转型期的有识之士对以往宗教神学思想的深思与反动，是哲学思潮井喷期的应然现象，所以本节主要从春秋时期气论思想与战国时期气论思想两个大层面来进行论述；其二，之所以论述春秋时期气论思想时又分为描述和解释自然现象及描述和解释社会现象两个方面，并不是要说明气论思想天然地存在描述和解释自然现象及描述和解释社会现象两个界限明确的论域，实际上春秋时期学者在谈论自然现象的同时，其目的大多数情况下都是描述和解释社会现象或是回应人君重臣针对自然现象出现的疑惑和应对之法，继承的是伏羲画八卦、文王演六十四卦之"近取诸身，远取诸物"的"推天道以明人事"的思维，所以是一体而贯的，但笔者考虑到其论述本身亦有所侧重，为凸显春秋时期及至战国时期气论思想发生发展的演变逻辑, 也为叙述方便, 故分成"用以描述和解释自然现象的气"和"用以描述和解释社会现象的气"两节; 其三, 所谓现象总体, 主要是针对人类所能见或有限推演得到的人类社会和自然现象的总体, 而不是哲学思辨上的对世界总体之现象的称谓, 所以诸如《管子》《文子》《黄老帛书》等在描述和解释现象时, 特别强调"以气释道""道气合一", 只将"气"作为一种描述和解释具体现象的存在, 而没有将"气"上升到哲学世界观的高度, 去追寻万有存在之后的本体世界, 如同老庄哲学道气观一般凝练出一个作为世界本原和世界生成变化之所以然的道气概念。是以如此划分。

第一节 描述和解释具体现象的 "气"

一、用以描述和解释具体自然现象的 "气"

所谓描述和解释具体自然现象, 是就"气"作为描述和解释具体现象的存在及其状态抑或现象之变化发展的所以然来说的, 且本节主要以春秋时期的气论思想为讨论对象。需要注意的是, 当"气"被用来描述和解释具体自然现象时, 并不是指大千万有的世界万物都是由"气"生成的, 若是, 则"气"已然形成描述和解释世界总体的存在论论域, 但在老子道论之前, "气"并没有形成描述和解释世界万物的存在论论域; 实际上, 这里的"万物"是指人类依据所得知识而对自然存在的事物进行"铸冶煎烹"所成之物①, "先王以土与金、木、水、火杂, 以成百物"(《国语·郑语》), 即"百物"; 而当"气"作"万物"变化发展之所以然理解时, 则一般是以"气"描述和解释自然现象以喻示人类社会现象之变化, 从而将其作为人类社会与自然界之间连接的纽带。

(一) 伯阳父论地震与川谷导气

1. 伯阳父论地震

幽王二年, 西周三川皆震。伯阳父曰: "周将亡矣! 夫天地之气, 不失其序; 若过其序, 民乱之也。阳伏而不能出, 阴迫而不能烝, 于是有地震。今三川实震, 是阳失其所而镇阴也。阳失

---

① 韦昭《注》曰: "'成百物', 谓若铸冶, 煎烹之属。"

而在阴，川源必塞；源塞，国必亡。夫水土演而民用也。水土无所演，民乏财用，不亡何待？昔伊、洛竭而夏亡，河竭而商亡。今周德若二代之季矣，其川源又塞，塞必竭。夫国必依山川，山崩川竭，亡之征也。川竭，山必崩。若国亡，不过十年，数之纪也。夫天之所弃，不过其纪。"

是岁也，三川竭，岐山崩。十一年，幽王乃灭，周乃东迁。（《国语·周语上》）

伯阳父者，周大夫也。阴者，阴气；阳者，阳气。天地之气对应阴阳二气，是为自然界现象运动变化之根本原因，所以他说"夫天地之气，不失其序"，即天地之气的运动本有其秩序，"天无伏阴，地无散阳"（《国语·周语下》），若按其序运动，即阳伏可出、阴迫能蒸，则国依山川，水土演而民用足；若不按其序运动，即"阳失其所而镇阴"，必"山崩川竭"而"源塞"，以致"水土无所演"而"民乏财用"，一旦民乱，国无所依，则"国必亡"。可见，在思考国家之兴亡败乱的原因时，伯阳父破除了其时所谓的"天命""鬼神"之说，转而以人类社会与自然界的相互关系为关键，即国家的兴亡是由地震所引发的灾难决定的，非"天命"不在或是"鬼神"之震怒；而地震的发生则是因为天地之气的"失序"，并以夏商之亡为证。不可否认，伯阳父的这种说法确实夸大了地震的作用，但却表明了一个方向：当时的有识之士已经不再以"天命""鬼神"为自然现象的源头，而是试图从自然本身去发掘并以之描述和解释人类社会现象，从而提出了一种不同于宗教神学的新的思维方式——以"气"来描述和解释自然现象，并以之沟通天人关系，自然属"天"，社会属"人"，中国传统哲学的气论思想正是从这里才真正开始的。

需要强调的是，伯阳父论地震的最大功绩不仅在于其破除了"天命""鬼神"对人类社会的掌控，更在于其从自然本身寻找描述和解释各种自然现象出现的原因。如其在描述和解释天地失其序的原因时，认为是由阴阳二气自身的运动变化造成的，何以如此？因为天地阴阳之气的次序是从根本的、长远的角度来看的，所以阴阳二气的平衡也是最终趋向的运动结果，但若是从特定的时空角度看，则阴阳二气在运动中必然会出现阴盛阳衰或阳盛阴衰的状况，即有阴就有阳，阴阳相生相成、互为存在，也即"一阴一阳之谓道"（《系辞传》）的真谛。

2. 川谷导气

灵王二十二年，谷、洛斗，将毁王宫。王欲雍之，太子晋谏曰："不可。晋闻古之长民者，不堕山，不崇薮，不防川，不窦泽。夫山，土之聚也；薮，物之归也；川，气之导也；泽，水之钟也。夫天地成而聚于高，归物于下。疏为川谷，以导其气；陂塘汙庳，以钟其美。是故聚不阤崩，而物有所归；气不沈滞，而亦不散越。是以民生有财用，而死有所葬。然则无夭、昏、札、瘥之忧，而无饥、寒、乏、匮之患，故上下能相固，以待不虞，古之圣王唯此之慎。（《国语·周语下》）

与伯阳父论地震一致，太子晋之所以力劝灵王，正是因为天地之气各有其序，自然万物皆是在天地阴阳之气的合理顺序下存在的，是谓"气不沈滞，而亦不散越"。只要天地之气顺，则物即有所归，民生有财用而无夭、昏、饥、寒，国家也可以安宁，君王也可以高枕无忧；更进一步，圣王治理天下，必须依据天地阴阳之气的本来顺序，一旦不按其序，则必然导致民生无财用而危及国家安宁。当考察天地之气失序的原因时，大致有两个方面：一是人为，即君王未按照天地阴阳之气的本来顺序治理国家，肆意"堕山""崇薮""防川""窦泽"；一是天地阴阳之气自然而然的运动变化，即气有沈滞而散越。对圣王来说，天地之气的失序，一般不会是人为的原因，而主要是其本身自然而然的运动变化过程，所以必须按照"疏为川谷，以导其气"的原则，循着天地阴阳之气相生相成的运动规律促使其趋向于平衡，唯其如此，才是圣王之所慎也。共工、鲧皆弃此道，"欲雍防百川，堕高堙庳"，导致气有沈滞，从而"皇天弗福，庶民弗助，祸乱并兴"，而大禹则"厘改制量，象物天地""疏川导滞，钟水丰物"，故而"天无伏阴，地无散阳"，民养而物丰。（《国语·周语下》）

可见，在太子晋的思想中，自然界是一个普遍联系、不断运动变化的和谐的生命有机整体，川谷的导气作用，正充当着诸如山、川、水、薮等存在形态及其相互联系的媒介。这打破了将地震及其他各种自然灾害归咎于"天命""鬼神"用以提醒或惩罚世人的观念束缚，转而开始从天地阴阳之气之自然而然的运动变化过程中寻找解释，从而开启了气论思想的新领域。

综上可知，无论伯阳父论地震还是太子晋的"川谷导气"，都必然地与国家社会的繁荣昌盛联系在一起，换句话说，之所以摒弃宗教神学的束缚，寻求新的描述和解释自然现象的方式，正是为了将国家社会从宗教神学的桎梏中解放出来，"近取诸身，远取诸物"，以从自然现象与人类社会自身之关系来寻找国家社会之所以然，促使了中国传统哲学之天人关系论的最原始模型的形成。

（二）六气与五行

从伯阳父论地震可知，阴阳二气与天地之气相对应，在春秋时期虽然被赋予自然界运动变化之所以然的意义，但还没有上升到成为化生世界万物之本原的地位，故而没有后来的"阴阳"概念作为化生世界万物之本原和世界万物运动发展变化之所以然的意义深刻，而只能作为描述和解释自然现象的一种方式。当时与之并行的还有六气五行说。

1. 与"五行"相对待的"六气"

《国语·周语下》说：

> 天六地五，数之常也。经之以天，纬之以地。经纬不爽，文之象也。

所谓"天六地五"，韦昭《注》曰："天有六气，谓阴、阳、风、雨、晦、明"，"地有五行，金、木、水、火、土"。这句话的意思是说天地经纬以"六气"与"五行"为根本，自然万物的运动变化、天地之气的次序，皆以"六气"与"五行"之次序为次序。

关于"六"即为"六气"说，《左传·昭公元年》亦有此说，其曰：

> 天有六气，降生五味，发为五色，征为五声，淫生六疾。六气曰阴、阳、风、雨、晦、明也。分为四时，序为五节，过则为灾。

可见其时，"六气"解为"阴、阳、风、雨、晦、明"是比较普遍的说法。何谓"五味"？《尚书·洪范》曰："润下作咸，炎上作苦，曲直作酸，从革作辛，稼穑作甘"，并将之与"五行"相对应："五行：一曰水，二曰火，三曰木，四曰金，五曰土。水曰润下，火曰炎上，木曰曲直，金曰从革，土爱稼穑"；而关于"五色""五声"，《左传·昭公二十五年》载子大叔曰：

天地之经，而民实则之。则天之明，因地之性，生其六气，
用其五行。气为五味，发为五色，章为五声，淫则昏乱，民失
其性。

结合"天有六气，降生五味，发为五色，征为五声"，步近智（1982）
认为地上的五行及其属性皆是由天的"六气"降生和散发的，这即是说"五
行"也是"气"的一种形态，李存山先生认为此说欠妥，理由是《左传》
并没有明确提到"六气"生五行，《尚书·洪范》也没有将"五行"与"五
色""五声"相对应，所以"五味""五色""五声"是不是只是"五行"
的属性，还有待史料的进一步确考（李存山，2009）。笔者以为此时的"五
行"的确不同于后来阴阳二气所化生的"五行"，前者是与"六气"相
对待，而后者则明确地、普遍地作为阴阳二气化生的另一种形态，借以
体现天地万物之生成变化。所以，此时的"六气"与"五行"体现的是
天地之性，"数之常也"，人们只有做到"则天之明，因地之性"，方
能"经之以天，纬之以地"而不失其性。天地相对，"六气"与"五行"
也不能相混。

此外，《尚书·洪范》还提到"庶征"，其曰：

庶征：曰雨，曰旸，曰燠，曰寒，曰风。曰时五者来备，各
以其叙，庶草蕃庑。

将"庶征"与"六气"相较，除了"庶征"没有"晦"之外，其余都
非常相似甚至相同，如"庶征"的"寒""燠""旸"对应"五行"的"阴"
"阳""明"。之所以相似，是因为"庶征"与"五行"对举，当"五行"
作为上帝神明颁赐给人间的最重要法则时，"庶征"代表上帝神明对人间
善恶的监察和奖惩，"上帝监民"（《尚书·吕刑》），而"六气"也与
"五行"对举；之所以不同，是因为西周时期社会的意识形态是以"天命"
"鬼神"为中心的神学世界观，所以无论是地上人间的"五行"还是天上降
下的"庶征"，都不过是上帝神明的意志，这一切都是"绝地天通"（《尚
书·吕刑》）的必然后果，而到春秋时期，人格神意义的上帝宗教信仰开
始动摇，人们已经转而从自然界本身去寻找解释自然和社会现象的原因，
所以其时的"六气"与"五行"虽分属天地而相对待，但从根源来说都属
于自然观的范畴，是可以被认识的对象，尽管没有战国及以后的阴阳五行
思想普遍和深刻，却也开启了中国传统气论思想的新阶段。

2. 与"六气"相对待的"五行"

关于"五行"观念的起源,早在《尚书·甘誓》就有提及,即"有扈氏威侮五行,怠弃三正,天用剿绝其命",而在《洪范》中,更明确赋予"五行"以确定的意义,如:

> 五行:一曰水,二曰火,三曰木,四曰金,五曰土。水曰润下,火曰炎上,木曰曲直,金曰从革,土爰稼穑。润下作咸,炎上作苦,曲直作酸,从革作辛,稼穑作甘。

可见,《尚书》中的"五行"只有一些民生日用的简单属性,且都是由上帝神明所授予的,"天乃锡禹洪范九畴"(《尚书·洪范》),一旦不能遵行上帝神明的旨意,则上天必降下"庶征"以示惩罚,甚至"剿绝其命"。

在《国语》和《左传》中,"五行"虽然还沿用《尚书·洪范》中的定义,但其根本意义却发生了转变,因为与"五行"相对待的不再是"庶征"而是"六气",标志着春秋时期人们对自然界现象的描述和解释之角度已经从宗教神学向气论自然观转变成功。之所以还没有最后形成中国古代哲学自然观的"气(阴阳)—五行—万物"的固有模式[1],一方面是因为"阴阳"观念此时与"五行"观念各有分际,还没有实现融合[2];另一方面是因为此时的"气"只作为描述和解释自然与人类社会现象的概念存在,还没有上升到哲学世界观的高度而作为世界万物的本原存在,这从"六气"与"五行"的互相对待及"五行"没有明确说是由"气"产生的即可得知。

除了"六气五行"说,春秋时期还有"三辰五行"说,如下:

> 及天之三辰,民所以瞻仰也;及地之五行,所以生殖也。(《国语·鲁语上》)
> 故天有三辰,地有五行,体有左右,各有妃耦。(《左传·昭公三十二年》)

---

① 参见李存山(1985)。另庞朴(1984)在《阴阳五行探源》中也认为五四运动以前的中国传统文化都是以阴阳五行作骨架的。
② 庞朴(1984)认为作为中国传统文化的骨架的阴阳五行是从战国后期到西汉中期陆续形成的,在此之前,阴阳自阴阳,五行自五行,各有分畛。

与"六气五行"说一样，"三辰五行"说也将"五行"限定在地上，借以指代地上的五种主要物质，而与之对应的则是指代天上东西的"三辰"，天地相对，各有其理。

二、用以描述和解释社会现象的气

所谓描述和解释具体社会现象，也即"人道"，与描述和解释具体自然现象之"天道"相对应，只是在春秋时期，学者都是不自觉地天启式地遵从"推天道以明人事"的逻辑，而到了战国时期才真正自觉地形成"天道"与"人道"相沟通的哲学思维。

（一）吉凶由人与人助宣气

春秋时期，除了部分有识之士，统治集团依然对自然界的特殊现象感到害怕，以为是天命或是鬼神在告诫或降灾给自己，如《左传·僖公十六年》载：

> 陨石于宋五，陨星也。六鹢退飞过宋都，风也。周内史叔兴聘于宋，宋襄公问焉，曰："是何祥也？吉凶焉在？"对曰："今兹鲁多大丧，明年齐有乱，君将得诸侯而不终。"退而告人曰："君失问。是阴阳之事，非吉凶所生也。吉凶由人，吾不敢逆君故也。"

在这段对话中，可以发现统治集团对自然界的异常现象非常关注，总以为是某种神秘的力量在主宰发生的一切，所以异常现象即代表天命或鬼神的意志，其出现也必然是对人君的警示或惩罚。可见其时仍然以天命鬼神为崇拜中心的宗教神学占统治地位，气论自然观的思潮才刚刚萌发，有识之士即使不相信鬼神灾异之说，也必须以之迎合君王的胃口，"不敢逆君"。然则，新兴思潮的萌发既是必然也是不可阻挡的，更不是统治集团打压就可以扼杀的，所以叔兴还是说了出来：所谓"陨星""六鹢退飞"都不过是由自然界阴阳二气相生相成的变化所造成的，是自然而然的现象，根本不代表任何神秘意志，人的吉凶是由自己决定的。这与伯阳父将国家兴亡从宗教神学的笼罩中解脱出来而归之以自然界阴阳二气之激荡如出一辙。子产也曾有此言论，如其说：

> 天道远，人道迩，非所及也，何以知之？灶焉知天道？是亦多言矣，岂不或信？（《左传·昭公十八年》）

"灶"，裨灶，是郑国著名的占星预言家，向子产建议用玉器祈禳即将到来的郑国大火，而子产，作为郑国首屈一指的辅政大臣，认为天道鬼神之说遥不可及，不可信，治理国家以趋吉避凶，依赖的是治国政策得当、政治开明、君王贤达，只有尽人事才是最好的方法。《尚书·泰誓》"天视自我民视，天听自我民听"也正是此意。这体现出即使在统治集团内部，宗教神学的地位也已经开始动摇。到战国时期，这种动摇已经普遍化、公开化，气论自然观的思想已经全面取代宗教神学的地位，所以荀子在描述和解释异常自然现象时说："星队、木鸣……是天地之变、阴阳之化、物之罕至者也。怪之，可也；而畏之，非也。"更明确提出"明于天人之分"，主张"天有常道矣，地有常数矣"，"天行有常，不为尧存，不为桀亡"（《荀子·天论》）。

遵从"吉凶由人"的思路，春秋时期的学者们认为自然界的阴阳二气虽然固有其变化运动的规律，但并不是不可认识、不可捉摸的，只要人们挣脱了宗教神学的束缚，就可以认识和顺应天道以助人类自身的生存，甚至做到"制天命而用之"（《荀子·天论》）。如《国语·鲁语上》记载一则故事说：

> 宣公夏滥于泗渊，里革断其罟而弃之，曰："古者大寒降，土蛰发，水虞于是乎讲罛罶，取名鱼，登川禽，而尝之寝庙，行诸国，助宣气也。鸟兽孕，水虫成，兽虞于是乎禁罝罗，矠鱼鳖以为夏犒，助生阜也。鸟兽成，水虫孕，水虞于是禁罝罜丽，设阱鄂，以实庙庖，畜功用也。且夫山不槎蘖，泽不伐夭，鱼禁鲲鲕，兽长麑麌，鸟翼鷇卵，虫舍蚳蝝，蕃庶物也，古之训也。今鱼方别孕，不教鱼长，又行网罟，贪无艺也。"

"宣"，疏通、宣泄。这段话表达的意思是：自然界在阴阳二气的运动变化中自有其规律，无论是猎兽还是捕鱼，都必须遵守这样的规律，因为鱼鳖和鸟兽都各有自己的孕育和长成期，所以春天可以捕鱼但不能猎兽；夏天可以猎兽但不能捕鱼。这样做都是在顺应自然界阳气的运动变化规律，《吕氏春秋》认为"春夏为阳，秋冬为阴"，而冬至日则被当作是阴阳交替的开始，其时阴气由盛而衰，阳气开始萌发[1]，至春夏则是阳气由萌发到大盛再到衰落的过程，阳气代表生机，所以鸟兽、鱼鳖都是在这个时候生

---

[1]　我国古代历书《夏小正》也说："日冬至，阳气至始动。"

长的，此时猎兽或者捕鱼只要是按照其本身的规律去做，都是在疏通宣泄地底之阳气，有助于自然界阴阳二气的相生相成，而若是不按照鸟兽鱼鳖的生长规律或者在秋冬围捕，则是在违反阴阳二气的运动规律，属于贪得无厌的行为。《国语·周语上》记载伯阳父论地震时也说"阳伏而不能出，阴迫而不能烝"，阳伏于地，虽然自己也会慢慢溢出，但是人若在适当时候助长则更有利于阴阳二气的运动变化，也更有利于人类之生存，也不会出现阳伏于地而不得出以致地震的状况。这与上一节所说的"川谷导气"殊途而同归。

由"助宣气"可知，春秋时期人们已经渐渐开始以自然界的运动变化为自己认识的对象，一方面将其归结为阴阳二气自然而然不以人之意志为转移的运动变化，一方面又以之作为治国治家的重要原则。如《国语·周语上》记载：

> 夫民之大事在农……古者，太史顺时瞂土，阳瘅愤盈，土气震发，农祥晨正，日月底于天庙，土乃脉发……太史告稷曰："自今至于初吉，阳气俱蒸，土膏其动"……稷则遍诫百姓，纪农协功，曰："阴阳分布，震雷出滞，土不备垦，辟在司寇。"

可见其时，人们已经对阴阳二气的运动变化有比较深入的研究，甚至上升到国家政策的高度，以之指导天下万民的生产生活实践。到战国时期，统治者进一步将这种阴阳变化的运动规律上升到精神层面并以之作为治理国家和社会的根本大法，亦算是《黄老帛书》的"阴阳刑德"和荀子"制天命而用之"思想的先声。

（二）勇气、士气、声气及魂魄之气

所谓"勇气""士气"，通常被用来指作战双方的战斗意志，在个人为"勇气"，在军队为"士气"。这是一种看不见、摸不着的气场，是人的心理状态的外放，而主帅则可以通过个人的魅力或手段来引导士兵的"勇气"，从而提高"士气"。《孙子兵法·军争篇》云：

> 《军政》曰："言不相闻，故为之金鼓；视不相见，故为之旌旗。"夫金鼓旌旗者，所以一民之耳目也。民既专一，则勇者不得独进，怯者不得独退，此用众之法也。故夜战多金鼓，昼战多旌旗，所以变人之耳目也。

这就是金鼓和旌旗的益处，统一所有人的行动，甚至是人的心理状态，让勇敢的人更加勇敢，让怯懦的人变得勇敢。当所有人的"勇气"汇聚在一起，就会联结成一种动人心魄而又彼此相互感染的具有绵延性和整体性的精神力量，形成军队的"士气"，只有"士气"高昂，才更容易赢得战争的胜利。如《左传·庄公十年》载曹刿解释所以战胜齐师时说：

　　　夫战，勇气也，一鼓作气，再而衰，三而竭。彼竭我盈，故
　　克之。

这里的"勇气"，既可以解为所有士兵的"勇气"聚合而成的"士气"，也可以当作士兵作战所赖以驱动的战斗意志，"勇士资在于气"（《商君书·算地》），"民之所以战者气也"（《尉缭子·战威》）。金鼓正是通过影响士兵心理活动从而激发其内心的战斗意志的，也即"勇气"。当第一次击鼓时，士兵受的影响最大，"勇气"积聚，"士气"高昂，但由于未出战，即会"泄气"，以后再击鼓，"士气"也会随之低落，是所谓"再而衰，三而竭"，等到彼方"士气"衰竭，而我方才第一次击鼓，自然"士气"高昂，即使军队不如对方强大，也依然可以击败敌军。同样地，既然"士气"可以被积聚调动，也自然会因为心理活动的影响而低落，甚至被打击或丧失，《孙子兵法·军争篇》说：

　　　三军可夺气，将军可夺心。是故朝气锐，昼气惰，暮气归。
　　善用兵者，避其锐气，击其惰归，此治气者也。

所谓"治气"，是古今中外兵法上的一个极高的境界，是将领通过自己的个人魅力影响士兵的心理活动，从而调动所有人的积极性，让整支部队的意志凝结为主帅一个人的意志，以达"静如处子，动如脱兔"的境界。但是这对主帅的要求很高，非大勇大智大贤之人不能至此。所以，如果将领带兵不力，则三军的"士气"有可能被夺走，即使是将领自身也可能因为害怕而丧失战斗意志。因此高明的将领就会通过打击敌方"士气"或抓住敌方"士气"低落的有利战机来取得胜利。这样的例子，历史上有很多，如晋悼公三驾服楚、巨鹿之战及淝水之战。在现代战争理论中，"治气"也被称作"军魂"，体现的是一支部队的战斗意志、战斗作风和对战争的认识。"军魂"有可能丧失，但是士兵个人的"勇气"，也即战斗意志，却不容易丧失，"三军可夺帅也，匹夫不可夺志"（《论语·子罕》），

这里的"志"，解为志向，体现在军人身上，便是不可磨灭的战斗意志，也即"勇气"。

然则金鼓、旌旗何以能影响士兵的心理活动呢？或者说将领的心理活动为什么外化为最普通的金鼓、旌旗等作战指令就能传递给士兵自己的战斗意志呢？这一切都是依赖"声气"。如《左传·僖公二十二年》说：

> 三军以利用也，金鼓以声气也。利而用之，阻隘可也；声盛致志，鼓儳可也。

"气"者，"勇气"也，所以"声气"应该分开读，意为"以声致气"，则"金鼓以声气也"的意思是金鼓通过声音激发士兵的"勇气"[①]，又因为金鼓代表的是主帅的意志，因此"士气"便可以被主帅调动，士兵也可以感受到主帅的心理活动。"志"，即战斗意志，李存山（1990a）认为"'勇气'是勇敢战斗的精神状态，所以亦可称为'志'"，是以"声盛致志"的意思是金鼓之声大盛，则可以激发所有士兵的战斗意志，让所有士兵的"勇气"瞬间积聚为高昂的"士气"，从而乘敌立脚未稳时，"一鼓作气"而歼灭之。这种通过声音影响人心理活动的思想，还表现在音乐上，如《乐记》中记载："凡奸声感人，而逆气应之""正声感人，而顺气应之"，《左传·襄公三十一年》说"声气可乐"，甚至将声音也当作一种"气"，如《礼记·乐记》说"乐气从之"，《礼记·郊特牲》说"乐，阳气也"，等等。

气论思想本就是为打破宗教神学的束缚而产生的，然从前文论述可知，春秋时期的气论思想是受到压抑的，统治集团及大部分知识分子都还沉浸在宗教神学的幻想中，妄图依赖"天命""鬼神"的恩赐保有自身，只有少部分有识之士意识到宗教神学的虚伪与无力，转而从自然和人类自身寻求描述和解释现象的原因，其突出的表现之一就是用"气"来描述和解释"魂魄"，如：

> 及子产适晋，赵景子问焉，曰："伯有犹能为鬼乎？"子产曰："能。人生始化曰魄，既生魄，阳曰魂。用物精多，则魂魄

---

① 杨伯峻（1990）在《春秋左传注》中解释"金鼓以声气也"时说："庄十年传云'夫战，勇气也'，此气即勇气；又云'一鼓作气'。足见金鼓所以励勇节气者。金鼓以声为用而制其气，故曰声气。"

强。是以有精爽，至于神明。匹夫匹妇强死，其魂魄犹能冯依于人，以为淫厉，况良霄，我先君穆公之胄，子良之孙，子耳之子，敝邑之卿，从政三世矣。郑虽无腆，抑谚曰'蕞尔国'，而三世执其政柄，其用物也弘矣，其取精也多矣。其族又大，所冯厚矣。而强死，能为鬼，不亦宜乎？"（《左传·昭公七年》）

孔颖达《疏》曰："形之灵者名之曰魄也。既生魄矣，魄内自有阳气。气之神者，名之曰魂也。魂魄神灵之名，本从形气而有。"是以"鬼"为"魂魄"的聚合，"魄"为"阴"，即阴气，与"阳"相对，因为"气"分阴阳；"魂"为"阳"，即阳气，《说文解字》说"魂，阳气也"，《太平御览·卷五五二》引《风俗通义》说："亡人魂气飞扬。"可见，人是由阴阳二气聚合而生的，"魂魄"也是阴阳二气之聚合，这反映了以子产为代表的先秦有识之士试图以气论思想打破宗教神学束缚的努力，与其"天道远，人道迩"的思想相呼应。子产以为"魂魄"聚合为"鬼"是由诸多原因造成的，并不是每个人死之所应然，其最重要的原因就是"强死"导致心有不忿，诸多牵挂不能放下，要想平息鬼魂之乱，就必须满足其心中所想，是以"子产立公孙泄及良止（伯有之子）以抚之，乃止"。止于何处？《礼记·郊特牲》说："魂气归于天，形魄归于地"，意思是人死后，"魂魄"本当分离，"形魄"复归于大地，"魂气"上升于天，《墨子·节葬下》说："秦之西，有仪渠之国者，其亲戚死，聚柴薪而焚之，熏上谓之'登遐'。"所谓"登遐"，即灵魂乘火烧之烟气上升于天[①]，《列仙传》也有记载："封子积火自烧，而随烟气上下。"这是一种崇尚灵魂不死的宗教神学观念。可见春秋时期，宗教神学的观念依然占据很重要的地位，气论思想的萌发与发展不得不借助于对宗教神学的扬弃以获得生存空间。所以，虽然两者有着本质的区别，但是气论思想最初也是在意识的宗教形式中形成的。

此外，春秋时期的气论思想，还突出表现在中医学上，如"血气"（第四章会有论述）、"淫生六疾"之气等，因为篇幅有限，且不是本书重点，故此不再赘述。

---

① 据闻一多（1993）考证："仪渠即义渠，当是羌族"，"登遐刘昼《新论·风俗篇》作'升霞'，《太平广记》引《博物志》作'登霞'。据此，则遐当读为煆，本训火焰，因日旁赤光，或赤云之似火者谓之霞，故又或借霞为之。登霞的本意是火化时灵魂乘火上升于天"（《闻一多全集·神仙考》）。

第二节 对现象总体的哲学说明

对现象总体的哲学说明，指的是这种说明没有上升到世界观的高度，没有从本原或本体的角度以高度抽象的思维来描述和解释一切现象，而只是对所见所闻之总体现象给出说明，还停留在具体的物化层面，与老子学说的哲学本体论有本质区别。然而这一说明的完成，主要又是渊源于老子学说的先秦黄老学派，盖因为老子的形而上学难免消极避世，而士大夫均主张顺应时代潮流，强调经世致用并积极入世、成就功名，是以弃老庄而成黄老。

与老子不同，先秦黄老一派的学者从诞生到结束，都有着强烈的政治导向，其学说主要也是以讨论和解决现实的政治社会问题为目的，"不治而议论"（《史记·田敬仲完列传》），"各著书言治乱之事，以干世主，岂可胜道哉"（《史记·孟荀列传》），"受上大夫之禄，不任职而论国事"（《盐铁论校注》），所以黄老学者在继承老子学说的同时，上托黄帝之言，下融法家学说，中兼百家之长，整合出一整套道德刑名法术之学。[①]其言气论，与老子以及继承老子之学的庄子，都有着本质的不同。其最大的区别就是老庄是在有无范畴之上论道的，属于道一元论，而黄老之学在很大程度上则扬弃了老庄道家的有无范畴，偏重于以"有形""无形"推阐"道"，并最终赋予"道"以"气"之描述和解释现象的功能，虽然《黄老帛书》没有直接"以气释道"，但以阴阳论道，且以"虚""无形"形容道，也是殊途同归（丁原明，1996a）。

关于先秦黄老学派的代表作，究其论及气者，主要有《黄老帛书》《文子》《列子》以及《管子》的《白心》《内业》《心术上》《心术下》等篇。其他诸如《慎子》《田子》《捷子》《尹文子》《宋子》《蜎子》等著作，《汉书·艺文志》都有著录，然这些著作大多亡佚，仅剩的残篇亦真假难辨（白奚，2007），所以本书暂不做讨论。

一、《黄老帛书》的"阴阳刑德"思想

所谓《黄老帛书》，指的是 1973 年长沙马王堆汉墓出土《老子》乙本卷前的四篇古佚书，分别为《经法》、《十大经》（《十六经》）、《称》、

---

① 白奚（2007）在《先秦哲学沉思录》中亦将黄老之学的学术特征确定为"道法融合、兼采百家"，认为道家是其哲学基础，法家是其基本的政治主张，兼采百家则是其政治主张的辅翼。

《道原》。关于此《黄老帛书》的称谓，学术界尚有分歧，主要有五种说法：第一，《黄帝四经》说，主张上述四篇古佚书即是《汉书·艺文志》所载的《黄帝四经》，以唐兰（1975）的《马王堆出土〈老子〉乙本卷前古佚书的研究——兼论其与汉初儒法斗争的关系》一文为主要代表，余明光与白奚两位先生亦赞同此论①。第二，"黄帝书"说，主要以李学勤和刘翔两位先生为代表②。第三，"'经法'等四篇"说，裘锡圭（1980）为主要代表，他反对唐兰先生的观点，认为尽管《黄帝书》较《黄帝四经》之称合理，但仍然主张最好仍称这四篇古佚书为"马王堆《老子》乙本卷前佚书"或"经法"等四篇。第四，"黄老四经"说，以陈鼓应（2007a）为代表，他认为这种依托黄帝而又以老子学说为基础的作品，正是汉代人所说的黄老之言。因此，"黄帝四经"不如"黄老四经"恰当。第五，"黄老帛书"说，也正是本书所采信的观点，此说法始于钟肇鹏（1978），而金春峰与葛荣晋两先生赞成此说③，萧萐父（1993）亦认为出于一种稳妥的态度，也建议姑且名为"黄老帛书"。笔者以为，虽然"黄帝四经"的提法被许多学者接受，但在无确凿证据的情况下，其他提法也各有道理，为谨慎起见，当采取一种既有代表性又有概括性且不与其他意见过分冲突的提法，是以本书采取"黄老帛书"一说，以待后考。

虽然对《黄老帛书》的称谓不一，但其作为战国中后期黄老道家的作品，在学术界的争议不是很大。④关于《黄老帛书》的学术价值，概括起来大致有五条：第一，有助于厘清学术史上的"黄帝言"和"黄老之学"，

---

① 余明光（1993）在其《黄帝四经今注今译》的前言中力主"黄帝四经"之名，陈鼓应先生所作之序也表示赞同。白奚先生在《先秦哲学沉思录》中直接称呼四篇为《黄帝四经》，以表示赞同。

② 早在20世纪70年代末，李学勤（1979）即在《记在美国举行的马王堆帛书工作会议》一文就如此称呼。后又作《马王堆帛书与〈鹖冠子〉》（李学勤，1983），一方面认为唐兰先生的称谓"很有说服力"，一方面仍然称呼"帛书'黄帝书'"。刘翔（1986）在《马王堆汉墓帛书"黄帝书"研究综述》中认为暂用此名合适。

③ 金春峰（1986）在《论〈黄老帛书〉的主要思想》一文中认为"学术界研究认为，它们（指《经法》等四篇）是史称黄老学派的可靠研究资料，故称《黄老帛书》"；葛荣晋先生也主张此观点，见杨宪邦（1988）。

④ 学术界对《黄老帛书》归属于黄老学派作品，几无争议。但关于其成书年代，仍然有少数学者主张其成书于汉初。如熊铁基（1984）在《秦汉新道家略论稿》中认为《黄老帛书》应成于秦汉之际。康立（1975）的《〈十大经〉的思想和时代》一文则主张其成书于汉初，姜广辉（1982）也在《试论汉初黄老思想——兼论马王堆汉墓出土四篇古佚书为汉初作品》一文中认为四篇古佚书兼采儒、墨、阴阳、名、法所体现的万流归道的思想，只能出现在黄老思想占统治地位的汉朝初期。但其他大多数学者，诸如唐兰、赵吉惠、余明光、裘锡圭、白奚、董治安、陈鼓应、钟肇鹏、黄钊、吴光、葛荣晋等先生，则都认为《黄老帛书》应成书于战国早期、战国中期或战国末期。总而言之是主张战国时期成书的学者占据大多数。

让学术界对司马迁、司马谈所载诸子的"本于黄老"之言有更深刻的认识，对研究黄老学派有着不可估量的重大价值[①]；第二，给先秦道家学派及思想的研究带来重大突破，不仅仅揭开黄老学派的面纱，更解开了学术界对道家学派在先秦学术界之展开的疑惑[②]，从而打开了道家文化研究的新视野，也让汉初"黄老之学"真正有了依靠；第三，有利于恢复先秦"黄学"的本来面目，对先秦百家争鸣及齐楚文化乃至于整个文化学术领域的研究，都有着重大学术价值[③]；第四，有利于古籍的整理和开展辨伪工作，如为《鹖冠子》及《文子》是真书提供了旁证；第五，《黄老帛书》的气论思想很有时代特色，与《管子》《鹖冠子》等典籍多有相互印证之处，更与社会政治、伦理融合紧密，标志着气论思维模式的初步成型，对研究先秦气论思想意义重大。其实，《黄老帛书》的意义还远不止此五条，如陈鼓应（2007a）就认为战国以及秦汉间的易学深受黄老之学的影响，所以我辈学人当紧随前辈脚步，继续努力深研。本书则正是从《黄老帛书》第五条意义的角度，试做探析。

（一）《黄老帛书》论"气"

在《黄老帛书》中，共有 5 处直接谈论"气"字。其分别为：

> （1）得天之微，时若［者时而恒者恒，地因而养之］；寺（恃）
> 地气之发也，乃梦（萌）者梦而兹（孳）者兹（孳），天因而成
> 之。（《十六经·观》）

---

① "黄老"一词首见于汉初，因此学术界关于黄老学派的出现时有争议，各有道理，而《黄老帛书》的出土对解决这个争议意义重大。司马谈《论六家要旨》论述"道家"时说"采儒墨之善，撮明法之要"，任继愈（1981）在《中国哲学史论》的《先秦哲学无"六家"——读司马谈〈论六家要旨〉》一文中认为司马谈所说的"道家"实际上是汉初的黄老学，而参考《黄老帛书》，笔者认为汉初黄老学渊源于先秦黄老学，由司马迁《史记》的记载可证。《史记》记载"申子之学本于黄老而主刑名"，说韩非"喜刑名法术之学，其归本于黄老"，又认为，慎到、田骈、接子、环渊等，"皆学黄老道德之术"。申子、韩非、慎到、田骈、接子、环渊等人都是先秦时人。

② 丁原明（1996a）在《从原始道家到黄老之学的逻辑发展》一文中认为，黄老之学正是从老庄道家分化出来的道家支派，是在充分吸收和改造道家思想的基础之上出现的。笔者认为这一结论只有当真正的先秦黄老学派出现才能被证实，而《黄老帛书》的出土无疑正好证实了这一点。

③ 陈鼓应先生在为丁原明（1997）《黄老学论纲》所作之序中认为，黄老学是先秦显学，对研究范蠡以及齐地文化有重要的参考价值，笔者以为，不仅对齐地文化，而且对楚文化以及整个先秦学术的研究都有重大价值。

（2）是［故］赢阴布德，［重阳长，昼气开］民功者，所以食之也；宿阳修刑，童（重）阴长，夜气闭地绳（孕）者，［所］以继之也。（《十六经·观》）

（3）黄帝曰：勿争若何？对曰：怒者血气也，争者外脂肤也。怒若不发，浸廪是为癰疽。（《十六经·五正》）

（4）是故言者心之符［也］，色者心之华也，气者心之浮也。（《十六经·行守》）

（5）天地阴阳，［四］时日月，星辰云气，规（蚑）行僥（蟯）重（動），戴根之徒，皆取生，道弗为益少；皆反焉，道弗为益多。（《道原》）

（2）句出现两个"气"字，第一个"昼气"是根据后文补录的（陈鼓应，2007a），可见，《黄老帛书》共有 5 处并 6 次出现"气"字。此 5 处之"气"，主要是就具体之气而言的，作为一种解释具体现象的原因或条件而存在，并没有上升到抽象的哲学世界观的高度。首先，（1）句据陈鼓应先生解释，"天"为"天气"，即阳气，"地气"即阴气，天地阴阳本就相辅相成、相合相生，所以得到"天气"之精微的万物便能得到"地气"的养护而合乎时序，依赖"地气"的发动，万物便能在精微之"天气"的作用下萌生孳长，在这里，"气"不是高高在上的不可触摸的，而是具体成就万物生长的根本条件，这就容易理解"下会于地，上会于天"（《十六经·观》）了，即轻清的阳气向下与重浊的阴气会合于地面而生就五谷草木，重浊的阴气向上与轻清的阳气会合于天而生成日月星辰。（2）句"夜气"对应"昼气"，呼应（1）句，即"昼气""夜气"即阳气（天气）、阴气（地气），同样强调的是在阴阳的转化，也即在"昼气""夜气"的交替过程中，人类获得生存资料并得以繁衍生息，反之，没有"昼气"与"夜气"的交替与开阖，则人类便无以生存。（3）句中所谓"血气"，乃人身而有之元素，是基于人身体而产生的具体之气，也是构成生命有机体的基础和本质，不仅与人之情感相联系，也与君子之德行修持相匹配，"君子有三戒：少之时，血气未定，戒之在色；及其壮也，血气方刚，戒之在斗；及其老也，血气既衰，戒之在得"（《论语·季氏》）。圣人和君子与普通人之"血气"是一样的，"圣人同于人者血气也"（《四书章句集注》），不同的是圣人和君子可以因"血气"之变而相应转变自己的修身之法。

其次，（4）句的"气"作气质解，是一种具象在人身上的可见可思可控的精神现象，受人内在"血气"的直接影响，即"血气"之"未定"、"方刚"及"既衰"的状况决定了这个人的气质状态，而"怒者血气也"，更表明人之喜怒哀乐皆以"血气"之旺盛郁结与否为标准，"血气"顺而能定则道高德隆，反之亦反，"怒若不发，浸廪是为瘫疽。后能去四者，枯骨何能争矣？"（《十六经·五正》）需要说明的是，"气"虽然做气质解，但并非指纯粹精神意志和境界外化之后的显现，与孟子"集义所生"的"气"不同，更与宋明学者所谓"太虚之气"包含五常至理乃至人性之本然的"气"不同，这里的"气"只是对"血气"在人修身修心过程中之变化而导致人之身心做出相应变化的状态的描述，喜怒哀乐皆由此而出，与孔子所论"血气"之三个阶段相呼应。（5）句中"星辰云气"之"气"也是可见之"气"，同"烟气""蒸气"一样，与人的关系较为密切，尤其是"云气"，高高在上，能变幻，能致雨，有些神秘的意味（李存山，1990a）。

可见，《黄老帛书》中直接出现的"气"都是指具体之气，还尚未成为具有抽象的哲学意义的独立范畴。其以此作为解释自然和人类社会现象的重要依据，故而赋予"道"以"气"的内涵，渐渐走上"以气释道"的路子。这与老子的道气关系论大相径庭：虽然《黄老帛书》论"道"在很大程度上承袭了老子"道"的重要规定性，但其在论道气关系时，依然不可避免地凸显了由道论向气论的转型，从而开创了稷下学派"道气合一""以气释道"思想的先河。更进一步，《黄老帛书》的气论思想，还被用来附会社会政治、伦理，更上升到指导思想的层面，是所谓"赢阴布德""宿阳修刑"，从而提出了著名的"阴阳刑德"思想。

（二）"阴阳刑德"思想

所谓阴阳，既有作为"气"的阴阳，也有作为属性的阴阳。前者指的是阴阳二气，而后者则是指万事万物皆有阴阳两种属性。两者虽然不同，但却一脉相承、互为存在。因为没有阴阳二气，则万物无以化生；没有阴阳两种属性，则万物无以延续其生存和变化发展。可以说，作为"气"的阴阳是万物之所由来的本然原因，而作为属性的阴阳则是万物如此的原因或条件，前者是根本和前提，后者是手段和延续。简言之，有作为"气"的阴阳，才有作为属性的阴阳，两者相辅相成。

同理，《黄老帛书》所谓"阴阳刑德"思想中的阴阳，也有双重含义，即作为"气"的阴阳和作为属性的阴阳，前者是"阴阳刑德"思想的理论前提，后者则是"阴阳刑德"思想之所以成立的思维保证，这才是"刑阴而德阳”之思想的理论渊源。此外，阴阳二气化生万物，阴阳属性又普遍存在于万事万物之中以主导其生存发展变化，这与《管子》所论“道满天下，普在民所”（《内业》）相一致，在某种程度上，发出了后世学者“道在事中”“理在事中”思想的先声。

　　在《黄老帛书》中，阴阳并提，共有 43 处。首先，按照作为“气”之阴阳之意解，这主要在于阐述气化万物的宇宙观及道气之间关系。《黄老帛书》认为阴阳二气是由“道”派生出来的，二气交感化生万事万物，“阴阳备物，化变乃生”（《十六经·果童》）①，“道”既是万物的本源又是万物之所以然，如《十六经·观》所说：

　　　　黄帝曰：群群□□□□□□为一囷。无晦无明，未有阴阳。阴阳未定，吾未有以名。今始判为两，分为阴阳，离为四[时]，刚柔相成，万物乃生，[德虐之行]，因以为常。其明者以为法，而微道是行。行法循道，是为牝牡。牝牡相求，会刚与柔。柔刚相成，牝牡若刑（形）。下会于地，上会于天。得天之微，时若者时而恒者恒，地因而养之；寺（恃）地气之发也，乃梦（萌）者梦而兹（孳）者兹（孳），天因而成之。弗因则不成，[弗]养则不生。

　　据陈鼓应先生考释，空白处可解读为“群群（混混）[沌沌，窈窈冥冥]为一囷”，形容天地未判的混聚窈冥的状态，没有昼夜之分，也没有阴阳之别，《文子·十守》“天地未形，窈窈冥冥，浑而为一”即是此状态。当一切都是混沌状态时，无法定名，是以生成天地，分别阴阳，天为阳而地为阴，并进而由阴阳离析为四时，由《十六经·观》“春夏为德，秋冬为刑”和“刑阴而德阳”（《十六经·姓争》）可知。阴阳相互作用、相互转化，则万事万物得以生生不息。

　　关于道气之间关系，《黄老帛书》认为，“道”派生出阴阳二气，而阴阳二气却不是“道”，即“道”是万物的本源和所以然之规律，而阴阳二气只是万事万物之所从来的成因和条件，是“道”的载体。换言之，《黄老帛书》所论之“气”思想并没有上升到世界观的高度，即没有在“道”之下提出一个概括阴阳二气的抽象的“气”概念，因而只能停留在解释万

---

① 　此处有所争议，不同学者说法不一，如有的版本写作“阴阳备，物化变”，本书参照的是陈鼓应（2007a）的注释。

事万物得以生成生长的现象层面，与老子"以道统气""气统阴阳"的思想有本质区别。如《道原》：

> 恒无之初，迥同大（太）虚。虚同为一，恒一而止。湿湿梦梦，未有明晦，神微周盈，精静不配（熙）。古（故）未有以，万物莫以。古（故）无有刑（形），大迥无名。
> 一者其号也，虚其舍也，无为其素也，和其用也。

"恒无之初，迥同大（太）虚。虚同为一，恒一而止"，意思是在一切皆无的洪荒之初，宇宙天地还处于混沌状态。一切的"虚无"就好比是"一"，因为只有"道"，所以"一"就是"道"，除此恒定的"道"之外别无其他。这个"道"是一切万物的本源，包含所有而又始终不变，"一"就是它的称号。这是《黄老帛书》"道"论与老子"道"论相同的地方，因为老子的"道"也可以称为"一"，"天得一以清，地得一以宁"（《老子·三十九章》）。不同的也正是对"一"的理解。《黄老帛书》此处的"一"是指"道"，所谓"大虚"也是形容道之混沌状况，与"群群（混混）[沌沌，窈窈冥冥]为一囷"一致，而从"今始判为两，分为阴阳，离为四[时]"（《十六经·观》）得知，阴阳二气直接产生于"道"；然《老子·四十二章》"道生一，一生二，二生三，三生万物。万物负阴而抱阳，中气以为和"。这里的"一"指的是"气"，而不应是"道"（李存山，2008a），也即天地未开之时的"元气"是阴阳二气的直接来源，也即"道生一"的深层意涵。由此可知，老子的气论思想已经在世界观的高度提炼出了哲学范畴，即"气"也即"道生一"的"一"，阴阳二气首先统一于产生它们的"气"，而"气"又统一于"道"；相反，《黄老帛书》并没有提炼出抽象的"气"范畴，其阴阳二气直接统一于"道"，是以一直停留在解释现象的层面。

另外，按照作为属性的阴阳之意解，在充分肯定前文所述阴阳二气思想的前提下，《黄老帛书》的阴阳观念还被当作社会政治、伦理的根据而广泛应用，成为自然万物乃至于国家社会等的必然属性，一阴一阳、有阴必有阳，并提出"贵阳贱阴"、阴阳相辅相成的思想。如《称》中所说：

> 凡论必以阴阳口大义。天阳地阴，春阳秋阴，夏阳冬阴，昼阳夜阴。大国阳，小国阴；重国阳，轻国阴。有事阳而无事阴，

信（伸）者阳而屈者阴。主阳臣阴，上阳下阴，男阳[女阴，父]阳[子]阴，兄阳弟阴，长阳少[阴]，贵[阳]贱阴。

空格中所缺之字有两种意见，余明光（1993）补为“明”字，陈鼓应（2007a）认为有可能是“之”字，但意思都一样，即阴阳思想应作为研讨一切的总原则、总根本。“信（伸）者阳而屈者阴”，帛书原写作“信（伸）者阴者屈者阴”，当系抄本有误，应该改过来，意思是伸展属阳而屈缩属阴。从天、主、上、男、父、兄、长等皆属阳而地、臣、下、女、子、弟、少等皆属阴可见，天尊地卑、阳贵阴贱的思想已趋成熟。正因为“天阳地阴”“阳贵阴贱”，是所以“顺天者昌，逆天者亡”（《十六经·姓争》）。《黄老帛书》的这种阴阳思想反映到社会政治、伦理上，就自然而然地成为其刑德政治的理论根据，形成“德阳刑阴”的思想。如《十六经·姓争》所说：

顺天者昌，逆天者亡。毋逆天道，则不失所守。天地已成，黔首乃生。胜（姓）生已定，敌者生争，不谌不定。凡谌之极，在刑与德。刑德皇皇，日月相望，以明其当。望失其当，环视其央（殃）。天德皇皇，非刑不行；缪（穆）缪（穆）天刑，非德必顷（倾）。刑德相养，逆顺若成。刑晦而德明，刑阴而德阳，刑微而德章（彰）。其明者以为法，而微道是行。

这是说刑德正如阴阳一样，虽有尊卑贵贱之分，但必须要相互依存、相互配合，“天德皇皇，非刑不行；缪（穆）缪（穆）天刑，非德必顷（倾）”，若配合不当，则遭灾祸，“望失其当，环视其央（殃）”；反之，则无论顺逆皆有所措手足，“刑德相养，逆顺若成”。所谓“天道”则正是“阴阳刑德”的“明、晦、微、章”，遵而行之，可昌可守；逆而失之，则必亡。《十六经·观》又云：

不靡不黑，而正之以刑与德。春夏为德，秋冬为刑。先德后刑以养生。姓生已定，而适（敌）者生争，不谌不定。凡谌之极，在刑与德。刑德皇皇，日月相望，以明其当，而盈[绌]无匡。夫是故使民毋人埶，举事毋阳察，力地毋阴敝。阴敝者土芒（荒），阳察者夺光，人埶者摲兵。是故为人主者，时控三乐，毋乱民功，

毋逆天时。然则五谷溜孰（熟），民［乃］蕃兹（滋）。君臣上下，
交得其志。天因而成之。夫并时以养民功，先德后刑，顺于天。

阳贵而阴贱，所以先德而后刑；刑德相养，分先分后，其功顺天，故
"天因而成之"。然为人主者，除了节制逸乐和不乱"民功"之外，怎样才
能在"道"的层面做到"毋逆天时"？其必曰"赢阴布德""宿阳修刑"
（《十六经·观》）。德代表阳，阴代表刑，意思是在阴气满盛也即刑杀
的思想占据主导时，体现为存生养护之德思想的阳气便开始萌芽生发以
不断趋向与刑杀思想的平衡；当阳气积久也即存生养护之德思想占据主
导时，体现为刑杀思想的阴气便开始萌动以不断趋向与存生养护之德思
想的平衡，这就是刑德相养，更是为人主者所应学习的"养民功""顺
天道"的根本所在，非此无以安民，"阴敝者土芒（荒），阳察者夺光，
人埶者摐兵"。

（三）气论思维模式的萌芽及对《黄老帛书》的定位

所谓气论思维模式，指的是气论思想在《黄老帛书》中，不仅被用来
解释自然现象，也被用来解释社会政治、伦理，乃至于人生，从而形成的
思维方式。简言之，气论的思维模式之本质就是"推天道以明人事"，其
本身就包含了解释现象、解释世界和解释人生两方面，使得体现为解释现
象、解释世界的"天道"与体现为解释人生的"人事"自然而然连接为一
个整体，相生相成，通同为一，变为气论思维方式一体之两面：解释世界
是为了解释人生，而解释人生也正是为了体现解释世界的终极关怀——天
人合一。这在先秦典籍中很常见，表现为两个方面：一是直接成上下篇结
构，以"天道"与"人事"对举，先谈"天道"再谈"人事"，谈"天道"
肯定是为了谈"人事"，这在《黄老帛书》中多次出现[1]，在其他诸如《庄
子》《管子》《鹖冠子》《太一生水》《恒先》《凡物流行》等典籍中都
能见到（杜维明 等，2012）；另一方面，虽则没有上下篇结构，但其主旨
思想依然是遵循"推天道以明人事"的思路。不论哪一方面，都是以气论
思想为连接贯通的桥梁。

关于解释世界的方面，属于"推天道"的阶段。如老庄的道气关系论，

---

① 如在《道原》中，前文说"恒无之初，迥同大（太）虚。虚同为一"等，皆是在谈论"道"
本身，这与《老子》的第二十一章、第二十五章形容描述"道"的特征相一致，比如无形无
名、虚无宁静，但下文马上换成讨论"人事"，"故唯圣人能察无形"而"圣王用此，天下
服"。诸如此类，在《黄老帛书》中还有很多。

其不仅概括出宇宙万物之所以然和所以成的根本性气概念，更主张"以道统气"，认为"气"由"道"派生，是"道"化生万物之凭借和万物生生不息之原因和条件。所以"气"在这里，已经不局限于具体之气或阴阳二气，而是天地之初之混沌一气，有着"元气"的意味。这之后，《列子》的"太初之气"、《吕氏春秋》的"与元同气"及《鹖冠子》的"元气"皆从此发展而来。两汉"元气论"思潮在先秦时期的萌芽和发展轨迹，即是如此。

关于解释人生的方面，属于"明人事"的阶段，如孟子的"浩然之气"、《管子》的"以气言心"、《性自命出》的"以气释性"的思路以及"德之气""喜怒哀悲之气""仁气""礼气"等诸如此类，不一而足。其最终的诉求正是通过"推天道以明人事"，从而达到"天人合一"的境界。然则气范畴一开始是外在于人的，因此需提出内在于人心和人性的气概念，才能实现内在超越，故此才有了"以气释性"和"浩然之气"等概念，也才能找到宋明时期"天命之性"与"气质之性"之分别在先秦时期的根源。

当然，《黄老帛书》中所能体现的只是一种思想倾向，或者说是上文所述气论思维模式的萌芽，远不成熟，其缺点也主要表现在两个方面：在解释现象、解释世界方面，《黄老帛书》没能明确提出一个统一阴阳二气的哲学范畴，而是直接以道统一阴阳之气，既不同于老庄道家"以道统气"的说法，也与《吕氏春秋》的"与元同气"及《列子》的"太初之气"有异，总的来说，就是没有上升到哲学世界观的高度，真正以"气"解释世界；在解释人生方面，《黄老帛书》也只是较肤浅地将阴阳观念附会到社会政治、伦理当中，既没有孟子所论"浩然之气"的"仁心"追求，也没有如思孟学派做到的以"气"释心、性、德等，乏善可陈，论述不力。然其作为思想的萌芽，作为早期老学向黄老学派转型的思想标志，其开启了黄老学派学者由道论向气论转变的理论先河[①]，为后来学者将"气"提升到与"道"等同地位的研究做出重要贡献。《黄老帛书》的出土，不仅为我们研究作为先秦显学的黄老学的发展脉络指明了方向，且对弥合老庄思想与黄老学说之间的断层有重大的学术价值。又因为其与诸多典籍有相互印证之处，故其对古籍整理和辨伪工作都有着深远的影响。

---

① 正如丁原明（1996a）所说，与老庄道家相比较，黄老之学在很大程度上扬弃了老庄道家的有无范畴，而偏重于以"有形""无形"推阐"道"，并最终赋予"道"以"气"的物质意义。在这方面，反映南方黄老之学的《黄老帛书》就很突出，它虽然没有直接以"气"诠释"道"，但却把"无形"提升为普遍性范畴，并以之描述宇宙的原始混沌状态。

二、《文子》的"道气合一"思想

（一）《文子》真伪之辩

《文子》一书的真实性，自班固进行质疑以来，历两千多年，经由疑伪→驳书→伪书→真书的艰难论辩过程，于 1973 年定县《文子》残简的问世而告终。首先，班固认为《文子》所涉之平王是周平王，而其时文子与孔子、老子生活年代相矛盾，必不能作《文子》。他在《汉书·艺文志》中明确指出文子与孔子并时，而称"周平王问"，是依托者。班固由是怀疑《文子》是他人伪托之书；其后，唐柳宗元认为《文子》一书"剽窃"多家，"凡孟、管辈数家"，恐非一人一时之作品，将其判为"驳书"[①]，清姚际恒（1977）的《古今伪书考》亦认为"其书虽伪，然不全伪也；谓之'驳书'"；而宋黄震据班固所论，则直接将其判为伪书[②]；清学者则将《文子》与《淮南子》对比研究，认为《文子》抄袭《淮南子》，从而《文子》伪书一说几成定论[③]；近人梁启超（2018）《汉书·艺文志诸子略考释》认为《文子》自班固起已疑其依托，今本又非班固所见之旧本，实是伪中出伪，其大半袭自《淮南子》。杨树达《汉书管窥》与王叔岷《文子斠正》亦皆认为《文子》抄袭《淮南子》。[④]凡此种种，不一而足，都认为《文子》是伪书。虽偶有认为《文子》非伪书者，如清孙星衍[⑤]，又或者间有认为《文子》伪书证据不足者，如晁公

---

① "其辞时有若可取，其指意皆本《老子》。然考其书，盖驳书也。其浑而类者少，窃取他书以合之者多。凡孟、管辈数家，皆见剽窃，峣然而出其类。其绪文辞，又牙相抵而不合。不知人之增益之与？或者众为聚敛以成其书与？然观其往往有可立者，意颇惜之，悯其为之也劳。今刊去谬恶乱杂者，取其似是者，又颇为发其意，藏于家。"（《柳河东全集·议辩》）

② 黄震《黄氏日抄》卷五十五（《四库全书》影印本）认为"伪为之者，殆即所谓默希子而乃自匿其姓名欤？"王应麟（2015）的《困学纪闻》卷十《诸子》第五十条也认为《文子》非真实的身为老子弟子的文子所作，但没有完全否定不是文子之后的文子学派所作，且肯定了《文子》书中极多的思想被后人诘取。

③ 清钱熙祚作《文子校勘记》（《四库全书》影印本）以证《文子》袭取《淮南子》之说，章太炎《菿汉微言》（浙江图书馆校刊影印本）认为今之《文子》半袭《淮南》，所引老子亦多怪异，其为依托甚明。陶方琦在《汉孳室文钞》卷二《文子非古书说》（北京大学图书馆古籍影印本）中亦认定《文子》非古书，现今属于杂家的《文子》与《汉书·艺文志》属于道家的《文子》不同。

④ 参见杨树达（1984）；与杨树达先生的结论不同，王叔岷（1956）在《文子斠正》中从文献校勘的角度详细论证了《文子》如何抄袭了《淮南子》。

⑤ 清孙星衍在《问字堂集·文子序》中认为："《艺文志》注言'老子弟子，与孔子并时，而称周平王问，似依托。'盖谓文子生不与周平王同时，而书中称之，乃托为问答，非谓其书由后人伪托。宋人误会其言，遂疑此书出于后世也。"紧接着孙星衍还做了细节辩证，此略。

武《郡斋读书志》^①，然历史上主流观点始终认为其为伪书无疑。

　　直到 1973 年，长沙马王堆汉墓帛书古佚书的发现以及同年河北定县40 号汉墓《文子》残简的出土，才最后证明《文子》非伪书。首先，唐兰先生据马王堆汉墓出土帛书《老子》甲、乙本卷前古佚书认为淮南王刘安编写的《淮南子》在许多地方抄袭了《文子》，且基本上属于老庄一派的道家；在《附记》中，唐兰先生又认为《文子》与《淮南子》有很多辞句是相同的，但以篇名袭黄老之言来看，应是《文子》在前（唐兰，1975）。可见唐兰先生不仅认为《文子》是真书，且认为其属于老子学派的作品，成书年代也在《淮南子》之前，因而不存在抄袭《淮南子》的可能。李定生（1994）在《〈文子〉非伪书考》中也认为《淮南子》抄袭《文子》。其次，河北省文物研究所定州汉简整理小组（1995a，1995b）在 1995 年12 月公布了《定州西汉中山怀王墓竹简〈文子〉释文》及《定州西汉中山怀王墓竹简〈文子〉校勘记》，刘来成先生认为《文子》的发现不仅证实了一部古书的存在，而且为古代思想史研究增添了新材料，也使得《文子》得以部分恢复其本来面目，证明《文子》本非伪本（河北省文物研究所定州汉简整理小组，1995c）。

　　（二）《文子》的学派归属及其成书年代

　　关于《文子》的学派归属问题，学术界大致有两种意见：其一认为归属黄老学派；其二认为应归属老子学派。首先，张岱年（1994）认为《文子》的著作年代最早不能早于战国后期，最晚不能晚于汉景帝时，应是汉文景之时黄老学派的著作。李学勤与吴光两位先生附议。^②与张岱年先生不同的是，王葆玹先生在《哲学与文化》1996 年第 8 期发表《道家阴阳刚柔说与〈系辞〉作者问题》一文，认为《文子》应归属于先秦黄老学派，魏启鹏先生在《哲学与文化》1996 年第 9 期《〈文子〉学术探微》一文中，则通过学派与地域之间的关系认为《文子》归属黄老学派，更有学者将《文子》归属于黄老学派的特定一家，如艾力农先生 1982 年 5 月 22 日在《光

　　① 晁公武《郡斋读书志》卷九道家类《李暹注文子十二篇》有言："姓辛氏，葵丘濮上人，号曰计然，范蠡师事之。本受业于老子，录其遗言，为十二篇云。按刘向录《文子》九篇而已。《唐志》录暹注，与今篇次同，岂暹析之欤？颜籀以其'与孔子并时，而称周平王问，疑依托者'。然三代之书，经秦火幸而存者，其错乱参差类如此。《尔雅》，周公作也，而有'张仲孝友'。列子，郑穆公时人，而有'子阳馈粟'是也。"

　　② 李学勤（1996）在所著《古文献丛论》中认为《文子》是《老子》到帛书到《淮南子》间演变脉络的中间环节。又将其成书下限定位于东晋，而将其定位为汉初古籍，从而归属于汉初黄老学派；吴光（1984）则认为《文子》是成书于《淮南子》之前的西汉古籍。

明日报》发表《〈文子〉其书》一文将其归为黄老之学中的道德家，陈鼓应（1998）将其归为黄老易学作者；其次，唐兰（1975）认为《文子》有很多内容是《淮南子》所没有的，应归属于先秦老子学派，王三峡（1993）亦认为文子是南方道家，亦应归属于老子学派。总而言之，《文子》当归属于道家学派无疑，且学术界更多认同其归属于先秦黄老学派。

关于《文子》的成书年代，学术界有几种说法，主要是先秦古籍说与汉初古籍说，前文已有所述，此略。所需要注意的是，由于简本《文子》的出土，及简本《文子》与今本《文子》间的巨大差异，陈丽桂先生在《哲学与文化》1996 年第 8 期发表的《从出土竹简〈文子〉看古、今本〈文子〉之间的先后关系及几个思想论题》认为应该分别考察简本与今本的成书年代，不能一概而论（张杰 等，1997；赵建伟，2000）。一般认为简本成书于战国中后期或秦汉之间，今本成书于汉初。笔者认为，简本与今本虽然可能是同一本书的传承，但由于散佚丢失，两者之间产生巨大差异，传承关系复杂，不排除今本有吸收其他典籍（比如《淮南子》等）的可能，且这种差异已经使得两者思想产生不同，所以应该分别考察。

（三）《文子》的竹简本与今本之间的关系

关于今本《文子》与简本《文子》之间的关系问题，学术界虽无定论，但两者之间承袭关系基本得到认可。如河北省文物研究所定州汉简整理小组认为从今本《文子》的内容看，后人在残缺不全的《文子》中，加进一些内容是可能的（河北省文物研究所定州汉简整理小组，1995c）。这是说今本《文子》的祖本是简本《文子》中与今本相同的九章，然因为在流传过程中，由于散佚及后人的增删，才最终形成今本《文子》，也证明简本《文子》其实是残本。张丰乾（2002）认同此说。谭家健先生更认为《文子》的今本和简本是同一本书，只因为散佚后，汉人在整理过程中，参照《淮南子》等书进行增删，才成为今本《文子》（黄云眉，1959）。王三峡（2003）则认为《汉书·艺文志》所载《文子》九篇是今本《文子》的主要来源，而这九篇又是简本《文子》与传本《文子》合编而成的。如此种种意见，不一而足，但基本都承认简本《文子》与今本《文子》之间存在着继承关系，即今本《文子》是在继承简本《文子》的基础上演化而来的。所以，今本《文子》就成了考察简本《文子》思想的直接材料。由于今本《文子》在形成过程中可能借鉴其他典籍，甚至不是一人所作，因此本书主要以简本或今本中与简本相同、相近的思想为出发点，对比其与《管子》《黄老帛书》等典籍之相互印证的地方，将其作为老子后学与先秦黄老道家之间的过渡予以探讨。①

（四）"道气合一"思想

《文子》在继承老子道论思想的基础上，对其做出创造性发挥，即将"道""气"相互沟通，等同于"一""无"，为稷下道家的"精气论"埋下伏笔，成为老子道家与黄老道家之间转变的中间环节。

1. 道论

《文子》对老子"道"论思想的继承主要体现在其对老子"道"本原论及其规定性的认同上。首先，他认同老子的"道"为万物之源的提法：

> 夫道者，德之元，天之根，福之门，万物待之而生，待之而成，待之而宁。（《文子·道德》，本节下引该书只著篇名）②
>
> 天地未形，窈窈冥冥，浑而为一，寂然清澄。重浊为地，精微为天；离而为四时，分而为阴阳；精气为人，粗气为虫；刚柔相成，万物乃生。（《九守》）
>
> 故物，生者道也；长者德也。（《道德》）
>
> 夫道者，高不可极，深不可测，苞裹天地，禀受无形，原流泏泏，冲而不盈，浊以静之徐清，施之无穷，无所朝夕，表之不盈一握，约而能张，幽而能明，柔而能刚，含阴吐阳，而章三光；山以之高，渊以之深，兽以之走，鸟以之飞，麟以之游，凤以之翔，星历以之行。（《道原》）

这是说"道"先于天地万物之前，是万有之总的来源，呼应老子的"有物混成，先天地生"（《老子·二十五章》）。从根源上来说，"道"不仅是万有的来源，也是万有的归宿③，"所谓道者，无前无后，无左无右，

---

① 葛刚岩（2004）在其博士论文《〈文子〉成书及其思想》中认为《文子》上承《老子》哲学，下启黄老道家，兼容儒法等各家，是老子道家向黄老道家过渡的中间环节。

② 下引简本《文子》根据今本《文子》，为使阅读方便，必要的地方都作了补充。

③ 《九守·守朴》言："以不化应化，千变万转而未始有极。化者复归于无形也，不化者与天地俱生也，故生生者未尝生，其所生者即生，化化者未尝化，其所化者即化。"此处的"不化者"或者"生生者""化化者"就是"道"，而"所化者""所生者"就是指万事万物，且在《文子》中，"道"与"虚""无"等同，"故有生于无，实出于虚"（《道原》），与老子的"天下万物生于有，有生于无"一致，所以据此得出《文子》中万有之最后归宿是"道"的结论。

万物玄同，无是无非"（《微明》），更是万有千变万化生生不息的保障，"万物待之而生"，"万物变化，合于一道"（《自然》）；然就具体来说，万事万物各有其"理"、各行其"道"，"阴阳四时，金木水火土，同道而异理"（《自然》），所以应该"循理而举事，举事而顺道"（《自然》）。将"道"与"理"的关系鲜明地提出来并加以区别，是《文子》所不同于《老子》的地方之一，而将"道"与"德"对举并着重阐述，则是承袭于《老子》。其次，与《老子》一样，认为"道"是最高深而又不可捉摸的，无可言说，无法认识，玄妙不能名状，是"至大无外""至小无内"的超越一切的存在，如他说：

> 夫道不可闻，闻而非也，道不可见，见而非也，道不可言，言而非也。（《微明》）
> 道以无有为体，视之不见其形，听之不闻其声，谓之幽冥。（《上德》）
> 道之所以至妙者，父不能以教子，子亦不能受之于父，故道可道，非常道也。（《上仁》）
> 深闳广大，不可为外；析毫剖芒，不可为内。（《道原》）
> 夫道者，高不可极，深不可测，苞裹天地，禀受无形。（《道原》）

总而言之，《文子》对"道"的形容基本与老子一致，皆将其视为不可名状、无法认识的高高在上的超越存在。

《文子》对老子"道"论思想的发挥主要体现在"道即一"的论题上。老子认为："道生一，一生二，二生三，三生万物。"（《老子·四十二章》）很显然，"道"和"一"是派生与被派生的关系，"道"凌驾于"一"之上，是比"一"更为根本的存在；而《文子》则认为"道"即是"一"，"一也者，无适之道也，万物之本也"（《道德》），"无形者，一之谓也，一者，无心合于天下也。布德不溉，用之不勤，视之不见，听之不闻，无形而有形生焉"（《道原》）。"一"不仅被《文子》用来作为"道"的别称，还用来形容"道"的无形无状和贯通一切，"道无形无声，故圣人强为之形，以一字为名"（《精诚》）。此外，《文子》还用"虚""无"来替代和形容"道"，"道以无有为体，视之不见其形，听之不闻其声，谓之幽冥。幽冥者，所以论道，而非道也"（《上德》），又"故有生于无，实生于虚"（《道原》），所以在某种程度上，《文子》中的"道"

"一""无""虚"是异名而同义的哲学概念。

2. "道""气"合一论

《文子》之所以提出"道气合一"的论题，是因为老子"道"论偏重于将"道"解释成脱离具体事物的纯粹精神理念，以"道"统摄气，也就是"一"，而"道"如何派生"一"（也即气）则完全依赖于"道"这个精神主宰的自身的运转，这就在理论上留下了不可知论的漏洞，为弥补这一缺憾，《文子》提出"道即一"的命题，认为"道""气"本身相通，"道"即"气"，"气"即"道"，从而顺利解决万物由道化生这一理论难题。因此，在理解"道生之，德畜之，物形之，势成之。是以万物莫不尊道而贵德"（《老子·五十一章》）时，没有遵循老子一贯的思维，即"失道而后德"（《老子·三十八章》），而是主张"道"与"德"本是相互依存、不可分割的整体，这在《文子》所论"王道""德政"中尤为明显。

关于《文子》的"道气合一"思想，其主要的理论依据还在于对"一"的理解：

> 天地未形，窈窈冥冥，浑而为一，寂然清澄。重浊为地，精微为天；离而为四时，分而为阴阳；精气为人，粗气为虫，刚柔相成，万物乃生。（《九守》）

这里的"一"正是指天地未判以前宇宙的浑然状态，悠远深沉，混杂为一，既是天地及万有一切的总来源，也是"道"，是"气"，这与《黄老帛书·道原》所说"恒无之初，迥同大（太）虚。虚同为一，恒一而止"相一致。正是由于这个"浑而为一"的混沌之"气"的安静澄清，才形成天地，天地分离产生四时阴阳，最后化生出人与万物。又《道原》说：

> 道者一立而万物生矣。故一之理，施于四海，一之眼，察于天地，其全也敦兮其若朴，其散也浑兮其若浊，浊而徐清，冲而徐盈，澹然若大海，氾兮若浮云，若无而有，若亡而存。（《道原》）

这里的"清""浊"与上文形容"浑然为一"之"气"的用法一致；"冲"则与《老子·第四章》"道冲而用之或不盈"一致，皆是用来形容"气"的变化与状态的。可以看出，此处虽然没有直接提出"道"即"气"，但却很明显地以"气"释"道"。

在论述人的形成过程时，《九守》认为"精神本乎天，骨骸根于地，精神入其门，骨骸反其根，我尚何存"，意思是人的精神来源于天，也即是精微之气，形体根源于地，也即是重浊之气，两者相合相生才成为人，这与《管子》所论"天出其精，地出其形，合此以为人"相一致；在论述万物的形成时，一切皆源自阴阳二气的和合变化，"阴阳和，万物生矣"（《精诚》），"阴阳陶冶万物，皆乘一气而生"（《下德》）；在论述人死复归于虚无重返于"道"时，"精神入其门，骨骸反其根，我尚何存"（《九守》），与庄子的气聚散论及《列子》的气化宇宙论思想等相类似。

《文子》的"道气合一"思想虽然是发扬老子"道"论而来，但与老子"道"论有着根本的区别。老子"道"论中，"道"凌驾于"气"之上，是一种纯粹的精神性超验本原，主宰物质世界却又与之割裂开来；而《文子》中的"道"即是"气"，既是描述和解释具体存在的物质基础，又与物质世界融为一体，其本身就是阴阳二气的整合。《文子》的这种以"气"规定"道"及"气"本身含有阴阳变化之力的思路，与《黄老帛书》的"气"思想十分相近，也与稷下道家"以气释道"的"精气论"十分类似，可见其时百家争鸣，各家截取自家所需思想资源发展学说，形成一种相互影响、相互借鉴的学术氛围，而《文子》作为老子后学，正好发挥了传承老子之学、开启新学的桥梁作用。

三、《管子》的"精气"思想

《管子》一书继承了《老子》"道"论思想，以"道"作为世界万物之本原，但又认为"道"的"化身"是"精气"，"精气"是"道"，"道"也是"精气"，所以《管子》的"精气"或"道"主要充当了万有化生的物质基础，只是对老子"道"的一种特定表达，却没能如老子一般上升到万有化生之所以然的本体论层面，没能形成老庄所概括的抽象的"气"的世界观。所以，《管子》之"道"虽脱胎于《老子》，却又与之不同。《管子》之"气"主要描述和解释的是万有存在的状态和物质基础，重在描述和解释现象，而老庄之"气"除此之外还是整个自然和世界的存在状态和所以如此的原因，已经上升到世界观的高度。

（一）道之由来

稷下道家继承了老子道论中的形而上之"道"，并将"心""气"转化为其主要的论述范畴，从而形成了中国思想史上著名的"精气说"。当然，这样的转化也不是突然就发生的，而是经历了早期黄老学派的传承。严格说来，稷下道家也属于战国初酝酿而成的黄老学派，且是战国中期黄老思潮发展的代表。考察黄老思潮的由来，可知其是以"老学为理论基础，不过因与其他各家学说的交融而产生新的道家思想风貌。简言之，黄老之学是以老子道论思想为主轴，同时结合齐法家'法'的思想，以及当时盛行的刑名观念而融会出的新道家思潮"（陈鼓应，2006）。所以追根溯源，稷下道家之"道"论的源头也是老子"道"论。

　　然自老子"道"论以后，由于各家对"道"论的不同理解以及社会政治的需要，其思想大致分为三派：一是以庄子为代表的一派，注重致虚守静的修养功夫；二是以稷下道家为代表的黄老学派，则强调以形上"道"为基础，道法融合以"道"论法，结合刑名法术，注重于对社会现实的解决效用，倾向于政治，也正是这一派孕育出了《管子》；三是后来的神仙道教。所以，《管子》之"道"是在黄老思想的培育下成熟的，而并非单纯祖述老子之"道"，且与老子之"道"多有不同。综上可见，《管子》之"道"源于老子，立于黄老，成于《管子》。

　　《管子》对老子"道"论之发展最突出的表现是：以"气"释"道"，道心、人心相通。老子认为"道"是宇宙万物的本源，"有物混成，先天地生。寂兮廖兮，独立不改，周行而不殆，可以为天下母"（《老子·二十五章》），但同时"道"又是高高在上的，是人们无法捉摸更不可能因为人心之变化而有变化的，"视之不见，名曰'夷'；听之不闻，名曰'希'；搏之不得，名曰'微'。此三者不可致诘，故混而为一。其上不皦，其下不昧，绳绳兮不可名，复归于无物。是谓无状之状，无物之象，是谓惚恍。迎之不见其首；随之不见其后"（《老子·十四章》）。在《老子·二十一章》中也用"惚恍""窈兮冥兮"来形容"道"，总之在老子那里，人心不足以与"道"相通；而在《管子》看来，形上"道"固然是"万物之母"，"原始计实，本其所生"（《管子·白心》，以下引用管子只注篇名），"凡道，无根无茎，无叶无荣，万物以生，万物以成，命之曰道"（《内业》），"不见其形，不闻其声，而序其成，谓之道"（《内业》），但稷下作者更要考虑的是此"万物之母"如何化生万物，如何让万物生生不息，如何把握这参赞天地化育之"道"的力量来解决社会问题，发挥最大的社会效用以为齐统治者服务，也就必然与刑名法术相结合，也就必然有"人心"与"道心"之沟通。

"夫道者，所以充形也，而人不能固，其往不复，其来不舍。谋乎莫闻其音，卒乎乃在于心"（《内业》）

"敬除其舍，精将自来""道满天下，普在民所。"（《内业》）

"道不远而难极也，与人并处而难得也。虚其欲，神将入舍。"（《心术上》）

"道之在天者，日也；其在人者，心也。"（《枢言》）

"上注者，纪天时，务民力。下注者，发地利，足财用也。故能饰大义，审时节，上以礼神明，下以义辅佐者，明君之道。"（《君臣下》）

"道者，诚人之性也，非在人也；而圣王明君，善知而道之者也。是故治民有常道，而生财有常法。道也者，万物之要也。"（《君臣上》）

由此亦可见《管子》"道"与老子"道"之另一大区别：在老子那里，"道"是至高无上的绝对权威，是"虚无"，只有圣人才可能体道，顺道之自然，以至于无为；而在《管子》书中，"道"虽有形上"道"的特质，是"虚无"的，"天之道，'虚无其形'。虚则不屈，无形则无所位〈低〉赴；无所位〈低〉赴，故偏流万物而不变"（《心术上》），但"道不远人""普在民所"，且住于人心之中，是实有，是人人都可触及的，有时候"道"甚至成了一种"智慧书""万能钥匙"，人们只要懂得和把握了一定的"道"，就可以达到自己的目的，即《管子》书中的"道"是可以认识、可以琢磨的，而并非老子所说的是一种不可见、不可闻、不可触摸、不可认识的"虚无"。

（二）"精气"说

凡物之精，此则为生，下生五谷，上为列星。流于天地之间，谓之鬼神；藏于胸中，谓之圣人。（《内业》）

凡人之生也，天出其精，地出其形，合此以为人。和乃生，不和不生。（《内业》）

从这两段引文可以看出，《管子》以"气"为描述和解释万物存在及其状态的原始基础，而"气"又有"精气""形气"之分，"精气"更为本源，因为其是一种更为根本的法则或智慧，"流于天地之间，谓之鬼神；

藏于胸中，谓之圣人"。为什么"地出其形"的"形"就是"形气"呢？理由有二。第一，《内业》强调"精也者，气之精者也"，意思是"精气"是"气"中之最精微者，《易传·系辞上》云"一阴一阳之谓道"，有精微者则必有不精微者，两两相对正如阴阳之分一样，且根据上下文意对应之原则，所以"天出其精，地出其形"可推之"形"为"形气"，即"粗糙之气"；第二，既已说"精气"为万物之最根本，而"精气"聚合为万物时同样也聚合为人，即是说，在"气"的状态下，万物与人在形成之初应是一致的，没有种类之分，这样就难以解释万有的多样性，所以在天出其精时必然有另一种东西与之调和使得万物之生成区别开来，从而创生大千万类世界，假定这种东西不是"气"，则必然是另一种其他东西，势必造成二元论，这便与"精气"说所持之一元论观点相矛盾，所以这种东西应是"气"，且须是与"精气"相对之"粗糙之气"才能调和"精气"化生万物，才符合《易经》及《老子》中的阴阳对立、相生相成的观念，也才能描述和解释世间万物的多样性，是所谓"和实生物，同则不继"（《国语·郑语》）。

然而，人之生成，别于其他万物，实万类之灵长，人之生成长大，有强有弱，有好有坏，思想意识也无法一致，此又是如何造成的呢？若皆出于"精气"，则人无有形体；若皆出于"形气"，则人无有精神。是所以，须得"天出其精，地出其形，合此以为人"，"精形二气"相合之后而产生出变化——和气，这也符合老子之"道生一，一生二，二生三，三生万物"（《老子·四十二章》）的主张。然此时所生之人除了形体上的区别外，精神世界没有大的不同，"夫道者，所以充形也，而人不能固，其往不复，其来不舍"，意思是"道"是用来充实人的身体的，但人们往往不能固守而使其迷失不再复回，成人尚且如此，何况于新生之人？虽然此时人没有精神智慧，却有着思考的能力，"气道乃生，生乃思，思乃知，知乃止矣"（《内业》），这是说"气"聚为人而有生命，有了生命后就有思考能力，有了思考能力才能有智慧，有了智慧才能体悟为人处世之道。所以说思考能力是"气"聚为人时赋予人的区别于其他万类的特殊能力，有了这种能力，才有可能在后天习得智慧精神。然这种天赋的能力体现在每个人身上不尽相同，且随着时间的推移而变化，所以，"精气"虽然"不远人""普在民所""有神自在身"，但"民不能知"（《内业》），民若想知，则只能依赖自己的努力，"敬除其舍，精将自来"（《内业》），"虚其欲，神将入舍"（《心术上》）。正因为这个过程才造就了人类的千差万别。可见，"气"为化生万物之最根本的物质基础，而万物之生之多样性实来自"气"所出之"精气"与"形气"的聚合分散，而人之生，并没有天生的神智，都是依赖于后天的习染。

既然"精气"为万物之最根本，那么它与万物之源的天地是什么关系？与管子所提万物之本原的"道"又是什么关系？"道"与天地又是什么关系？

与《道原》不同的是，《内业》没有将天地的生成也归结为"气"之分化聚合，相反地，《内业》将"天"与"地"保留了下来，以满足理论建构上的需要，这即是说作为万物之源的"气"发端于天地，"天出其精，地出其形"，才有"精气""形气"之别，两者相合，便能"合此以为人"。需要注意的是，后面两句"流于天地之间，谓之鬼神；藏于胸中，谓之圣人"。可见"精气"是可以自由流动的，不仅在万物产生时可以聚合成万物，而且万物成熟之后也是可以流动的，甚至可以因为人自身的行为造成"精气"的获得与丧失，"有神自在身，一往一来，莫之能思。失之必乱，得之必治"（《内业》）。"精气"的流动变化，还表现在"精气"与"形气"之间可以相互转化上，正如阴阳可以相互转化一样，即当一个人由好变坏时，要么是因为"精气"丢失了，要么是因为变成"形气"了。总之善恶的存在说明"气"是可以变化流动的，若不会变，则不需要固守了。"敬除其舍，精将自来"，"化不易气，变不易智，惟执一之君子能为此乎。"（《内业》）意思是：能够"定心在中"，随物变化，不让"精气"丢失或变成"不精之气"而失去由"精气"产生的智慧，只有定心而固守"道"的君子才能做得到。

而且，"道"也不再是像老子哲学中"象帝之先"的那个无法触及的"精神"，而是现实可触、可识的"精气神"。首先，"道"在天地之先，"道生天地，德出贤人"（《四时》），而"精气"源出于天，"天出其精"，因此"道"不是精气，"精气"源出于"道"；其次，"精也者，气之精者也"（《内业》），由于"精气"源出于"道"，因此"精气"即是"道"，且"道"是无处不在的，"道满天下，普在民所"；最后，"道"本身又是万物得度大化流行的法则，"万物皆以得，然莫知其极"（《心术上》）。所以，"道"不仅是万物的本源，也是万物的所以然和主宰，"精气"是"道"，但"道"不是"精气"，这就是"天之道"。人亦是由"气"所构成的，所以"天道"有了可以推行在人身上的物质基础。"天之道"投射在人身上即是"人之道"，人心道心相通，是以"人之道"不仅可以把握且是圣王明君应该明了的用以治国安民平天下的。至此我们便可清楚天地生于"道"，而"道"又无所不在地存于天地之间，藏于"气化"之中，既是"万物之所以成"之主宰，又是万物得以生生不息之所以然。

（三）"气化"的宇宙模式

所谓宇宙论，"在哲学史上一般指关于宇宙起源、结构、发生史和归宿等的研究"，用中国哲学的观点，即是从发生论的角度看天之道的大化流行。

依前所述，人类万有根源于"道"，也就是由"精气""形气"的聚散组合而形成的，"道"同时也是万有变化发展的法则，藏于"气"中，通过万物的变化展现出来，"遍流万物而不变"（《心术上》），"万物以生，万物以成"（《内业》）。所以，在描述和解释世界万有的生成和运动变化时，《管子》勾勒出一幅生动的宇宙图式：万有依"道"而生、依"道"而成，最后归于道。依"道"而生，指的是"道"为宇宙万有的本原，是万有之所从来；依"道"而成，则指万物之所以然，是一种法则，万有的生长变化皆依赖它；最后归于道，则是因为"精气"即是"道"，万有之形成源于"气"之聚散，"气"聚而为物，"气"散还为"气"，归于"道"，是所谓"化不易气"（《内业》）。人类虽也属于万有大化流行之一环，只是由于心之"思"的功能而成了相对特殊的存在，即能够捕捉和认识天地大化流行的神妙变化，并将之运用到人类自身。这本身也是贯彻黄老之学的"推天道以明人事"的思维方式。

人类是如何体察"天道"以及如何在"天地之大用"下与万物并存共荣以发展自己的？首先，所谓"天道"，《心术上》有云："天之道，虚其无形"，指的是"天道"之流行是自然而然、无法触摸的。关于"天道"一词，或者是"天之道""天地之道"，《管子》一书中出现过30多次，这在先秦文献中高居首位。如《形势》中说："得天之道，其事若自然；失天之道，虽立不安。其道既得，莫知其为之；其功既成，莫知其释之。藏之无形，天之道也。"意即掌握了"天道"，成事就很自然；违背了天道，虽然成功也不能保持。已经得到"道"的，往往不觉察自己是怎样做的；已经成功了，往往又不觉察"道"是怎样离开的。就好像隐藏起来而没有形体，这就是"天道"。可见，"天之道"即是万物产生、生长之所以然，是"万物以生""万物以成"的法则。其次，人类如何可能体悟"天道"以明人事。理由有三：其一，人类与其他万有皆有着"气"这一共同的物质基础，天人尚可合一，"人与天调"（《五行》），何况"推天道明人事"。其二，人心有着"思"的功能，道心人心可相通，"气道乃生，生乃思，思乃知，知乃止矣"。其三，考察《管子》作者们的动机和目的不外乎二者，一是身为齐国贵族智囊团的稷下先生们正是要法天象地以达到经世致用的目的，好为爱护他们的齐国统治者尽一份力；二是出于学术需要，则自然应是有意义有用为学术之首要目标，而且还要通过一定的语言和形式表达出来，所谓有意义有用即是对国家社会政治，起码也是对自身有用，所以无论从哪个角度，其最后成书的动机都是"明人事"。所以当我们看《白心》所说之"日极则仄，月满则亏"时，其表露的不仅仅是自然现象，而是透过自然现象表现出自然规律，而这些规律在人类身上同样适合，于是就成了我们要学习和遵守的行为准则，或者依此规律总结制定出适应人类的行为法则，只有如此，人类才能活得更好，反之则必受其害："其功顺天者，天助之；其功逆天者，天违之。天之所助，虽小必大；天之所违，虽成必败。顺天者有其功，逆天者怀其凶。"（《形势》）

然而，事物都有两面性，现象世界错综复杂，其所透露的规律未必都适用人类，如何分辨呢？这个问题即是对"去善之言，为善之事……效夫天地之纪"（《白心》）中之"效夫天地之纪"该怎么理解。有两个解释：第一，解释成效法天地之自然运行的法则；第二，解释成以天地之运行所展现出来的法则来征验天的行事原则，从而体会"天道"之自然并进一步还原到人身上去体会"人道"之自然。还以"日极则仄，月满则亏"为例。"极则仄""满则亏"，这确实是不变的事实，然也同样可以理解为"仄则极""亏则满"，这是两个相反却都成立的事实。如果按照效法天地之自然运行的法则来解释的话就会陷入困境：是效法"日极则仄，月满则亏"，还是效法"日仄则极，月亏则满"呢？"日极则仄，月满则亏"是一成不变的规律吗？"日极则仄，月满则亏"与"日仄则极，月亏则满"之间是怎样的变化？这将势必陷入循环往复的"正确"中，甚至是局限的、机械的教条主义，因为无论怎么做都是正确的：做错了，上天警示，而循天道任其发展就会做对了，做对了就会面对要做错的危险，但做错了随着时间的推移又会做对了……这种循环无疑失去了约束君主、警示民众的作用，甚至有陷入某种宿命论的倾向，以至于遵循所谓"天道"而迷失了人类自己，产生了迷信或是神秘主义倾向，这就从理论上更从实际上否定了人们的认识作用和主观能动性，得出了任何经验和认识都不可能成为人们解决问题的榜样和指导的结论，只知道消极地等待命运的安排、归宿于上帝的怀抱中。所以，应该按照第二种解释。其有两层含义：一是以天地运行之法则来征验天的行事原则，从而体会"天道"之自然以及领悟"天道"的客观真实的态度；一是在体会"天道"之自然时要站在人类自身的角度理解和认识天的行事原则及其自然而然的精神，"该亏则亏，该仄则仄"，我们所看见的"天道"不是固定的行为准则，我们应该体悟的是精神，循天之"道"去生活和经历我们自己的"道"。这样就可以理解"仄则极""亏则满"了。正如"极则仄""满则亏"一样，"仄则极""亏则满"的出现是"天道"之自然也是"天道"之必然，我们岂能呆板地效法"天道"而以此作为我们效法行事的准则呢？那样不是没有标准和准则反而天下大乱了？但是我们在征验了天之行事原则后会知道这是必然的，我们便将此作为希望，作为激励自己积极向上的动力，因为我们知道只要努力再差再低都可以变好！唯其如此，我们才可能达于"与道合一"之境界。

第三节　描述和解释世界总体的气

所谓描述和解释世界总体，意在追问世界之最本原的统一性，已然上升到哲学世界观的高度，与描述和解释具体现象有本质区别，在中国哲学视域中，前者一般主张"以道统气"或"元气"论的观点，后者则表现为道论气论混同。

先秦时期，老子率先将气论思想提升到哲学世界观的高度，其后继者除了庄子，还有黄老学派诸多学者，因为年代久远，无法确断，所以本书只以经典作品为代表，如《鹖冠子》《列子》《吕氏春秋》等。一般认为，先秦时期的宇宙理论主要是由道家完善的，但儒家也有参与和说明，至少在很大程度上是认同的，即先秦儒家也主要是以气论思想作为自己宇宙论的核心，如孟子和荀子，虽然对于宇宙论的阐述很少，但从其思想中仍然可以看出，他们也是以气论思想作为自己宇宙理论的根本，如孟子的"气者，体之充也"和荀子的"水火有气"等，至于《易传》的"太极阴阳说"，则可称为先秦儒家宇宙理论的集大成者。有鉴于此，本节将分为四部分，前三部分分别以老子、庄子即黄老道家为中心，第四部分则以孟荀和《易传》为中心，试图呈现出一个基本的事实：先秦儒道两家都有自己的宇宙理论，虽然在各自的思想体系中的比重不同，但都是自己理论的基础，单就描述和解释世界总体来说，儒道两家并没有本质区别。

一、"道生一"的气生成论

张岱年（1995）说道家在中国哲学史上的最大贡献是开创了哲学本体论，又说老子的道论是中国哲学本体论的开始。的确，春秋时期已然较多地使用"天道""人道"概念，然其时多指道理或者规律。老子则从一般的道理和规律中抽象出一个绝对的、最高的、最普遍的规律，将其作为世界的本原（李存山，2008b）。可以说，先秦诸子以"道"为天地万物本原的本体论，肇始于老子。然而，对于天地万物如何从本原之"道"那里发生发展的宇宙论问题，作为老子道论所不可回避的理论问题，先秦诸子乃至现代学人都有各自不同的继承和解读，要之，主要有以下三条线索：一是偏重于道论，如《韩非子·解老》认为"道者，万物之所然也"，"道者，万物之所以成也"，将道作为万物之本原和宇宙论的动因、成因，道落于具体事物上则是理，道与理相对待，万物化醇；二是偏重于气论，以《管子》四篇等黄老道家为代表，他们将老子的道论转变为气论，以"精气"为道，道气合一；三是兼顾道论和气论，继承老子"以道统气"的说法，以《庄子》为主要代表。

　　笔者以为，第一条线索过于注重道论，相对忽视了气论的合理地位，因为在老子道论中，气作为万有的质素是道化生万物的凭借，是寂静之道得以化生万有之动的根本，更包含了道所以自足自本、自根自动的因素，绝不可忽视。第二条线索又过于提升了气论的地位，殊不知在老子哲学中，精气是道的一种呈现，但道本身不是精气，黄老道家提升气论地位的同时降低老子道论的地位，其目的是兼容儒、墨、名、法诸家，合于当时政治需要，但不合于老子本意；最能表达老子道气论的当属庄子，他继承了老子"以道统气"的思想主轴，但也有不同，即老子文本所强调的"气生成论"，"道生一，一生二，二生三，三生万物。万物负阴而抱阳，冲气以为和"（《老子·四十二章》）。被庄子消解为"通天下一气"（《庄子·知北游》）的气本原论，换言之，庄子不再如老子那样强调道与气之不同及生成的问题，而更注重两者之间本原的一致性。可以看出，庄子有意将老子哲学的本体论和宇宙论完美地再现与结合，形成了中国古代哲学史上的一大特色：本体论与宇宙论不分家。有学者将其称为"本体-宇宙论"或"世界本原论"（李存山，2008b），笔者以为合适。表现在对"道"的诠释上，即"道"有时候是不变的"恒一"，有时候又是变动不居的"气"，在《吕氏春秋》与《鹖冠子》中尤为明显，郑玄注《易》时正因为如此考虑，才有所谓"易"（即是道）的变与不变之意。

　　为了还原老子哲学的本来面目，厘清老子哲学在先秦时期的地位和传承实际，本书着重从文本的角度探讨和论析《老子》的"气生成论"思想。然为叙述方便，姑将本体论与宇宙论分开论述。一方面，就"道"之本体论角度来说，则"道生一"，"气"为"道"所化生；另一方面，就"道"之宇宙论角度来说，则天地万物皆是"一气"之变化，气之生成聚散造就万物的生灭，即是天地万物之所以然。最后，是"道"在人身上的显现，即人生要如何随着"气"之生成散灭而守"一"，"抟气致柔"也矣。

（一）"混而为一"的本体论

所谓本体论，在西方哲学史上，一般指关于存在本身的理论或研究（张世英，2002）。在中国哲学史上，"体"的概念早在魏晋时期就已经被玄学家提出来，宋志明（2010）认为所谓"体"指天人之所以能够构成整体的终极依据，是玄学家最高的哲学理念，是他们安顿人的精神生活的根据。因此这里是就"道"为天地万物之本体的存在而论，即"万物之所以成"而论的。①

1. 道生万物

《老子·二十五章》曰：

> 有物混成，先天地生。寂兮寥兮，独立不改，周行而不殆，可以为天下母。吾不知其名，强字之曰"道"，强为之名曰"大"。大曰逝，逝曰远，远曰反。

"道"是一种"物"，"混然天成"，无形无名，恒久不变地存在，周行不息地运动，天地亦由其化生，"玄牝之门，是为天地根"（《老子·第六章》）。有天地，万物才能有所出，而"道"为天地之母，则其为万物之本原之理明矣，"道冲，而用之或不盈。渊兮似万物之宗"（《老子·第四章》）。

需要说明的是，道化生万物是一个从无到有、从潜在到显在的过程，而不是派生、产生的过程，所以道具有无的特性，但无不能完全替代道，只是道的一种更加本然的显现，或者可以理解为达到道的一个阶段，"天下万物生于有，有生于无"（《老子·四十章》）。

2. 道在物中

然"道"之为"物"，究竟是什么样子的呢？

> 视之不见，名曰'夷'；听之不闻，名曰'希'；搏之不得，名曰'微'。此三者不可致诘，故混而为一。其上不皦，其下不

---

① 《韩非子·解老》篇云："道者，万物之所以成也"，即"道"是天地万物之本体，万物都由其产生并依赖其而存在。

昧，绳绳兮不可名，复归于无物。是谓无状之状，无物之象，是
谓惚恍。迎之不见其首，随之不见其后。（《老子·十四章》）

　　道之为物，惟恍惟惚。惚兮恍兮，其中有象；恍兮惚兮，其
中有物。窈兮冥兮，其中有精；其精甚真，其中有信。（《老子·二
十一章》）

　　可见，"道"是看不见、听不到、摸不着的，然又"混而为一"，说
明其所归于"无物"，并不是真的空无一物，而是处于一种最精微的状态，
即无形无状的"惚恍"状态，以致我们的感官无法判断。因此，"道"仿
似空无一物无可捉摸，但其中却有最精微的、不可见的"象"和"物"，
且这种存在是真实可靠的。

　　笔者以为，老子所以谈"道之为物"及其情状，不是真的为了表达道
是一种物，将道由形而上的超越存在降低为形而下的具体实物，而是站在
常理或常人思考问题的角度提出来的帮助常人认识道的方便法门或换位思
考，因为"百姓皆注其耳目"（《老子·四十九章》），即常人认识外界
总是依赖于耳目感官，并且只能认识有形有状的物，对于虚无的无状之状
的道则无法认识，所以老子就将道按照通常思维进行了一个换位思考，使
其变成物，这有两层含义：一方面，道就是一种物，只是此物非常物，是
无状之状、无物之象，不能用通常的耳目感官去认识；另一方面，道就在
物之中，万物皆由道而来，"道生之，德畜之……是以万物莫不尊道而贵
德……生而不有，为而不恃，长而不宰，是谓'玄德'"（《老子·五十
一章》），无形化生有形，"天下万物生于有，有生于无"（《老子·四
十章》），换言之，万物所以生长、发展、变化的所以然是道，所以通过
物便能获得道，但物只是道化生的一个环节，道是无限的，物也是无限的，
所以通过物获得道实际上是缘木求鱼，"绝学无忧"（《老子·二十章》），
最合适的做法应该是顺遂道之自然，让内心宁静、无欲，直接去体贴更加
根本的化生万物的道才是体道的正确态度。

3. 道可执

　　道作为一种惚恍的情状，其中有真有精有信，即可以在一定程度上把
握这种"道"，"执古之道，以御今之有。能知古始，是谓道纪"（《老
子·十四章》），"古始"，宇宙的原始；"道纪"，"道"的纲纪，即
"道"的根本原则，这句话的意思是把握亘古既存的"道"来驾驭现在的事
物，能知道宇宙的原始，这就是"道"的根本原则（李存山，2008a）。可

见，作为宇宙原始的"道"，虽然无形无状，"混而为一"，但其流存于天地之间，可以被效法追随，甚至是被把握，如：

> 致虚极，守静笃。万物并作，吾以观复。夫物芸芸，各复归其根。归根曰静，静曰复命。复命曰常，知常曰明。不知常，妄作凶。知常容，容乃公，公乃全，全乃天，天乃道，道乃久，没身不殆。（《老子·十六章》）

"致虚"者，是指保持心灵的空无和无疵；"守静"者，是指保持心神的空灵和虚静，这是老子"涤除玄览"（《老子·第十章》）的修养功夫，是为了顺遂"道"之"虚"和"无"，从而实现体"道"的目的。老子认为，只有如此，才能够看到芸芸万物之根，才能知道万物变化不过是"道"之不息流行，一切源于"道"而又复归于"道"，人与万物在本源上是"玄同"的，"挫其锐，解其纷，和其光，同其尘，是谓'玄同'"（《老子·五十六章》），这就是"道"之常理，知道这个常理就叫作"明"，不但能趋吉避凶，而且能够宽容大度，做到公正无私，公正无私就能周全，周全就符合自然，符合自然就是合于"道"，合于"道"就能长久而没有危险。《老子·三十九章》也说：

> 昔之得一者：天得一以清，地得一以宁，神得一以灵，谷得一以盈，万物得一以生，侯王得一以为天下正。

这里的"一"，就是"道"，代表的是宇宙间最终极、最普遍、最绝对的真理，无论天、地、神、谷、侯王，只要得"道"，就能"无为而无不为"（《老子·四十八章》），"是以圣人抱一为天下式"（《老子·二十二章》）。需要说明的是，"道"虽然可能被把握，但能且只能被"圣人""侯王"以及能够做到"致虚极，守静笃"的人把握，此三种人在老子那里几乎相同，都是能真正"涤除玄览""守柔处下"的得"道"之人，而对普通人来说，"道"依然不可知、不可闻、不可搏。

综上可知，《老子》的"道"和"一"常常可以等同，抑或说老子之"道"正是"混而为一"的。当从本体论的角度释"道"时，"一"表示"道"为恒久不变的唯一真理，是唯一先天地生而化生天地万物者，天地得之亦能清宁，因其无形无状不可捉摸，故"混而为一"；当从宇宙论的角度释"道"时，"道生一"，而"一"即是天地万物之所以然之"气"，"一"

在天地之前，无"一"则天地无以化生，无"一"则万物"无所措手足"。《老子》的这种"道一同"论体现的是中国传统哲学本体论与宇宙论合一的思路，为后来诸如《吕氏春秋》《鹖冠子》等诸家所接受。

（二）"负阴而抱阳"的宇宙论

所谓宇宙论，一般指关于宇宙的起源、结构、发生史和归宿等的研究（张世英，2002），因此这里是就"道"如何化生万物而论的，也即"万物之所然"者。[①]

1. 宇宙生成图式

在老子哲学中，"道"化生万物借助于"气"，即"气"是天地万物之总来源，万物的存在、生灭、成长等，都是"气"的变化，"万物负阴而抱阳，冲气以为和"（《老子·四十二章》），意思是万物都是由阴阳二气组成的，阴阳二气的交感调和就是万物的和谐状态，是为生；而若阴阳二气不能调和，则万物又会重新复化为阴阳二气，归于虚无，"复归于无物"（《老子·十四章》），是为死。因此，万物皆以"气"之状态存在，天地流行、万物变化皆是"气"的变化，之所以呈现为不同形态是因其所得于"道"者有异。则万物是如何从"道"化生出来的呢？《老子·四十二章》有云：

> 道生一，一生二，二生三，三生万物。万物负阴而抱阳，冲气以为和。

"一"者，"气"也，即"有物混成，先天地生"之混沌未分之"气"所成之"物"[②]。"二"者，即阴阳二气。"三"者，此处有两个解释：一是指阴阳二气相合相生而成之"和气"；二是阴阳二气交感所形成的调和均匀的状态。笔者以为第二种说法较为合理，因为这种调和均匀的状态本是因"道"而生而成的，且"道"之为物，"惟恍惟惚。惚兮恍兮，其中有象；恍兮惚兮，其中有物。窈兮冥兮，其中有精；其精甚真，其中有

[①] 《韩非子·解老》篇云："道者，万物之所然也，万理之所稽也"，意思是"道"是万物成长的所以然，万物的生长、运动都要遵循它。
[②] 见陈永栽等（2001）。另陈鼓应（1984）在《老子注译及评介》一书中所引诸家解释，皆以"一"为阴阳未分的混沌气；李存山（2008a）在《老子》一书中也将"一"解释为"气"，并类比于《易传》所谓"太极"，则"道"就相当于"无极"。

信"（《老子·二十一章》），这种阴阳调和均匀的状态类似于"道"之未分的混沌状态，"道"正是由此"混而为一"的"惚恍"状态化生出万物的，故阴阳二气相合成化生万物的调和均匀的状态，实为顺"道"而为；且阴阳二气的调和均匀并不影响"和气"的产生，相反"和气"成了调和状态下的题中之义。因此，这句话的意思是"道"化生出"气"，而"气"分阴阳，阴阳二气相互交感调和形成化生万物的平衡状态，而万物皆由此处，故而万物都是由阴阳二气组成的。由"一"到"二"到"三"再到万物，皆是"气"之变化的自然而然的过程，虽纷繁复杂却顺理成章，因此，由"道"生"一"的过程才是关键，因为"道"在《老子》中又被称为"无"，而"天下万物生于有，有生于无"（《老子·四十章》），"有"者，万物之所以生的原质，即"气"，因此"道生一"的问题就是"无"生"有"的问题，是《老子》宇宙观最为关键和根本的问题。

2. 宇宙的本原和归宿

首先，《老子·第四章》说："道冲而用之或不盈。渊兮，似万物之宗；湛兮，似或存"，"冲"即空虚，古本作"盅"，《说文解字》："盅，器虚也。从皿，中声。老子曰：'道盅而用之'。"这句话的意思是"道"体空虚却用之不尽，深远隐约，像是万物的宗主，似无而实存。这是说"道"体虽然是"虚"是"无"，但万物仍然依循它而生，换句话说，正因为"道"体是"无"，才能生出万有的"用"，"三十辐，共一毂，当其无，有车之用。埏埴以为器，当其无，有器之用。凿户牖以为室，当其无，有室之用。故有之以为利，无之以为用"（《老子·十一章》）。因此，"道常无为而无不为"（《老子·三十七章》）。

其次，《老子·二十一章》云：

> 道之为物，惟恍惟惚。惚兮恍兮，其中有象；恍兮惚兮，其中有物。窈兮冥兮，其中有精；其精甚真，其中有信。

两个"物"字意义并不相同，第一个"物"指的是"道"本身，而第二个"物"则是指气变所孕育之万物的生机。这句话的意思是："道"这个东西，因为不可言之玄妙高深而让人觉得恍惚不可把捉。在恍惚中，是有象有东西存在的，这个东西极其精微而不可看见，却是真实的可信验的存在。可见，"道"在这里不完全是无形无名无状之存在，也不是绝对的精神存在，而是一种真实的可靠的存在，能够产生"象"，《老子·十四章》说"无状之状，无物之象，是谓惚恍"，说明"惚恍"是"道"的一种状态，而"惚兮恍兮""恍兮惚兮"则表示道体"周行不殆"的运动，是"道"体本身变化的一个侧面，因此"象""物""精""真""信"等，都是"道"体变化孕育万物过程中万物的变化状态，而这些状态全凭"一气"来呈现。故而所谓"象"者，是由精微真实可信验的"气"所形成的，虽然无形无状，但却是天地万物由道化生的"生机"或者"潜能"，《易传·系辞上》说"在天成象，在地成形"，天地阴阳相合方能化生万物，则万物之所出在天地阴阳未合之前即已成"象"，此"无形之象"也即无形无状之"生机"，与《老子》的"无物之象"一致。可见，"道"之所以能生"一"，是因为"道"并不是绝对精神实体的存在，其本身就含有"气"的因素，万物之"象"与生机只是"道"自然而然的呈现，万物也是在"道"的规则下，由"道"所生之"气"自然而然生成的，"道法自然"（《老子·二十五章》），因此"道"虽化生天地万物，却不为其主宰，"故道生之，德畜之；长之育之；亭之毒之；养之覆之。生而不有，为而不恃，长而不宰。是谓'玄德'"（《老子·五十一章》）。

最后，道借助于气化生的宇宙万有都有一个共同的归宿，也可称之为本原，即气，所谓生死，事实上不过是气的聚散罢了，要之：道化生万有，万有复归于道，这便是"天运循环，无往不复"的大化流行，是老子宇宙论的真正归宿——圜道。

《老子》的这种气生成论的宇宙模式被后来的《鹖冠子》继承，其所谓"有气而有意，有意而有图"（《鹖冠子·环流》），"意"即生机或潜能，"图"即无形无状之"象"，意思是阴阳二气交感化生万物生机，有生机则万物"可以象矣"（黄怀信，2004）。

（三）"抟气致柔"的修养论

《老子·第十章》曰：

　　　　载营魄抱一，能无离乎？抟气致柔，能如婴儿乎？

"一"者，河上公注曰："道始所生，大和之精气也"（刘殿爵 等，1996），李存山（2008a）注曰"抱一即是使人的精神和形体保持合一的状态"，陈鼓应（1984）注曰："一"是为"道"，"抱一"是为"合一"，"营魄"，魂魄也，河上公、范应元皆如是说，是以"抱一"即"魂"和"魄"合而为一，此即"合于道"了；"专"者，抟也，结聚之意，是说结聚精气尽力达至"柔弱"的状态，这能像婴儿一样吗？老子一直主张守柔处下的人生哲学，认为水是天地之至柔，但却没有任何刚强的东西能够胜过它，"天下莫柔弱于水，而攻坚强者莫之能胜"（《老子·七十八章》），因此水最接近于"道"，"上善若水。水善利万物而不争，处众人之所恶，故几于道"（《老子·第八章》）。婴儿之柔弱与水之"善"正相契合，都是"道"之最质朴无华的显现，"是以圣人抱一为天下式"（《老子·二十二章》），引领众人参习水之"善"、复归于婴儿之"朴"，并以之作为自己的榜样和智慧，"知其雄，守其雌，为天下溪。为天下溪，常德不离，复归于婴儿"（《老子·二十八章》）。这无论对"保身"还是"为道"来说，都是"日益"的，因为"上善若水"，而水却"善利万物而不争"，与"道"之"生而不有，为而不恃，功成而弗居"（《老子·第二章》）一致，故而有"德"，"上德不德，是以有德；下德不失德，是以无德"（《老子·三十八章》），由于不求"德"，所以无为；正因为无为，从而无不为，"道常无为而无不为"（《老子·三十七章》），万物都能"自化"，天下都能"自定"[①]，何况一人之身耶？

1. 赤子之心

然则婴儿何以如此近于"道"呢？一言以蔽之曰：赤子之心也。《老子·五十五章》曰：

> 含德之厚，比于赤子。蜂虿虺蛇不螫，攫鸟猛兽不搏。骨弱筋柔而握固。未知牝牡之合而朘作，精之至也。终日号而不嗄，和之至也。知和曰常，知常曰明。益生曰祥。心使气曰强。物壮则老，谓之不道，不道早已。

"赤子"，即初生的婴儿，只有"为道"日久且含"德"淳厚的人才能相媲美，因此毒虫猛兽不伤。"精"，精气；"和"，和气；因为精气充沛虽不想"牝牡之合"却也会精气流溢而"朘作"；因为"和气"淳厚，即使终日嚎哭也不会嗓子沙哑。这就是本始返朴之"道"，"赤子"不知，是以无为，无为故而无不为。这就是"常道"，知此则"明"。若不知此，强以意念驱使体内的精气，即是"不道"，已然偏离"赤子"之心，违反

"道"之自然而然的法则，势必早亡。婴儿乃初由"道"化生，符合"道"之自然而然，自然"精之至""和之至"，而其他人因受世俗浸染，无法保有婴儿的淳厚之气，故"老"，但倘若能够为"道"修"德"，"比于赤子"，不强自"益生"，不强自以"心使气"，则能知"常"知"明"；婴儿不自觉，而为"道"者自觉，其所重者，皆在于"心使气"是否自然而然也。

2. 致虚守静

由上文可知，"气"是老子修养论之中心概念，一切皆以如何"炼气"为依归，而"抟气致柔"则既是老子修养方法论，也是老子修养目的论。需要说明的是，虽然修养的方法是"抟气"，却并不如气演化世界和万有那样追寻健动的境界，或者说"抟气"本身并不是追求在健动中修养，与儒家的"天行健，君子以自强不息"（《易·乾卦》）有本质不同，因为《老子·十六章》说："致虚极，守静笃。万物并作，吾以观复。"《老子·二十六章》又说："重为轻根。静为躁君。"可知，"抟气"所追寻的是一种静，是无为，是顺遂道之自然而然，而不是学习或跟随万有的动，"无欲以静，天下将自定"（《老子·三十七章》）。

3. 涤除玄览

《老子·十章》曰："涤除玄览，能无疵乎？"览、鉴，古通用，玄览即玄妙幽深的镜子，可以照察自己内心的一切私心杂念，意为：洗除杂念而有如玄镜一般观照自己的内心，能够做到无一丝一毫瑕疵和遗漏吗？换言之，老子教化人们去欲，"圣人在天下，歙歙焉，为天下浑其心，百姓皆注其耳目，圣人皆孩之"（《老子·四十九章》）。只是在这里，对士君子及以上人来说，"孩之"更多强调的是一种内心的自觉，而不是生而即有的自然而然。毕竟在老子的道论中，宇宙处于一种时刻的大化流行之中，孩子会长大，必然会受到后天环境的影响，尤其是学习的影响，这时候为道的修养功夫就体现在：如何自觉去除心中的欲念并始终保有宁静的内心且不受任何其他方面的影响，与致虚守静的功夫一脉相承。

4. 袭常知明

《老子·十六章》曰：

> 致虚极，守静笃。万物并作，吾以观复。夫物芸芸，各复归

其根。归根曰静，静曰复命。复命曰常，知常曰明。不知常，妄
作凶。知常容，容乃公，公乃全，全乃天，天乃道，道乃久，没
身不殆。

　　何谓常？"复命曰常。"何谓明？"知常曰明。"应该说"常"和"明"
是老子哲学中极其重要的两个概念，是一脉相承的。常是常道，就道而言，
人们为道是为了能像天地一样长生久视、存身保身，因为在老子看来，只
有得道之人才能更好地存身保身，"既知其子，复守其母，没身不殆"（《老
子·五十二章》），而"用其光，复归其明，无遗身殃，是谓袭常"（《老
子·五十二章》），可见"袭常"作为对"明"的复归，是对得道之人的
形容；明是就人而言的，"知常曰明"，因此，"袭常"和"知明"实际
上都是对得道之人的形容[①]，或者说是为道所必须要经历的阶段，前者主
要就道本身而言，后者则主要就人本身而言，两者互为表里，共通于道。
　　总而言之，老子的修养论与他探索的宇宙本原论是一脉相承的，即人
苦苦追寻而不可得的长生久视实际上是本原之道的自然而然的表现，之所
以人不可得是因为人的追求背离了本原之道，反之，如若人的追求自然而
然地遵循了本原之道，自然也可以长生久视。
　　与儒家相比，老子过分强调了道的重要，将顺遂道之自然作为修养的
唯一进路，在一定程度上消解了人的努力，也就消解了学习知识的必要性，
从而表现出消极性倾向，但事实上，如果我们就老子宇宙论"负阴而抱阳"
的理论特性去辩证地看这个问题，就可以知道：老子并非不强调人的努力，
如他的"涤除玄览"就是强调人的主观意志的努力；也不是反对学习，他
只是认为学习要有正确的导向，不能为名利这种内在的欲望所累而不自知；
也不是否定知识，他只是认为对于知识的追求必然会陷入是非的纠葛，而
是非关乎人心人欲，并没有一定之规，尽管最上等、最合理的是非事实上
与道一致，"上德不德，是以有德；下德不失德，是以无德。上德无为而
无以为，上仁为之而无以为，上义为之而有以为，上礼为之而莫之应，则
攘臂而扔之。故失道而后德，失德而后仁，失仁而后义，失义而后礼。夫
礼者，忠信之薄，而乱之首。前识者，道之华，而愚之始。是以大丈夫处
其厚不居其薄；处其实，不居其华。故去彼取此"（《老子·三十八章》），
但也没有必要绕一个大圈子，即先弄清是非再求道，而是可以直接求道，
不必陷入是非纷争。要之，老子只是认为应该追寻更加根本的道而已。

---

① 本书限于篇幅无法展开，具体关于"常"和"明"的论述，可参看许建良（2015）。

二、"通天下一气"的气本原论

冯友兰先生说《庄子》中所讲的宇宙观有两种：一种是合乎他所说的庄子之所以为庄者；一种是下章所说的稷下黄老之学，并强调庄子之所以为庄子的那一部分宇宙观与《老子·第一章》的说法相同（冯友兰，2004）。这是基于《庄子》内、外、杂等篇的不同成书时间和作者而说的。学术界一般认为内篇早于外、杂篇，是庄子所作[①]，而外、杂篇是庄子后学甚至于稷下道家的作品[②]，然不论为何人所作，其为先秦典籍几无疑问（刘笑敢，2010），又冠在《庄子》名下，当可以作为研究庄子哲学的第一手资料，是故冯友兰（2010）认为研究庄子思想应以《逍遥游》《齐物论》二篇为依据，打破内、外、杂篇的界限来选取资料。陆钦（1983）更认为《庄子》基本上是庄周的作品，不必区分内、外、杂篇，且由于本书主题是研究庄子的气论思想，只要是庄子时期或受庄子影响的资料，皆可成为本书研究之对象，为方便叙述，本书也不区分内、外、杂篇，都将其作为庄子的思想加以讨论。

一般而言，哲学的论域有三个：宇宙、社会、人生。就《庄子》哲学而言，对宇宙论域的讨论带有中国古代哲学特有的重要特点——本体论和宇宙论不分家，举凡谈及本体论必要说清宇宙论，建立宇宙论必须要确定本体论，所以有学者将这种特色理论思维称为"本体-宇宙论"或"世界本原论"（李存山，2008b），此说虽然有理，但本书为了叙述方便，仍将本体论和宇宙论分开论说，又因为"本体"在《庄子》哲学中被称为"本根"，故本书首论"本根"，次论"宇宙"。

就社会而言，庄子不愿提及过多，这与他一心只想追寻自身的终极逍遥有着直接的关联。且在他看来，知识没有追求的必要，因为"是非之彰也，道之所以亏也"（《庄子·齐物论》，本节下引该书只注篇名）；也无法真正获得，因为万物变动不居难以被认识，"夫知有所待而后当，其所待者特未定也"（《大宗师》）。认识的人又总是受到"成心"的影响不能客观准确地判断对象，"未成乎心而有是非，是今日适越而昔至也"

[①] 自王夫之以来，多数学者持此论点，如刘笑敢（2010）认为内篇为庄子所作，外、杂篇之主体也可肯定为战国末期以前作品。但王葆玹（2012）认为只有《齐物论》才是庄子唯一现存的作品。

[②] 冯友兰先生认为外、杂篇是补录《庄子》之稷下黄老作者所为；刘笑敢（2010）认为外、杂篇大体上是庄子后学之述庄派、黄老派和无君派等三派所为；关锋先生在《庄子外杂篇初探》中也认为外、杂篇是由老子后学左派、宋尹学派后学及庄子后学三派完成的；张恒寿（1983）在《庄子新探》中也有类似看法。

（《齐物论》）。所以庄子主张"齐是非"，即要么是超越"是非"达至"环中"的境界以应于无穷之"是非"，要么是"和之以是非，而修乎天钧，是之谓两行"（《齐物论》）。然而，现实的社会是群体社会，根本不可能"齐是非"，因为人最多只能尽力要求自己却不能必然要求别人，所以唯一的出路和办法便是通过个人的努力于自己身上追寻绝对的逍遥，换言之，庄子哲学消解了社会论域的政治、伦理等问题，而是集中到了个人自身的修养求道之路上，以期达到一种理想的人生境界，"不谴是非，以与世俗处"（《天下》）。

综上，本部分将从宇宙、人生两个角度将《庄子》哲学分为如下三个部分："道通为一"的本根论、"方生方死、方死方生"的宇宙论、"听之以气"的修养论。

（一）"道通为一"的本根论

张岱年（1982）说庄子发挥老子的思想且主张道是宇宙的本根，冯友兰（2010）也说道为天地万物所以生之总原理，这些说法都认为"道"在庄子哲学中，被视为天地万物"所以生""所以成"之总根据。"所以生"者，天地万物皆源于"道"，由道而生；"所以成"者，天地万物皆由于"道"而生长繁衍，依"道"而存，这就是"道"之本体论意义。在庄子哲学中，本体被称为"本根""本原"，如"惛然若亡而存，油然不形而神，万物畜而不知，此之谓本根"（《知北游》），成玄英疏曰："亭毒群生，畜养万物，而玄功潜被，日用不知，此之真力，是至道一根本也。"（《庄子集释》）意思是"道"生养万物，却"生而不有，为而不恃，功成而弗居"（《老子·第二章》），其大化之流行皆自然而然，所以"道"虽不远人，就在人们的日用之间，而人们无所知。《天地》篇也说王德之人"立之本原而知通于神"，这里的"本原"也是指"道"。然则"本原"之"道"究竟是怎样的呢？《大宗师》云：

> 夫道，有情有信，无为无形；可传而不可受，可得而不可见；自本自根，未有天地，自古以固存；神鬼神帝，生天生地；在太极之上而不为高，在六极之下而不为深；先天地生而不为久，长于上古而不为老。豨韦氏得之，以挈天地；伏羲氏得之，以袭气母；维斗得之，终古不忒。

"有情有信"者，与《老子·二十一章》所论"其精甚真，其中有信"

一致，说明"道"虽然虚无无形，但并不是绝对的虚无，不然"道"也无所传授无法得到，更不可能化天地生万物；"道"是自本自根的，即能派生他物而不能被其他物派生，因为"物物者非物"（《知北游》），"夫有土者，有大物也，有大物者，不可以物；物而不物，故能物物。明乎物物者之非物也，岂独治天下百姓而已哉！"（《在宥》）"道"又是绝对长久的永恒存在，时空都不能对其有所局限，连天地都是其化生的；"道"又是变动不居无所不在的，不仅是"太极之上而不为高""六极之下而不为深"，而且是"在蝼蚁""在稊稗""在屎溺"①；"道"又是能被得到的，"伏羲氏得之，以袭气母"，"袭"成玄英疏曰："合也。气母者，元气之母，应道也"；司马云："袭，入也，气母，元气之母也"；崔云："取元气之本"（《庄子集释》）。根据上下文，"气母"不应再指"道"，而应是"元气"之本，即"道"之中的"情""信"，由"道"派生；又由于天地万物之生成变化都是"气"之聚散，而非"气"之生灭，即"气"不但不能由物产生，反而能通过聚散离合产生万物，根据"物物者非物"的原则，得知"气"只能由"道"派生，在这个层面上，"元气"也具有了天地万物之所由来的本原意涵，成了"道"化生万物的凭借，即"道"产生"元气"，"元气"聚散化生天地万物，如其在《天地》中说："泰初有无，无有无名，一之所起，有一而未形。物得以生，谓之德"，在《知北游》中又说"精神生于道，形本生于精，而万物以形相生"，两者相参，可知"一"就是指"精气"，也即"元气"，由"道"派生。这与《庄子》所论"道"之"自本自根，未有天地，自古以固存""神鬼神帝，生天生地"的特性相一致。

庄子的"道生气"的思想，还出现在《至乐》中，他说：

> 察其始也而本无生，非徒无生也而本无形，非徒无形也而本无气。杂乎芒芴之间，变而有气，气变而有形，形变而有生。

"芒芴"即恍惚，是形容"道"的幽远高深而不可测，与《老子·二十一章》一致；形即形质，生即生命。这句话是庄子答惠子"鼓盆而歌"之问时说的，意思是：推究起来她（庄子妻子）未出生之前是没有生命的，

---

① 《庄子·知北游》："东郭子问于庄子曰：'所谓道，恶乎在？'庄子曰：'无所不在。'东郭子曰：'期而后可。'庄子曰：'在蝼蚁。'曰：'何其下邪？'曰：'在稊稗。'曰：'何其愈下邪？'曰：'在瓦甓。'曰：'何其愈甚邪？'曰：'在屎溺。'东郭子不应。"

不只没有生命而且没有形体，不只没有形体而且没有构成她形体的"气"，是"道"于恍惚幽明之中变化产生"元气"，"元气"变化而有形质，形质变化才有生命。"无气"，不是说没有"气"，因为"气"只有聚散而不会消亡，而是说没有形成聚合为（庄子妻子）"象"的气，这与老子所说的"其中有象"的"象"一致，是一种随"道"自然而然产生的"潜能"或"生机"，是对老子"天下万物生于有，有生于无"（《老子·四十章》）的发挥，与《易传》"在天成象，在地成形"的论断相互印证。在《则阳》中，《庄子》又说：

> 天地者，形之大者也；阴阳者，气之大者也；道者为之公。

由上文"气变而有形"可知，"元气"生于天地之前，即"元气"变化产生天地，天地变化产生阴阳二气，"至阴肃肃，至阳赫赫；肃肃出乎天，赫赫发乎地"（《田子方》），而所谓"气之大者"，是与"形之大者"相对而言的，突出其虚无无形的本原特点，则自"元气"化生天地及以下，皆是"一气"之变化，"游乎天地之一气"（《大宗师》）。

至此可见，在《庄子》哲学中，"道"亦有至少两种意义：一是作为本体论的意义，其作为天地万物之"本根""本原"，是万有之所以然的终极依据，代表着宇宙间最终极的真理，"圣有所生，王有所成，皆原于一"（《天下》），"一"者，"道"也，以"道"观物，万物皆"一"，"厉与西施，恢恑憰怪，道通为一"（《齐物论》）。二是作为宇宙论的意义，"道"是天地万物赖以生存成长的保障，"道"也是"一"，而"一"是"元气"，"通天下一气耳"（《知北游》）。《庄子》的这种"气"本原论思想，强调以"道"统"气"，而"气"化天地万物，继承于老子，又与《列子》的"太始之气"、《吕氏春秋》的"与元同气"、《鹖冠子》的"有一而有气"之"元气"等相互印证。

（二）"方生方死、方死方生"的宇宙论

由上文论述得知，《庄子》虽未明确提出"元气"概念，然却已经有"元气"观念的出现，并以之作为沟通形上与形下的媒介，即"道"的恍恍惚惚产生"元气"之本，也即"气母"，"元气"变化生出天地，天地变化产生阴阳二气，阴阳交泰则化生天地万物，"至阴肃肃，至阳赫赫；肃肃出乎天，赫赫发乎地；两者交通成和而物生焉"（《田子方》）。这与《易传》中所说"天地交泰""天地感而万物化生"的论题可相互印证。可见在先秦时期，以天地阴阳和合交泰以化生万物的思想，儒道是相通的，其还表现在：

> 阴阳错行，则天地大绫。（《外物》）
> 阴阳相照相盖相治，四时相代相生相杀。（《则阳》）
> 乘云气而养乎阴阳。（《天运》）
> 天地者，形之大者也；阴阳者，气之大者也；道者为之公。（《则阳》）
> 天不得不高，地不得不广，日月不得不行，万物不得不昌，此其道与！（《知北游》）

可知天地万物之生长变化，皆阴阳之变化也，且这种变化是在"道"的主导下，是不得不的必然，"此其道与"，"夫昭昭生于冥冥，有伦生于无形，精神生于道"（《知北游》）。一旦"错行"，则"天地大绫"，是以必须"道者为之公"。

然则阴阳之"气"是怎样变化生成万物的呢？《知北游》曰：

> 生也死之徒，死也生之始。孰知其纪！人之生，气之聚也；聚则为生，散则为死。若死生为徒，吾又何患！故万物一也，是其所美者为神奇，其所恶者为臭腐；臭腐复化为神奇，神奇复化为臭腐。故曰："通天下一气耳。"圣人故贵一。

这是说万物之生灭皆"气"之聚散，"聚则为生"，说明有物已死；"散则为死"，说明新的物即将生成。"气"本身不能生灭，而只能遵循"道"之规则聚散。人之生死也是"气"之聚散，是所谓"形于天地，而受气于阴阳"（《秋水》）。由此，人与万物从"道"的角度看，其本质相同，形体表象虽异但都是"一气"之变化，"号物之数谓之万，人处一焉"（《秋水》），故此可以说"通天下一气"。《庄子》在这里不但泯灭了人物的界限，齐同万物为天地本原之"一气"；更消解了生死的概念，因为从没有生，也就没有死，所谓的生死不过气之聚散，从来处来再回去处去，心怀自然而无挂碍，追逐一种"逍遥游"的心境。需要说明的是，《庄子》明确在这里提出"一气"的概念。"一气"者，天地万物之所以然所以成之"元气"，由本原之"道"派生，虚无无形，"气也者，虚而待物者也"（《人间世》），充斥于天地之间，藏于宇宙万物之中，"彼方且与造物者为人，而游乎天地之一气"（《大宗师》）。

正由于生死不过"气"之聚散，遵行"道"之大化流行的自然而然过程，是以无物不生死，无时无物不生死。其言曰：

> （惠施之言）日方中方睨，物方生方死。（《天下》）
> 物无非彼，物无非是。自彼则不见，自是则知之。故曰彼出于是，是亦因彼。彼是方生之说也，虽然，方生方死，方死方生；方可方不可，方不可方可。因是因非，因非因是。（《齐物论》）

关于这两句的解释，意见不一，归纳起来主要有两种：第一种意见以郭象注与成玄英疏为代表，郭注认为生死皆是相对，依据角度和看法的不同而改变，"今生者方自谓生为生，而死者方自谓生为死，则无生矣。生者方自谓死为死，而死者方自谓死为生，则无死矣"（《庄子集释》），成疏发挥这种观点用以解释惠施之言，他说："睨，侧视也。居西者呼为中，处东者呼为侧，则无中侧也。犹生死也，生者以死为死，死者以生为死。日既中侧不殊，物亦死生无异也。"（《庄子集释》）意思是生死之不同与中侧等位置之不同属于同类，都是相对的，依此似也能贯通《齐物论》言之上下文意。第二种意见以晋人李颐和清人王先谦为代表[①]，如王注曰："随生随灭，随灭随生，浮游无定。郭以此言死生之变，非是。"（《庄子集释》）冯友兰先生亦同此意。[②]考察惠施思想及与庄子思想之不同，王葆玹（2012）认为《齐物论》应该包括这两方面的意思。笔者以为然：一方面，庄子是承袭惠施之自然观意涵，认为"气聚则生"，然所聚之"气"终究要随大化之流行而散去，故而生即是死的开始；"气散则死"，然"气"之散正是因为大化之流行要以所散之"气"重新聚合为他物，是以死即生的开始。另一方面，庄子设立彼和此两种观察态度，并以之解说是非彼此的相对性，从而实现一种超越，为其"齐物论"和体"道"之绝对性做铺垫。此也正与《知北游》所言之"生也死之徒，死也生之始"相合。

《庄子》"一气化天地、阴阳和而生万物"的"气为聚散"的宇宙观，

---

① 《庄子集释》的《释文》引晋人李颐《庄子集解》云："谓日方中而景已复昃，谓景方昃而光已复没，谓光方没而明已复生。凡中昃之与升没，若转枢循环，自相与为前后，始终无别，则存亡死生与之何殊也！"

② 冯友兰（2010）在解释"日方中方睨，物方生方死"时说太阳才升到正中也就开始西斜了，一个东西才刚出来也就开始死亡了。这表明生死是相对的，事物在发展的过程中包含生死两个方面。

在先秦时期比较常见，"不形之形，形之不形，是人之所同知也，非将至之所务也；此众人之所同论也。彼至则不论，论则不至"（《知北游》），故此可与《吕氏春秋》《鹖冠子》《列子》《管子》等诸多典籍相互印证。基于此，庄子提出"天地与我并生，而万物与我为一"（《齐物论》）的宇宙胸怀，主张千变万化皆"一气"之化，千差万别皆无区别，唯"道"为绝对真实，万物"玄同"于"道"，并以"道"为"大宗师"，而人之心可以思，可以利用"道"之"可传而不可受，可得而不可见"（《大宗师》）的特性把握"道"，以"游心于物之初"（《田子方》）、"游乎天地之一气"（《知北游》），从而达至"至人无己，神人无功，圣人无名"（《逍遥游》）的逍遥游境界。

（三）"听之以气"的修养论

人由"气"之聚散而生，因"道"大化而成；且宇宙万物归于"气"，气归于"道"，"气也者，虚而待物者也。唯道集虚"（《人间世》），是以若想得"道"，就先要"御气""游气"。何为"御气"？《逍遥游》曰：

> 若夫乘天地之正，而御六气之辩，以游无穷者，彼且恶乎待哉！
> 故曰：至人无己，神人无功，圣人无名。

"御"者，顺也；"六气"者，历来注家意见不一，有说一日四时之"气"并天玄地黄二"气"为"六气"者；有说一年四时之"气"并天玄地黄二"气"为"六气"者[1]；也有说"六气"即是阴、阳、风、雨、晦、明[2]；更有以金、木、水、火、土等五行之"气"并五行之"和气"为六气者；如此等等，不一而足。郭庆藩曰："六气之说，聚讼棼如，莫衷一是"[3]，然无论其为何解，凡想达至"至人、神人、圣人"境界的话，都

---

[1] 成玄英疏引李颐《庄子集解》云："平旦朝霞，日午正阳，日入飞泉，夜半沉瀣，并天地二气为六气也。"可知李颐将一日之四时并天地二"气"视为"六气"；成玄英又引支道林之说"六气，天地四时也"。又郭庆藩（1961）引《释文》之王逸、支遁之言，皆以"六气"为天地四时也。（《庄子集释》）

[2] 成玄英疏引杜预云："六气者，阴阳风雨晦明也。"《释文》引司马注"六气"云："阴阳风雨晦明也"，此与《左传·昭公元年》所说"六气曰：阴、阳、风、雨、晦、明"（《庄子集释》）相一致。

[3] 以金木水火土五行为"六气"的主要有郭庆藩和王应麟二人。首先，郭庆藩引王应麟之言曰："六气，少阴君火，太阴湿土，少阳相火，阳明燥金，太阴寒水，厥阴风木，而火独有二。"其次，郭庆藩案："《洪范》雨旸燠寒风时为六气也。雨，木也；旸，金也；燠，火也；寒，水也；风，土也；是为五气。五气得时，是为五行之和气，合之则为六气。"（《庄子集释》）

必须先能够"御气"，因为"气"为天地万物之本原，与"道"相通，是所谓"道通为一"。何为"游气"？《大宗师》曰：

> 彼方且与造物者为人，而游乎天地之一气。

"一气"者，"元气"也，即伏羲氏所袭之"气母"，成玄英疏曰："达阴阳之变化，与造物之为人；体万物之混同，游二仪之一气也。"（《庄子集释》）此即所谓"游心于物之初"也。

可见，《庄子》之修养论以对"气"之感悟为依归，是所谓"乘物以游心"（《人间世》）。在《人间世》中，更直接提出"听之以气"的论题，它说：

> 回曰："敢问心斋。"仲尼曰："若一志，无听之以耳而听之以心，无听之以心而听之以气！听止于耳，心止于符。气也者，虚而待物者也。唯道集虚，虚者，心斋也。"

"一志"，郭象注曰："去异端而任独也"（《庄子集释》），意即内心的虚寂专一，此专一并非专一于某物某事，而是强调内心完全的虚静，没有丝毫的固执和偏见。是所以"无听之以耳""无听之以心"，因为一旦以"耳"和"心"去听，虽然两者分属不同层次，但同样都会对人产生影响，或形成知识，或产生偏见与坚持，等等，而只有"气"本身也是虚无的，"气也者，虚而待物者也"，没有任何的欲望、坚持和偏见，因此可以"因"可以"游"，并且由于"气"通天地万物，是"道"之外化呈现，"唯道集虚"，故"听之以气"就是在体悟天地万物之本原，也就是在体"道"，自不会产生固执与偏见，也就能保持"心"的虚无恬淡与自然而然，此即所谓"心斋"也。可见，"心斋"强调的是内心精神之自然而然的静守与虚无无为的恬淡，故"气"似可与"神"相通，如《在宥》中曰：

> 无视无听，抱神以静，形将自正。必静必清，无劳汝形，无摇汝精，乃可以长生。目无所见，耳无所闻，心无所知，汝神将守形，形乃长生。

"目无所见，耳无所闻"与"无视无听"正是前文所说之"无听之以耳"；"心无所知"则是前文所说之"无听之以心"；"抱神以静"则是谓"一志""集虚"也，也即"心斋"；"必静必清"则是"听之以气"之自然而然的结果。可见，在这里，"听之以气"与"听之以神"意义相通，正与《文子·道德》所说"故上学以神听，中学以心听，下学以耳听"相互印证。在《知北游》中又说："若正汝形，一汝视，天和将至；摄汝知，一汝度，神将来舍。德将为汝美，道将为汝居，汝瞳焉如新生之犊而无求其故！"这种通过"正汝形""摄汝知""一汝度"的修行方式而促使"神将来舍"的议论，与"敬除其舍，精将自来"（《管子·内业》）及"虚其欲，神将入舍"（《管子·心术上》）正相印证，也与上文"听之以气"之"心斋"的修养方式有异曲同工之妙。

三、"有一而有气"的"元气"论

"有一而有气，有气而有意"（《鹖冠子·环流》），陆佃注曰："一者，元气之始。"（黄怀信，2004）气为阴阳二气，这句话的意思是"一"是比阴阳二气更为根本的"元气"，而阴阳二气则是由"一"派生出来的。《鹖冠子》此论被视为两汉"元气"论在先秦时期的最初萌芽；《列子》也有此论，在《天瑞》中，其主张"太初者，气之始也"，又认为"太初"之前有"太易"，而"太易"正是指道体，即是"一"；《吕氏春秋》亦主张黄帝言："芒芒昧昧，因天之威，与元同气。"可见在先秦时期，"元气"自然观虽然没有被明确提出来，但是在《鹖冠子》《列子》《吕氏春秋》等典籍中都已经有或多或少的萌芽，而这些正是后世"元气"论的思想基础。

（一）《列子》的气化宇宙论思想

1. 《列子》真伪之辩

首先怀疑《列子》作伪的是唐柳宗元，他在《辩列子》中提出《列子叙录》中所提及的列子年代有问题，又认为《列子》中出现了晚于列子的人物，自相矛盾；其后，宋代高似孙、朱熹、黄震，明代宋濂以及清代的钱大昕、姚际恒等，或从柳说，或提新证，争相认定《列子》为伪书无疑。究其证据，除了上述柳宗元所提两条外，另有太史公不为列子立传、《列子》中出现佛家思想、《列子》剽窃其他古籍（诸如《淮南子》《易纬·乾凿度》等）、对张湛注前序文及刘向《列子叙录》的怀疑等（管宗昌，2006）。可见，对《列子》的怀疑已经从其人其书延伸到与之相关的人和书了。到近代,这股疑伪思潮仍然强势占据《列子》研究的主要战场,如梁启超(1999)在《清代学者整理旧学之总成绩》第四章中认为列御寇本是《庄子》寓言中的人物,汉志所列《列子》八篇是周末或汉初人伪撰,今存之《列子》又属晋张湛伪撰,并非汉旧。张岱年等(2011)也认定今本《列子》确然为伪书无疑,但认为列子实有其人。古史辨派则更认为《列子》是伪书,总的说来,在对《列子》的研究历程中,持伪一派始终占据优势,这不仅让与《列子》相关的人或书籍也被怀疑,更阻碍了对《列子》的深入研究,应该得到纠正。

《四库全书总目提要》认为《列子》应为先秦时期道家作品,言曰:

> 是当时实有列子,非庄周之寓名。又《穆天子传》出于晋太康中,为汉、魏人之所未睹。而此书第三卷周穆王篇所叙驾八骏,造父为御,至巨搜,登昆仑,见西王母于瑶池事,一一与传相合。此非刘向之时所能伪造,可信确为秦以前书。考《公羊传》隐公十一年子沈子曰,何休注曰,子沈子后师沈子,称子冠氏上,著其为师也。然则凡称子某子者,乃弟子之称师,非所自称。此书皆称子列子,则决为传其学者所追记,非御寇自著。

陆懋德先生在《周秦哲学史》中也说后学补辑而成的多存道家古说的《列子》八篇绝非秦以后人所能伪造,不可废(张岱年 等,2011)。可见,《列子》成书即使在先秦,也不大可能出于列子手,而是由其弟子及后学补辑而成的,诚如余嘉锡(1985)所言,古书之名多是后世以人名其书,且古人著书多单篇别行,至其编次成书多出于门弟子或后学之手,因推本其学之所自出,以人名其书。由于篇幅限制,本书兹认为《列子》是一部由列子后学补辑而成的先秦道家真书。

2. 气化宇宙论

1)万有皆气

《列子》认为万有皆是由"气"构成的,天地、四时、日月星辰皆不例外,他说(杨伯峻,1979):

> 杞国有人忧天地崩坠,身亡所寄,废寝食者;又有忧彼之所忧者,因往晓之,曰:"天,积气耳,亡处亡气。若屈伸呼吸,终日在天中行止,奈何忧崩坠乎?"其人曰:"天果积气,日月

星宿，不当坠耶？"晓之者曰："日月星宿，亦积气中之有光耀者；只使坠，亦不能有所中伤。"其人曰："奈地坏何？"晓者曰："地积块耳，充塞四虚，亡处亡块。若躇步跳蹈，终日在地上行止，奈何忧其坏？"其人舍然大喜，晓之者亦舍然大喜。长庐子闻而笑之曰："虹霓也，云雾也，风雨也，四时也，此积气之成乎天者也。山岳也，河海也，金石也，火木也，此积形之成乎地者也。知积气也，知积块也，奚谓不坏？夫天地，空中之一细物，有中之最巨者。难终难穷，此固然矣；难测难识，此固然矣。忧其坏者，诚为大远；言其不坏者，亦为未是。天地不得不坏，则会归于坏。遇其坏时，奚为不忧哉？"子列子闻而笑曰："言天地坏者亦谬，言天地不坏者亦谬。坏与不坏，吾所不能知也。虽然，彼一也，此一也。故生不知死，死不知生；来不知去，去不知来。坏与不坏，吾何容心哉？"（《天瑞》）

可见，万有皆由"气"聚而成，然"积气"有多有少，又形态有异，因"积块"不一，是以存亡终始之规律不同。然其为"气"也，始终在变化，总有崩坏复归于虚无的时候，"天地不得不坏，则会归于坏"，即使列子认为人无法知"坏与不坏"，但仍然没有否定坏之必然到来，正如生虽不知死但生却必然面临死一般。又因为天地皆"积气"而成，为"空中一细物"，而万物走到终点会变为虚无，"精神入其门，骨骸反其根，我尚何存"（《天瑞》），重新回归"太初"，"有生则复于不生，有形则复于无形"（《天瑞》），可知宇宙处处充满"气"，所谓"空中"即是"气"聚而未成形凝质的离散状态，万有的形成必须经历气聚积块的过程，所以天地不过是"气"聚积块而成的万有之一种，日月星辰皆由"气"聚，以至于整个宇宙都是由"气"构成的。

　　2）"气化"的过程

　　《列子》继承老子的"道"论，主张"道"是宇宙万物的本源，而万物则是由"道"派生出的"气"所构成的。"道"被称为"太易"，是"不生者"，即不能被任何外物所生却能化生万物，"不生者能生生"（《列子·天瑞》，本节下引该书只注篇名），所以"道"是"自生"的，且"独立而不改，周行而不殆"（《老子·二十五章》），即"疑独"（《天瑞》）。[①]老

---

　　① 杨伯峻先生《列子集释》注云"亦何以知其穷与不穷哉？直自疑其独立而不改，周行而不殆也"。其所引诸家也都以"疑"为"止"意，"疑独"即止于独，也即老子所说"独立而不改，周行而不殆"之意。

子有时认为"道"是一种"物"，这种"物"既是"一"，也是"有"，能且只能针对"道生一"进而化生万物时说，所以这时的"道"也被称为"一"，也就是"气"[①]，由原始最本根的"道"体派生而出，"天下万物生于有，有生于无"（《老子·四十章》），他在《老子·二十一章》中明确说：

> 道之为物，惟恍惟惚。惚兮恍兮，其中有象；恍兮惚兮，其中有物。窈兮冥兮，其中有精；其精甚真，其中有信。
> 自今及古，其名不去，以阅众甫。吾何以知众甫之状哉！以此。

意思是"道"是一种"周流六虚，变动不居"的存在，深窈恍惚，而其中却有着根本的精微不可见的"物"，是真实的值得信验的存在，这种"物"就是万有的根本来源，是最根本的"道"体的一种轨迹，循此轨迹就能知道万有本始的情形。因此，这种"物"就是老子哲学中的"一"，也就是"道"体直接派生出的"气"，又因为"气"是一种无可把捉的形态，是一种虚无，且"气"还要归于最根本的"道"体，所以，这种"物"又可称为"无"，即"无"为天地万物之本。《列子》继承了老子的这种"道气之辩"，并在"气"的具体形态和化生万物的过程方面，丰富和发展了老子思想。

《列子》首先将"道"体划分为几个层次，即"太易""太初""太始""太素"。"太易"为"道"体之最根本，化生出"太初"，"太初"演绎为"太始"，最后聚为"太素"，这一过程都是通过"太易"所生之"气"来完成的。杨伯峻（1979）说：

> 子列子曰："昔者圣人因阴阳以统天地。夫有形者生于无形，则天地安从生？故曰：有太易，有太初，有太始，有太素。太易者，未见气也；太初者，气之始也；太始者，形之始也；太素者，质之始也。气形质具而未相离，故曰浑沦。浑沦者，言万物相浑沦而未相离也。视之不见，听之不闻，循之不得，故曰易也。易

---

① 在《老子》"道生一"的宇宙观中，"一"即是气，前文论述《黄老帛书》时已有证明，另外，在《老子》中，"一"也常被用来形容最本根、原始的宇宙本体，即抽象的无任何物质规定性的精神本体，如"天得一以清，地得一以宁，神得一以灵，谷得一以盈，万物得一以生，侯王得一以为天下正"（《老子·三十九章》）。

无形埒，易变而一，一变而为七，七变而为九。九变者，究也；乃复变而为一。一者，形变之始也，清轻者上为天，浊重者下为地，冲和气者为人；故天地含精，万物化生。"（《天瑞》）

"太易"之时，无形无状，无"气"无"物"，没有任何规定性，因而"视之不见，听之不闻，循之不得"[1]；"太初"之时，"元气"滋生，此时的"气"是极其精微而不可见的无形之"元气"，是由"太易"变化而来的，"易变而一"[2]，且"元气"具有变化聚集为"气"的潜能；"太始"之时，"元气"急剧变化，分阴分阳，聚而为"气"，"气"聚而为有形之物，而"物"一旦有形则有性；"太素"之时，品物流形，物既已成，则方圆刚柔，静躁沉浮，各有其性（杨伯峻，1979）。由于"太易"是虚无，其变而生"元气"，"元气"聚为"气"，"气"聚为有形有性之"物"，这种"物"就是《老子》所论"道之为物"的"物"，既是"道"的另一种表达，也是"道"体本身的演化，所以《列子》所强调的"太易""太初""太始""太素"的变化过程，正是"道"体在不同状态下的演化，是"道"体化生万物的必由之路，在天地未判万物未生之前，又由于这几种状态是循环往复、相生相成的，"易变而一，一变而为七，七变而为九。九变者，究也；乃复变而为一"，因此"气形质"处于一种没有分离的混沌状态，这种状态包含了化生天地万物的一切可能和生机，"浑沦者，言万物相浑沦而未相离也"，这与《老子》所言天地未判之前的混沌可相互印证。"一者"，"元气"也。"太易"变而生"元气"，"元气"变而生"气"，"气"分阴阳，阴气重浊下沉为地，阳气轻清上升为天，阴阳二气相生相合而生人，所以说"元气"是万物得以化形的根本，天地交泰，阴阳相合相生，则万物便可化形而生生不息。

至此，《列子》"有一而有气"的"元气"论已然清晰，其关于"一"的理解有两方面：既是指"太易"（道）所派生的"元气"，"易变而一"；又被用来形容"道"之元初形与独一无二。与老子既把"一"解为"道"，"天得一以清"，又把"一"解为"道"所派生之"气"，"道生一"，相同。

"太易"也即"道"体，在"气化"过程中，始终诚寂而自体不生不

---

[1] 此处与《老子·十四章》"视之不见，名曰'夷'；听之不闻，名曰'希'，搏之不得，名曰'微'。此三者不可致诘，故混而为一"相互印证。

[2] 此处与《老子·四十二章》的"道生一"可相互印证。

化，但"气化"的过程是无时无刻不在进行的，杨伯峻（1979）说：

> 子列子笑曰："壶子何言哉？虽然，夫子尝语伯昏瞀人。吾侧闻之，试以告女。其言曰：有生不生，有化不化。不生者能生生，不化者能化化。生者不能不生，化者不能不化。故常生常化。常生常化者，无时不生，无时不化。阴阳尔，四时尔。不生者疑独，不化者往复。往复，其际不可终；疑独，其道不可穷。《黄帝书》曰：'谷神不死，是谓玄牝。玄牝之门，是谓天地之根。绵绵若存，用之不勤。'故生物者不生，化物者不化。自生自化，自形自色，自智自力，自消自息。谓之生化、形色、智力、消息者，非也。"（《天瑞》）

所谓"有生不生，有化不化"的意思是有形之物不能生成其他事物，有存亡变改之事物不能化生其他事物，而现实中的万有都有形且有始有终随时变化，因此万有不能自己化生，而只能由无形无始终的"道"体派生，"不生者能生生，不化者能化化"。由于万物不能自生自化，而天地大化流行，有生死始终的事物都是无时无刻不在变化的，因此万事万物都时刻处在变化之中，这也说明"道"体是无时无刻不在变化的，阴阳、四时也正是由此产生并处在这种变化之中。这种循环往复、不可穷尽的变化，正是"道"化万物的过程，也充分说明物有死生而"道"无终始之理。

（二）《吕氏春秋》的"与元同气"思想

先秦时期，最先提出"元气"概念的是《鹖冠子》，其言曰："天地成于元气，万物乘于天地"（《鹖冠子·泰录》），以此构建了一个"元气"化生天地万物的宇宙模式。根据思想史发展的逻辑，"元气"概念的提出有两种可能：一是偶然性地提出；一是思想发展到一定程度自然而然地提出。但不论哪一种，其前提都是"元气"概念所指代及要表达的核心内涵与思想观念的发展在概念提出之前就已经趋向成熟，即哲学概念的诞生一般都比实际的哲学观念和思想要晚，因为哲学概念的产生是对实际思想或观念的一种再反思，或者说在思维层面上的再概括。所以，在思想发展过程中出现同义不同名的哲学概念，是很正常的现象，比如《管子》中的"精""精气""道"等，《吕氏春秋》的"与元同气"思想与《鹖冠子》之"元气"思想正属于这种情况，且应是在《鹖冠子》及《吕氏春秋》

以前就已经产生，因为两者成书年代非常接近[①]；另外，考察《鹖冠子》
思想的源流，其作为先秦黄老学派的传承源自老子[②]，而《吕氏春秋》，
亦属道家，其道气关系论也由继承和发展老子思想而来，两者同源同义而
异名。可见，"元气"概念虽首见于《鹖冠子》，但实际上继承于老子，
经历道家学派的发展，到《吕氏春秋》和《鹖冠子》才初步成形。

　　关于《吕氏春秋》也属于道家的说法，学术界尚有争论。如《汉书·艺
文志》将《吕氏春秋》归为杂家就颇引争议。章学诚（1988）在《校雠通
义·汉志诸子第十四》中认为，将《吕氏春秋》"猥次于杂家"是错误的；
熊铁基（1981）亦认为《吕氏春秋》不应归于杂家，而应该是新道家；江
瑔（2011）的《读子卮言》更直接强调："其有得道家之正传，而所得于
道家亦较诸家为独多者，则惟杂家。盖杂家者，道家之宗子，而诸家者皆
道家之旁支也。惟其学虽本于道家，而亦旁通博综，更兼采儒、墨、名、
法之说，故世名之曰'杂家'。此不过采诸家之说以潜其流，以见王道之
无不贯，而其归宿固仍在道家也。"笔者以为杂家只是后世学者在概括先
秦学派时所创造的词，而在先秦时期并没有杂家一说，也没有明确的师承，
大体上其时学者宗本于一家，而兼采百家之善，因为年代久远很多书籍材
料丢失，我们看到的只是侥幸留下的片面，所以不能确证所谓杂家学者的
学派归属和学术传承，故而才有杂家一说，这也是冯友兰（1962）认为先
秦就只有"六家"的原因。当然，冯友兰先生"六家"的说法也有不少学
者怀疑，如胡适（1997）就认为先秦没有道家、法家、名家之说。笔者认
为，冯友兰先生主张先秦"六家"的提法是有道理的，这种针对先秦时期
学者们学术旨趣、学术传承的划分，有助于研究和梳理先秦学术思想的脉
络，至少作为一种研究方法和框架，是有重要意义的，虽然学术界对"六

---

① 李学勤（1992）在《〈鹖冠子〉与两种帛书》中认为鹖冠子的活动时间大致在公元前 300 年
　　至前 240 年，则《鹖冠子》当大致成书于公元前 240 年前后，学者们一般认为《鹖冠子》成
　　书年代比其活动年代要晚一些，丁原明（1996b）在《〈鹖冠子〉及其在战国黄老之学中的地
　　位》中也持此论；吴光（1983）在《〈鹖冠子〉非伪书考辨》一文中认为鹖冠子的活动年代
　　大致在公元前 300 年至前 220 年，则《鹖冠子》当成书于公元前 220 年前后；而《吕氏春秋·序
　　意》直接点明其成书在秦始皇八年（陈奇猷，1979），即公元前 239 年，虽然此论学术界尚
　　有争议，但其作为秦始皇登基以后吕不韦死以前成书当无异议，而吕不韦死于公元前 235 年，
　　所以无论是李学勤先生还是吴光先生的结论，《吕氏春秋》与《鹖冠子》的成书年代都非常
　　接近。此外，丁原明（1996b）在《〈鹖冠子〉及其在战国黄老之学中的地位》中更直接指出
　　《鹖冠子》与《吕氏春秋》是同一时期作品。

② 唐兰先生将其归为法家，而大多数学者诸如李学勤、谭家健、丁原明、葛兆光、陈克明、邢
　　文及吴光等诸位先生，或从其与《黄老帛书》的关系，或从战国时期黄老学派的发展脉络，
　　或从思想史的角度，都最后将其定位为战国末期南方黄老学派的一个分支。

家""九流"的分法有不同意见，但仍然承认这样的说法可以沿用（庞朴，1982；杨宪邦，1987；孙开泰，1988）。是以本书认为先秦时期有道家，且《吕氏春秋》正是宗本于道家。

关于《吕氏春秋》之"元气"思想皆源于老子"道""气"关系论，主要体现在四个方面。第一，从"道"为万物之所以然的角度来看[①]，"道"即是"一"，是"虚无"，是宇宙万有的来源，也是道德伦理的根本，"天得一以清；地得一以宁……侯王得一以为天下正"（《老子·三十九章》），"是以圣人抱一为天下式"（《老子·二十二章》），这符合《吕氏春秋》中本原的"太一"与"精气"之关系，体现出宇宙万有自然而然之发展变化的宇宙发生论过程。第二，从"道"为万物之所以成的角度来看，"气"由"道"派生，"道"也是"一"，而此"一"即是生化天地万物的"元气"，"道生一，一生二，二生三，三生万物"（《老子·四十二章》），这也即《吕氏春秋》"与元同气"思想之"元气"本体论的由来。第三，老子之"道"，崇尚自然而然，"道法自然"（《老子·二十五章》），《吕氏春秋》也是站在"气化自然"的角度，认为万物之所从生发展皆"道"之自然而然，因此人可"以四时寒暑日月星辰之行知天"（《当赏》），此与老子"万物并作，吾以观复"（《老子·十五章》）殊途而同归。最后，《老子·二十一章》说："道之为物，惟恍惟惚。惚兮恍兮，其中有象；恍兮惚兮，其中有物。窈兮冥兮，其中有精；其精甚真，其中有信"，这里的"精""物"也可解为"气"，是还没有形成物的"元气"，非常精微难以捉摸，而"象"则是"元气"之聚，体现的是即将形成之物的潜能，或者说是"元气"按照特定规则聚合成物的过程，与《易传·系辞上》的"在天成象，在地成形"相印证，成为《吕氏春秋》及后世学者所提"精气"一词的来源。

需要说明的是，《吕氏春秋》并没有明确提出"元气"之概念，本书是基于思想史发展的固有规律（两汉元气思想并非无源之水），加之对《吕氏春秋》本身气论思想的分析及对老子思想之传承的梳理，从而得出《吕氏春秋》之"元"即"元气"的结论的。

1. "与元同气"之"元气"本体论

《吕氏春秋》吸收借鉴稷下道家"以气释道"的思想，但却有本质不

---

① 《韩非子·解老》篇云："道者，万物之所然也，万理之所稽也……万物之所以成也"，意即"道"是天地万物生长、运动的根本规律，万物的生存发展都依赖于它；"道"又是天地万物之本原，万物都由其产生并依赖其而存在。

同。首先，它沿用稷下道家"精""精气"的概念，持续"以气释道"的思路，"道也者，至精也，不可为形，不可为名，强为之（名），谓之太一"（《大乐》）①，认为万事万物皆由"精气"所生所成，其言曰：

> 精气之集也，必有入也。集于羽鸟与为飞扬，集于走兽与为流行，集于珠玉与为精朗，集于树木与为茂长，集于圣人与为驾明。精气之末也，因轻而扬之，固定而行之，因美而良之，因长而养之，因智而明之。（《尽数》）

意思是万物之所以得度是因为"精气"的到来。"精气"变动不居，周流万物，"精气欲其行也"（《达郁》），必要有所寄托，"必有入也"，则所寄托之物必不是"精气"本身，如"轻""走""美""长""智"等形体，且万事万物各有其形质，"精气"之入无所局限。又"凡人物者，阴阳之化也。阴阳者，造乎天而成者也"（《知分》），可知"精气"所入之形体是由阴阳二气化生而成的，又因为"万物所出，造于太一，化于阴阳"（《大乐》），可见"精气"虽然是万物所生所长之根本依据，但与阴阳却不同，"精气"应为高于阴阳而与"太一"同等之存在，此其一；其二，"精气"所住之形体，如"轻"，即为轻盈的形体，"长"即为具有生长特性的形体，"智"即为具有智慧的形体②，说明阴阳二气所化生的形体并不只是躯壳，而是有思想、有智慧的生物，故此处"精气"与《管子》所论之"精气"不同：《管子》中"精气"多被描述和解释为精神元素或智慧元素，是人们日常学习所必须追求的，所以要想获得智慧，学为圣人就必须要遵循"静因之道"的修养功夫，"敬除其舍，精将自来""藏于胸中，谓之圣人"（《内业》），而此处"精气"可以"集于圣人"，即"精气"是让圣人更上一层楼的"道"，不是达到圣人的必要条件，而且圣人可以参赞天地之化育，则天地必有尽头，"精气"之为"道"应是天地之所由来的源头。可见，"精气"概念虽然沿用自《管子》，在这里却被赋予了全新的内涵，即"精气"已经不再局限于作为构成万物的物质基础而存在，而是上升到哲学世界观的高度，成为天地万物之所以然的本原依据。

---

① 引文括号中的字是根据许维遹（2009）的《吕氏春秋集释》而加的，因毕沅注曰："强为之下疑脱一'名'字。"
② 将"轻""走""美""长""智"等译成相应特性的形体参考自张双棣等（2011）的《吕氏春秋译注》。

其次，《吕氏春秋》明确主张"天地有始"。它认为在天地之前有一更为根本的存在，是为"道"，也即是"太一"或"精气"，如下：

> 天地有始，天微以成，地塞以形。天地合和，生之大经也。（《有始》）
>
> 太一出两仪，两仪出阴阳，阴阳变化，一上一下，合而成章。（《大乐》）
>
> 道也者，至精也，不可为形，不可为名，强为之（名），谓之太一。（《大乐》）

"太一出两仪"，高诱注云："两仪，天地也"，则"太一"是为天地未判之时无边无涯恍惚寂寥之混沌中的"道"，也即"精气"，涵括宇宙天地之一切生机变化，一切都将因为"道"之变化而从这里开始，也必将归于此，"凡生于天地之间，其必有死，所不免也"（《节丧》）。"道"生天地，也即"精气"生天地，所以《吕氏春秋》虽然沿用"精气"的概念①，但显然"精气"已成为天地万物之所由来的本原，具有了"元气"的意涵。在《应同》篇中：

> 黄帝曰："芒芒昧昧，因天之威，与元同气。"故曰同气贤于同义，同义贤于同力，同力贤于同居，同居贤于同名。帝者同气，霸者同力，勤者同居则薄矣，亡者同名则粗矣。其智弥粗者，其所同弥粗；其智弥精者，其所同弥精。故凡用意不可不精。夫精，五帝三王之所以成也。

"威"，《广雅》注曰："威，德也"②；"元"，《春秋繁露·重政》注曰："元犹原也"，指的是天地之本原；则黄帝之言的意思是（元气一般的）广大纯厚的状态是因顺天之德③，与天地之本原同气。可见，天地

---

① 其实《老子·二十一章》在描述"道"时也说到"精"，即"其中有精，其精甚真"；《老子·五十五章》也提到"未知牝牡之合而全（朘）作，精之至也"，这里虽然没有明确提出"精气"的概念，但却显然蕴含了"精气"的意义，而黄老学派之稷下道家一脉正是据此发挥出"精气"思想的，所以说，《吕氏春秋》虽然是沿用了稷下道家的"精气"概念，而其源头却是在老子那里。

② "因天之威"有多种版本，有将"威"写为"道"的，有缺"因"字或将"因"字写作从的，等等，此处据许维遹（2009）而论。另王念孙（2014）《读书杂志》亦训"威"为"德"。

③ 李存山（1990a）解释"芒芒昧昧"时，认为形容的是一种元气之广大纯厚的状态。

之本原也应为"气"，且是"元气"；而从前文论述可知，天地之本原是"道"，既是"太一"也是"精气"，因此可知天地本原之"气"即是"元气"，也即是"精气"，高诱注"帝者同气"时也认为是"同元气也"，且"夫精，五帝三王之所以成也"，可知"与元同气"亦为"与精同气"。《吕氏春秋》的这种"与元同气"的思想，还被引用到《淮南子》的《泰族训》与《缪称训》中，如《泰族训》在"与元同气"和"帝者同气"后面注有"精气之动也"即是明证。①

总而言之，《吕氏春秋》虽然没有明确提出"元气"概念，但其"与元同气"思想实即是"元气"思想，其所沿用的稷下道家之"精气"概念并不与原来一致，而是充分赋予其作为天地本原的"元气"意涵，即从宇宙论的角度描述和解释宇宙大化流行之时，"精气""元气"概念在《吕氏春秋》中并无本质区别②，而是与"太一""道"等异名而同质的哲学概念。但是，若从宇宙本原的"恒一"性来看，即从本体论的角度，则"太一"与"道"是比"精气""元气"更为根本的存在，是谓"一"，"一也齐至贵，莫知其原，莫知其端，莫知其始，莫知其终，而万物以为宗"（《圜道》），这体现的是"道"之不变的一面③，即亘古不变的永恒存在，"虚同为一、恒一而止"（《黄老帛书》），在这个层面上，"道"即是"一"，"执一"也就是得"道"，"王者执一，而为万物正。军必有将，所以一之也；国必有君，所以一之也；天下必有天子，所以一之也；天子必执一，所以抟之也；一则治，两则乱"（《执一》）。若从宇宙观即发生论的角度看，则"精气""元气"是为天地万物之最根本，其所构造的宇宙图式为"道""太一""一"，变而化"精气""元气"，"元气"变而化为两仪，生出阴阳，最后演化生出天地万物，可见"精气""元气"作为"道"化万物的基础，体现的是"道"的变化即"易"的一面。

---

① 新编诸子集成《淮南子集释》云："黄帝曰：'芒芒昧昧，因天之威，与元同气。'故同气者帝，同义者王，同力者霸，无一焉者亡。故人主有伐国之志，邑犬群嗥，雄鸡夜鸣，库兵动而戎马惊。今日解怨偃兵，家老甘卧，巷无聚人，妖菑不生。非法之应也，精气之动也。"

② 李存山（1990a）也认为汉初所谓"与元同气"是指与精气同气，"精气之动"与"阴阳之气相动"在意义上相互涵容，"精气"与元气、阴阳之气并无本质区别。

③ 陈奇猷（2002）引用郑玄《易论》的"易"之三意以解释《吕氏春秋》的"太一"的内涵："郑玄易论云：'易一名而含三义，易简一也，变易二也，不易三也。'数以一为最简，简之又简，故最简者名之曰太一。下文云'道也者，至精也'，则道是简之又简者，故道是太一，亦即是易。然道之中存有变易之因素，此因素发而为形态即是两仪，两仪之变换则成万物，故下文云'万物所出，造于太一'，此即易第二名变易之义。道所存之变易因素虽形而为两仪、成就而为万物，但道之本身仍永恒存在，永恒不变，亦即永恒是道，故道之第三义是不易。"

　　《吕氏春秋》的这种道气关系论，继承于老子，与《列子》的"太易"与"太始"、《鹖冠子》的"有一而有气"之道气论，同质而异名。盖先秦时期，"道"作为百家哲学共同的最高范畴，都具有最高的统筹和最终的本原意涵，因此其本身就包含变和不变两方面的因素，就其不变的方面看，"道"为恒久不变之"一"；就其变的方面看，则"道"为演化宇宙万有之"元气"或"精气"。当然，《黄老帛书》、《文子》及《管子》四篇除外，因其在论"气"时，遵行"以气释道"的路子，直接将"道"描述和解释为"气"或"精气"，故而"气"是作为描述和解释宇宙万有的物质基础被讨论的，没有上升到哲学世界观的高度，与老庄、《吕氏春秋》、《列子》及《鹖冠子》之以"道"统"气"的思路大相径庭。

　　2. "气化万物"之宇宙论

　　《吕氏春秋》以"元气"（精气）为始，建构了一整套完备的宇宙理论。在这套理论中，天地万物之变化皆由于"元气"之变化，一切源于"道"，最后又复归于"道"，正体现了"道"之至简义。首先，在说明天地万物之化生时，它以"元气"为天地万物之本原，"元气"即是"道"，前文已述；其次，它主张"元气"产生天地，天地化生阴阳二气，其曰：

　　　　天地有始，天微以成，地塞以形。天地合和，生之大经也。
　　（《有始》）
　　　　凡人物者，阴阳之化也，阴阳者，造乎天而成者也。（《知分》）
　　　　太一出两仪，两仪出阴阳，阴阳变化，一上一下，合而成章。
　　（《大乐》）

　　"天地有始"，其始即为"元气"。"元气"是天地产生前之混沌一气，是"太一"，也是"道"，涵括一切生机和矛盾，处于天地未判、阴阳不分的混沌状态。随着"道"之运转，"元气"始分，化为天地，判为阴阳，轻清之气上扬为天，即阳气；重浊之气下沉为地，即阴气；而阴阳和合则化生四时、五行之气，进而化生万物，如下：

　　　　是月也，天气下降，地气上腾，天地和同，草木繁动。（《孟春纪》）
　　　　是月也，日长至，阴阳争，死生分。（《仲夏纪》）
　　　　是月也，……天地始肃，不可以赢。（《孟秋纪》）

　　是月也，天子始裘。命有司曰："天气上腾，地气下降，天
地不通，闭而成冬。"（《孟冬纪》）

　　所谓"地气"，应指伏于大地之中的阳气，由与孟春相对的"太蔟之
月"可知，其辞曰"太蔟之月，阳气始生，草木繁动，令农发土，无或失
时"（《季夏纪·音律》），而"天气"则指阴气，此与伯阳父所论之天
地之气失其序中阴阳二气之位置与运动相一致。可见，万物之生死荣枯随
四时之气的变化而变化①，"春气至则草木产，秋气至则草木落"（《孝
行览·义赏》），而四时之气的变化推移则依赖于阴阳二气的蒸腾与沉降。
至于五行之气，《吕氏春秋》借鉴《管子·四时》篇之五行相生相胜之序，
以《礼记·礼运》"播五行于四时"之思路为指导，将木、火、水、金、
土等分别配到一年的四季十二纪当中，以成大化之流行。
　　《吕氏春秋》认为，大化流行并没有尽头，而是始终不断地在进行，
"与物变化而无所终穷"（《下贤》）。万事万物正是通过这种分分合合的
过程产生和归于虚无的，其言曰：

　　　　天为高矣，而日月星辰云气雨露未尝休也。地为大矣，而水
　　泉草木毛羽裸鳞未尝息也。（《观表》）
　　　　浑浑沌沌，离则复合，合则复离，是谓天常。（《大乐》）

　　可见，"元气"为"道"之载体，其所动即化生天地万物，而天地万
物，离则生，合则成，也同样时刻处于运动变化之中，究其原理，一方面，
是因为天地万物皆源于"道"，而"道"即是无息之本体，因此万物之离
合实际是天道常理；另一方面，只有持续不断地运动才能维持万物之长久，
"流水不腐，户枢不蝼，动也"（《尽数》），因而"精气"不能郁结，一
旦气结，则会有问题，如下：

　　　　肌肤欲其比也，血脉欲其通也，筋骨欲其固也，心志欲其和
　　也，精气欲其行也。若此则病无所居而恶无由生矣。病之留、恶
　　之生也，精气郁也。故水郁则为污，树郁则为蠹，草郁则为蒉。
　　国亦有郁。生德不通，民欲不达，此国之郁也。国郁处久，则百

---

① 《管子·形势解》亦如此认为，其言曰："春者，阳气始上，故万物生。夏者，阳气毕上，
故万物长。秋者，阴气始下，故万物收。冬者，阴气毕下，故万物藏。"

恶并起而万灾丛至矣。(《达郁》)

　　形不动则精不流，精不流则气郁。郁处头则为肿、为风，处耳则为挶、为聋，处目则为蔑、为盲，处鼻则为鼽、为窒，处腹则为张、为疛，处足则为痿、为蹶。(《尽数》)

　　"精气"作为天地万物所以成与所以然之本原，其本身的运动变化就是天地万物的运动变化，所以一旦郁结，于人就会百病丛生，于国就会"万灾丛至"，于天地万物也是"百恶并起"。通常情况下，"精气"之运动变化是自然而然的，"精气欲其行也"，其不停地运动变化，表现为循环往复的特性，其言曰：

　　天地车轮，终则复始，极则更反，莫不咸当。(《大乐》)

　　精气一上一下，圜周复杂，无所稽留，故曰天道圜……物动则萌，萌而生，生而长，长而大，大而成，成乃衰，衰乃杀，杀乃藏，圜道也。(《圜道》)

　　可见，《吕氏春秋》认为，"道"本身就是一个循环往复的过程，天地万物由"道"而生，经历气化的过程，最后又复归于"道"，即宇宙万物能长且久的原因是气化过程的循环往复及其维持的相对平衡。

　　基于气化的宇宙观，《吕氏春秋》还提出"同类相感"的思想，它说：

　　类同相召，气同则合，声比则应。(《召类》)

　　慈石召铁，或引之也。树相近而靡，或轼之也。圣人南面而立，以爱利民为心，号令未出，而天下皆延颈举踵矣，则精通乎民也。(《精通》)

　　身在乎秦，所亲爱在于齐，死而志气不安，精或往来也。(《精通》)

　　故父母之于子也，子之于父母也，一体而两分，同气而异息。若草莽之有华实也，若树木之有根心也，虽异处而相通，隐志相及，痛疾相救，忧思相感，生则相欢，死则相哀，此之谓骨肉之亲。神出于忠而应乎心，两精相得，岂待言哉！(《精通》)

　　由上可知，天地万物相互感应的前提须满足"同气""同类"两个基本条件，"同气"是大前提，"同类"是小前提。则要如何感应？首先，所谓"同气"，指的是天地万物皆源自"一气"，有着共同的本原基础，因而可以"同气相合"，"天地万物，一人之身也，此之谓大同"（《有始》），何谓"大同"？即天地万物同由"道"产生而最后又归于"道"，这与老庄所论之"玄同"一致。其次，所谓"同类"，即是指草木、人类、磁石等同类属的事物，只有同类才能相互沟通交流，是所谓"类同相召"。最后，在满足前两个条件后，同类事物的"精气"可以相互沟通，因为"精气"是万有的本质，也是"道"，无形无象、自然而然地存在于天地之间，并不需要言语或借助其他力量，就自然而然地在"道"的轨迹上沟通，是所谓"精气往来"、"精通乎民"及"两精相得"。《吕氏春秋》的这种感应思想，不同于先秦时期的灾异感应，而是与穷神知化的宇宙思考联系在一起，有其进步性。

综上所述，已经可以看到张载"气一元论"思想在先秦时期的种子，所不同的是张载明确区分了"太虚之气"和"气"，并认为"太虚之气"聚而形成"气"，也不存在"以道统气"的说法，而《吕氏春秋》中并无此明确区分，且始终主张在"气"之上还有更为根本的"道"，也即是"太一"。仅以此亦可以看出儒道两家之分别。

3. "气化自然"之修养论

由于《吕氏春秋》主张"元气"为始的气化宇宙观，因此宇宙天地的一切变化，既是"道"的体现，也是气化的过程，"道"本自然，因此气化的过程自始至终都遵循自然而然的原则，不依赖任何外力，是所谓"气化自然"也。换句话说，气化的过程本身就是顺自然而然之"道"，天地万物的变化都是"道"在其身上的呈现，"道"即藏于天地万物的生化演变之中，"道"主宰一切，一切又能体现"道"，所以人们能够通过对天地万物的观察认识"道"，"民无道知天，民以四时寒暑日月星辰之行知天"（《当赏》）。这与《管子》所论"道满天下，普在民所"（《内业》），"道之在天者，日也；其在人者，心也"（《枢言》）相类似。

基于此，《吕氏春秋》否定鬼神等神秘存在，转而宣扬一种穷神知化的规律论，即天地万物都自有其规律，都顺着"道"之自然而然在变化，非有鬼神意志主宰，如：

> 天固有衰嗛废伏，有盛盈蚡息；人亦有困穷屈匮，有充实达遂。此皆天之容物理也，而不得不然之数也。古圣人不以感私伤神，俞然而以待耳。（《知分》）

　　命也者，不知所以然而然者也。人事智巧以举错者不得与焉。
故命也者，就之未得，去之未失。（《知分》）

　　这里的"命"，并不是指超自然的神秘力量，而是指天地万物有以生
有以成之"道"，即宇宙变化、人生祸福，皆符合"道"化万物之自然而
然，由万物之所得于"道"者决定，而不是被鬼神等神秘力量主宰，"石
可破也，而不可夺坚；丹可磨也，而不可夺赤；坚与赤，性之有也。性也
者，所受于天也，非择取而为之也"（《诚廉》）。这些思想表现在社会
政治、伦理上，即一方面，《吕氏春秋》主张尚贤、尚德，发挥人的主观
能动性，人既可以知"天"，也可以通过所知之"天"进而"为人事"，
是所谓"同气相求"（《易·乾》），父母子女之间如草木之根心间一样，
皆"同气而异息"，故而可以"交通"，更应是同一整体，互敬、互爱、
互为生存，"故父母之于子也，子之于父母也，一体而两分，同气而异息，
若草莽之有华实也，若树木之有根心也，虽异处而相通"（《精通》）。
可见，伦理道德在宇宙万物中本有其自然基础。另一方面，上升到国家的
高度，则是强调仁政与王道思想，主张君王治理天下应以人民为本，以儒
家伦理道德为原则，"为天下及国，莫如以德，莫如行义。以德以义，不
赏而民劝，不罚而邪止，此神农、黄帝之政也"（《上德》）。
　　更进一步，《吕氏春秋》用"气"来解释"性"。《吕氏春秋》认为
人性也是气化所得于"道"者，因此肯定欲望的合理性，主张圣人和普通
人一样都有欲望，"贤不肖之所欲与人同，尧、桀、幽、厉皆然，所以为
之异"（《贵当》），所不同的是圣人能够克制自己过度的欲望，适度欲
望的满足也能够有理有节，行之以"道"，"天生人而使有贪有欲。欲有
情，情有节。圣人修节以止欲，故不过行其情也"（《情欲》）。需要注
意的是，这里并不是宣扬"节欲"的思想，情欲在这里也并不如后世儒者
所论为恶，故不必非得克制除去，而只是出于养生、贵生的目的（孙以楷 等，
2004），顺人性之自然而然，只为"尽其天年"，"今吾生之为我有，而
利我亦大矣。论其贵贱，爵为天子，不足以比焉；论其轻重，富有天下，
不可以易之；论其安危，一曙失之，终身不复得，此三者，有道者之所慎
也"（《重己》）。

　　（三）《鹖冠子》的"元气"思想

　　关于"元气"一词的最早提出，学术界尚有争议，起因是对《鹖冠子》
的成书年代有不同意见。主张《鹖冠子》成书于先秦时期的学者认为，"元

气"一词最早应出现在《鹖冠子·泰录》篇中，"天地成于元气，万物乘于天地"；主张《鹖冠子》成书于两汉之际的学者认为，"元气"一词最早应出现在董仲舒《春秋繁露》中，如"王正，则元气和顺"。前者认为"元气"思想在先秦时期就已经萌芽并有所发展，是为两汉"元气"思想的源头；而后者则强调"元气"思想是在两汉时期产生的，先秦并无此议。这一争论，直到20世纪70年代长沙马王堆汉墓出土帛书的发掘，才始渐停息。因为根据出土材料来看，《鹖冠子》基本上被确定为先秦时期真书（下文会有专门论述），尽管可能有不同版本的差异，但其核心内容及作为先秦典籍的结论，获大多数学者认可，从而得出"元气"思想在先秦时期确已萌芽的结论。

1. "元气"思想源流

然"元气"思想在先秦时期的发展脉络究竟是怎样的呢？这要从"元气"概念的本义说起。"元"字出现得很早，在商周时期的文献中就有"元年"出现[①]，其后《左传》与《国语》等典籍俱有沿用。考其释义主要有两种，一者是指"善"，如《左传·昭公十年》说"元者，善之长也"，这里也可以引申为"本"的意思，如《易传·彖》说"大哉乾元，万物资始，乃统天""至哉坤元，万物资生，乃顺承天"，意思是天地之德是本原本然之"善"，是万物得以生成生存的根本；一者是指"始"，如《说文解字》的解释，董仲舒《春秋繁露·王道》篇也认为"元者，始也"。可见，两种含义在本质上并不冲突，反而有异曲同工之妙，都指向本原、本始的意义。到《吕氏春秋》提出"与元同气"的命题时，"元"字就作为探讨宇宙本原的范畴被使用，其作为"始"的意思也被人们广泛接受。"气"作为宇宙万物之本原，先秦时期的诸子百家在很大程度上已经形成共识，所以《鹖冠子》提出"元气"概念并不突然，而应是思想史发展过程中必然经历的重要环节，是思想孕育发展过程中自然而然的结果，这从《列子》提出的"太始之气"亦可得到印证。

此外，"元气"在《鹖冠子》中，指代的是本始之"气"，其虽然开启了两汉"元气"思想的先河，但毕竟没有形成如两汉时期成熟统一的"元气"论思想，而只是处在萌芽发生状态，所以其在先秦典籍中有多种表述。

---

① 《汉书·律历志下》记载："《书序》曰：'成汤既没，太甲元年，使伊尹作《伊训》。'《伊训》篇曰：'惟太甲元年十有二月乙丑朔，伊尹祀于先王，诞资有牧方明。'"《𠫤鼎铭》载："隹（惟）王元年六月既望乙亥，王才（在）周穆王大（室）。"

如在《鹖冠子》中，"元气"可以表述为"一"，即"有一而有气，有气而有意"（《鹖冠子·环流》）；在《列子·天瑞》中，有"太初者，气之始也"，此"太初之气"即是指"元气"；《吕氏春秋》亦主张黄帝言："芒芒昧昧，因天之威，与元同气。"要之，两汉"元气"论在先秦时期已然萌芽，并非直到汉初才出现。

2. 《鹖冠子》真伪之辩

自唐柳宗元《辩〈鹖冠子〉》指出其为伪书后[①]，《鹖冠子》就长期受到冷落，常被指为"必伪""全伪"，很少有学者研究，这直接导致《鹖冠子》于宋代陆佃后，长期无精校佳注，在学术史、思想史上也没有地位（李学勤，2002）。直到20世纪70年代，长沙马王堆汉墓出土帛书的发掘，才证实《鹖冠子》确系先秦楚人之作品。因为当学者们将出土的《黄老帛书》与《鹖冠子》进行对比时，发现其中有很多处惊人地相似[②]，而由于以往材料的缺乏，学界无法对先秦黄老学派进行系统研究，但随着出土帛书的发掘，这一学派终于得以浮出水面，几番相较，学术界基本认定《鹖冠子》为先秦黄老学派的著作。

关于《鹖冠子》的作者，一般认为是由鹖冠子本人及其后学共同完成的[③]。至于《鹖冠子》的成书年代，一般以鹖冠子的活动年代为参照系，因为《鹖冠子》的成书年代应比鹖冠子的活动年代"更迟一些"[④]。鹖冠子的活动年代，学术界虽无一致定论，但大致定在战国末期无异议，如李学勤（1992）认为鹖冠子的活动时间大致在公元前300年至前240年，则《鹖冠子》当大致成书于公元前240年前后；吴光（1983）认为鹖冠子的活动年代大致在公元前300年至前220年，则《鹖冠子》当成书于公元前220年前后，毕竟战国末期至西汉以前所成之书基本上属于先秦古籍；丁原明

---

① 柳宗元（1958）在《辩〈鹖冠子〉》中认为如果贾谊《鹏赋》多引自《鹖冠子》，则司马迁《伯夷列传》说"贪夫徇财，烈士徇名，夸者死权"时不提鹖冠子是不合理的，且读《鹖冠子》，"尽鄙浅言也"，是以判定《鹖冠子》为伪书。

② 唐兰（1975）在《马王堆出土〈老子〉乙本卷前古佚书的研究——兼论其与汉初儒法斗争的关系》中指出《鹖冠子》对其引述甚多，并在《〈老子〉乙本卷前古佚书引文表》中详细列出，共有23处之多。李学勤（1983，1992）在《马王堆帛书与〈鹖冠子〉》及《〈鹖冠子〉与两种帛书》两篇文章中，亦将《黄老帛书》与《鹖冠子》进行深入比较，吴光（1983）在《〈鹖冠子〉非伪书考辨》中也从其学说特点入手，将其与《黄老帛书》进行比较。

③ 吴光（1983）在其《〈鹖冠子〉非伪书考辨》一文中肯定，《鹖冠子》一书就是战国末期至秦楚之际鹖冠子学派的集体著作。

④ 见陈鼓应（1992）。另丁原明（1996b）在《〈鹖冠子〉及其在战国黄老之学中的地位》中也说"当然鹖冠子其人可能比其书要早一些"。

（1996b）则直接指出《鹖冠子》与《吕氏春秋》是同一时期作品。总而言之，由于长沙马王堆汉墓帛书的出土，《鹖冠子》作为先秦黄老学派的重要作品被判为真书，其重要性得到极大的提高。

3. "道"、"一"及"元气"

与老子相同，《鹖冠子》也以"道"为自己哲学的最高范畴。它说："故所谓道者，无己者也。所谓德者，能得人者也。道德之法，万物取业。"（《鹖冠子·环流》，本节下引该书只注篇名）学者对"无己者也"有多种解释，陆佃曰："随之而已。"张之纯曰："不执己之成见。"吴世拱曰："故，夫也。无己，无止也，周而复始也。"张金城曰："道体虚无，无我执，故曰无己。"黄怀信（2004）认为"道，指时理、自然规律。无己，不由己"。观诸家之言，虽意见不一，但主导思想一致，即"道"为天地万物之本原，万物由"道"化生，且在"道"之作用下不断运动变化。如陆注所谓"随之而已"，即是"道"化生万物而不为其主宰，与《老子·第二章》"生而不有，为而不恃，功成而弗居"一致；吴注则侧重于对"道"生万物之流行过程的阐释，周而复始永不停歇；二张之注相似，皆以"道"体本来虚同为一，其化万物本身就是自然而然，无有所执；黄注与陆注相类，认为"道"既是化生万物的本原，又是万物所依行的根本规律，万物一旦由"道"化出，就自然从"道"那里得到相应的规则，是以万物之变化必须依照此规则，而"道"则是"随之而已"，这同于《老子·五十一章》："故道生之，德畜之；长之育之；亭之毒之；养之覆之。生而不有，为而不恃，长而不宰，是谓'玄德'。"此正好与下文"所谓德者"呼应。可见，"道"为本体，"德"是"道"之用，万物由"道"而生，由"道"而成。对于"道"的描述，《鹖冠子·夜行》说道："随而不见其后，迎而不见其首。成功遂事，莫知其状。图弗能载，名弗能举，强为之说曰：芴乎芒乎，中有象乎，芒乎芴乎，中有物乎，窅乎冥乎，中有精乎。致信究情，复反无貌，鬼见，不能为人业。"这与《老子·十四章》的"是谓无状之状，无物之象，是谓惚恍。迎之不见其首；随之不见其后"及《老子·二十一章》的"道之为物，惟恍惟惚。惚兮恍兮，其中有象；恍兮惚兮，其中有物。窈兮冥兮，其中有精；其精甚真，其中有信"，如出一辙。可见，《鹖冠子》之"道"论基本都是承接《老子》而来。

在《老子》和《吕氏春秋》中，"一"有时指"道"，有时指"气"，前文已述。《鹖冠子》也是如此。首先，当"一"指"道"时，是从本体论角度诠释"道"，是就"道"体之恒久不变与本原之"虚同为一"来说的，"天用四时，地用五行，天子执一以居中央"（《王鈇》），天子所执之"道"正是亘古未变之"道"，是最终极的精神性本体，同于《老子·十四章》所言："执古之道，以御今之有。能知古始，是谓道纪"，又《环流》云："空之谓一，无不备之谓道，立之谓气，通之谓类"，古注曰："无为曰一，一者空也。"陆佃曰："万物莫不无。"吴世拱曰："空，无也。"（黄怀信，2004）可见，"一"是指"道"体本身的虚无无为，而下文的"道"则是指"道"体变化而衍生万物之一面，因此是无不备，"气"则是"道"体化生万物的介质，且此处之"气"是为"道"体所立，自然而然。

其次，当"一"指"气"时，是从宇宙论的角度诠释"道"。《能天》云："物乎物芬芬份份，孰不从一出？至一易"，这里的"一"即是指万物之所成形的"气"，《环流》篇也说："有一而有气"，丁原明（1996b）将"一"解为空虚而无形的"道"，谭家健（1986）则将"一"解释为组成"气"的最精微的物质形态，笔者也以为此"一"当解为"气"，且是天地所由成之"元气"，理由有三：其一，陆佃曰："一者，元气之始。"吴世拱曰："一，元也。易乾'元'九家注：'元者，气之始也。'"（黄怀信，2004）其二，由《夜行》之"阴阳，气也"知"气"是指阴阳二气，又因为阴阳二气在天地之下，无法化生天地，而"故天地成于元气""精微者天地之始也"（《泰录》），可知"元气"为天地之始，可化生天地，自然能化生阴阳二气。其三，天地万物的化生是动，《环流》篇云："动静无非气者"，且从"一"到"气"的变化本身就是动，故而可知此"一"指的应是"气"。综合以上三点，可证"一"即"元气"。《鹖冠子》的这种"元气"观与《吕氏春秋》的"元气"思想及《列子》的"太始之气"如出一辙，也反映出中国古代思想家探索宇宙的特有思考方式，即本体论和宇宙观不分家，总是统合在一起考虑，被学者称为"本体-宇宙观"或"世界本原论"（李存山，2008b）。

至此，便可了解《鹖冠子》中"道"、"一"及"气"之间的关系。"道"体诚寂，恒久不变，可化生宇宙天地，当其诚寂、恒久不变时，"道"即是"空""虚"，也即是"一"；当其变化化生宇宙时，"道"也还是"一"，而此"一"是谓"元气"，是"道"化生万物的媒介，是天地万物唯一的直接来源。"道"化生天地万物，而自体不变，仍藏于天地万物之中，因此，"道"有时就是"元气"，有时又是化生"元气"之终极来源，这在先秦黄老学派那里非常普遍。"一"，因其为数之始，大体在先秦时期，都被用来指称"道"或者"气"，以表达"道"体之本身及其变化之意涵。

4. "万物成于天地，天地乘于元气"的气化论

《泰录》篇有云："精微者天地之始也……故天地成于元气，万物乘于天地"，这是以"元气"为天地万物之始，即宇宙的动静变化皆是"一气"之变化。则气化之过程为何？《环流》篇曰：

> 有一而有气，有气而有意，有意而有图，有图而有名，有名
> 而有形，有形而有事，有事而有约。约决而时生，时立而物生。
> 故气相加而为时……万物相加而为胜败。莫不发于气，通于道。

"一"者，"元气"也，前文已述。"意"者，陆佃注曰"冲气所生"，吴世拱注为"生意"（黄怀信，2004），盖因气为阴阳，二气相合而有万物化生的潜能与机缘；"图"者，陆佃曰"可以象矣"，吴世拱与张金城附议（黄怀信，2004），盖所谓"象"指的是二气交感、所化生之物的潜能与条件已经具备，"阴阳不同气，然其为和同也"（《环流》），相当于所化之物的图像已然完备，即《老子》所谓"无状之状，无物之象"；"名"者，名称也，陆佃注曰"可以言矣"，张金城引《说文解字》以证其意（黄怀信，2004），盖所谓"名"者，因阴阳而生，由"道"而成，其所得于"道"者不同，"所谓天者，言其然物而无胜者也，所谓地者，言其均物而不可乱者也"（《环流》），故须加之名；"形"者，吴世拱注曰"实质也"（黄怀信，2004），即阴阳二气和合交感，化生出有实质形体之物；"事"者，张金城引《列子·周穆王》篇注曰"形接为事"（黄怀信，2004），盖形体既成，其必要与其他事物发生联系，放在人身上则是人有可有所为了；"约"者，张金城引《学记》注曰："'约，谓期要也。'此言依准其事则有约也。《天则》篇曰：'为成求得者，事之所期也。'"（黄怀信，2004），盖"事"各有其理，且人之所为所可为繁多，不能一蹴而就，为求事成，而有期要也；"时"者，时限，即万物死生之理，"决"为决断、确定，盖万事万物之理虽各有异，然其一旦约定期要以成，不论其为事物本身之理所需之期，还是人为之约定，都将作为万事万物之所得于"道"者之时限，是所谓"变而后可以见时"（《天则》）；"时立而物生"，即万事万物各有得于"道"之时限，"道"也依此时限化生万物，是所谓"化而后可以见道"（《天则》）。因此，"一气"变化而成万物，万物相互勾连死生变化不断，这一切都是因气而生，由道而成。

可见，《鹖冠子》所构造的宇宙图示，以"元气"为始，"元气"化生阴阳二气，二气交感而有"生意"，"生意"成而有"图像"，"图像"明是以有"名"，"名"对接特定之"形体"，"形体"成而接外物，接外物则有约期，约期显现确定则万物之所得于"道"之时限确立，是谓万物各自死生之理，死生之理既成，则"道"依此化生万物，万物也因此"道"而生生不息。

《鹖冠子》的这种宇宙观反映出的是作者穷神知化的宇宙思考，"莫不发于气，通于道"，其所提出的"意""图""名""形""事""约""时"，皆是以人之情之知度道之实，虽难免于猜度，却也打破了《庄子·养生主》所谓"吾生也有涯，而知也无涯。以有涯随无涯，殆已"的桎梏，从而为人类积极认识"道"打开了思路，"天高而可知，地大而可宰"（《备知》），这与《吕氏春秋·当赏》的"民以四时寒暑日月星辰之行知天"一致。

《鹖冠子》与《吕氏春秋》一样，也认为气化是一个不断循环往复、持续进行的过程，"斡流迁徙，固无休息。终则有始，孰知其极"（《世兵》），这对万物的化生来说，不过是一种形态的改变，无所谓生死，甚至是死是为了生，断是为了成，"不死不生，不断不成"（《博选》）；对人来说，生死也无有忧惧苦乐之分，一切都是自然而然，"命者自然者也。命之所立，贤不必得，不肖不必失"（《环流》），这与《吕氏春秋·知分》所说"命也者，不知所以然而然者也。人事智巧以举错者不得与焉。故命也者，就之未得，去之未失"一致。

5. 对《鹖冠子》的定位

每一个思想的产生都必然经历孕育萌芽及发展演变的时期，正如成熟的思想必然依赖相应观念之先行产生才能产生一样，而两汉"元气"思想的孕育萌芽则正是在先秦时期，尤其主要体现在《鹖冠子》中。

在《鹖冠子》中，"元气"被作为宇宙本原来看待，既统于"道"而又成为宇宙万物之所以成和所以然，并以此为核心确立了较完整的自然观和本体论，完成了由解释自然现象到解释世界乃至于解释人之生死的逻辑框架的构建，为后来学者继续气论思想的话题埋下了重要伏笔。其走的是黄学与老学融合的思路，承继的是稷下黄老学派"以气释道"的思维主张，并在很大程度上实现了先秦黄老学派由道论向气论转变的夙愿，因此，作为对先秦气论思想总结式的概括，《鹖冠子》不仅对先秦黄老学派的学术发展乃至整个先秦学术的研究都有重大价值，而且为两汉"元气"论思想的发展成熟扫清了道路，成为两汉"元气"论思想在先秦时期的源头。

《鹖冠子》作为先秦黄老学派的重要代表作，其在很大程度上总结了先秦以黄老学派为首的主张"以气释道"的气论思想的研究成果，初步提出了"元气"为始的宇宙模型，开始确立了两汉气论自然观的传统，且作为哲学原创期的重要思想，其思想底蕴和蕴含的哲学方向对后世学者的哲学研究都有着不可估量的价值，即是说宋明气论思想乃至整个中国哲学的气论思想都在很大程度上受到先秦气论思想的影响。气论思想恰是中国哲学最根本、最重要的思想之一，由此亦可见《鹖冠子》所代表的先秦气论思想的重大意义。

四、以《易传》为代表的儒家宇宙论

自孔子开始的先秦儒家，虽然起初罕言"性与天道"，但并不是不言，也并没有否定《老子》以气范畴作为描述和解释世界万物所由来的宇宙化生论，因为早在春秋之初乃至于更早时期，气范畴已经作为描述和解释自然及人类社会现象的基本概念被广泛运用，这在甲骨文金文及《国语》《左传》中皆有明证。[①]所以，在某种程度上，可以说儒道两家之气论思想有着相同的源头。这便能解释孔子后学乃至孟荀儒家虽然强调仁义礼智之内在超越的道德伦理却没有否定气范畴是描述和解释世界万有之本原之根本主张的现象。可见，先秦儒道两家本就有着对于世界本原和宇宙发生之基本的共同的认识，即以气范畴或气论思想作为描述和解释宇宙万有的根本概念或根本模式，所不同的是：道家以"天"为契入点，虽涉及"人道"，却更多强调的是以"人道"顺于"天道"的天道学；儒家以"人"为契入点，虽涉及"天道"，却更多表现的是"人道"进于"天道"的人道学思维方式，两者所论的"道"都包括"天道"和"人道"，只是侧重点不同。[②]故而从根本上说，关于描述和解释世界万有及其发生的基本思维方式，先秦儒道两家主要都是用气论思维方式来概括的[③]，其中道家以老庄和黄老学派为代表，儒家则以孔孟荀和《易传》为代表。鉴于道家在前文已有明确说明，本节将只针对儒家做出简要说明。

---

① 详细可见本书第二章第二节"气范畴的演变历程"。

② 宋志明（2010）亦有相关论述。

③ 虽然先秦学者主要都是以"气"作为解释世界万有的本原的，但也有个别不同者，如郭店楚简出土的《太一生水》，就是以"水"替代"气"，但这毕竟是少数，不能改变先秦时期学术的主流，是以两汉"元气"论才能如此盛行。

（一）孔子的宇宙观

《论语·公冶长》记载子贡的话说：

> 夫子之文章，可得而闻也；夫子之言性与天道，不可得而闻也。

"性"，人的本性，何晏注曰"人之所受以生"，受于谁呢？邢昺引《中庸》"天命之谓性"和《孝经说》"性者，生之质命，人所禀受度也"的说法认为是人顺遂天道运化流行自然而生的性命，可见"性"是"受之于天"的；"天道"，何晏注曰"元亨日新之道"，孔颖达《正义》曰："《文言》曰：'元者，善之长也。亨者，嘉之会也。利者，义之和也。贞者，事之干也。'谓天之体性，生养万物，善之大者，莫善施生，元为施生之宗，故言元者善之长也。嘉，美也。言天能通畅万物，使物嘉美而会聚，故云嘉之会也……天之为道，生生相续，新新不停，故曰日新也。以其自然而然，故谓之道。"人为万物之灵之长，是所以"天道"即至善之道，可概之为自然及其与人类社会吉凶祸福的关系整体。据此，我们可以进一步判定引文的意思。因为单从"夫子之言性与天道，不可得而闻"的字面意思论，引文可能有四种理解：一是夫子从来不说"性与天道"；二是夫子说了但弟子没听到；三是弟子们没有听过夫子关于"性"与"天道"关系的讨论但听过夫子单独讨论"性"或"天道"，分为听懂和听不懂两种；四是夫子说了"性""天道"及相互间的关系但弟子听不懂。下面且就这四种理解进行分析。

第一，夫子并不是从来不言"性与天道"，相反曾有多处直接和间接的论说，兹举几例如下：

> "子曰：'性相近也，习相远也。'"（《论语·阳货》）
> "子曰：'唯上知与下愚不移。'"（《论语·阳货》）
> "子曰：'中人以上，可以语上也；中人以下，不可以语上也。'"（《论语·雍也》）
> "孔子曰：'生而知之者上也，学而知之者次也，困而学之，又其次也；困而不学，民斯为下矣。'"（《论语·季氏》）
> "子曰：'吾十有五而志于学，三十而立，四十而不惑，五十而知天命，六十而耳顺，七十而从心所欲，不逾矩。'"（《论语·为政》）

"子曰：'天生德于予，桓？其如予何！'"（《论语·述而》）

"天何言哉？四时行焉，百物生焉，天何言哉？"（《论语·阳货》）

"性相近"是直接论说人性最初的相似性，然而现实人性更多体现为千差万别，这是如何造成的呢？孔子的回答分两个层面：一是生而即有的区别，如生知、学知；二是后天环境的习染造就，因为绝大多数的人都是相近的"中人"，可以通过后天的学习来提升和改变。"天""天命"则是直接论说天道，尤其是"天何言哉"句，直接摘掉了"天"的神秘面纱，主张"天"是万物自然化生化成的总根据，所谓自然指的是"天"不具有宗教主宰性或人格神的意志，这与"五十而知天命"相印证，因为这里的"天命"不是宿命论，而是万事万物得以自性展现和存在的根据，落在万物和人的身上就是"性"，《中庸》言"天命之谓性"正是此意，换言之，即万物之所得与天者是为天命，是生而即有的，不待人为因素参与的本来面貌，与老子所论道化万物的宇宙论并不相悖。①事实上，只要孔子直接或间接论说了"性"或"天道"，则夫子从来不说"性与天道"的意项即可否定。

第二，夫子说了但弟子没听到的解释可以直接否定，除非《论语》的上述记载被列为不可信任的材料。

第三，夫子说了"性""天道"但没说两者间关系，当子贡能听懂，说明其不懂的是两者间的关系问题，当子贡听不懂，说明即使孔子所说的"性""天道"都让弟子听不懂，究竟哪种意见更确实呢？表面看起来，子贡不懂"性""天道"及其相互间关系等三者都是可能的，但笔者以为这是不合理的，因为从上述引文和论述可知，孔子是讲"性""天道"的，只不过讲法不多，内容不成系统，虽然两者本身就很难懂，但由此判定子贡不懂或不能懂"性""天道"以致发出"不可得而闻"的感叹是失之偏颇的，理由主要有三条：首先，孔子时代，天命神权的思潮开始动摇，知识分子打破宗教枷锁的必然手段便是追问宇宙的来源和生成，其中最主流的意见便是老子的道生气化万物、《春秋左传》的"六气致病说"和"伯阳父论地震"、《周易·乾》的"同气相求"等以气解释万物和人身强弱的思想，对孔子而言，三者虽有不同，但都是六经的内容或从六经演化而来，由于老子所论更加系统且并未推翻六经之说法，所以孔子秉持"述而

---

① 老子宇宙论可参考王小虎（2019）。

不作,信而好古,窃比于我老彭"(《论语·述而》)的原则,直接沿用了老子的道生气自然而然化万物的宇宙思想,就如同其"问礼于老子"和沿用老子"道"的概念一样。这种情况下,老子所建构的宇宙理论,作为对六经相关内容总结的精华,应该是当时被大多数学者接受的代表理论,是一定程度上知识分子的共识,冯友兰先生同时援引《易传》中记载孔子读易评易的相关记载证明这种宇宙论思想为"传统的见解"①,这既可以从侧面与出土文献所表征的先秦儒家和道家并非完全对立而是互补互证之关系的情实相互印证,又可以当作老子以后诸子主流的宇宙理论皆与其高度一致的原因,尤其是气论思想及其思维模式,几乎成了诸子争鸣的共同话语体系。笔者以为,孔子正是基于此才没有过多讨论"天道"即宇宙论的内容,因为不必要,但实际上又非常明白——老子的道生气化万物又归于道的思想,在这种情况下,子贡作为七十二贤之一不可能不懂"性""天道",也不会觉得难懂,更不会发出"不可得而闻"的感叹,因为孔子并没有过多发挥这些思想,只是接受和传播了当时知识分子都可能见到和领会的传统思想,这应该也是孔子后儒家不专门讨论宇宙理论却能高度一致地直接运用如"气者,体之充"(《孟子·公孙丑上》)、"水火有气"(《荀子·王制》)的根本原因。

其次,孔子生在思想大变革的时代,其自身即是矛盾的统一体:既是总结守护前人文化的卫道者,又是运用前人文化应对世事改变的开创者。如何处理这个矛盾?孔子的选择是"信而好古",以卫道者自居,但必须做出"损益"②,这说明孔子更多的是传承和维护六经关于"性""天道"的讨论,而不是开创新体系。因为"性""天道"的内容在六经之中已有涉及,所以《论语》也有相关记载,之所以较少,则是因为这部分内容是传统的见解,是知识分子的共识,不必多强调;然"性"与"天道"的关系问题则是深度思考两者之后必然要面对的问题,六经中并没有明确直接的说法,更不存在体系严整的讨论,所以孔子也保持了这种风格,致使子贡"不可得而闻"。

最后,孔子教育学生更多是在"启""发"弟子,促其思考,而不是灌输,如《论语·述而》所言:

① 冯友兰(2001)在《孔子在中国历史中的地位》一文中说孔子所讲本只及日用伦常之事,这从《易·文言》等凡冠有"子曰"之言几乎皆言道德者可知,至于宇宙论,孔子大概完全接受传统的见解。

② 《论语·为政》记载:"子张问:'十世可知也?'子曰:'殷因于夏礼,所损益,可知也。周因于殷礼,所损益,可知也。其或继周者,虽百世,可知也。'"

子曰："不愤不启，不悱不发。举一隅不以三隅反，则不复也。"

意思是：教育学生，不到他想求明白而不得的时候，不去开导他；不到他想说出来却说不出来的时候，不去启发他（杨伯峻，1980）。如果子贡等人在跟随孔子学习之时，尚未达到想要理解"性"与"天道"之关系问题的阶段，或者想求明白但未来得及求教孔子，那么其"不可得而闻"不也是正常的吗？毕竟子贡的学问是随着他的成长而日益加深的，所以孔子在世之时，他未尝想到"性"与"天道"之关系的问题，而在孔子去世之后有所思考，也是正常的。当然，还有一种可能就是孔子本身并没有思考清楚"性""天道"的内容及其相互关系，因为孔子本身更注重人伦道德，其援引六经的宇宙理论而无所创新和重视是正常的，即孔子是"晚而喜易"（《史记·孔子世家》），《易传》比《论语》记载了更多孔子关于宇宙理论的初步思考，这说明孔子是在晚年才逐步思考"性""天道"之内容的，关键的问题是孔子并没有完全弄清楚，则其自身便不可能考虑太多和重视"性"和"天道"之间的关系问题，这符合思想史发展由浅而深逐步递进的思维逻辑。

综上，笔者认为，第三种理解，即夫子说了"性""天道"的内容但没说两者间关系，子贡应是听懂了"性""天道"的内容，但对于两者间的关系无所了解，故而发出"不可得而闻"的感叹。冯友兰（2001）在《孔子在中国历史中之地位》一文中一方面强调孔子的宇宙论思想是"传统的见解"，一方面又认为，《论语》中所说乃孔子对门弟子之言，是其学说之粗浅方面，属"下学"之事；《易》之《彖》《象》等中所说才是孔子学说之精深方面，属"上达"之事。这些是群弟子所不得知者，故而才有子贡之叹。既然是"传统的见解"，诸家皆有所论，即为知识分子的共识，甚至已经到了孔子都认为不必说的程度，子贡又怎会完全不知呢？是以冯先生的说法欠妥，而《论语注疏》"言夫子之道深微难知"的说法更加平正。正因为"深微难知"，所以弟子接受得少，以至于"性与天道"的内容记载得相对就少，这便是不能因为《论语》没有记载许多孔子讨论宇宙论的内容而直接判定孔子不谈宇宙理论的原因。

有论者会说，《论语注疏》只说是"深微难知"，难道不可以是夫子说的"性""天道"难知？不可以是"性与天道"的关系难知吗？笔者以为，"与"字有现在理解的"与""和"的意思，当作现在的"与"来理解，则强调了三种义项，即"性""天道"及两者相互间的关系难知；当作现代的"和"解释，则强调两种义项，即"性""天道"难知，不必然指向两者间关系。就上述引文来说，夫子所言"性"或"天道"的内容对普通人来说固然难知，但对知识分子来说却是"传统的见解"和共识，不但子贡应该能够理解，而且是"中人"皆可能知、皆可以"学知"的，连普通人都知道需要"学知"，作为孔门七十二贤之一的子贡怎能不知或不明了要"学知"呢？既明了要学知，则"性""天道"的深层内容不管如何难知，都应该是在夫子讲了上述内容后由自己去悟，如《论语·公冶长》所言：

> 子谓子贡曰："女与回也孰愈？"对曰："赐也何敢望回？回也闻一以知十，赐也闻一以知二。"子曰："弗如也；吾与女弗如也。"

反省内求、举一反三是孔门为学的重要方法，子贡说得很清楚，所以子贡强调的"不可得而闻"应该不是孔子提及并多次说到的"性"或"天道"的内容，而是夫子从未提及的"性"与"天道"的内在关系，即孔子分别提到了"性""天道"的内容，却对两者间的关系没有明说，而两者间的关系恰恰是孔子"仁学"所要指向的关键问题[①]，由于孔子"为仁由己"的说法太过简要，子贡以为难知。虽然难知，但却是孔门后学"思"的必然方向，这便是孔门后学心性论转向的源头，孟子言自己私淑于孔子的重要节点正是在这里。[②]这在孔子思想中有多处可以体现，如《述而》说"天生德于予，桓魋其如予何？"人是天道的一环，"天生"其实就是人所受于天道者，天生有德岂不就是说人性有德的内容或获得德的潜能，即天道赋予人生而即有的德或获得德的潜能，已然有了孟子所讲四端之心的影子。因此，杨伯峻（1980）判定孔子不讲天道并对自然和人类社会之关系取存而不论之态度的说法是失之偏颇的。

换言之，孔子是讲万物化生化成之"天道"的，即宇宙论的内容，那

---

① 事实上"性"与"天道"间的关系问题不仅仅是孔子仁学的关键问题，也是文武周公礼乐文化的中心，如周初的"以德配天""天命靡常、惟德是辅"，事实上就是对这两者之间关系的朴素回答。就老子来说，其言道生气化万物为常，又强调"涤除玄览"，明白四达无以为，事实上也是对"性"与"天道"关系的解答。春秋末期，传统的天命论思想开始动摇，人文主义不断萌芽，这才有了宗教天命论与儒道两家天命论的交替、互融，表现在老孔的思想中，就是自然天命论与宿命论的宗教有神命定论的同存，随着诸子学的不断发展，这种局面才逐渐改变。

② 《孟子·离娄下》中记载："予未得为孔子徒也，予私淑诸人也。"

么究竟是怎样的说法呢？除了《论语》的相关记载，主要还有两处文献记载：一是《礼记·哀公问》，二是《易传》相关内容，下面就这两处进行简要的梳理和分析。

首先，《礼记·哀公问》记载：

> 公曰："敢问君子何贵乎天道也？"孔子对曰："贵其不已，如日月东西相从而不已也，是天道也。不闭其久，是天道也。无为而物成，是天道也。已成而明，是天道也。"

"不已"，就是不停止，言日月等天行运行不息，正是人君所应该效法的天道；"不闭其久"，指的是万物顺遂天道运转而生而成，处在不断的变化之中，唯有不断地变化本身才是天道；"无为而物成"，与《道德经·第二章》所言"生而不有，为而不恃，功成而弗居"一致；"已成而明"，孙希旦引方氏曰"物成而功可见"，这里的"功可见"强调的是天道化育之功通过自然无为的方式在所成之物上显现出来，圣贤可以通过参悟这种显现出来的天道明了万事万物之理，是为"明"，这里其实是明确地在说天道与人道之间的沟通，因为君子所贵是哀公所关心的治道。到这里，可以明确看出，孔子论及宇宙理论的要点：一是天道是万物化生化成的总根据和总规律；二是万事万物始终处在永不停息的变化之中；三是天道化育万物的过程是自然而然的循环过程，如日月相从一样循环不息。正因为人和万物一样源出于道，最终又归于道，所以《中庸》说"诚者天之道""诚者物之终始，不诚无物"，朱熹《大学章句序》中的"天运循环，无往不复"与此相发明。

其次，要想讲明《易传》中的孔子宇宙思想，必须先说清楚孔子和《易传》的相关问题，如：孔子何时读《易》？孔子有没有作"十翼"？《易传》作于何时？等等，学术界对此一系列问题的争论很大。考虑到下文要专门讨论《易传》的问题，此处暂且不提。

虽然天道是化生万物的总根据，可是"四时"之"行"、"百物"之"生"凭借的到底是什么呢？笔者以为，孔子的说法实际上吸收了老子所总结的六经的气论，主要体现在以下两个记述：

> 孔子曰："君子有三戒：少之时，血气未定，戒之在色；及其壮也，血气方刚，戒之在斗；及其老也，血气既衰，戒之在得。"
> （《论语·季氏》）

"摄齐升堂,鞠躬如也,屏气似不息者。"(《论语·乡党》)

"血气"不但是人体得以存在的物质基础,而且与人的心理活动和精神状态密切有关。事实上,"血气"一词并非孔子的首创,《国语》和《左传》中皆有提及,如《国语·鲁语上》记载鲁大夫展禽之语:"未可知也。若血气强固,将寿宠得没,虽寿而没,不为无殃。"《左传·襄公二十一年》载:"楚子使薳子冯为令尹……遂以疾辞……鲜食而寝。楚子使医视之,复曰:瘠则甚矣,而血气未动。"两处都将"血气"当作生命有机体的本质,将"血气"是否有异动当作身体健康与否和寿命长短的根据。《尚书·周书·泰书》又说:"惟天地,万物父母;惟人,万物之灵。"天地与万物被描述成父母与子女的关系,人则是子女中之出色者,出色者尚且依赖血气,不出色者就应该如是。且就常识而言,父母子女自然是同类的,自然是有着相同的物质基础和组成,否则就不可能成为一家,就违反了"同气相求"的规则。再谈"屏气",即屏住呼吸,人作为有形的有机体与无形的空间相沟通,自然是因为两者能够相通、相补充的缘故,而人是以"血气"为基础的生命有机体,古人眼中无形空间中不可能是"血气",只能是比"血气"更加本原的或者说"血气"所由以生的"气",也就是"屏气"的对象,因为人的生命健康和血气的畅顺都需依赖呼吸即与外界之气的交流,否则就要生病,这从医和的"六气致病说"可以得到证明,他认为疾病是人们违背了"六气"的秩序而在人身体上的反映,将"天之六气"与人之"血气"对应串联起来,初具"天人一气"的模型,"天有六气,降生五味,发为五色,征为五声,淫生六疾。六气曰阴、阳、风、雨、晦、明也。分为四时,序为五节,过则为灾。阴淫寒疾,阳淫热疾,风淫末疾,雨淫腹疾,晦淫惑疾,明淫心疾"(《左传·昭公元年》)。

由此,笔者以为,孔子实际上等于表达了自己的气论:气为血气之基础和来源,是万物所由以生的凭借,而血气不仅是生命有机体的基础,同时也与生命本身的心理活动和精神状况相互影响。

综上可知,孔子并非没有宇宙论,而是其宇宙论来自六经,与老子所总结之宇宙论非常相似,这应当是当时及其后诸子主流互证互融的共识,故而孔子及其后的儒家都没有多提。

(二)思孟一系的宇宙观

关于思孟学派,学术界虽多有争论,但认同它的存在并将其作为孔孟之间的过渡环节,仍能得到绝大多数学者的认同,笔者的关注点也正在此处，因此，本书不打算在这里详尽考察思孟一派的具体情实，而只是就该学派所涉及的相关文献进行简要梳理，统而论之。

《中庸》言："天命之谓性。"郑玄注曰："天命，谓天所命生人者也，是谓性命"《孝经说》曰："性者，生之质命，人所禀受度也。"（《十三经注疏》）这里的"天命"显然不是人格神的主宰意志，而是万物化生化成的最高的自然根据。孔颖达疏："天本无体，亦无言语之命，但人感自然而生，有贤愚吉凶，若天之付命遣使之然，故云'天命'。"（《十三经注疏》）可见，"天之所与"，自然感生，生而即有，不随人的意志更改的质朴之真，是为"性"。要之，万物自然而然不断演化的原因及其过程便是"天命"，而体现在具体的物之上，便是"性"。这等于解决了万物为什么会不断演化的问题，但没有解决万物如何可以自然演化的问题，或者说万物怎样演化的问题。前文已经提到，孔子接受了老子总结的六经中的宇宙思想，《中庸》作为儒家的重要作品，延续了孔子"天何言哉？四时行焉，百物生焉，天何言哉？"的思路，"仲尼祖述尧舜，宪章文武；上律天时，下袭水土。譬如天地之无不持载，无不覆帱，譬如四时之错行，如日月之代明。万物并育而不相害，道并行而不相悖，小德川流，大德敦化，此天地之所以为大也"（《中庸·三十章》）。所以"天命之谓性"表述的万物顺遂"天命"之自然而然演化之过程的必然的理论前提即是孔子的宇宙理论，是以万物的化生化成实际上有着一个共同的来源和凭借——气，这从孔颖达引用老子的"道本无名，强名之曰道"来解释"天命"可得证明。事实上，《礼记》中已经对气论有明确的表述，如《礼运》篇说道："人者，其天地之德，阴阳之交，鬼神之会，五行之秀气也。"由此可知，《中庸》虽然没有过多强调气化的宇宙观，但其"天之道"所指向的"诚"就是天理流行的生生不息之道，"唯天下至诚，为能经纶天下之大经，立天下之大本，知天地之化育"（《中庸·三十二章》）。

孟子和孔子一样，在接受道家气化宇宙论即肯定气范畴作为描述和解释宇宙本原及其演化的前提下，拓宽思路，重点赋予气范畴以更多的精神性意涵，将其直接引入到人生论和价值论话题中。故此，学者们在谈论孟子之"气"时，一般多谈论其精神性的与道德修养相关的"浩然之气"，而很少谈其物质性的作为描述和解释世界万有之本原的意义。但笔者恰恰以为，孟子虽然较少谈到宇宙论意义上的"气"，但不代表他不重视这个"气"，事实上宇宙论意义上的"气"作为精神意义的"气"的基础是孟子着重强调的，"夫志，气之帅也；气，体之充也。夫志至焉，气次焉。故曰：持其志，无暴其气……志壹则动气，气壹则动志也"（《孟子·公孙丑上》），所以要谈孟子气论，就必须注重两个方面的意义：一方面是作为描述和解释世界万有之本原的宇宙论意义，另一方面则是作为描述和解释人生、安顿人们精神世界的人生论意义。前者是后者的基础和前提，后者则是前者的延续和发挥。甚至可以说，没有前者就没有后者，即在孟子思想中，气范畴作为描述和解释世界万有之本原之根本概念的结论是孟子思想体系得以建立的理论前提。何为其然也？笔者以为理由有三：第一，若没有前者，则后者便成为无源之水、无本之木，且会出现极大的理论漏洞，即造成孟子的天赋道德和精神修养无所依凭，因为无法描述和解释人的身体性就无法描述和解释人的精神性，更无法描述和解释人之身体作为其精神和行为之内外一体的综合整体性和根本性，则留下人之身体性和精神性的内外不能协调一致之漏洞，进而缺乏这种反思，从而造成人兽之别泯灭，人与人尚不能沟通则天人更不能沟通，"浩然之气"、仁义礼智等道德伦理也无从而生，"志气之辩"成为枉然等。这些显然与孔孟的本意尤其与孔子的血气"三戒"不相符，更不符合前孔子时代之经典解释自然和社会现象的传统，所以从孟子思想的理论根本去看，其也必须承认气范畴是描述和解释世界万有之本原之根本概念的结论。第二，气范畴作为描述和解释世界万有之本原之根本概念的结论，其最直接的证据就是孟子在《孟子·公孙丑上》说："气者，体之充也。"虽然孟子没有如道家一般系统专门地以"气"作为描述和解释世界万有的本原，但其以人为万有之最灵，而最灵的人都是由"气"所构成的，由此可见其以"气"为世界万有之本原当无疑问。第三，从当时的学术环境看，不论儒家、道家还是其他诸家，其在说明宇宙的本原及其发生时，都主要借助于气论思想，即使是孔子也不例外，因为其"血气""食气"之说本身就是一种证明，所以在孟子这位游历诸国的继承者这里，虽然没有系统专门的明确论述，但却必然是以之为前提的，正因为气论思想几乎是知识分子的共识，是儒家继承自孔子以来的当然结论，所以孟子不必单独讨论，而是直接继承和运用。综上，笔者以为孟子虽然没有系统明确的宇宙论，但其思想体系的构建却是默认以气范畴作为描述和解释世界本原之根本概念的气论思想为理论前提的。

（三）荀子的宇宙观

荀子虽然也没有构建体系严整的宇宙观，但其气化宇宙观的论述却更加明确，如下：

> "天地合而万物生，阴阳接而变化起。"（《荀子·礼论》）
> "天地之变，阴阳之化。"（《荀子·天论》）
> "列星随旋，日月递炤，四时代御，阴阳大化，风雨博施。万物各得其和以生，各得其养以成。不见其事而见其功，夫是之谓神。皆知其所以成，莫知其无形，夫是之谓天。"（《荀子·天论》）

从引文的说法与《道德经·四十二章》"万物负阴而抱阳，冲气以为和"相一致可知，荀子和孔子一样接受了老子所总结的六经的宇宙思想，即同样认为天地之道就是气化的过程，而气化的过程就是世界万有不断化生化成的根本过程。察其缘由，除了上述与孟子相类的原因之外，荀子也有直接的说明。如在《荀子·王制》说：

> "水火有气而无生，草木有生而无知，禽兽有知而无义；人有气、有生、有知，亦且有义，故最为天下贵也。"

人与禽兽、草木、水火一样有着共同的本原基础，这是万物皆相同的根本点，即都是由气构成的，同时，气所构成之物中，又以有生命者为更高。其中，人为最贵，因为与有生命的禽兽相比较，人还有"义"。那么"义"从哪里来呢？应该说，仅就此处的文献来看，有着两种可能：一是源自"气"，一是由"气"所形成之人后天学得。就荀子的"化性起伪"而言，其所强调的是两者不可偏废，即由于"气"所形成之人本有着"好利""疾恶""好声色"等生而即有的本性[①]，所以才需要通过后天人为的努力学习去改变，换言之，"义"的获得是为了改变"气"聚而为人时不得不带有的自然本性，故而修身求善就在于治气，"扁善之度，以治气养生，则身后彭祖；以修身自强，则名配尧、禹"（《荀子·修身》）。此与孔子的治"血气"和孟子的"志气之辩"有着异曲同工之处。

除此之外，荀子特别强调宇宙万物的生生不息各有着自身的规律，如

---

① 《荀子·性恶》："今人之性，生而有好利焉，顺是，故争夺生而辞让亡焉；生而有疾恶焉，顺是，故残贼生而忠信亡焉；生而有耳目之欲，有好声色焉，顺是，故淫乱生而礼义文理亡焉。"

其在《荀子·天论》中说："天有常道矣，地有常数矣。"又说，"天行有常，不为尧存，不为桀亡。应之以治则吉，应之以乱则凶。"这是说宇宙万物的运行变化都有着固有的规律和法则，而不是随着人类意志的变化而变化的；相反，人们只有遵循宇宙运行的固有规律，才可能万事大吉，否则就要遭殃。基于此，荀子打破了"灾异""谴告"的说法，"治乱非天也"（《荀子·天论》），易之以"天人之分"：

> 强本而节用，则天不能贫；养备而动时，则天不能病；循道而不贰，则天不能祸……本荒而用侈，则天不能使之富；养略而动罕，则天不能使之全；倍道而妄行，则天不能使之吉……受时与治世同，而殃祸与治世异，不可以怨天，其道然也。故明于天人之分，则可谓至人矣。（《荀子·天论》）

"天"与"人"相互分别、互不干扰，各有自己的职分和规则，"天能生物，不能辨物也；地能载人，不能治人"（《荀子·礼论》），"天有其时，地有其财，人有其治"（《荀子·天论》），所以天道不能干预人事，人事也不必去寻求天道的根由。当然，"明于天人之分"不是要将"天"和"人"绝对地对立起来，更不是要在两者之间竖起不可逾越的障碍，而只是强调"天人合一"需以"天人相分"为前提，"制天命而用之"既是教人们打破宗教神学的"意志之天"的能动口号，又是为人们主动"化性起伪"确立的合一目标。

事实上，先秦时期儒家明确且系统化地站在宇宙论的角度并以气论思想作为描述和解释世界万有之根本理论的是《易传》及其作者。又因为学术界对《易传》之作者及其成书年代尚有争议，所以笔者将从《易传》之作者及成书年代、《易传》之宇宙本原、《易传》之世界图式三方面加以说明。

（四）《易传》的"太极阴阳说"

1. 《易传》之作者及其成书年代

《易传》又称《易大专》、《周易大传》或《十翼》，由《彖》上下、《系辞》上下、《象》上下、《说卦》、《文言》、《序卦》及《杂卦》等十篇文章组成。关于其作者，学术界历来说法不一，但大致可分为两个阶段，即以欧阳修所著《易童子问》为分水岭。在此之前，学者一般依从《史记》和《汉书》的记载，主张《十翼》乃孔子所作[①]；在此之后，即自欧阳修在《易童子问》中质疑孔子为《系辞传》的作者后[②]，学术界开始不断质疑孔子作《十翼》的正确性，选其代表性者，笔者将其归纳为四种意见：第一种是部分孔子所作论，除欧阳修外，还有宋人赵汝楳、元人王申子等主张《杂卦》、《说卦》及《序卦》非孔子亲笔[③]，郭沂先生则认为今本《易传》主要由孔子之前《古易》文献和孔子的评论、佚文构成，细分为四个部分，即早期《易传》、孔门弟子所记孔子关于《周易》的言论、孔子的《易序》佚文、孔子的另外两篇佚文[④]。第二种是孔子后学之儒家所作论，这是学界最通行的说法，清崔述首先于《洙泗考信录》以有力翔

[①] 因为《论语》中有两处记载孔子读《易》的地方，分别是《述而》篇："加我数年，五十以学《易》，可以无大过矣。"《子路》篇："子曰：南人有言曰：人而无恒，不可以作巫医。善夫！不恒其德，或承之羞。子曰：不占而已矣。""不恒其德，或承之羞"是《恒卦》九三爻辞，"不占"就是不以《易》为占噬之书，而是着重阐发其义理，荀子继承孔子的这一思想，并提出"善为《易》者不占"（《荀子·大略》）的思想。可见在《论语》中不仅记载了孔子读《易》，更有孔子读《易》之方法。此后《史记·孔子世家》记载："孔子晚而喜易，序彖、系、象、说卦、文言。"在《史记·仲尼弟子列传》更记载："孔子传易于瞿，……同传菑川人杨何。"明确列出了自孔子开始的《易》之传承谱系，为诸多学者认同。其后《汉书》也有类似记载，如《儒林传》说孔子"晚而好易，读之韦编三绝，而为之传"，《艺文志》也说："孔氏为之《彖》、《象》、《系辞》、《文言》、《序卦》之属十篇。"《史记》与《汉书》作为信史，言之凿凿，有始有终，故自此后直到宋以前，学者皆采此说。

[②] 宋欧阳修在《易童子问》中从内容、行文口气及文字等诸多方面进行深入分析，认为："众说淆乱，亦非一人之言也"，这里的"一人"指的就是孔子，意思是述乱多有混乱矛盾之处，孔子不会犯这种错误，"遂以圣人之作，则又大缪矣！"不过欧阳修主要是在怀疑《系辞传》及以下，"余之所以知系辞而下非圣人之作者，以其言繁衍丛脞而乖戾也"，至于《彖传》和《象传》则又以为是孔子所作。实际上，首先对《易》是孔子作产生疑惑的是魏王弼和晋韩康伯，如王弼的《周易注》不对《序卦》作注，韩康伯补注说："《序卦》之所明，非《易》之缊也。盖因卦之次，托象以明义。"王弼和韩康伯虽有疑惑，但没有明确说《序卦》就不是孔子所作的。所以，直接地、明确地怀疑《系辞》以下（包括《序卦》）不是孔子所作的风气开始于欧阳修。

[③] 宋人赵汝楳在其《周易辑闻》中也疑《说卦》《序卦》《杂卦》是由汉儒窜入的，《系辞》多称"子曰"，亦为门人所述，不是孔子之笔。元人王申子在《大易辑说》中亦斥《序卦》非孔子之言，他说："序卦之文，义乖理浅，决非圣人所作。愚正不晓伊川何所取，而卦卦引之以作传也。"

[④] 郭沂（2001）在《郭店竹简与先秦学术思想》中认为今本《易传》由四个部分构成：第一部分为孔子之前的《周易》文献，包括《彖》《象》二传全部、《说卦》前三章之外的部分和《序卦》《杂卦》全部、《乾文言》的第一节；第二部分为孔门弟子所记孔子关于《周易》的言论，包括《系辞》的一部分，属《论语》类文献；第三部分为孔子的《易序》佚文，包括《系辞》的另一部分和《说卦》前三章；第四部分为孔子的另两篇佚文，一篇为《续乾文言》，包括《乾文言》的第二、第三、第四节；另一篇可称为《乾坤大义》，包括《乾文言》的第五、第六节和《坤文言》全部。后三部分全部为孔子易说。至于帛书《易传》，大致包括弟子所记孔子关于《周易》的言论和孔子《易序》佚文两部分，当然亦为孔子易说。

实的证据证明《彖》《象》也不是孔子所作的，"必曾子以后之人之所为"，今人郭沫若先生在《周易之制作时代》中认为大抵《彖》《系辞》《文言》的三种是荀子的门徒在秦的统治期间所写出来的东西（郭沫若著作编辑出版委员会，1982）。张岱年（1993a）虽然认为《系辞》乃至《易传》受老子影响，但认为有所改变，即《易传》属于儒学，赵馥洁先生也认为《易传》的形成是儒家学者的功绩[1]，陈来（1999a）更明确将《易传》的作者分成三派，分别是鲁儒易学、齐儒易学、楚儒易学，并认为孔门的易学应是先在鲁地发生，后在齐地发展，最后在楚地综合之。第三种是道家学者所作论，是陈鼓应先生于1987年参加山东大学主办的国际周易学术讨论会时首先提出的，陈先生主张"道家主干说"，并认为《易传》是道家系统的作品而非古今学者所说的"儒家之作"[2]，有胡家聪和王葆玹两先生唱和，而吕绍纲、李存山、周桂钿、廖名春、陈来等先生持反对意见[3]。第四种是儒道两家合作论，或者说是调和论，不拘于哪一家，而是认为既有儒家学者的参与，也有道家学者的努力，是在当时时代之经济、学术和社会的大融合下产生的论文集，所以同时包含有儒道两家的因素，以余敦康先生为主要代表。[4]纵观以上诸说，笔者以为第四种意见相对合理，因为《易传》中确实有诸多与道家思想相通之处，正如李锐（2007）所说，陈鼓应先生对学者质疑"道家主干说"的回应似乎也能立于不败之地。所以，《易传》之思想主要为儒道思想之集合是基本无疑问的。[5]但是儒道两家并不是平分《易传》的，因为帛书《易传》的出土也证明其多有涉及先秦其他诸家的思想，故此笔者以为《易传》的作者应是以儒家学者为主（或是

---

[1] 赵馥洁等认为孔子应该是在熟悉前人关于《周易》注的基础上，对《周易》进行过口头阐释，后由其弟子、门人记录下来，并经过几代的加工补充，纂集成《易传》。可参阅赵吉惠等（1991）。

[2] 陈鼓应（2007b）在《易传与道家思想》（修订本）一书的序中说该书系统地论证了《易传》（最为主要的是《彖传》与《系辞》）为道家的作品。可以说，这本书通篇都是在论证《易传》是道家的作品。

[3] 胡家聪和王葆玹两先生的文章可参阅陈鼓应（2007b）；其他学者的文章可参见吕绍纲（1989）、廖名春（1993）、李存山（1990b）、周桂钿（1993）、陈来（1994）。

[4] 余敦康（1993）认为《易传》可以称得上是非道非儒、亦道亦儒、二者不分轩轾地互补的唯一范例。研究帛书《系辞》与今本的异同，与其爬梳整理从中找出某些材料来判定其学派属性，不如站在一个更为宏观的角度，去进一步探索作为总体的中国文化思想的形成和发展，把握它的基本精神。

[5] 关于《易传》思想与儒道之间的关系，一般都认为是《易传》在形成过程中吸取了儒道的思想，因为《易传》的作者就是儒道两家的学者，笔者也如此认为，但王德有（1994）提出不同意见。他认为易就是易，既不归属于儒家，也不归属于道家，其中含有儒家可以容纳的内容，也含有道家可以容纳的内容，所以在儒、道两家发展的过程中分别吸取了易，而儒、道的逐渐融合为这种吸取提供了可能。

赞同推崇儒家学问的其他学者为主），道家学者次之，并兼及法家阴阳家等其他诸家，正如王莹（2005）对帛书《易传》的界定：《易传》是学术大融合时期的产物，儒、道、墨、法、阴阳各家思想都对它有不同程度的影响，尤以儒道两家思想为多，即帛书《易传》的思想是以儒为本而又广泛吸纳了先秦其他各家，特别是道、法两家的思想，显示了儒道、儒法贯通的融合特色。

至于《易传》的成书年代，因其本身就不是一家一人所作，成书之过程又十分复杂且漫长，所以学术界多有争论，且结果也是相去甚远，如郭沫若就认为《说卦》以下三篇（《说卦》《序卦》《杂卦》）应是秦以前作品，但是《彖》《象》《系辞》《文言》则不能出于秦前，特别是《彖》《系辞》《文言》应是荀子门徒在秦时所写的（郭沫若著作编辑出版委员会，1982）。李镜池（1978）也认为《彖》与《象》的年代当在秦汉间，《系辞》与《文言》的年代当在史迁之后，昭宣之间；《说卦》《序卦》《杂卦》的年代当在昭宣后。高亨（1998）则认为《易传》的《彖传》《象传》《文言》《系辞》《说卦》《序卦》《杂卦》等七种大都作于战国时期。同一本书的写作年代，不同学者竟得出如此遥远的结论，甚至是同书的不同篇目，都能跨越不同时代而相去几百年，其复杂程度可见一斑。改变这种混乱局面的是 1973 年长沙马王堆汉墓帛书的出土，将《易传》的写作年代一下子提前到战国时期，但究竟是战国时期的哪一阶段，学术界也是众说纷纭，本书限于篇幅，就不再继续追问，因为对本书来说，只要确定其成书于战国时期即可。

至此，本书对《易传》之作者及其成书年代有了大致交代，下面便就其作为先秦时期儒家宇宙论之代表，对其宇宙论之宇宙本原及世界图式做一简要梳理。

2. 《易传》之宇宙本原

《易传·系辞上》说："易有太极。""易"者为何？有学者解释为《周易》①，也有学者解释为变易②，虽然有所不同，但都承认"太极"是《易传》所论之最高宇宙本原。一般来说，"太"是最先、最根本，"极"是顶点、极点，"太极"就是宇宙之最根本、最初的本原。

---

① 方立天（2012）在解释"易有太极"时，就将"易"解释为《周易》。此外郑万耕等（1998）所著的《周易与现代文化》也主此观点。
② 李存山（2008b）在《中国传统哲学纲要》中认为"易有太极"的"易"指的是变易。

　　学术界对"太极"的理解主要有三种意见：第一种是将其理解为天地未判之前的"淳和未分之气"或"元气"，如王应麟辑《郑康成易注》中载汉郑玄释曰："极中之道，淳和未分之气也。"《汉书·律历志》记载刘歆说"太极元气，函三为一"，又说"太极中央元气"，唐孔颖达也在《周易正义》中强调"太极谓天地未分之前，元气混而为一"，可见汉及汉以前，"太极"主要都被解释为"元气"[①]，这与两汉元气论思想有莫大关联。第二种是将其解释为"无"，这主要是魏晋王弼、韩康伯的解释，玄学主张"贵无"论，所以王弼在强调"天下万物生于有，有生于无"时，就认为"太极"作为宇宙万有的本原是"无"，而"无不可以无明，必因于有"，意思是"无"只能通过"有"（即现实有形有象之具体情状）来彰显而不能依赖"无"自身，晋韩康伯也在《系辞注》中明确指出："夫有必始于无，故太极生两仪也。太极者，无称之称，不可得而名，取有之所极，况之太极者也。"（《十三经注疏》）第三种是将其解释为"理"或者"道"，以二程、朱熹等为代表，如程颐在《易序》中说："太极者，道也。"朱熹更提出"人人有一太极，物物有一太极""太极者，其理也"之观点。纵观以上三种解释，笔者以为第一种解释最贴近《易传》之本义，而第二、第三种解释都分别带有浓厚的各自历史和学派之特色（即王弼是以玄学"贵无"论阐释"太极"，而程颐、朱熹则是用理学的观点说明"太极"），难免曲解，这也可以结合下文"是生两仪"来证明：若依第二、第三种理解，则"无"或"理"直接生出两仪，这既与老庄道家的宇宙论不相符合（因为《老子·四十二章》强调"道生一，一生二，二生三，三生万物"），又与庄子"通天下一气"不符（详见本书第三章第一、第二节），还与黄老学派的精气思想冲突，更与孟荀儒家及前孔子时代之儒家经典所记载之宇宙论相关思想相悖（详见本节讨论孟荀气论思想及本书第二章第一、第二节相关思想，在《易传》之前，儒家宇宙论思想虽没有成体系的论述，但实际上却颇多涉及，且与道家一样都主要以气论思想为描述和解释宇宙论的主要内容，如孟荀都是以气论思想为自己思想体系的基础），最重要的是这在玄学或理学系统中不能自圆其说，所以本书主张第一种解释，即"太极"就是指天地未分之前之"淳和未分之气"或"元气"。

---

① 东汉时期马融并不以"太极"为元气，他说："易有太极，谓北辰也。"以北辰为太极，这是新颖的提法，虽不能改变两汉时期的主流思潮，但也有其出处。《易传·系辞上》言："大衍之数五十，其用四十有九"，还有一个"一"是不动的，马融此处正是将此不动的"一"比作不动的北辰，比作太极，其后王弼大概受此启发，他说："演天地之数，所赖者五十，其用四十有九，其一不用也。不用而用以之通，非数而以之成，即《易》之太极也。"

3.《易传》之世界图式

《易传·系辞上》为我们展示了一幅宏阔的世界图式：

> 易有太极，是生两仪，两仪生四象，四象生八卦，八卦定吉凶，吉凶生大业。是故，法象莫大乎天地；变通莫大乎四时；悬象著明莫在乎日月。

对于"两仪"的理解，历来有两种不同意见，一种释为"天地"，一种释为"阴阳"。据李存山先生考证，在宋代邵雍以"画卦"说解"太极"句前，未有将"两仪"解为"阴阳"者。[①]自邵雍以后，以"阴阳"释"两仪"的学者渐渐多了起来，如程颐在《易序》中说："两仪者，阴阳也。阴阳，一道也。"在笔者看来，两者都有道理，因为在《易传》中，"阴阳"、"天地"及"乾坤"往往可以互代使用。"乾坤"本就是"天地"，如《易传·说卦》所论"乾，天也，故称乎父。坤，地也，故称乎母"，而"阴阳"正是"太极"作为天地未分之前混而为一之"淳和未分之元气"的原动力，即"太极"所以能演化天地万物者，正是因为"太极"之中本有"阴阳两仪"，两者相互激荡融合便化生出天地万物，所以《系辞上》说"一阴一阳之谓道"，这从《吕氏春秋·大乐》所论"太一出两仪，两仪出阴阳，阴阳变化，一上一下，合而成章……万物所出，造于太一，化于阴阳"也可得证明。王夫之（1975a）言："太极之中，不昧阴阳之象"（《张子正蒙注·参两》）、"误解太极图者，谓太极本未有阴阳"（《张子正蒙注·太和》），正此之谓也。故此，笔者以为，"两仪"就是指"阴阳""天地"，能且只能如此才能圆满解释单一说法所带来的理解问题。[②]
在描述和解释万物化生的过程时，《易传》始终以代表"阴阳"的"天

---

① 即在邵雍以前学者，都根据上下文互证的方式将"两仪"解释为"天地"，如李鼎祚《周易集解》引虞翻说："'太极'，太一也。分为天地，故生'两仪'也。"孔颖达《周易正义》也说："太极谓天地未分之前，元气混而为一……混元既分，即有天地，故曰'太极生两仪'。"

② 所谓单一说法，指的就是单纯地将"两仪"释为"天地"或者"阴阳"。当只将"两仪"释为"天地"时，确实可以与下文的"法象莫大乎天地"相对应，但无法体现"一阴一阳之谓道"的意蕴，也不能解释"太极"作为宇宙之最高本原是如何发生的问题，且"太极"作为"淳和未分之气"直接生出"天地"也与先秦诸子强调气之统一性进而化生阴阳二气不符；当只将"两仪"释为"阴阳"时，则无法与下文的"法象莫大乎天地"呼应，也有缺憾。所以笔者以为这里的"两仪"虽可释为"阴阳"，但同时也有"天地"的意思，因为在《易传》中"天地"、"乾坤"以及"阴阳"等概念是相互包含可以互代的。当然，若只选择一个意思，相比较之下，笔者以为释为"阴阳"更为合理。

地"为开端，以"阴阳"之激荡或"天地"之交感为"太极"化生万物的手段和过程，如：

> 天地絪缊，万物化醇。男女构精，万物化生。（《系辞下》）
>
> 大哉乾元，万物资始。（《彖·乾卦》）
>
> 至哉坤元，万物资生。（《彖·坤卦》）
>
> 二气感应以相与……天地感而万物化生。（《彖·咸卦》）
>
> 有天地，然后有万物；有万物，然后有男女；有男女，然后有夫妇；有夫妇，然后有父子；有父子然后有君臣；（《序卦》）
>
> 故水火相逮，雷风不相悖，山泽通气，然后能变化，既成万物也。（《说卦》）

至此，可以看出《易传》关于宇宙发生的世界图式：由"太极"即"淳和未分之气"，化生"阴阳"[①]，也即为宇宙之最初的"天地"，再由"阴阳"或"天地"交感化生出万物。这种"阴阳"或"天地"交感化生万物的宇宙生成模式，在先秦时期非常普遍，因为不论老庄道家还是黄老道家，都是如此论说[②]，所以单就宇宙论的角度看，笔者以为，先秦儒家和道家，包括阴阳、墨、法等诸家，在很大程度上都是相通的，主要都是以气论思想作为自己学派宇宙理论的根本内容。

又因为"推天道以明人事"是先秦诸子乃至古代学者所共有的理论思路，所以《易传》的宇宙论也是其人生论的理论基础，其目的在于探索和阐明天地万物运动变化之固定模式好为人类的生存和修养服务，"夫易何为者也？夫易开物成务，冒天下之道，如斯而已者也"（《系辞上》）。就是说《周易古经》能开通万物之志，成就天下之务，覆冒天下之道（方立天，2012）。正因为"易与天地准，故能弥纶天地之道"（《系辞上》），而所谓"天地之道"实包括"天道"、"地道"及"人道"三道，"易之为书也，广大悉备，有天道焉，有人道焉，有地道焉"（《系辞下》），所以使得"天人合一"这一中国哲学的重要命题，不仅在《易传》之自然观上得以实现，更在《易传》之人生论上达到高度的契合与一致，如在个人之道德修养上，以"天道生生"对应人道"自强不息"，"天行健，君

---

① 笔者在《光明日报·国学版》2014 年 7 月 1 日曾发表《黄老帛书之气》一文，提到，"阴阳"分为两种，一是指阴阳二气，一是指属性的阴阳，此处是指最初的阴阳二气。

② 详细可见本书第二、第三章相关内容。

子以自强不息"（《乾卦》）、"地势坤，君子以厚德载物"（《坤卦》）；在社会伦理上，以夫妇、父子、君臣等人伦之大德合于天地万物之化生，"有天地，然后有万物；有万物，然后有男女；有男女，然后有夫妇；有夫妇，然后有父子；有父子然后有君臣"（《序卦》）。需要说明的是，《易传》的这种以宇宙论为基础进而"推天道以明人事"的思维方式并不是突然产生的，对先秦儒家来说，如孟子、荀子，其实都是这种思维方式，所不同的是孟荀没有进行系统专门的论证，而是直接继承了孔子及儒家典籍的相关思想并直接应用，盖因为孔子是圣人，圣人所继承、所主张的观点都不应有异议，且孟荀都标榜自己是孔子后学之最重要、最正宗的继承者，就更应该对孔子的观点及其所整理、所支持的典籍进行深入的肯定的研究（因为他们以为孔子及儒家的典籍已经解决了宇宙论的问题，即气论思想），故而造成孟荀儒家少谈甚至不谈宇宙论的错觉。

第四章 以气释人：描述和解释意义及价值的气

价值论论域作为气范畴的重要论域之一，在先秦时期就已经逐渐发展成熟，虽然没有像存在论论域那样形成相对系统的、固定的理论框架，却也为后世气论思想之系统化和理论化奠定了坚实的基础，甚至可以说，后世气论思想关于描述和解释人生的方面大都是从先秦时期发展而来的。然而先秦时期，学者以"气"谈论"身"、"心"、"性"以及"德"，并不局限于一家一派，又因为没有形成系统的、固定的理论框架，所以显得比较混乱，是以为叙述方便，本章将"气"的价值论论域，主要分为"以气释身"、"以气释心"、"以气释性"及"以气释生死"等四个方面[①]，主要将现有的传世资料中比较著名的能说明问题的论点和思想都集中在一起讨论，并辅以出土文献资料，试图在一定程度上拟出"心"、"性"以及"德"等范畴在先秦时期的发展轨迹。

在此之前还需回答一个重要的理论问题："气"何以能成为诸子描述和解释心性道德的重要范畴？[②]即孔子本来连"性与天道"都很少谈[③]，为何其后诸子不仅都谈心性道德，而且以"气"释之？尤以郭店楚简出土儒家文献及孟、荀为最，不仅大谈修心养性之说，更以人性善恶作为其思想理论的基石。何也？笔者以为这个问题可以划分为两个小问题：一是孔子以后的诸子之论为什么多集中在"心"、"性"与"天道"问题上？二是"气"作为描述和解释"心"、"性"道德的重要概念何以可能？

首先回答第一个问题。自孔子以后，孟子道"性善"，荀子言"性恶"，

---

① 之所以如此区分，并不是主张心、性、身、德是割裂的相互区别的概念，相反心、性、身、德等概念在中国古代思想中一直都是统合为一个整体的，心、性合一于身之内，而呈现于外才有德。正如程子所说："心也，性也，天也，一理也。自理而言谓之天，自禀受而言谓之性，自存诸人而言谓之心。"（《四书章句集注·尽心章句》）

② 关于气具体是怎样被用来解释心性道德之问题，李景林先生认为先秦儒讲气就是指向德性；王博与梁涛两位先生也都谈到思孟学派以气释心性的问题（杜维明 等，2012）。

③ 《论语·公冶长》记载孔子弟子子贡曰："夫子之文章，可得而闻也；夫子之言性与天道，不可得而闻也。"在《子罕》篇也记载："子罕言利与命与仁。"然而实际上有学者认为孔子并不是不言性与天道，相反性与天道思想的传统正是孔子开出来的，如徐复观（2001）在《中国人性论史》中就认为仁是性与天道融合的真实内容。

庄子谈"心斋"，《管子》论"心术"，郭店楚简也出土有《性自命出》《五行》《太一生水》等，其他诸如《列子》《鹖冠子》《吕氏春秋》《黄老帛书》等也都大谈天道乃至于人性人心，且诸家之论"性"与"天道"并非割裂的独断论，而是相互影响，即使在一家之言内也是试图为人性找出合于天道的解释①，所以可以说自孔子以后的先秦诸子，其哲学思考的起点和归宿就是在"性"与"天道"之间构建一座合适的桥梁以让两者沟通合一起来。"性"者，"人"也；"天道"者，"天"也②，故"天人合一"思想作为中国哲学的基本问题或道德修养的最高精神境界，早在中国哲学原创期时就已经确立，其后学者多只是继承和进一步阐发而已。③究其原因不外乎两点——社会环境等外部原因与思想史发展的内在原因，两者互相影响实为一体之两面：因为社会环境的影响而导致思想的变化，而思想的变化目的也是更好地适应和驾驭环境。春秋战国时期，整个社会处于剧烈的转型之中，国家和社会乃至于思想都处于破旧立新的局面，破的是周礼所代表的西周文明，立的是混乱之世中国家和人民如何自处、有志之士怎样才能安己安人，于是以孔子为代表的以恢复周礼之手段来试图教化民众结束纷争以回归圣王之世的儒家学者便出现了，然而现实并不是周礼之道德所能改变的，即使因为乱世而人心思安，也无法依赖周礼的约束力稳定社会局面，且周礼之依据是外在于常人之心的圣王之德，这就让恢复周礼的行为陷入没有必要也更无法恢复的困局之中。有鉴于此，孔子提出仁的思想，将其作为礼之内在于人心的根据，将恢复周礼的行为所依赖的外在约束力转变成自己内心向善的道德修养，由求诸外变成求诸内，由求诸人变成求诸己，从而符合了在礼崩乐坏的乱世之中唯一能约束到的只有自己的现实实际，是以尽管战国社会的动荡更甚春秋时期，但诸子却依

① 儒道两家都讲天道和人道，目的都是在社会转型期时能够安人或安己之心，所不同的是道家偏重于天道，儒家偏重于人道，而其由之路则是强调"天人合一"，道家以天解释人，则人性应合于自然之天；儒家以人合于天，则人性应自义理之天出。另外墨子讲"天志""明鬼"，则人性出于主宰之天。
② 古代中国哲学的"天"和"人"从来就不是割裂的，所以"性者，人也"，其意思不是说"性"就只是讨论"人"，而是说在天人合一思想的框架下，其关注点和落脚点主要在"人"身上，同理，"天道者天也"的意思也是说在天人合一思想的框架下，其关注点和落脚点主要在"天"身上。
③ 冯友兰先生晚年认为中国哲学的论域应是宇宙、人生和社会三个方面。宇宙即是天，社会和人生即是人，所以天人关系的本质就是探讨宇宙、社会与人生。先秦六家皆是围绕此三个论域开展其哲学思考的。宋志明（2010）认为从先秦的中国哲学原创期到中国哲学的高峰时期，哲学家们都在探讨天人关系问题，因为这个问题把宇宙、社会、人生三个论域都打通了，称其为"基本问题"，可谓是实至名归。

然能在乱世中安身立命甚至于教化和警醒世人。这不仅是因为诸子在继承和发挥孔子所开向内求之思想路径后取得心性修养论之应然本质和过程的丰硕成果，更是因为诸子为心性之论的应然过程找到其本然存在的依据，即将性与天道沟通起来，以天道作为人道的本然依据。这正是中国思想史发展的内在逻辑，非如此则思想不能贯通和自圆其说，天人也无法合一，更不符合三代由帝到天之"以德配天"的思想传统。所以不论孟子、荀子，还是《庄子》《管子》，抑或是其他黄老道家著作和郭店楚简出土文献，都在谈心性与天道的话题。

其次回答第二个问题。其原因大致有五：一是作为哲学概念的"气"本来就是生命有机体的基础和本质，即"血气"之充盈与运行更是直接影响到人们的健康长寿和心理活动，而"血气"源自饮食，所以没有物质资料的支持，则道德礼法也无从谈起，这正是孔子提倡教民要"先富而后教"（《论语·子路》）及孟子强调"制民之产"（《孟子·梁惠王上》）和《管子》主张"仓廪实，则知礼节。衣食足，则知荣辱"（《管子·牧民》）的原因。[①]二是"气"本身的功能性质与"心"之功能性质很相近，"气"普遍充塞于天地之间而又虚灵莫测、神秘难寻，而"心"作为身之主宰，也是虚灵、神明不测[②]。正因为如此，"心"才可以虚而待"精气"以察物，所以《管子》才说"精气"住于人心之中就能产生智慧。"气道乃生，生乃思，思乃知，知乃止矣。"（《管子·内业》）也因此才有了《管子》的"静因之道"和《荀子》的"虚一而静"，孟子则从"气"与"志"相互影响的关系出发，认为由"血气"生发的情感意气与人心之知觉意志密切相关，而天赋之人性也住于人心之中，只有借助于人心之知觉思维功能才能被护持和扩充，甚至直接用"浩然之气"描述和解释"四端之心"。三是与中医学发展有关，在《左传》与《国语》中有多处记载如何用"血气"来形容病情，尤其是"六气致病"说的形成及建立在"血气"之上的

---

① 需要说明的是：这里强调的先有饮食保证血气充盈才可能有道德的思路，只是一种应然状况，而非必然。因为孔孟都强调有比生命更重要的价值和道德理想，所以孔子说"无求生以害仁，有杀身以成仁"（《论语·卫灵公》），孟子说"舍生取义"（《孟子·告子上》），这也正是孔子称赞颜回"一箪食，一瓢饮，在陋巷，人不堪其忧，回也不改其乐"（《论语·雍也》）的原因。

② 如《管子·内业》说"道满天下，普在民所，民不能知也"，孟子也说"其为气也……则塞于天地之间"（《孟子·公孙丑上》），这都是说气充塞天地之间而又神秘莫测；关于心的虚灵、神明不测，朱子说得很多，如在《语类·卷五》中说"若今学者所论操存舍亡之心，则自是神明不测"，"心比性，则微有迹；比气，则自然又灵"，又说"所觉者，心之理也；能觉者，气之灵也"。可见气与心之功能不仅在性质上很相近，而且内在联系非常紧密。

一整套中医理论，不仅以"气"描述和解释身体状况，也以此描述和解释病人的心理活动，甚至上升到人性与天道的高度而建立起一整套修身养性的学说。四是与"天人合一"的思维路径有关，先秦诸子谈"心""性"道德问题都要为其找到一个应然的逻辑根据，这从儒道等各家都以天道为人道之根据即可看出，而"气"作为诸子描述和解释世界的根本概念，又与人心人性之关系极为紧密，故此成为人心之外沟通天道与人道的最佳媒介。最后也是最重要的一条，就是"气"之意涵的延伸和变化，因为当学者们赋予气以人文价值的精神含义时，"气"就不仅是身体性的功能性的概念，"气化"的观念也不再只是被用来描述和解释世界，更被用来描述和解释人的精神世界的绽放和活动的全体[①]，其中，与人之"心""性"相关的最突出的一个含义就是"情"，也有学者称之为"情气"（黄意明，2010），正如陈来（1998）所说，气在中国哲学史上的意义有几种，其中之一是指情。加之古代学者认为，"情"由"心"生，而"性"由"情"显[②]，故此，以"气"释"心""性"便成为理之所当然了。

综上，气范畴作为描述和解释"心""性"道德的重要概念，作为沟通天人关系的桥梁，作为中国古代哲学与思想文化的根本范畴之一，已然不仅仅局限在自然观上，更于人生观和价值论上有着不可替代的思想地位。

第一节　以气释身

何谓"身"？王守仁（1992）在《大学问》中称之为："心之形体运用之谓也"，而"心"则是"身"的"灵明主宰"。这说明身体作为生命有机体的物质基础，已成为"人心"与"道心"得以践行的载体和凭借。"形色，天性也；唯圣人然后可以践形。"（《孟子·尽心上》）所以，修身在很大程度上被理解为修心，这从郭店楚简《六德》将"仁"字写成上身下心的结构即可见一斑（荆门市博物馆，1998）。

"身"作为生命有机体的物理形态，由"心"主宰，这是中国古代哲学的共识。然而关乎"身""心"之关系的具体理论问题及由此引发的对

---

① 如李景林（1991）在《儒学心性论述义》中说气化观念是内涵精神生命创造的能动性概念，理体、道体、神体作为精神性原则即展开于气化过程的全体或整体。日本学者丸山敏秋（1993）也认为物质、生命、精神的三个世界就是"气"的呈现。

② "心""性""情"的这种关系，在古代非常普遍，学者们大多都以喜怒哀乐好恶等情感指"性"，从《左传》《国语》《中庸》及郭店竹简儒家简中皆可看出，因后文将专门有论，此不再列举。

"天人合一"这一中国哲学之根本问题的思考太过复杂，因为有"身"就一定有"心"，而有"心"就一定有"性"①，中国哲学本来就是整体性思维，不是排斥性二分法的思考，是以作为"身"之基础的"血气"与"心"和"性"等本来就是紧密相连的，如《左传·昭公十年》曰："凡有血气，皆有争心"，所谓"争心"，乃争强好胜、奋发向上、嫉贤妒能等"心"；《国语·周语中》又说："夫戎、狄，冒没轻僄，贪而不让。其血气不治，若禽兽焉"，人与禽兽之区别正在于明了善恶是非之道德，故而能群，能通过修身以养性，此皆为明证。换句话说，"以气释身"是"以气释心"和"以气释性"的基础，而"以气释心"和"以气释性"是"以气释身"的发展和必然归宿。

所以，本节在涉及"心"的论题时，仅仅涉及"心"之形所以成及其后天所有之知觉思维能力与意志功能（即学习判断思考之能力），其和"身"之主要关系也仅仅压缩为"气"与"志""意"之间的相互关系，既不关联"性"，也不讨论"心之思"这一"不学而能"的"良能"，更不讨论"心""性"之间关系，而主要从"身"之基础及"身"之行为之主宰两方面进行论述。所谓"身"之基础，"血气"是也；"身"之行为之主宰，"神""志"是也。

一、血气：生命有机体的基础和本质

"血气"一词最早见于《国语·鲁语上》记载鲁大夫展禽之语：

> 未可知也。若血气强固，将寿宠得没，虽寿而没，不为无殃。

这是鲁大夫展禽评论夏父弗忌擅自"跻僖公"时说的。夏父弗忌认为僖公有明德为"昭"，祭祀的位次应该在鲁闵公之上，即"我为宗伯，明者为昭，其次为穆，何常之有！"（《国语·鲁语上》），展禽认为夏父弗忌的做法违反了礼制，既不合乎"人道"，也与"鬼道"背道而驰，所以"必有殃"，他说：

---

① 杜维明先生也有此论。他在《"出土文献与古代思想记忆的新方位论坛"纪要》中说有心就一定有身，因为整个中国学术界就不是一个排斥性二分法的思考，所以不可能存在有心而没有身的问题，见杜维明等（2012）。王阳明在《传习录·下》中也说："故无心则无身，无身则无心。但指其充塞处言之谓之身，指其主宰处言之谓之心，指心之发动处谓之意，指意之灵明处谓之知，指意之涉着处谓之物。只是一件。"

> 夫宗有司之言顺矣，僖又未有明焉。犯顺不祥，以逆训民亦
> 不祥，易神之班亦不祥，不明而跻之亦不祥，犯鬼道二，犯人道
> 二，能无殃乎？（《国语·鲁语上》）

但尽管如此，展禽依然认为人之生死主要由自己的身体状况决定，并
非依赖于鬼神的意志，所以即使违反"鬼道"，只要身体足够强健，也还
是可能寿终正寝。这反映出春秋时期宗教神学虽然开始动摇，但在士人心
中依然占据重要地位，表现为气论思想与宗教神学的矛盾；更反映出人们
对疾病与生死之间关系的观念变化，即疾病决定了人们的生死，而非鬼神
的意志，疾病与否又取决于身体之健康与否，即"血气"是否强固，所以
"血气"在这里成为决定人们身体健康和寿命长短的根本因素，成为生命有
机体的本质，也成为中医学之"血气"概念和"百病生于气"理论（《黄
帝内经·素问·举病论》）的源头。孟子言："气，体之充也。"（《孟
子·公孙丑下》）这里的"气"指的就是代表生命之动力和本质的"血气"，
所以身体的健康与长寿取决于充于身体的"气"，而非鬼神。故其后医家
治病多以"血气"如何论之，如《左传·襄公二十一年》载：

> 楚子使薳子冯为令尹……遂以疾辞……鲜食而寝。楚子使医
> 视之，复曰：瘠则甚矣，而血气未动。

可见，健康与否、有无疾病的根本，不在于人们行为表现的差异，而
在于作为身体之基础和本质的"血气"是否有异动，"血气"伤则致病，
"血气未动"则即使"瘠"且"鲜食"，也无伤大雅，同时从另一个侧面也
反映出，"血气"之充盈与否和饮食有关，鲜食则可能导致"血气"异动。
又如晋平公有疾，卜人说是鬼神作祟，子产却认为疾病跟人们的出入、饮
食、哀乐相关，即得病与否取决于人们日常的行为活动、饮食以及情绪，
与所谓"山川星辰之神"毫无关系，他说：

> 若君身，则亦出入饮食哀乐之事也，山川星辰之神，又何为
> 焉？侨闻之，君子有四时：朝以听政，昼以访问，夕以修令，
> 夜以安身。于是乎节宣其气，勿使有所壅闭湫底，以露其体。
> 兹心不爽，而昏乱百度。今无乃壹之，则生疾矣。（《左传·昭
> 公元年》）

　　子产之论则正好印证上文《左传·襄公二十一年》说的"血气未动"一点。所谓"血气未动",是指"血气"运行顺畅没有出现"壅闭"的异常现象。子产认为"血气"在人身体内是会运动的,在正常情况下,"血气"运动顺畅则身体强固,若"血气"壅闭而运动不畅,则生疾病。[①]且"血气"的运行顺畅又与人们的日常行为,尤其是与人们的心理和精神活动有关,是所谓"哀乐之事"也。可见,作为生命有机体之本质的"血气",不仅影响人们的寿命长短和身体健康,更与人们的心理和精神活动有着密不可分的关系。

　　然则"血气"是如何产生的呢?中国古代哲学认为"气"是从气息、呼吸之气发展演变而来的,而"血"是为"血液"[②],此两者皆人之为人而得于先天,在后天又能有所变化,所以这里有先天与后天之分。首先,婴孩之"血气"得先天,自然而然,最为中和纯粹,非人力之能改,如《列子·天瑞》认为:

> 人自生至终,大化有四:婴孩也,少壮也,老耄也,死亡也。其在婴孩,气专志一,和之至也;物不伤焉,德莫加焉。其在少壮,则血气飘溢,欲虑充起,物所攻焉,德故衰焉。其在老耄,则欲虑柔焉,体将休焉,物莫先焉;虽未及婴孩之全,方于少壮,间矣。其在死亡也,则之于息焉,反其极矣。

　　将婴孩的"血气"分别与少壮、老耄及死亡等三阶段对比,认为婴孩的"血气"先天得来,中和之至,既不如少壮之时的"飘溢",也不似老

---

① 在子产之后,医和也主张晋平公的病不是鬼神导致的。他还明确提出著名的"六气致病"说,认为疾病是人们违背了"六气"的秩序从而在人身体上的反映,将"天之六气"与人之"血气"对应串联起来,初具"天人一气"的模型。如他说:"天有六气,降生五味,发为五色,征为五声,淫生六疾。六气曰:阴、阳、风、雨、晦、明也。分为四时,序为五节,过则为灾:阴淫寒疾,阳淫热疾,风淫末疾,雨淫腹疾,晦淫惑疾,明淫心疾。"(《左传·昭公元年》)

② 在"血气"这一复合词出现以前,"气"与"血"就已经在同一文献中出现连用的情形,如《左传·僖公十五年》记载庆郑劝谏晋惠公时说:"古者大事,必乘其产,生其水土而知其人心,安其教训而服习其道,唯所纳之,无不如志。今乘异产,以从戎事,及惧而变,将与人易。乱气狡愤,阴血周作,张脉偾兴,外强中干。进退不可,周旋不能,君必悔之。""乱气"应是形容马的气息不稳、呼吸急促,而《礼记·乐记》郑玄《注》将其解释为"血气",清刘文琪在《春秋左氏传旧注疏证》中也怀疑其为"血气"之误,今人杨伯峻先生则赞成孔颖达"《疏》"马之乱气狡愤而愤懑"之论,认为"此句言乱气,下句言阴血,孔疏是,刘说不可信"。笔者赞成杨说,"气""血"在此处是连用以形容和强调马之身体状况的变化,与后文的"张脉偾兴"并列,故而"乱气"不会是"血气"而与下文的"阴血"重复。

鳌之时的"柔"，故而"物不伤"而"德莫加"，反之，由于"血气"异动，或"溢"或"柔"，则欲虑纷起而伤德，始终不及婴孩之完美。可见，"血气"的运行能引发人们的欲望及思虑等心理活动，从而与外物产生联系并借此彰显人们的德性以影响人们的精神活动。这与孔子的"君子有三戒"（《论语·季氏》）意义相类。

另外，后天之"血气"得自饮食。如《国语·周语中》记载周定王宴请随会时说：

> 五味实气，五色精心，五声昭德，五义纪宜，饮食可飨，和
> 同可观，财用可嘉，则顺而德建。

"五味实气"者，韦昭《注》曰："味以实气，气以行志"，何谓"味以实气"？是说"血气"之充盈来自饮食，这与《国语·周语下》记载周卿士单穆公说"声味生气"及《左传·昭公九年》记载晋膳宰屠蒯说"味以行气"的意思相同[①]；何谓"气以行志"？晋膳宰屠蒯也说"气以实志"（《左传·昭公九年》），"志"者，道德之彰显也，"血气"之运行顺畅本就影响人们的心理活动乃至于精神，而合乎礼制的饮食行为更可以达至"顺而德建"的目的。周定王认为"先王之宴礼"都有一定的体例规范，都必须按照礼的要求制定，其目的是"讲事成章，建大德、昭大物"，即"先王之宴礼"都有特定的为彰显某种德行的礼法意义，不会为一人而设，也没有享乐醉酒的坏习气[②]，"无彝酒……饮惟祀，德将无醉"（《尚书·酒诰》），所以定王说"余一人敢设饫禘焉"，又说"岁饫不倦，时宴不淫"（此两处皆出自《国语·周语中》）。

总而言之，不论"血气"是得自先天还是在后天有所变化，其都与道德密切相关，若"血气"中和顺畅或者其由以产生的饮食行为合乎礼制，

---

① 中国古代中医理论对"味以实气"的思想有着充分的发挥，并与中国古代哲学在"气自味出"这一思想上达成共识。如《灵枢经·五味》载黄帝言："愿闻谷气有五味，其入五脏，分别奈何？'伯高曰：'胃者，五脏六腑之海也。水谷皆入于胃，五脏六腑皆禀气于胃，五味各走其所喜……谷气津液已行，营卫大通，乃化糟粕，以次传下'"，又说"故谷不入，半日则气衰，一日则气少矣"。意思是水和五谷入胃消化后形成谷气，而这谷气就是作为生命之动力和本质的"血气"，且人们需要时常补充这种谷气以促进"血气"之运行，因为谷气胜也即是"血气"胜，则形体亦盛；谷气衰即是"血气"运行异动，或壅闭或衰弱，则形体亦衰。

② 如周公在《尚书·酒诰》中告诫人们说，"尔大克羞耇惟君，尔乃饮食醉饱"，又说："'群饮。'汝勿佚，尽执拘以归于周，予其杀。"

则道德必然高隆得彰；若"血气"不畅或者其由以产生的饮食行为不合于
礼制，则道德必然衰败不显。需要说明的是，这里所说的道德主要指的是
外在的合于礼制的宗法规范，"先王之宴礼"也主要表达的是君臣等群体
性的礼仪道德，并不能代表先王个人或者大臣们自身身体之"血气"是否
充盈顺畅或者饮食习惯是否得体，所以当道德落实到个人身上时，其自然
多出一个向内求方向，要而论之就是治"血气"，这也是人区别于禽兽的
一个根本点，"夫戎、狄，冒没轻儳，贪而不让。其血气不治，若禽兽焉"
（《国语·周语中》）。

　　然则"血气"当如何治？①应遵循两条路径：向外求和向内求。当向
外求时，应从饮食着手，遵行宗法和礼制规范；当向内求时，应从人们内
在的心理活动和精神道德层面入手，因为"血气"之运行通畅与人们的心
理活动和道德修养有非常密切的关系，"其在少壮，则血气飘溢，欲虑充
起，物所攻焉，德故衰焉。其在老耄，则欲虑柔焉，体将休焉，物莫先焉；
虽未及婴孩之全，方于少壮，间矣"（《列子·天瑞》），甚至在某种程
度上，修心养性也已然成为治"血气"的重要内容，正如孔孟所谈的"养
勇之方"。首先，向外求以治"血气"，则必须注重饮食，必须合于礼法，
如《论语·乡党》记载：

　　　食不厌精，脍不厌细。食饐而餲，鱼馁而肉败，不食。色恶
　　不食。臭恶不食，失饪不食。不时不食，割不正不食。不得其酱
　　不食。肉虽多，不使胜食气。惟酒无量，不及乱。沽酒市脯不食。
　　不撤姜食，不多食。祭于公，不宿肉，祭肉不出三日。出三日，
　　不食之矣。食不语，寝不言。

　　这些都是普通人日常饮食的习惯和礼节，其他诸如"乡人饮酒，杖者
出，斯出矣"，"食不语，寝不言"（两处皆出自《论语·乡党》）等，
能做到只表明守礼，而一旦违背，则说明不知礼，不遵礼法必然有伤德行，
且因为身份地位的不同，所遵所行之礼法也不尽相同，其对德行的伤害也
自然大小不一，这正是周定王对随会讲述"先王之宴礼"的原因所在，因

---

　　① 需要说明的是，这里治"血气"的目的是彰显德行或者修身养性，与兵家所论"治气"不同。
　　通过设立金鼓、旗帜及约定俗成的心理暗示，兵将们或聚或散或进或退，其行动必须是一致
　　的，其"勇气"和"士气"强调的是毫无畏惧的同一性，即兵家"治气"的目的依然是"血
　　气"之勇，只不过经由外在动作影响士兵之心理进而达到联结众人之"勇气""士气"的
　　过程。这与本书此处所论有本质不同，故只在此做简要说明。

为周定王身为天下之共主，其一言一行都必然谨慎小心，不仅要自律于自身的品行，更担负着教化引导天下的重任，更何况于其行为还带有一定的政治目的，因此他批评戎狄说："贪而不让，其血气不治，若禽兽焉"（《国语·周语中》），这并不是说戎狄之人真的就是如禽兽一般生活，而是说他们不重礼仪、不遵宗法，任由"血气"之"飘溢"、恣肆导致欲虑纷起、争执不断，使得人为欲望所累如禽兽一般。所以要治"血气"，可以从日常饮食之事开始，但是必须遵循"正名"的原则，做适当的事而不过分奢求，因为只有适当的饮食才可以充盈"血气"使之运行顺畅，过分或者不及都可能造成"血气"之壅闭和衰弱，如《墨子·节用中》所言："古者圣王制为饮食之法，曰：足以充虚继气，强股肱，耳目聪明，则止。不极五味之调、芬香之和，不致远国珍怪异物。"墨子强烈批评君王及贵族的奢侈饮食习惯[①]，认为正是这些过分的需求伤害了君王和贵族们的德行，导致"富贵者奢侈，孤寡者冻馁"（《墨子·辞过》）。孟子也批评贵族们的奢侈，"食前方丈，侍妾数百人，我得志弗为也"（《孟子·尽心下》）。可见，有志之士皆认为"饮食之事"固然能治"血气"，但如何控制才是核心问题，若仅仅为符合外在的礼制，难免流于形式而无法自控，形成奢靡之风；若仅仅是空喊口号呼吁勤俭节约恢复礼制，又显得太苍白无力，难以让人信服，所以急需一个向内求的路径以在人们心中找到应然根据从而安顿人们的心灵，故此孔子提出"仁"的思想，试图将礼法根植于人之内心，"仁远乎哉？我欲仁，斯仁至矣"（《论语·颜渊》）；墨子提倡"节用"，主张"远施周遍""爱无差等"的"兼相爱"；孟子论"义"，将孔子之"仁"的思想深植于人性之中。如此种种，不一而足，但都反映了同一个事实：当道德落实到个人身上，治"血气"即是修身，走向"吾日三省吾身"的内求路径是其自然而必然的选择。

其次，向内求以治"血气"，则在于控制感性情欲、反省自身，因为"血气"之运行与人的心理活动和精神状态有着直接的联系，其因人因地因时因事而异也。如《左传·昭公元年》记载子产评论晋平公"昏乱百度"的生活时说君子之修身自律正在于"节宣其气"，何也？即节制自己的生

---

① 《墨子·辞过》中记载墨子批评贵族之奢华说"古之民未知为饮食时，素食而分处，故圣人作，诲男耕稼树艺，以为民食。其为食也，足以增气充虚，强体养腹而已矣。故其用财节，其自养俭，民富国治。今则不然，厚作敛于百姓，以为美食刍豢，蒸炙鱼鳖，大国累百器，小国累十器，前方丈，目不能遍视，手不能遍操，口不能遍味，冬则冻冰，夏则饰饐，人君为饮食如此，故左右象之，是以富贵者奢侈，孤寡者冻馁，虽欲无乱，不可得也。君实欲天下治而恶其乱，当为食饮不可不节"。

活以助体内"血气"宣达通畅。如何节制？依赖君子修身之四时也，"朝以听政，昼以访问，夕以修令，夜以安身"，做到此四点则疾病难生，君子之道也更易得正其名。当然，子产所说之君子因为特定语境之下，其主要指代君王或者从政者，而对广大贫寒士子、隐逸者及普通老百姓等无所指涉，所以孔子提出"三戒"，他在《论语·季氏》中说：

> 君子有三戒：少之时，血气未定，戒之在色；及其壮也，血
> 气方刚，戒之在斗；及其老也，血气既衰，戒之在得。

关于"君子"，有两种解释：一是指真正的君子或者德比君子的人（比如为政者），一是指学为君子的人。若指前一种人，则说明"三戒"作为君子之德的标志是君子终其一生都要持守的准则，自当是学为君子者所应该修习的重要品质，是成为君子的必要条件；若指后一种人，则说明"三戒"先作为学成君子的充分条件，而后又作为君子之人生三阶段中必不可少的品行被时刻秉守，已然成为学成君子的充要条件，不能一刻违背。两种解释虽有逻辑上的差异，但实际在孔子思想内却并无不同，因为孔子思想本来就包含"戒色"、"戒斗"和"戒得"的内容，这从他提出"仁"的思想以安人心、提出"礼"的思想以彰道德、赞扬颜渊的"苦中作乐"中即可看出。所以，在孔子思想中，作为内求自省之"为仁之方"的"三戒"本来就是所有学为君子和德比君子之人修身自持的共同路径，且还会随着人们的身体状况、心理状态和精神境界的变化而变化，这等于是说治"血气"已经成为人们或君子修身自持的必然手段。孟子赞同此论，其在《公孙丑上》中论述"养勇之方"时，认为曾子高过孟施舍而孟施舍高过北宫黝即证明了此点。《管子·中匡》对此也有论及："公曰：'请问为身。'对曰：'道血气，以求长年、长心、长德，此为身也。'""道"者，导也，这已将治"血气"与人的身体健康、心理思维和德行正面联系起来，而《管子·内业》又指出"气道乃生，生乃思，思乃知，知乃止矣"，更是直接将作为生命之基础和本质的"血气"看作是思维和精神的前提。诸如此类，都在不断说明"血气"已然不仅仅影响身体的健康与否，更是与心、性道德密切相关，且已不局限于存在于同一躯体这一天然关系中，而是互为存在、相辅相成，孔子的"性相近""习相远"（《论语·阳货》）、孟子谈性善、荀子谈性恶乃至于宋明人性论之两分法皆当受此启发。

二、神、志：生命有机体的主宰

"血气"作为生命有机体的基础和本质，虽然在很大程度上也支配了人们的行为，并且与人们的心理思维和精神活动紧密关联，但是其毕竟只是赋予形体以生命力和行动能力，并不区别人与禽兽及其他生命；而"神""志"则是区别人与禽兽的根本所在。"神"者，精神思维也①，气聚为人而有"血气"，是所谓"气禀"，"血气"聚而有人之"神"，即思维和意志能力，所以因为"气禀"不同，现实之人的"血气"不一，则思维和意志能力也有大小强弱之分，是所以孔子区分人为三等，"唯上知与下愚不移"（《论语·阳货》），但大多数人是"中人"，具备相应的判断、思维、选择及学习等能力，可以学习仁义礼智道德，这也是孟荀强调人所异于禽兽者之根本所在②，"中人以上，可以语上也；中人以下，不可以语上也"（《论语·雍也》），故而现实之人有好有坏，大奸大恶皆有之③；"志"者，意志志向也，朱熹解之为"心之所之"（《语类·卷五》），实即是"心"对仁义礼智等天赋道德之"思"，或者说仁义礼智等天赋道

---

① 关于"神"的概念，并不是一开始就有指人之精神思维的意思，而是从原始宗教的神祇发展而来的。笔者以为，这一过程开始于孔子，虽然在《论语》中，神字只出现六处，且都是鬼神的意思，但是孔子并非完全的有神论者，孔子的天命论有着二重性，故而一方面强调学习，"为仁由己"，另一方面又有鬼神之说，但总的说来孔子并不是提倡鬼神的，而是提倡鬼神所代表之礼教的象征意义，如"子不语怪、力、乱、神"（《论语·述而》），"祭如在，祭神如神在"（《论语·八佾》）。到孟子则进一步抽象化"神"的概念，虽只三处，却已将其当作圣人、君子所能体察之天道的神妙莫测，如"夫君子，所过者化，所存者神，上下与天地同流"（《孟子·尽心上》）。"大而化之之谓圣，圣而不可知之之谓神"（《孟子·尽心下》），由此则圣人、君子之"思"也是神妙莫测的，因为圣人、君子本就可参赞天地化育以达"上下与天地同流"之境。在此基础上，《荀子·解蔽》提出"心者，形之君也，而神明之主也"，神明就是指人的精神思维。至两汉时期，"神"的概念进一步发展从而成为人心中的思维主宰，《淮南子·原道训》首提"神"的概念："夫形者，生之舍也；气者，生之充也；神者，生之制也。一失位则二者伤矣。是故圣人使人各处其位，守其职，而不得相干也。故夫形者非其所安也而处之则废，气不当其所充而用之则泄，神非其所宜而行之则昧。此三者不可不慎守也。"《黄帝内经灵枢·天年篇》也有类似的说法，曰："黄帝曰：何者为神？岐伯曰：血气已和，荣对己通，五藏已成，神气舍心，魂魄毕具，乃成为人。……百岁；五藏皆虚，神气皆去，形骸独居而终矣。"这和《管子》所论相类。可见在孔孟荀及《管子》那里，"神"的概念虽有人之思维主宰的认识论意涵，但更多指从本体论角度讲其向善的方面，"藏于胸中，谓之圣人"（《管子·内业》），且大多数情况下用"思"或"精"。

② 不同的是，荀子主张"化性起伪"，认为人之有义是通过后天的学习和修养而来的；孟子不但认为人有学习仁义礼智等道德的能力，更认为人心之中本有仁义礼智的道德，只要不断地学习和修养，就能不被外物遮蔽，从而发挥人之不学而能之"心之思"的"良能"，保有和扩充人之"良知"。

③ 宋明以后，学者们认为"心之所发"都属于"情"，"神"作为"心"之思维意志能力，其所发也都属于"情"，此在本章下节会着重讨论。

德（即性体）在"心"中显现之全体，孟子称其为"不学而能"的"良能"，所以特别强调"夫志，气之帅也；气，体之充也。夫志至焉，气次焉"（《孟子·公孙丑上》）。需要说明的是这里的"志"，作为"心之思"，特指的是对仁义礼智等天赋道德观念的体认和感悟，"心之官则思，思则得之，不思则不得也。此天之所与我者，先立乎其大者，则其小者弗能夺也"（《孟子·告子上》），是自觉地保有和扩充"心"中之"四端"，是纯善无恶的，故而与"神"不同。"神"由"气禀"而来，有善有恶，尚需学习、磨练，实即为孟子所言之"气"；"志"是天之所与，故"不学而能"，纯善无恶，但也必须依赖"神"之判断、抉择和学习的能力，不然便会被外物遮蔽。①所以"气""志"之间的关系实际就是指"神""志"之间的关系。

　　"血气"生于形体，"口内味而耳内声，声味生气"（《国语·周语下》）；"神"生于"心"，表征"心"所拥有的思维、判断、推理及选择等能力，而"心"又是形体的中枢和根本，主宰形体的行为，如简帛《五行》说："耳目鼻口手足六者，心之役也。心曰唯，莫敢不唯。心曰诺，莫敢不诺。心曰进，莫敢不进。心曰浅，莫敢不浅。"《管子·心术上》也认为："心之在体，君之位也；九窍之有职，官之分也。心处其道，九窍循理。"所以"神"产生于"心"的过程同"心"依赖于"血气"充盈的有机生命体的产生过程一样，属于"后天"之自然而然的过程，并不是在形体中或形体之上另有一个意志主导，而"神"也顺理成章地继承了"心"的思维和意志功能（即"神"就是"心"的思维意志功能），"气道乃生，生乃思，思乃知，知乃止矣"（《管子·内业》）。当然，"神"作为形体的主宰，依然在一定程度上受到形体活动的影响，因为两者之间从产生到消亡就一直处于共生互存的一体之中，"志壹则动气，气壹则动志也。今有蹶者趋者，是气也，而反动其心"（《孟子·公孙丑上》）。孟子虽然说的是"气""志"之间的关系，但等同于"气""神"之间的关系，甚至后者关系更为紧密。正是因为人有了"神""志"，才能治"血气"，才能群居而讲道德，即用宗法礼制和道德文明来主宰人们的行为，从而控制内心的情欲思虑以与禽兽区别开来，周定王批评戎狄"血气不治"的根据就在这里。

---

① "气""志"的这点不同，后来被朱子继承，其认为"志"是"气之灵"，他说"心者，人之知觉主于身而应事物者也"（《文集》卷六十五《大禹谟解》），又说"所觉者，心之理也；能觉者，气之灵也"（《语类·卷五》），这便是从正面肯定了"气""志"之间的辩证关系：在两者相互影响的前提下，"志"为"气"之主。

需要说明的是，"神"作为"心"的思维意志功能，与"志"一样，都是"心之所发"，都属于"情"，且"志之发"以"神之发"为前提基础（因为大家都不是圣人），但其思维的结果却有两个导向：一是指对"心"中天赋之伦理道德之体认和所感后获得的精神理念或气象，遵行"志为气之主"的规则，即由"神之发"的向善面到"志之发"的本善面，以"仁义礼智根于心"（《孟子·尽心上》）的先天道德为本体来源，反身内求以保有和扩充"四端之心"，孟子称为"良知"；一种是应接于外物的思维而产生的情绪情感及心理意识，有好的方面，如孔子说"吾十有五而志于学"（《论语·为政》），在《公冶长》中又表述自己的"志"为"老者安之，朋友信之，少者怀之"，但并不以好的方面为主线而是走向了反面，故而遮蔽了"志之发"，使人们迷于外物而不知自省，如只以周礼所体现出的外在规范为道德，甚至认为"血气"借以支配人之身体而生发的情感意气即为人修身之根本，却不知反身内求、"为仁由己"。这就导致了对"气""志"关系的两种不同理解：一种是以周定王为代表，一种是以孟子为代表。其分歧的焦点在于对"志"的理解之不同，下面将分而述之。

首先，将"志"理解为外在的道德规范，这里主要指礼法所指向的外在道德，而非"根于心"的"仁""义""礼""智"四端，因为有"血气"才有形体，有形体才有"心"，有"心"才有"心"之思维功能，即"神"。"神"一方面因为没有"志"做主而弊于外物，一方面是因为弊于外物而无法沟通"志"为之"主"①，总之陷入弊于外物而不知自省却以为自得的迷雾中，故将道德规范当作道德本体。周定王宴请随会，说出"五味实气……则顺而德建"（《国语·周语中》）的论断，韦昭《注》曰："味以实气，气以行志"，这是说饮食可以充盈人体之"血气"，而"血气"之运行通畅可以提高和彰显人之道德，周定王用"先王之宴礼"为此作论证，认为先王所制周礼规定的宗法制度应通过治"血气"实现，而治"血气"的方法就是饮食宴礼，只要符合礼制，便能"岁饫不倦，时宴不淫"（《国语·周语中》），这就留下了"饮食宴礼可以提高和彰显道德"的

---

① 这并不是一个循环悖论，因为中国哲学的理性思维从一开始就与西方不同，中国的理性思维是实践理性或道德理性，所以必须以个体生命之实在的道德实践为理性之前提（李景林，2009），在这里就表现为要想"自明诚"而不弊于外物，就必须坚持学习和体认感悟道德，即使是孟子的"心之思"来保有和扩充"四端之心"也不是一蹴而就的，相反是一个日用的功夫过程。所以孔子说："吾十有五而志于学，三十而立，四十而不惑，五十而知天命，六十而耳顺，七十而从心所欲，不逾矩。"（《论语·为政》）

理论漏洞，因为礼法本为周天下之正统，尤其在宫廷中，且礼法隆重，向为孔子推崇，其"从周"的重要表现之一就是恢复周礼，故《大戴礼记·四代》记载孔子言："食为味，味为气，气为志，发志为言，发言定名，名以出信，信载义而行之，禄不可后也。"孔子尚同此意，于是为政者便堂而皇之地为自己大肆宴饮的享乐奢靡之风披上了一层道高德隆的外衣。如《左传·昭公九年》记载，晋平公之股肱大臣死而未及葬，晋平公不但不表哀思，却与乐师、外嬖取乐，膳宰屠蒯愤而讽刺道："味以行气，气以实志，志以定言，言以出令。臣实司味，二御失官，而君弗命，臣之罪也。"君王失德竟是因为厨师没有把饭做好，这真是绝妙的讽刺。实际上，周定王口中的道德，指的是外在于人心的宗法礼制，这些或是先王制定，或是长久以来约定俗成的习惯，皆是后天所得，在人心中并没有理所当然的根据，故而只能向外求，即通过饮食等符合礼制的行为来彰显其道德意义，约束力极为有限，一旦面对"血气"所生发的情感意气和情欲思虑的冲击时，就毫无抵抗力，所以晋平公一类的事件才屡见不鲜。且事实证明：期待文、武、周公一般的明君圣主出现以恢复西周盛世已经不可能，所以要想应对"血气"所发的情欲思虑和情感意气，就必须放弃向外求的路径转而向内求，在人心之中找到礼法存在的应然根据，让道德存贮于人心之中，于是孔孟的仁义论及其"气""志"之辩就应天顺时而生了。

　　其次，将"志"理解为对天赋于人心之"仁""义""礼""智"等观念之"思"，而不再是外在的礼法道德规范[①]，则人心之修养有了内在的本体来源，"志"也能当然地成为"神"所做出之判断、推理、分析及选择之"主"。如《论语·公冶长》记载孔子问弟子"盍各言尔志"，《孟子·公孙丑下》说："久于齐，非我志也。"《孟子·滕文公下》又说"得志，与民由之"，此几处"志"皆可解释为志向，乃心所念虑也。[②]孔子认为"血气"充盈与否会影响人的行为乃至于性格，即过于旺盛的"血气"会影响人的心志，所以他说："君子有三戒：少之时，血气未定，戒之在色；及其壮也，血气方刚，戒之在斗；及其老也，血气既衰，戒之在得。"

---

① 先王的仁义精神固然不变，但礼法道德之规范却可能因时过境迁的缘故而有所变化，如孔子言"殷因于夏礼，所损益，可知也；周因于殷礼，所损益，可知也。其或继周者，虽百世，可知也"（《论语·为政》）。周礼尚可损益，可见道德之规范可以因时代之不同而有所改变，但道德的精神却不能，所以"虽百世可知也"。

② 志，赵歧注曰："心所念虑也。"当然这里的"志"也有好坏高低之分，皆属心之所发：当"心志"被外物蒙蔽而滞留于外物时，则人心被私己之欲占据，表现为君子不为之"志"，如未能做到孔子所说"三戒"之人皆是如此；当"心志"体现人心之本然良知时，则人心廓然而大公，表现为仁爱天下的宇宙胸怀，如孟子所论可达"天人合一"之境的修身养性功夫。

（《论语·季氏》）然则"三戒"体现的是君子之"志"，君子是理想人格，就是说这"三戒"所呈现的"气"与"志"之间的关系是理想状况下的完美关系，而在现实中，"志"与"气"虽是相互影响的，但"志"既是自由意志，"为仁由己，而由人乎哉？"（《论语·颜渊》）"我欲仁，斯仁至矣"（《论语·述而》），又是不可夺的，隐为"气"之主，"三军可夺帅也，匹夫不可夺志也"（《论语·子罕》）。孟子同样主张"志""气"相互影响的观点，其正面谈到"气""志"关系是在《公孙丑上》中：他说"气，体之充也"，并批评告子的"不得于言，勿求于心"，认为语言是外在的逻辑，而善恶是非的标准却在人之"四端之心"中，只有"反身而诚"后才能真正"得言""定名"，所以"志至焉，气次焉"，"志为气之主"；然则由于"志""气"本自一体，相辅相成，因而"气"同样也能影响"志"，如在《孟子·离娄上》中说："曾子养曾晳，必有酒肉。将彻，必请所与。问有余，必曰'有'。曾晳死，曾元养曾子，必有酒肉。将彻，不请所与。问有余，曰：'亡矣'。将以复进也。此所谓养口体者也。若曾子，则可谓养志也。事亲若曾子者，可也。"同为饮食却有"养口体"与"养志"之分，凸显出"气"能动"志"的事实，所以是"志壹则动气，气壹则动志也"（《孟子·公孙丑上》），应该"持其志，无暴其气"。需要说明的是，"气"之所以能动"志"，是因为"志"是"心"对仁义礼智等天赋道德"思"后做出的选择、判断，或者说"气"所影响的是心中之仁义礼智等天赋道德（即性体）借由人心乃至身体的显现过程，"志"本身并非仁义礼智等天赋道德。基于此，笔者以为孟子所论"志为气之主"只是一种应然状况，并非必需，如其论"养勇之方"时，北宫黝之勇全凭意气，只要是被冒犯就必然报复，从不惧怕任何人，更不区分何时何地，"视刺万乘之君，若刺褐夫"（《孟子·公孙丑上》），此"血气"之勇，并不由"志"做主；孟施舍之勇则不同，他从自己出发，坚定内心无所畏惧的信念，胜与不胜不重要，关键是一往无前、无所畏惧的心态和气势；曾子之勇则更高明简约，全由己心之善恶是非出发，"志""气"互动、相互影响，即"自反而不缩，虽褐宽博，吾不惴焉；自反而缩，虽千万人，吾往矣"（《孟子·公孙丑上》）。可见，由"血气"生发的情绪意气并不完全由自己"神""志"主导，甚至可以在一定程度上被汇聚以被别人控制，这正是兵家所论"勇气""士气"，而学会自我控制则正是修身养性的开始。

由此亦可见孟子之"气"与《管子》之"精气"的不同。《管子》之"精气"以"心"为居所，既赋予生命有机体以生命力和动力，又能产生思想与智慧，带有认识论的含义；而孟子此处之"气"则是中性含义，只作为生命有机体的基础和本质被认识，思维和意志的功能则在于"心"，只有当"心"与"气"结合起来，才能更好地做出具有正面价值的行为，这种对"气"与"志"关系的辩证处理方式，对两汉对形神问题的讨论大有启发。

第二节　以气释心

"心"主要有三义：曰心脏，曰思维意志，曰天赋之仁义礼智等道德观念。作为心脏之"心"最容易理解，《说文解字》说："心：人心，土藏，在身之中。象形。"说明"心"是人的身体器官，由最本原的质料"气"所形成，这是中国古代哲学的共识，无须过多解释。第二义的思维意志，体现的是人的主体自觉意识，具有思考和认识及反思的功能，即孟子所言之"所不学而能"之"良能"（《孟子·尽心上》），包含"心之思"，其所发就是"情"。第三义的天赋道德观念，实就是孟子所言之"所不虑而知"的"良知"（《孟子·尽心上》）。孟子言"本心"本就包含"知"与"情"两个方面，其中"良知"属"知"，即仁义礼智等天赋的道德观念，是人性之本然规定，唯有"心之官则思"的"思"才能达到[①]，"心之官则思，思则得之，不思则不得。此天之所与我者，先立乎其大者，则其小者弗能夺也。此为大人而已矣"（《孟子·告子上》）。"良能"属"情"。所谓"情"者，李景林先生认为是"心"之流行、活动的象状及作用，并引用朱子"既发为情"的观点[②]，认为"心"作为关于人之精神活动的概念，其核心就是"情"，所以"心"的活动都属"情"，而"知"就是"性"，"性"非在"情"之外，并强调性正是贯通和展开在"情"

---

① 需要说明的是，这里的"思"与西方哲学所讲的知觉有本质不同，西方所论知觉是建立在理性基础上的逻辑推论，其对象首先是知识，其次所谓知识或理性是与非理想相对立的，而孟子的"思"所得者是"良知"，是"至圣人之道"的德性伦理，而"知"的过程和方法也被理解为能够自觉体验和感受自身的直觉思维，其对象往往是情、欲及本能等，属于非理性范畴，这从"思"或"知"的结果是"情"而不是知识即可看出。

② 朱子说："在天为命，禀于人为性，既发为情……唯心乃虚明洞彻，统前后而为言耳。据性上说'寂然不动'处是心，亦得；据情上说'感而遂通'处是心，亦得。"（《语类》卷五）《乐记》和《中庸》也有相似说法，《乐记》言："人生而静，天之性也。感于物而动，性之欲也。物至知知，然后好恶形焉。"《中庸》也说："喜怒哀乐之未发，谓之中；发而皆中节，谓之和。"李景林（1991）认为朱子"既发为情"之论源自《乐记》和《中庸》。实际上王阳明也有此种说法："人之本体，常常是寂然不动的，常常是感而遂通的。'未应不得先，已应不是后。'"（《传习录》下）

的冲动和自觉过程中的全体性，从而表现其"继善成性"的道德、生命的创造力（李景林，1991）。盖"心"本有思维意志的作用，其所应于外物而产生各种各样的情绪情感和心理意识皆属于"情"，如《中庸》所论之"喜怒哀乐"，孟子所论之"不忍人之心"，《大学》说"正心""身有所忿鑨，则不得其正；有所恐惧，则不得其正；有所好乐，则不得其正；有所忧患，则不得其正"等皆可为证。然不同之人，其"心"之思维意志的作用有大小强弱之分，这种分别是由"充体之气"所决定的[①]，宋明学者称之为"气禀"，即正因为"气禀"之不同造成现实中的人各有差别：同样的"心之所发"可能产生不同的"情"，而不同的"心之所发"却可能产生相同的"情"，笔者以为这正是孔子区别众人的原因。在《论语》中，孔子将人分为三类，即"上智"、"下愚"和"中人"，但绝大多数普通人都属于"中人"，又说"唯上知与下愚不移"（《阳货》），而"中人以上，可以语上也；中人以下，不可以语上也"（《雍也》）。这就从源头上把人的学习能力（思维意志能力）划分为三等，且非人力所能改变，故而只有"中人"才有学为圣人的可能，虽然孔子并没有直接论"心"，但正是基于对"心"的上述认识才主张"为仁由己，而由人乎哉？"（《论语·颜渊》）、"我欲仁，斯人至矣"（《论语·述而》）。孟子强调人皆有"四端之心"，所以"人皆可以为尧舜"（《孟子·告子下》），只要能做到"不动心"，就能"反身而诚"，但人心多被私欲遮蔽，需要不断扩充"本心"，而只有成功扩充"本心"的人才能真正"为尧舜"；荀子主张"化性起伪"，人为的过程就是不断学习和自我修养的过程，人人都具备这种基本的能力，故而"涂之人可以为禹"（《荀子·性恶》），但真正能够修养和保有良善之心的人却只有君子、圣人。可见，儒学对"性"与"情"的关系论述有着一贯的传统，即"性"由"情"显，但"情"不是"性"，则"心之所发"，何能必为"显性"以扩充"四端之心"？此所谓"意""志"是也。

孟子认为，"心之思"常常不能顺利进行甚至完全被遮蔽，都是因为"情"的作用。因为"心"所发之"情"往往有两个方向：一是直指人之"本心"，表现为"反身而诚"的本体"良知"，朱熹和张载将此称为"志"，王阳明称作"诚意"；一是流连于外物而不知自省，"本心"被外物蒙蔽，

---

① 孟子言"气，体之充也"（《孟子·公孙丑上》）。气聚为人而有形体，形体产生"血气"，"声味生气"是也，是所谓"气禀"，然"血气"之聚于现实中人各有不同，是所以有身体强弱、思维意志能力不同等差别。

从而产生各种各样的情感情绪及心理意识，诸如欲望等，朱熹和张载将此
称为"意"，王阳明称作"私意"。①前者是由于"心正""意诚"的修
身养性，用孟子的话说是"志为气之主"；后者则因为"私意"滥作，用
孟子的话说是"气为志之主"。②要改变这种局面，说到底得依靠"意"
"志"的修养功夫。"意"者，"诚意"也，《大学》言："欲修其身者，
先正其心；欲正其心者，先诚其意。""志"者，意志志向也，朱熹解之
为"心之所之"，并引张载语说："横渠云：'以"意、志"两字言，则
志公而意私'"，又说"志是公然主张要做底事，意是私地潜行间发处"
（以上三处皆出自《语类·卷五》），实即是"心"对仁义礼智等天赋道
德（即性体）之体认和所感，或说"性体"在"心"中显现之全体，其表
现着人心的决断，决定着"情"之趋归的方向，是人心、性体之本原统一
性的表现，即意志在心的流行和活动中处于核心地位（李景林，1991），
故而孟子再三强调"志为气之主"。

　　至于"心之思"的功能如何获得或者说"心"为何成为思维、道德、
意志的根源，孟子说："此天之所与我者。"（《孟子·告子上》）徐复
观（2004）认为这是古人面对无法解决之问题而采用的一贯方法，就是将
其归结到形而上方面去，如程伊川说："良知良能，皆无所由，乃出于天。"
（《二程遗书·卷二上》）当然，很多学者并不认同将"心"归结到形而
上学方面去，如徐复观先生就认为只能将"心"的哲学称为"形而中学"③，
李景林（1991）也认为理学和心学都将"心"看作浑然全体而不能作形而
上下的区分。

　　"心"之第三义为天赋于人心中的仁义礼智等伦理道德观念。孟子言
人皆有"不忍人之心"，没有则连做人的资格都没有了，然则"不忍人之

---

① 朱熹在《语类·卷五》中说："心者，一身之主宰；意者，心之所发；情者，心之所动；志
　　者，心之所之，比于情、意尤重；气者，即吾之血气而充乎体者也。""心之所之"即是指
　　心的本然指向，即良知；王阳明在《传习录·徐爱录》中说，"然在常人不能无私意障碍。
　　所以须用致知格物之功，胜私复礼。即心之良知更无障碍，得以充塞流行。便是致其知。知
　　致则意诚"，又说"身之主宰便是心。心之所发便是意。意之本体便是知。意之所在便是物"，
　　可见王阳明与朱熹、张载稍显不同的是，将朱熹和张载称为"志"的本体良知又称作"诚意"，
　　而将人心之欲称为"私意"，以与"诚意""意"相区别，因为"有善有恶是意之动"（《传
　　习录》）。虽然称呼不一，但理学与心学在此问题上的意见却没有不同。
② 关于"气"与"志"的关系，在本章第一节中有专门说明。
③ 徐复观（2004）认为形而上下的区分是以人为界限的，他引《易传》说的"形而上者谓之道。
　　形而下者谓之器"为例，认为"形"指人的身体，"器"指人所用的器物，则这句话的意
　　思是在人之上者为天道，在人之下者为器物。然则心在人身之中，所以应加一句"形而中者
　　谓之心"。

心"谓何？"四端之心"也，如《孟子·公孙丑上》所说："由是观之，无恻隐之心，非人也；无羞恶之心，非人也；无辞让之心，非人也；无是非之心，非人也。恻隐之心，仁之端也；羞恶之心，义之端也；辞让之心，礼之端也；是非之心，智之端也。"向学者能保有和扩充此"四端之心"，就是修心养性的功夫论了。"存其心，养其性，所以事天也。"（《孟子·尽心上》）倘能做到"尽其心者"，则"知其性也。知其性，则知天矣"（《孟子·尽心上》），所以"仁、义、礼、智"就作为"天"在人心中的映射而成为"人"和"天"沟通的内在逻辑，保有和扩充"仁、义、礼、智"之心就是"尽心"，就能"知性"，从而"知天"。可见此时的"心"已经具有了形而上的本体意涵①，可称之为"本心"、"四端之心"或"不忍人之心"，但"此心"并非指在"心"中或身体中另有一个"心"，而是指人心中的"性"或被特定赋予的人文精神意涵，抑或说是性体之"寂然不动"处，"唯心乃虚明洞彻，统前后而为言耳。据性上说'寂然不动'处是心，亦得；据情上说'感而遂通'处是心，亦得"（《语类·卷五》）。鉴于此，"心"之第三义放到下一节"以气释性"中讨论。

综上，本节所要讨论的问题主要是围绕"心"之第二义。所谓"以气释心"者，并非解决"心之思"是如何从"气"那里得来的，此"天之所与"非人心所能尽知，更不必知②；而是解决"以气释情"的问题，因为"意"和"志"都属于"情"③，则"以气释心"就转换成"以气释情"。④所有的"心之流行、样貌及作用"都是"情"，于是"以气释情"的内涵就在于如何运用气论思想去安顿个人乃至于人类之心灵和精神世界。这里涉及了中西哲学差别的根本之思：在哲学产生的源头，中西对世界的提问方式之差异决定了中西哲学间思维方式的不同。古希腊哲学家提问世界的方式是"世界是什么"，这自然地将世界和人对立，形成主客体二元对立的思维传统；而中国哲学家从一开始就认为世界本来如此，无须追问，所以人和世界并

---

① 徐复观（2001）在《中国人性论史》中也认为：心字很早便出现，并且很早便流行。但在孟子以前所说的心，都指的是感情、认识、意欲的心，亦即所谓"情识"之心。
② "心之思"如何从"气"那来是科学思维的思路，近于知识论，非中国哲学的主题旨趣，中国哲学更注重人生论和价值论，即"心之思"的终极归属及所引发的人类精神的安顿方式，所以说不必知。
③ 因为"意""志"都是"心之所发"，而所有"心之所发"都属于"情"，《朱子语类·卷五》也说："志与意都属情"，又说："心者，一身之主宰；意者，心之所发；情者，心之所动；志者，心之所之，比于情、意尤重；气者，即吾之血气而充乎体者也。"
④ 这里的"以气释情"的"情"并不包括解释"情"之被外物遮蔽而导致迷失本性、沉沦欲海的方面，因为这些并不是中国哲学修身养性的主要内容。

非对立关系，而是一体的关系，只不过是一体的不同展现，其提问世界的方式是"世界怎么样"和"人和世界的关系怎样"，自然就能导出"天人合一"的思维传统（宋志明，2010）。

然在思考"心"之流行中"气"处于何种地位时，遇到一个悖论："心"一方面由"气"生成，故免不了产生私欲，即"人心"，而蔽于物妨害"本心"的显现，属形而下；另一方面，"心之思"又能回复"本心"，摆脱私欲的影响而做到"正心""诚意"，从而达至"与道合一"的"道心圆满"之境，属形而上。针对此，学者们对"心"之归属产生争论，笔者赞同"心"不可作形上形下区分的观点①，但认为"心"有形上形下的思维倾向：当"心"表现形上思维倾向时，即"心"不是"气"或说"心"不属"气"，此并非要否定心脏由"气"生成的结论，而只是强调"心"所具有的可以回复"本心"、感悟"天道"的形上思维，"心之所发"是先天之"性体"的显现②，以孟子及思孟一系为主要代表；当"心"表现形下思维倾向时，即"心"是"气"或"心"属"气"，这也不是不承认"心"具有可以体察"天道"的思维功能，而只是强调"道"也是"气"或"心之所发"皆是后天之"情"，常表现为"后天之心"所引发之人的情感情绪，要么是人的自然欲望之心，要么就是"化性起伪"之心，以《管子》所代表的黄老道家及荀子为主要代表。

一、"心"不是"气"或"心"不属"气"（形而上之道德心）

（一）《五行》篇试探："贵心"说与"形善于外"

目前来说，学术界一般认为《五行》是子思的作品，而思孟学派作为后人总结的一个学派也被认为是真实存在的。③这主要由于郭店竹简的出

---

① 徐复观和李景林二先生皆赞成此观点。
② 依朱子的"既发为情"看，"心之所发"皆是"情"，性由情显。这里强调的是"心"之形上思维倾向，所发的是推己及人的"恻隐之心"，显现的是先天之天赋于人心中的"性"；下文形下思维之倾向所发也是"情"，不同的是并非天赋人内心之"性体"所发，而是"后天之心"所发。
③ 关于思孟学派最早的表述出现在《荀子·非十二子》中，"子思唱之、孟轲和之"，又说，"则子思、孟轲之罪也"，至此常有学者将子思孟子连用作为一个学派，而实际上，荀子在这里虽然将子思孟子连用，却并没有认为他们就是一个学派，因为这句话有两个意思：一是指一个学派，二是指子思学派和孟子学派。梁涛（2008a）就认为在先秦时期，子思学派和孟子学派是分列并立的两个学派，在两汉时期开始融合，在唐宋时期才正式确立为一个学派的正统地位。笔者以为，子思与孟子相去一百多年，郭店竹简的出土又证明孔子以后的儒学发展经由子思的传承和发扬已经转入心性学方面，是为孟子性善理论的思想基础，所以当以梁先生所论子思学派、孟子学派并立为是。

土，思孟学派的著作大量涌现①，填补了孔子以后至孟子的儒学发展史的空白，尤其补足了孔子罕言"性与天道"而孟荀儒家皆重点谈及"性与天道"的逻辑思想，使之形成完整的理论体系，即孔子以后曾子到孟子思想的发展，构成了先秦儒学发展的主线，体现为从孔子仁学向思孟心性儒学的转变，李景林先生认为，宋儒关于曾子、子思、孟子的传道系统之说法②，虽然细节方面不免有些臆断无据之处，但从思想发展的历史和逻辑来说，是基本上可信的。③

《五行》篇正是在这样的学术背景下由子思写出来的，所以从思想上看，其特别注重"心"和"心"的学习思维功能，也认为人内心中有天赋

---

① 关于郭店楚简出土之儒家文献与思孟学派的关系，学术界并无定论。郭店简儒书一共 14 篇，李学勤先生在《人民政协报》1998 年 6 月 8 日发表的《先秦儒家著作的重大发现》一文中将之归为子思一派，并认为这些儒书都与子思有或多或少的关联，可以说是代表了由子思到孟子之间儒学发展的链环。庞朴（1998）将郭店儒简定位为"孔孟之间"。郭齐勇（1999）则认为郭店儒家简诸篇不属于一家一派，而应是孔子、七十子及其后学的部分言论与论文的汇编、集合。陈来先生于《人民政协报》1998 年 8 月 3 日发表的《郭店简可称"荆门礼记"》中也有类似看法。梁涛（2008a）经过细致缜密的研究提出比较折中的看法，其认为郭店儒家简可分为三个部分：第一部分是子思的作品，有《缁衣》《五行》《鲁穆公问子思》；第二部分倾向于是子思与子游氏之儒的作品，有《穷达以时》《性自命出》；第三部分是子思时代的儒者之作品，有《唐虞之道》《尊德性》《六德》。笔者赞同梁先生所取之谨慎态度之意见。

② 关于曾子传道的问题，学术界尚无定论。宋儒为了道统的完整提出"孔子—曾子—子思—孟子"一说，认为曾子独得孔子正传，如程子云："孔子之道，得其传者，曾子而已矣⋯⋯继其传者，有子思。"（《河南程氏粹言》卷二）朱子也认为曾子传孔子之学而"独得其宗"（《大学章句序》）、"曾子刚毅，立得墙壁在，而后可传之子思、孟子"（《朱子语类》卷 115）。王应麟（2015）也说："斯道之传惟曾子得之。子思、孟子之学，曾子之学也。"（《困学纪闻》卷七）总之，在宋儒那里，曾子基本上是被确定为孔子真正的传人，再传给子思、孟子。但今人多有怀疑，如钱穆（1992）认为被孟子推尊的曾子并非独得孔门一贯之传。高专诚（1989）也认为孔子并无指定传人，曾子的地位与孟子推尊之以为自己的正统地位作证有关。姜广辉（1998）也认为将子思定位为曾子一脉，是宋儒出于建构道统理论的需要，并无事实根据。李景林（2009）则认为宋儒之说有道理，他强调传道的关键端赖此家、此派内有无既能体现其固有精神又能创造开新的思想系统出现，而能够本一贯之原则对孔子的思想给予创造性发挥从而统括导引孔子以后儒家思想之发展趋向者当首推曾子。梁涛（2008a）也认为宋儒的道统学说有充分的根据，并且认为，曾子传道虽不可否定，但却可以与子游同时出现，即在子思学说的形成和发展过程中，曾子和子游可能都对子思产生过重要影响。韩旭晖（2000）也认为子思之学远源于孔子，近源为曾子和子游，分为前后两期，分别以《中庸》和郭店竹简的《五行》为代表。此外林乐昌先生在 2000 年 1 月陕西师范大学举办的"郭店楚简与历史文化"学术座谈会上发言也言及此。蒙培元（2008）也认为子游很可能是思孟学派形成中的重要人物。

③ 参见李景林（2009）。此外，李景林（2009）还认为《五行》之心性观念显与孟子一系，《五行》虽然只是从身心关系的角度提出"心贵"之"心好仁义"之说，但这显然成了孟子"四端之心"的来源，成为孟子提出性情合一、以情显性而言性善的理论前提。

之"仁、义、礼、智、圣"五种道德，但没有明确提出人性论的说法，而只是就人与物天然特征的比较普泛言之，其分别了天道与人道，即"心"以言"德"，认为人之"心"天然的好仁义正如耳目口鼻之天然的好声色一样，"心"成为天道与人道沟通的桥梁，是所谓"德之行，五和谓之德，四行和，谓之善。善，人道也；德，天道也"①。

　　关于《五行》的竹帛两种版本及其与孟荀的关系，学术界并未达成一致意见。如在马王堆帛书《五行》出土后，黄俊杰（1993）认为《五行》基本上继承的仍是孟子心学传统。岛森哲男先生在《东方学（东京）》1978年第56辑《马王堆出土儒家古佚书考》一文中也认为《五行》作于孟荀之后，但认为是受《荀子》"心者，形之君也，而神明之主也"的影响。庞朴（1980）则认为《五行》应处在孔子以后、孟子之前，其所论"仁、义、礼、智、圣"实际就是荀子所非的思孟"五行"。郭店竹简《五行》的出土证明庞朴先生的猜测是对的。现在学者一般都认为《五行》应是"孔孟之间"的作品，竹简本应比帛书本更早，故而有经无说，帛书本则有经有说。②将帛书本经部与竹简本对比③，虽有所区别，但核心的观念却保持一致，其中之一就是"贵心"的观点④，表现出了充分重视心性论的倾向，成为孟荀心性论思想的重要来源。⑤

　　　"耳目鼻口手足六者，心之役也"，耳目也者，悦声色者也；鼻口者，悦臭味者也；手足者，悦佚愉者也。心也者，悦仁义者也。此数体者皆有悦也，而六者为心役，何也？曰：心贵也。有天下之美声色置此，不义，则不听弗视也。有天下之美臭味置此，

----

① 参见庞朴（1980）。本书所引《五行》引文，未作特殊说明，均出自该书，下文略注。

② 李存山（2000）即持此说。关于帛书本《五行》的"说"部，庞朴（1999）认为是后人加上去的，即《五行》篇早先没有"说"或"解"，帛书所见的"说"是某个时候弟子们奉命缀上去的。也有学者认为帛书《五行》的经部是子思所作的，说部则是孟子所作的。见陈来（2007a，2007b）。

③ 梁涛（2008a）将竹简本和帛书本经文做过详细对比，并得出帛书本优于竹简本的结论。笔者以为说部既然作于经部之后，就表明其在一定程度上已经顺着经部的思想倾向更进一步，故而有所不同也属正常，再联系说部之思想与孟荀之间的承续关系，梁先生之说法有其可信之处。

④ 李景林（2009）认为《五行》篇心性说的核心观念就是"贵心"。

⑤ 庞朴（1998）认为孔门后学在解释人的性情为什么会是仁这样一个根本问题时，认为大体上可以分为向外求和向内求两个思路：向外探求则从宇宙本体到社会功利，推及天人，由《易传》而《大学》而荀子；向内探求则抓住"人之异于禽兽者几希"处明心见性，由子思而孟子而《中庸》。是所以荀子注重"心"的主体性和认知性，而孟子注重"心"的道德本体意义。

不义，则弗求弗食也。居而不问尊长者，不义，则弗为之矣。何也？曰：几不胜也，小不胜大，贱不胜贵也哉！故曰心之役也。耳目鼻口手足六者，人体之小者也。心，人体之大者也，故曰君也（庞朴，1980）。

这里将"心"与耳目口鼻手足并列，意在说明"心"的身体性和质料意涵，但是"心"又有所不同，"心"能统率耳目口鼻手足等感官的形体活动，因为"心"有意识，能够反映人的思想情感，这便是中国古代哲学中所谈到之最早的"情"，只是这种"情"还处于不自觉的无意识状态，即依赖人们的身体性及在外物的刺激下才会产生，其更多体现出的是生理上或心理上的"情"，而非哲学意义上的"情"，更没有哲学反思性质的"发而皆中节"的思考，如西周时期，《诗经·小雅·隰桑》的"心乎爱矣"、《诗·小雅·小宛》的"我心忧伤"及《诗·大雅·瞻卬》的"心之忧矣"和"心之悲矣"等；到春秋时期，"心"的这种反映情感意识的能力渐渐有了主体自觉性和道德价值评判的萌芽，但也仅限于指导人们道德实践活动的经验心或知识心，而并非道德本心，如《国语·周语上》说："夫民虑之于心而宣之于口。"《国语·鲁语上》说："苟中心图民，智虽弗及，必将至焉。"《国语·晋语二》说："不能深知君之心度。"《国语·楚语下》："心率旧典者为之宗。"《左传·僖公二十四年》："心不则德义之经为顽。"《左传·昭公二十八年》："居利思义，在约思纯，有守心而无淫行。……心能制义曰度，德正应和曰莫。"这些都表明"心"作为情感意识的主体已经能够思考和被思考，但还不是自觉、自主的道德行为，所以"贵心"的重点不仅在于"心"对于耳目口鼻手足六者处于统率地位，更在于"心"为什么能居于统率地位。其必曰：心好仁义也。这是"心"区别于其他六者的根本，是"心"延伸为道德本体意义的必然前提，是所谓"大体"，"故曰君也"，孟子也有"大体""小体"之分，并以之作为君子、小人的划分标准，"从其大体为大人，从其小体为小人"（《孟子·告子上》），盖孟子之意来源于此。需要说明的是，"心"之好仁义并不是主动思维的"反身而诚"的过程，而是人心之自然本性的显现，与耳目口鼻手足的好恶之性一致，如（庞朴，1980）：

循草木之性，则有生焉，而无好恶焉。循禽兽之性，则有好恶焉，而无礼义焉。循人之性，则巍然知其好仁义也。不循，其所以受命也，循之则得之矣，是侔之已。故侔万物之性而知人独

有仁义也，进耳。……文王源耳目之性而知其好声色也，源鼻口
之性而知其好臭味也，源手足之性而知其好佚愉也，源心之性则
巍然知其好仁义也。故执之而弗失，亲之而弗离，故卓然见于天，
朞月治天下，无它焉，侔之已。故曰侔人体而知其莫贵于仁义也，
进耳。

可见，"心"之好仁义，乃是人心自然而发之"情"，人皆相同，无
所谓区别。与孔子所论"为仁由己，而由人乎哉"（《论语·颜渊》）、
"我欲仁，斯仁至矣"（《论语·里仁》）相一致。文王知仁义好，所以
"循人之性"得知"心好仁义"后便"执而弗失、亲而弗离"，寄望借此达
到与天合德的境界。可知《五行》虽强调"仁、义、礼、智、圣"应该要
内在呈显于人心之"情"才是德之行，"仁形于内谓之德之行"，但并没
能明确从人性的角度去规定"五行"就是天赋于（即本来）人心之德，而
只是主张"心"之自然之性是好仁义，故此其所宣导的"修心"功夫仍是
外在的谨守礼义仁德及由此呈显于人之内心之"情"的安顿，如"悦""安"
"乐"，"君子无中心之忧则无中心之智，无中心之智则无中心之悦，无中
心之悦则不安，不安则不乐，不乐则无德"（庞朴，1980），即《五行》
是从"心"之德而非人性言天人关系，所以不能如孟子般实现"尽心"以
"知性"进而"知天"的内在超越的修养之路，其强调"心""气"之间的
关系便成为理所当然了。

是所以《五行》的修养功夫特别注重"形善于外"，以"形于内"为
前提，而前所论"贵心"之观念，正是"形于内"的理论基础。

先看"形于内"，如下（庞朴，1980）：

五行：仁形于内，谓之德之行，不形于内，谓之行。义形于
内，谓之德之行，不形于内，谓之行。智形于内，谓之德之行；
不形于内，谓之行。礼形于内，谓之德之行；不形于内，谓之行。
圣形于内，谓之德之行；不形于内，谓之德之行。德之行，五和
谓之德，四行和，谓之善。善，人道也；德，天道也。

关于"形于内"和"不形于内"的解读，学术界尚有分歧，大致有五
种意见，但将"内"释为"心"的说法，已基本达成共识。首先，第一种
意见认为"行"与"德之行"的区别仅是内外之分，即"不形于内"是已
经"形于内"之"德"的外在表现，所以"行"是内心之"德"的外化，

如黄俊杰（1993）认为仁、义、礼、智、圣等五种美德皆在人的心中，称为"德之行"，其表现在外在行为者则称为"行"。郭齐勇（1999）也主张这五种德行内在地和谐化了就是天道之德，其表现在外的仁、义、礼、智之行为，相互和合，就是人道之善。第二种意见认为"不形于内"与"形于内"无关，即"行"是一种独立的与人心之德无关的外在道德行为，如杨儒宾先生在《中国文哲研究的回顾与展望论文集》发表《德之行与德之气——帛书〈五行篇〉、〈德圣篇〉论道德、心性与形体的关系》一文，其认为，《五行篇》称凡是未经心灵体现出来的道德行为为"行"，也即一般的道德行为，也即道德行为尚未经由意识化或内在化的一种社会规范之行为。第三种意见认为"形于内"的"仁、义、礼、智、圣"是人心之道德的内在规范，如孔子的"仁"，而"不形于内"则是外在的规范，如孔子的"礼"，即"德之行"与"行"两者是分立并行的关系，只有当"行"成为道德主体之实践的对象时，两者才会发生联系（梁涛，2008a）。第四种意见认为"形于内"和"不形于内"分别是两个独立完整的实践过程，即"德之行"的德性自觉表现为行动的过程，"行"是德行实施的过程，前者意指外化的"仁、义、礼、智、圣"等道德行为是内心自觉发动而显之于外的，后者则刚好相反（陈来，2009b）。第五种意见认为"行"与"德之行"是一个不可分的相连续的完整之实践过程，前者是后者的延续和完成，即"行"是"形善于外"者，是"形于内"之"心"之自然而然地发之于行，先有"形于内"导致"心"之主体性觉醒而自然生发之"忧""安""乐"等"情"，才有"不形于内"而"形善于外"的道德主体之实践过程，所以"形"也有"形著"和"呈显"两种含义（李景林，2009）。

关于前两种意见，梁涛（2008a）曾作过评论，笔者不再赘述。至于后三种意见，在一定程度上，都能解释得通。如以"仁"为例，现实中偶尔做出符合"仁"之行为的人有很多，因为即使是恶人也有"怵惕恻隐之心"，也可能在某一刻行善事，则第三、第四种意见能很好地解释不崇尚儒家、不修身养性的人甚至恶人为什么能够有行善事和做出符合道义之事的例子了，而第五种意见则更能入微显隐地指出儒者如何行善、成德，如何于"心"之未发已发之几"成己""成物"，也更能勾勒出先秦性情论思想尤其是孔孟之间心性论发展的轨迹，与《大学》《中庸》及孔孟思想多有印证之处。所以，虽然从三种意见都可以看出在强调"心"之主体作用及"德"之于"心"的内在性，体现了孔子"仁""礼"等道德伦理由外在向孟子内在之心性学转化的思维路径，但笔者倾向于更多强调此点的第五种意见，因为正如《荀子·不苟》所言："不形，则虽作于心，见于色，出于言，民犹若未从也；虽从必疑。"即不能"形善于外"，则德性不彰，德行不显，无法为人们所认同，换句话说，即使因为"心"中之"情"能够外显，既广且深，能够于人之"色"与"言"中表达，从而被人们认同，但若不是"五行之德"形著于人心之"情"的外化，则此"情"即为欲望而非独为德性的显现，则人们就算认同也必然怀疑，也等于没有"德"。是所以"德"包含两个阶段："心"内之"情"形著或呈显的过程，称作德性；"心"内之"情"形著于外的过程，称为德行。前者是后者的基础，后者是前者的延续和完成。

关于第一阶段，是则"德"必于内心之"情"上显，"君子无中心之忧则无中心之智，无中心之智则无中心之悦，无中心之悦则不安，不安则不乐，不乐则无德"（庞朴，1980）。"情"为"心"之所发，即"忧"生于"心"也，又"思"生于"忧"[①]，"智"生于"思"，且人有"思"则可"思天"也，帛书《五行·说6》载："'圣之思也轻'，思也者，思天也……'轻则形'，形者形其所思也……'形则不忘'，不忘者，不忘其所思也，圣之结于心者也。""天"者，人心天然之性也，"思天"即是对人心好仁义的反思，由反思好仁义之性而使"德"形著于内心之情，这不仅是成德的基础（李景林，2009），也能解释现实人性所以不同的原因。需要说明的是，这里所谓的"安"和"乐"并非指身体上的享受，而是指精神上"安"和"乐"于"仁、义、礼、智、圣"之"德"，所以这里的"情"也非人的情欲，而是"德"借由人心之发，是精神上的"善"。

关于第二阶段，是则"德"于内心之"情"上显只是第一步，"德"之完成还必须有"行"的过程，即内心之"情"之"形善于外"者，因为在"心"处君位的情况下，身、心本自合一，"心"所发之"情"必自然流注于四体而发之于行，且"心"所发之"情"本就源于"心"之自然之性，是文王"于昭于天"的基础，故其本就不是纯粹内在于人心而是必然形著于行为，所以"德"之完成就必须借助于人身体之力行的外显，才能最后实现，是即所谓"形善于外"者也。如《五行·经4》说：

---

① 中国古代哲学认为人处于忧患之中方能更真切地体验生命真谛而能反思社会与人生以获得平常无法得到之智慧，如孟子说："生于忧患而死于安乐。"（《孟子·告子下》）《易传》曰"穷则变，变则通，通则久"是也，《商君书·开塞》也说："夫民忧则思。"《系辞传下》说："作《易》者，其有忧患乎？"司马迁更列举先贤处忧患而有所作为时说："夫诗书隐约者，欲遂其志之思也。昔西伯拘羑里演周易；孔子厄陈蔡，作春秋；屈原放逐，着离骚；左丘失明，厥有国语；孙子膑脚，而论兵法；不韦迁蜀，世传吕览；韩非囚秦，说难、孤愤；诗三百篇，大抵贤圣发愤之所为作也。"（《史记·太史公自序》）

善弗为无近（德），德弗志不成，智弗思不得。思不精不察，思不长不得，思不轻不形。不形则不安，不安则不乐，不乐则无德。

括号内"德"字，据李景林（2009）补，"志"，帛书本作"之"，训为用，这句话的意思是："善"不仅仅只是心中的理念和想法，而是只有在充分表现出来的情况下才接近"德"，"德"也不仅仅只是心中的德性，还应该表现于外借人之"不形于内"之"行"才算是"德"之完成。然则人之"行"谓何？即所谓"形"也，这是"成德"必经的一步，"不形"则"无德"，"不形，则虽作于心，见于色，出于言，民犹若未从也；虽从必疑"（《荀子·不苟》）。可见，"形"不仅仅是指内"心"所发之"情"在人的情感、形色及行为上的表现，而且有明确的方向性，即是对"形于内"之"德"的定向表现和外化（李景林，2009），换句话说，"形"于外的"情"是"善"，这便能解释"不形"但"见于色，出于言，民犹若未从也；虽从必疑"的原因了。关于"形善于外"，竹简《五行·经6》多次提到，如：

仁之思也精，精则察，察则安，安则温，温则悦，悦则戚，戚则亲，亲则爱，爱则玉色，玉色则形，形则仁。
智之思也长，长则得，得则不忘，不忘则明，明则见贤人，见贤人则玉色，王色则形，形则智。
圣之思也轻，轻则形，形则不忘，不忘则聪，聪则闻君子道，闻君子道则王言，王言则形，形则圣。

帛书《五行》的"说"部28也有：

闻君子道而悦者，好仁者也……悦也者形也。
闻君子道而威，好义者也……威也者，形也。
问道而恭，好礼者也……恭者形也。

从上可知，内心之"情"外化为"善"，必然通过人的身体之各方面表现出来，如"悦""安""威""恭"等，这些既表现为人的情绪情感，也表现为人的精神气象，更与人的身体性密不可分，其强调的是人内心之"情"与外在情感行为的一致性、道德性，是所谓"身心合一"。《五行》

试图通过这种方式来解释人之道德行为的一贯性和"天道"作为"人道"之来源的思维方式，为孟子的"四端之心"和人性论提供了理论基础。

需要说明的是，《五行》强调的身心合一，表现在修养的方法上，即是慎独，这与人之"情"和"气"的身体性有很大关系，因为必须要做到身心合一，即"舍其体而独其心"。孟子有"小体""大体"之辩，盖从此而来。如帛书《五行·说7》说：

> "能为一然后能为君子"，能为一者，言能以多为一，以多为一也者。言能以夫五为一也。"君子慎其独"，慎其独也者，言舍夫五而慎其心之谓□□然后一，一也者，□夫五因为□心也，然后得之。一也，乃德已。

可见，慎独者，是指内心专一于"五行之德"。"五行之德"必要"形于内"，再"形善于外"，则所谓慎独便是指内心不仅要专注于"五行之德"所形著于"心"之"情"，更要专注于"情"之外化的一贯性和道德性，即心之所发的形色、行为必于内心之情，相应且有了道德的意蕴，其所强调的依然是身心内外的合一。因此，"舍其体者"，并不是强调身体性与慎独相冲突，也不是认为慎独只是在"心"上做功夫而不应接外物，而只是主张身体性为"小体"，"天德"的呈显和道德的修养不应该被"小体"所决定和影响，而应该是自然而然顺遂好仁义之性去发挥和修养，所以慎独本身就是一个成德的过程，是"德"见之于"行"的过程，是由内而外的身心一体、思情一体的过程，是好仁义之性的"善心"自然而然"形之于外"的过程。

（二）"不动心"和"大丈夫"

《孟子·公孙丑上》谈到"不动心"：

> 公孙丑问曰："夫子加齐之卿相，得行道焉，虽由此霸王不异矣。如此，则动心否乎？"孟子曰："否。我四十不动心。"曰："若是，则夫子过孟贲远矣。"曰："是不难，告子先我不动心。"

从公孙丑的问话可以看出，孟子以外人们所谓之"不动心"主要反映的是人心对外在诱惑或环境影响的抵抗程度，即如果不受外在诱惑或环境的影响而始终坚持自己的信念和选择，就是"不动心"，反之则反。之所以形成这种思想，笔者以为有两个方面的原因：一是先秦学者们都非常重视"勇"，这一方面是由于社会历史的原因，因为国家社会的动荡需要勇士，勇士也更容易立功名、保自身；另一方面是因为"勇"与"血气"有关，而"血气"是先秦时期学者们修身的基本概念，如《左传》的"治血气"、《论语·季氏》之"三戒"、《孟子》的"文王之勇"与"武王之勇"等①，因为"勇"除了鲁莽冲动之不顾一切的"血气之勇"，也有"内省自反"坚守道德的"义理之勇"，前者是后者的基础，但是不治"血气"（血气太盛）则又会影响"义理之勇"，甚至在《中庸》中，直接将"勇"与"智"、"仁"并列为"三达德"。二是因为其时人们对孔子所讲之"仁"或"礼"的道德修养，只知道通过外在行为之"克己复礼"去坚守，还没能真正在人心之中寻找到"为仁由己"的本然依据，即"内圣"的道路并未真正打通，则如颜子一般向人自身之内在寻求道德修养之方的观点还不能广泛被人接受，且这一过程是孟子完结的。综合以上两点，是所以告子及他人所论之"不动心"只有通过外在的"血气之勇"才能养成，多表现为勇士的坚强勇猛和对信念的坚持而不被诱惑，这便是孟子在回答公孙丑"不动心之道"时而只以"养勇之方"为例子的原因，也是公孙丑拿孟子和孟贲相比并以为"夫子过孟贲远矣"的原因。实际上孟子当然不比孟贲强壮，因为孟贲是古时著名的勇士，《史记》《东周列国志》都广有记载，其正是因为勇猛刚进而招致杀身之祸。孟子也不以为这种外在的勇猛坚定就是真正的不动心，所以他认为要达到问者所理解的这种不动心并不难，告子已经先做到了。孟子这么说不是承认这种"不动心"的养成方式是对的，而只是为了强调告子的"不动心"与自己的"不动心"有本质不同而已。

　　（公孙丑）曰："不动心有道乎？"曰："有。北宫黝之养勇也，不肤挠，不目逃，思以一豪挫于人，若挞之于市朝。不受于褐宽博，亦不受于万乘之君。视刺万乘之君，若刺褐夫。无严诸侯。恶声至，必反之。孟施舍之所养勇也，曰：'视不胜犹胜也。量敌而后进，虑胜而后会，是畏三军者也。舍岂能为必胜哉？能无惧而已矣。'孟施舍似曾子，北宫黝似子夏。夫二子之勇，

---

① 《孟子·梁惠王下》曰："诗云：'王赫斯怒，爰整其旅，以遏徂莒，以笃周祜，以对于天下。'此文王之勇也。文王一怒而安天下之民。"又说："书曰：'天降下民，作之君，作之师。惟曰其助上帝，宠之四方。有罪无罪，惟我在，天下曷敢有越厥志？'一人衡行于天下，武王耻之。此武王之勇也。"

未知其孰贤，然而孟施舍守约也。昔者曾子谓子襄曰：'子好勇乎？吾尝闻大勇于夫子矣：自反而不缩，虽褐宽博，吾不惴焉；自反而缩，虽千万人，吾往矣。'孟施舍之守气，又不如曾子之守约也。"（《孟子·公孙丑上》）

这里孟子先是解说告子之"不动心"，然后借曾子之口道出自己的主张："不动心"实在于人内心之德行修养而非依赖外在的血气之勇。孟子首先按照公孙丑原有的思路举了一个例子，即北宫黝的养勇方法，"视刺万乘之君，若刺褐夫"，可谓做到了完全不受外在条件的影响、完全无所畏惧的个人之勇，甚至在一定程度上成了一种条件反射，即只要有不利于他的任何行为就"必反之"而不论是谁、在何地，他的勇猛已经没有什么外在的权利或障碍可以阻挡，按理说应该是做到"不动心"了，但孟子却认为不如"孟施舍守约也"；至于孟施舍的养勇之方，孟子认为其与北宫黝最大的不同就是在一定程度上转而向人心内求得"不动心"的力量，"能无惧而已矣"，内心的情感活动在一定程度上辅助了身体的血气之勇而合为"不动心"。只不过此时的"不动心"虽有向人内心转求的迹象，但其主要还是依赖于人身体的血气之勇而形成对外在环境的无惧感，是所谓"守气"[①]"视不胜犹胜也"，故其似曾子的内省却又不如。至此，结合孟子意见的养勇之方已经呼之欲出了，因为孟子推崇曾子，他们的学术一脉相承，学术界称为思孟学派，借曾子之口道出自己的见解，是孟子惯用的手法。那么曾子的养勇之方究竟与前者有什么不同呢？自反也，意即自我反省、内求诸己，以仁、义、礼、智等道德观念为标准，若合于此标准，虽无血气之勇，也必勇往直前；若不合于此标准，即使是孟贲在世、庆忌重生，也不敢动最卑贱的人一根毫毛。这就把"反身而诚"当作是勇猛也即是"不动心"的唯一标准[②]，推翻了告子之依赖于外在血气之勇而塑造的

---

① 冯友兰（2010）将孟施舍之勇理解为坚守士气，他说此所谓气是我们所谓"士气"之气，如"前线士气极旺"，又如《左传》"一鼓作气，再而衰，三而竭"，等等，并说这种气可以说是"一股劲"。笔者以为做"士气"解尚有不妥，因为若如此解其必须有一个前提就是：孟施舍是高素质的军人且处于征战中。因为士气是军人的专有名词，且是众兵士所同有的且需被激发的。一个人的勇气不能成为士气，不属于战争的勇气即使再多也不能成为士气，所以孟施舍之"守"的"气"还应当是与北宫黝一样的血气，不同的是孟施舍会"守"，即在一定程度上"自反"，这也是孟子说孟施舍似曾子而北宫黝似子夏的原因。
② 李景林（2009）也认为曾子言勇以反省内心之直、义为根本。这与孔子以仁、义为"勇"之根本的理解相一致，如《论语·阳货》："子曰：君子义以为上，君子有勇而无义为乱，小人有勇而无义为盗。"《为政》篇又说："见义不为，无勇也。"孟子重视"文王之勇"、"武王之勇"与"小勇"的区别也正是此意。

"不动心"，引发了公孙丑的疑问：

> （公孙丑）曰："敢问夫子之不动心，与告子之不动心，可
> 得闻与？""告子曰：'不得于言，勿求于心；不得于心，勿求
> 于气。''不得于心，勿求于气'，可；不得于言，勿求于心，
> 不可。夫志，气之帅也；气，体之充也。夫志至焉，气次焉。故
> 曰：持其志，'无暴其气。'""既曰'志至焉，气次焉'，又
> 曰'持其志无暴其气'者，何也？"曰："志壹则动气，气壹则
> 动志也。今夫蹶者趋者，是气也，而反动其心。"（《孟子·公
> 孙丑上》）

孟子借助于上文对养勇之方的说明，对公孙丑的疑问作了根本性的解
答。他认为告子的"不动心"在于切断一切外在的诱惑和干扰，"不得于
言，勿求于心"，不能在言语上有所得就不必深思内省，则内心不会被外
在言语所不能明白的事物诱惑、干扰；"不得于心，勿求于气"，深思内
省而不得就不必求助于血气之勇，即内心若因为困惑产生动摇就应该立即
忘掉丢弃困惑的源头而不必任由意气主事。孟子认为，前者不可以而后者
可行。这符合孟子对养勇的解释，前者等于是北宫黝的养勇之方，不求于
心而只管任凭意气之勇向前，直接省略了"自反"的过程；后者有了"自
反"的过程，但只是合格而不是最好的对待方式，因为其是"不得于心"，
只能是"可"，然则何为更正确的方式？孟子言："志至焉，气次焉。故
曰持其志，无暴其气"，这是说"心"中之"志"为"气"之主，即只
有"反身而诚"的深思内省才能及时有效地控制血气之勇而生发的意气
情感[1]，因为这种意气情感也能反过来作用于人心之"志"从而影响人的
思维和精神世界。可见此时的"心"是一种人所固有的思维意志[2]，"心
之官则思，思则得之，不思则不得也"（《孟子·告子上》）。

然则"不动心"究竟为何？笔者以为可从两个角度进行理解：一是从
静态的角度，则可解释为一种理想人格或道德境界，"心"可理解为道德
律条或有道德意义的思维意志，指的是达到了"仁"或是"大丈夫"的境
界，"富贵不能淫，贫贱不能移，威武不能屈"（《孟子·滕文公下》）。

---

① 本章第一节"以气释身"对"气""志"及其关系有专门说明，此不赘述。
② 杨伯峻（1960）在《孟子译注》中引朱熹集注"不必反求其理于心"而将"心"解为思想，
将"不得于心"译为"不要在思想上寻找原因"。笔者以为"志"是"心之思"的产物，而
"心之官"本能就有"思"的功能，所以解为动词的思维意志更合理。

一是从动态的角度，则可解释为修养的方法或为学的手段，"心"可理解为思维意志，指的是思维意志很专注而不受外界的干扰。实际上这两个角度是二而一的互补关系，"不动心"当作为学或修养的手段就是为了追求"大丈夫"境界，而要达到"大丈夫"境界就必须要通过"不动心"的为学和修养之方，这正体现了中国哲学之整体互系的思维特性。中国的宇宙观具有健动、变化的特性，所以中国的人生论也具有相应的特点。故而可以将"不动心"也理解为健动、变化的过程，其终极目的是"尽心"，进而"知性"以"知天"，但其同时又是达到目的的手段和方法，是人之自我修养完善以扩充"四端之心"的过程，是通过"养气""寡欲"的手段摒弃人心之欲所产生之负面的情绪情感及心理意识的过程①，即如"浩然之气"和"仁"一样，既是养气集义和克己复礼的过程，又是为学修养的目的境界。

二、"心"是"气"或"心"属"气"（形而下之认知心）

（一）《管子》四篇为代表的"心""气"结构论

先秦讨论"心"及其与"气"之间关系的哲学流派，除了儒家之外，就要数道家和黄老学派。前者主要以老庄为代表，后者则以《管子》为中心。一般认为，《老子》确立了道家哲学发展的基本方向，既有对气论的探讨，也关注了心的问题，但《老子》的哲学问题的重点并不在心、气问题的如何处理上。庄子在承继《老子》哲学思考方向的基础上进一步将心提升为哲学处理的重心之一，气的问题也成了人与道通的关键；另外，也将心气联结为可相通、转化之关系。《管子》中的"心-气"说，则正好补足了老庄这种隐士派、逍遥派的缺憾，它正视气之于人身、人心的说明，以及道与人心的积极关系，甚至将这种关系放置于政治制度中，并以此展开了稷下黄老道家在现实社会政治制度中的心气观（郭梨华，2008）。

关于老子的"心论"，学界一般有两种看法：一种认为老子于"心"

---

① 人心应接于外物常产生各种各样的欲望和负面情绪，如《孟子·尽心上》说："饥者甘食，渴者甘饮，是未得饮食之正也，饥渴害之也。岂惟口腹有饥渴之害？人心亦皆有害。人能无以饥渴之害为心害，则不及人不为忧矣。"《告子上》又说："欲贵者，人之同心也。"所以必须要有"养心"的过程，而这一部分的情感意识都是通过人之"血气"之机体及"四端之心"之被遮蔽产生的，故其"养心"就等于"养血气"，是所谓《左传》《论语》所论之"治血气"，"养心莫善于寡欲"（《孟子·尽心下》），只有通过这种"治血气"的手段去除掉人欲及由其所产生之负面的情感情绪，人才可能"集义"以养"浩然之气"，才可能扩充"四端之心"。

学一说无所建树，以陈鼓应（2006）为代表；一种认为老子开启了道家"心"学讨论的基本方向，如《老子·第八章》描述"心"之样态是"心善渊"，所以只有"虚其心"（《老子·第三章》）、"涤除玄览"（《老子·第十章》），人才能真正体悟和跟随道，且在《老子·四十九章》又说"圣人无常心，以百姓心为心"，这代表的是摒除私心之廓然大公的精神境界，是老子后学包括先秦儒家学者讨论"心"学的主要方面之一。笔者以为这两种看法都有道理。所以说《老子》于心论无所建树者，盖因为《老子·五十五章》说到"心使气曰强"，这与老子哲学崇尚的自然而然相悖，且老子并没有明确指出"心"所具有的功能及哲学意涵，相反老子哲学以道论为根本，以"道"统摄万有，重点在于"涤除玄览"以体悟顺遂"道"之自然，而不在于"心-气"关系，并不强调"心"的思知功能，从这个角度上看，老子于心学一说确无大建树，只是描述性的，如"心善渊"。然若说《老子》开启了道家后学心论的基本方向，也有一定道理。不仅如此，笔者认为先秦儒家的心论与老子心论也有相同印证之处：一方面，在继承老子道论的同时，《庄子》和《管子》的心论或多或少都是从老子那里继承而来的[1]；另一方面，老子的"圣人无常心，以百姓心为心"已然成为包括儒家在内之后学的精神修养的方法和目标，更成为家国天下的政治理念，即成为包括"小国寡民""大同之世""仁政"等理想政治的设计基础，甚至在某种程度上，可以说其所蕴含的是一种"推己及人"的大爱，是为政者所必须具有的"仁"，只有如此，家国才能"强"。从这个角度来看，说其开启了包括儒家在内的老子以后学者关于心学讨论的基本方向也不为过。当然，这并不是说儒家的"仁"源自老子，也不是说儒家的心论源自老子，而是说儒家之"仁"的学说和心论与老子所说"圣人无常心，以百姓心为心"的观念可以相互印证。[2]

　　然而老庄关于"心-气"的思想都在道论的统摄之下，是一种隐士的无为与逍遥，相对比较消极，而《管子》所体现的"心-气"思想则是正面

---

① 无论《庄子》还是《管子》，都是以继承和发挥《老子》道论为自己思想的基础的，所以其心论受到自己所扬弃的老子道论的影响，两者之区别立现。另据陈鼓应先生统计，《老子》中"心"出现9次，《庄子》中"心"出现120多次，其所谓"人心""成心""贼心""心斋""游心"之论，既是对老子心论的继承，又是对老子心论的否定和发挥。

② 事实上，先秦儒家关于心论的学说有自己的来源，这从《诗经》《左传》《国语》《易经》等典籍中可见一斑。详见本书第四章第二节和第三节相关部分，亦可参看李友广（2012）。至于孟荀关于心论的思想，虽各有分别，如孟子主张扩充"四端之心"，荀子则强调"化性起伪"，但其主旨和目的却都是教人们学习仁义礼智，无论是君子个人的修身养性还是运用到政治上的兼济天下，都是强调"以百姓心为心"。

的、积极的论说，建立在积极的入世和政治观念之基础上，与儒家的经世致用思想不谋而合，故而本书限于篇幅，便就《管子》四篇之"心-气"思想做一简单梳理。

众所周知，《管子》四篇强调"精"或"精气"就是万物之源，因为"精"就是"精气"，"精也者，气之精者也"（《管子·内业》），而"气者，身之充也"（《心术下》），《管子·内业》说："凡物之精，此则为生。下生五谷，上为列星。流于天地之间，谓之鬼神；藏于胸中，谓之圣人。"又云，"凡人之生也，天出其精，地出其形，合此以为人。"可见，在《管子》四篇看来，人乃至于世间万有都是由"气"生成的，而"气之精者"，即"一气能变曰精"（《心术下》）者，就是"精气"，不仅是构成人体的基础质素，也是人的智慧和精神现象的源头，是所谓"藏于胸中，谓之圣人"者也。人何以能藏而其他动植物不能？因为人有"心"，虽是与万物同源的身体性的"心"，但此"心"不但具备认知思虑的功能，而且可以为宇宙之最本源"精气"的容身之所——"精舍"，"定心在中，耳目聪明，四肢坚固，可以为精舍"（《管子·内业》）。下面便对此两点做详细说明。

首先，身体性之"心"的思虑和认知功能实则源于"精气"之聚。如《管子·内业》说："气道乃生，生乃思，思乃知，知乃止矣。""道"者，戴望《管子校正》注曰："道，通也。气道乃生，犹言气通乃生耳。"此能通之"气"实就是《管子·心术下》所说"能变之气"，也即流于天地之间的"精气"或"灵气"①，《管子·枢言》曰："道之在天者，日也；其在人者，心也"，正此之谓也。所以《管子·内业》这段话可以理解为：气通是谓"能变"或富有灵性，故能生，因为能生才产生出思虑的能力，因能思虑故而获得知，因为能知故而知止。且因为心能思能知，故而成为身体其他官能的主宰，如《管子·心术上》说：

> 心之在体，君之位也；九窍之有职，官之分也。心处其道，九窍循理；嗜欲充益，目不见色，耳不闻声……耳目者，视听之官也，心而无与于视听之事，则官得守其分矣。夫心有欲者，物过而目不见，声至而耳不闻也，故曰："上离其道，下失其事。"故曰：心术者，无为而制窍者也。故曰"君"。"毋代马走"，"毋代鸟飞"，此言不夺能能，不与下诚也。"毋先物动"者，

---

① 关于"灵气"一说，《管子·内业》提到："静则得之，躁则失之。灵气在心，一来，一逝。"

摇者不走，趡者不静，言动之不可以观也。"位"者，谓其所立
也。人主者立于阴，阴者静，故曰"动则失位"。阴则能制阳矣，
静则能制动矣，故曰'静乃自得'。

正因为"心"有思知的能力，所以"心"能"得道"，"道也者……
所以修心而正形也；人之所失以死，所得以生也；事之所失以败，所得以
成也。凡道无根无茎，无叶无荣。万物以生，万物以成，命之曰道"（《管
子·内业》）。"得"者，不是觉悟、体认或获得的意思，而是符合、遵
循的含义（张岱年，1991a），"得道"就是顺遂道之自然而然，故而《管
子》特别强调"静因之道"。所以，当"心"处君位时，心虽然有能动的
思知作用，但必须首先做到无为，即"心"不能干扰其他官能的工作，而
一旦"心"中充满欲念而干扰其他官能的工作时，就必然导致混乱，"动
则失位，静乃自得"。

其次，"心"不仅是人"得道"的工具或手段，同时也是"道"存于
人身的容器，也即是"精舍"，《管子·内业》言："定心在中，耳目聪
明，四肢坚固，可以为精舍……敬除其舍，精将自来"，正此之谓也。"心"
何以能如此？盖因为"心"有思知的能力，能够遵循和顺遂"虚无无形之
道"（《管子·心术上》）的自然而然，即"静因之道"，故而能留住和
保养扩充藏于"心"中之"道"。反之，若"心"中杂念横生、欲望弥漫，
则"道"便会丢失而无法住于心中。可见，在《管子》看来，人之智慧的
获得，固然是源自"精气"之在于人心中的集聚，但更重要的却是人心的
虚静和顺此而行的思知的功能，由此而得到的"理"才是符合"道"的"正
理"。[1]《管子》将其称为"意"[2]或者"心中之心"，如下：

> 一言之解，上察于天，下极于地，蟠满九州。何谓解之？在
> 于心安。我心治，官乃治，我心安，官乃安。治之者心也，安之
> 者心也。心以藏心，心之中又有心焉。彼心之心，音以先言。音
> 然后形，形然后言，言然后使，使然后治。（《内业》）

---

[1] 关于"理"的范畴，《管子·心术上》有明确说明："理也者，明分以谕义之意也。故礼出
乎义，义出乎理。"《君臣上》也说："别交正分之谓理，顺理而不失之谓道。"看似是先
有"理"后进于"道"，但实际上，"道"与"理"的关系，在《管子》中并没有明确的区
分，大多情况下都可以等同互用，如《管子·四时》篇云"阴阳者，天地之大理也"，《侈
靡》篇也说"尊天地之理"，《制分》说"必知胜之理，然后能胜"，等等。

[2] "意"字原作"音"，郭沫若据王念孙改，见郭沫若著作编辑出版委员会（1982）。

> 心之中又有心，意以先言，意然后形，形然后思，思然后知。
> 凡心之形，过知失生。是故内聚以为原，泉之不竭，表里遂通；
> 泉之不涸，四支坚固。（《心术下》）

　　两句说法虽略有不同，但并不矛盾，实际上正对应了"意"之产生的两个源头及其流行过程。如前一句是从宏观的根本的角度阐述"心以藏心"的必要性和决定性，因为"心"处君位，安人首要在于安心，只有"心安""心治"，"官"才能"安""治"，所以这里所藏的"心"本就是顺遂于"道"之自然而然，是"藏于胸中"之圣人智慧的自然流行，其过程也自然表现为自上而下由内到外之圆满融通之意志的执行过程；而后一句则是强调"心"之思知的过程及其能动作用，即所谓"意"及"形然后思"，是"心"之能动的思虑、反省及学习的过程，故其所得是"知"，"知"又反过来作用于"意"和"思"，如此循环往复不竭，"心"中之"精"才能留住和不断加强，修身养性才成为可能，否则非止不能"得道"，即使是要做到"敬除其舍"也不可能。其所以然者，盖由于先秦时期，"心"之能动的学习和思知功能已成为学者们的共识，因为"心"若没有思知和学习的能力，则一切礼法、道德都无从获得，故而学者们都认为"心"具有能动的学习和思知的功能，曾子所言"吾日三省吾身"也正是此意。

　　需要说明的是，《管子》的"心"与《孟子》的"心"是有着根本区别的，即所谓"意"，也就是心中所藏之"心"，并不是超越的形而上的道德本体，而应是一种顺遂"道"之自然而然的"执道之心"，或者说是向道的思知之心①，与作为形体存在的较低层次的官能感觉之心相区别。笔者以为，这种"心"因其本就建立在官能的感觉之心的基础上，体现的是"道"或"精气"与人心的互动过程，故也有动态和静态两种状态，做动态理解，则其为"心"之向道的思知的过程；做静态理解，则其为"心"之能动的学习和思知能力通过顺遂"道"之自然而然过程所获得的"理"。所以说，《管子》的"心"主要强调的是一种形而下的认知心，而非如孟子一般指的是天赋的道德本心。

---

① 对于"心以藏心"之第二个"心"的理解，学术界有不同意见，都以两者有区别为基础，如刘节（2004）认为前一个"心"是生理的心，后一个"心"是道德的心，其作用就是思和知，是从形气中超拔出来走入道德的心；陈鼓应（2006）在《管子四篇诠释：稷下道家代表作解析》中认为第二个"心"是更具根源性的本心，是第一个"心"的实体，比官能之心更为根本；而匡钊等（2012）则在总结前两者的基础上认为，可将心分为较低官能层次的感觉之心和较高境界上与道或者精气结合后的思知之心，前者为"舍"，而后者为"精"来舍之后两者相互结合的执道之心，即所谓"心之心"。笔者从其议。

（二）"水火有气"和"心有征知"

《荀子·王制》：

> 水火有气而无生，草木有生而无知，禽兽有知而无义；人有
> 气、有生、有知，亦且有义，故最为天下贵也。

可见在荀子看来，气是万物构成的最基本的质料，且"气禀"的不同
造成所构成的物也有不同，如水火、草木、禽兽以及人类，虽然都是由气
构成的，但差别却很大也很根本。荀子并没有解释万物如此不同的原因，
而只是归结为天道化育万物之自然而然的过程，即"天道生生"表现为气
之运行，阴阳二气之矛盾运动就是万物乃至宇宙如此的原因，他说：

> 列星随旋，日月递炤，四时代御，阴阳大化，风雨博施。万
> 物各得其和以生，各得其养以成。不见其事而见其功，夫是之谓
> 神。皆知其所以成，莫知其无形，夫是之谓天。（《荀子·天论》）

这也是中国哲学宇宙论的一个特色，不论气如何构成不同之物，而只
论其为何构成不同之物；追问宇宙的本根不是为了将其作为人之对立面去
了解，而是为了将其作为人类精神的根本。然则气为何构成宇宙万物？皆道
之自然而然也，"天地合而万物生，阴阳接而变化起"（《礼记·礼运》）。
是以宇宙之自然而然的规律运用到人类身上也一样，"天""人"都是自
然而然的存在，各有职分互不相涉，是所谓"天行有常，不为尧存，不为
桀亡"（《荀子·天论》）。

同理，人的"心"也是由气构成的。"心者，形之君也，而神明之主
也。"（《荀子·解蔽》）这是说连人的精神思维都是由气构成的，这与
《管子》所论"精气"住于"心"之中为人之主宰精神相类。所以，荀子所
论的"心"之中并没有孟子所说的天赋道德，相反，这种"心"只是具有
认知能力的认识心，他说：

> 人生而有知。（《荀子·解蔽》）
> 心生而有知。（《荀子·解蔽》）
> 人之所以为人者，何已也？曰：以其有辨也。（《荀子·非相》）

　　笔者以为荀子的认识心有其天道观渊源。因为荀子认为"天行有常""天人有分"，即自然之天的运行与人无关，宇宙的生生不息是一种自然而然的运动，并没有在人心中映射出天赋的道德本体，相反，人们认识宇宙不过是一种穷神知化的思考，天道生育万物之自然而然才是人道之根本。正因为有了这样的认识心，荀子才强调"知之要"是"化性起伪"而不是回复本心。当然"知"也有不同，不然禽兽有"知"岂不与人类相似？在荀子看来，人类之"知"与禽兽之"知"最大的区别在于能够辨识道德，即"有义"。虽然荀子认为"心"之中没有道德，但认为"心"能辨识道德，如他在解释人之所以为天下之最贵时说：

　　　　何也？曰：人能群，彼不能群也。人何以能群？曰：分。分何以能行？曰：义。（《荀子·王制》）

　　"分"者，因为角色和所处地位之不同而"尊贤有等"，人类能安于这种"群"和"分"，是因为有着向善的道德——"义"，至此则"仁、义、礼、智""四端"得以流行，虽所论与孟子不同，却殊途同归。
　　荀子还认为"心"有着主动认识万物的能力，即"征知"。他说：

　　　　心有征知。征知，则缘耳而知声可也，缘目而知形可也，然而征知必将待天官之当薄其类然后可也。（《荀子·正名》）
　　　　凡以知，人之性也；可以知，物之理也。（《荀子·解蔽》）

　　正因为"心"有了"征知"的作用，且"性者，本始材朴也"（《荀子·礼论》），故而人心容易产生各种欲望，若任其发展，则必然产生争夺，所以必须要运用礼仪法度来约束自己，是所谓"化性起伪"。如他说：

　　　　今人之性，生而有好利焉，顺是，故争夺生而辞让亡焉；生而有疾恶焉，顺是，故残贼生而忠信亡焉；生而有耳目之欲，有好声色焉，顺是，故淫乱生而礼义文理亡焉。然则从人之性，顺人之情，必出于争夺，合于犯分乱理，而归于暴。故必将有师法之化、礼义之道，然后出于辞让，合于文理，而归于治。用此观之，然则人之性恶明矣，其善者伪也。（《荀子·性恶》）

　　荀子的人性指的是"气禀"而来之性，"生之所以然者谓之性"（《荀

子·正名》），所以"心"生之初本就有"好利""疾恶"等种种欲望和
情感，加之"心"与"心"之思维皆是由气构成的，其如《左传》《国语》
及孔子所说之"血气"一般①，极容易产生各种各样的欲望和情感意气，
影响人之形体和思维意志，必须要"戒"。如何戒？礼仪之道、辞让之心
是也，也就是孔孟以来儒家宣扬的道德伦理和礼法制度。荀子认为，只有
这样才能让"心之所发"之"情"合于礼仪道德。②

　　然则"心"如何知"道"？他说：

　　　　人何以知道？曰：心。心何以知？曰：虚一而静。（《荀
　　子·解蔽》）

　　"虚一而静"是"心"知"道"的方法，然则"心"为什么能够知"道"
呢？笔者以为主要从两方面来考虑：其一，"心有征知"的功能，而"可
以知，物之理也"（《荀子·解蔽》）。其二，在荀子看来，伦理道德的
终极依据不在"天"那里，而在"人"本身③，"心"之发皆为"情"，
所以"人道"就是对"情"之体验和感悟，"即情显性"，再通过"化性
起伪"的修养功夫自然能够知"道"。"天人相分"、各行其是，故天道
不必知，但人处在宇宙中，本也是宇宙大化流行之一部分，故而也有必要
和能力在一定程度上知"天道"，是所谓"制天命而用之"是也。其用的
方法就是"虚一而静"。"虚"者，保持内心之空明不动的状态，以防止
已有知识的成见影响新知识的接受；"一"者，专一也，将精神思维专注
于一件事，以防止因为对另一些事物的认识影响对当下事物的认知；"静"
者，专心也，将意识专注于某一点，以防止内心或外来之其他思维影响对
当下事物的认知。可见，"虚""一""静"三者其实都在强调一点，即
专心于当下一事而不要让已有知识或外来事件影响接受新知识。何以如

---

① 本章第一节有专门说明。
② 在荀子看来，情性与礼仪道德是相悖的，但是必须要克制情性以合于礼仪道德之标准。他在
　《性恶》中说："今人之性，饥而欲饱，寒而欲暖，劳而欲休，此人之情性也。今人饥，见
　长而不敢先食者，将有所让也；劳而不敢求息者，将有所代也。夫子之让乎父，弟之让乎兄；
　子之代乎父，弟之代乎兄；此二行者，皆反于性而悖于情也，然而孝子之道、礼义之文理也。
　故顺情性则不辞让矣，辞让则悖于情性矣。"
③ 荀子主张"天人相分"、互不干涉，则"人道"自然在人本身，如他说："本荒而用侈，则
　天不能使之富；养略而动罕，则天不能使之全；倍道而妄行，则天不能使之吉。……受时与
　治世同，而殃祸与治世异，不可以怨天，其道然也。故明于天人之分，则可谓至人矣。"（《荀
　子·天论》）

此？其必曰："道"之本然也。朱子言"既发为情"（《语类·卷五》），就是指"心之所发"只在于当下一刻，只针对当下一事，"未应不是先，已应不是后"（《传习录》下），只有体认悟透当下之一刻，才是"感而遂通"，才能理解天道生生不息之自然而然，也才能真正理解"化性起伪"之人性根本。

需要说明的是，在处理心身关系的修养功夫时，荀子特别注重身心内外之合一，即现实的修养功夫必然是人内心之思与善道的证显，而内心修养之表显于外且与形体一致的功夫才是真正的"诚"。如荀子说："君子养心莫善于诚，至诚，则无它事矣……诚心守仁则形，形则神，神则能化矣"，又说，"善之为道者：不诚，则不独；不独；则不形。不形，则虽作于心，见于色，出于言，民犹若未从也……夫诚者……操之，则得之；舍之，则失之。操而得之，则轻；轻，则独行；独行而不舍，则济矣"（《荀子·不苟》）。"形"者，指的是内外一体的身心合一，其必由内心之"诚"的外在显现为前提，即内心可以不受外物影响而自由地在形色、情感和行为上自然表现，唯其如此才算是德之完成。这与《中庸》强调的"诚则形，形则著，著则明，明则动，动则变，变则化"相一致（李景林，2009）。

第三节　以　气　释　性

先秦讨论人性问题的学者不少，而以孟荀为最，甚至一度让学术界以为关于人性论问题之超越性的道德一面的讨论是突然从孟荀开始的，是孟荀私淑于孔子而自己发明的，这直接导致现代新儒家学者认为先秦儒家谈论人性问题有两个传统。如牟宗三（1999）认为自生而言性是实在论态度的实然之性，即后来所谓气性、才性、气质之性，是儒家人性论之消极面，非儒家所特有，非正宗，而孔子后的孟子、《中庸》、《易传》言性命天道是自理或德而言性，是理想主义的义理当然之性、超越之性，是儒家人性论之积极面，亦是儒家所特有之人性论，是正宗儒家之所以为正宗之本质的特征。从牟先生提到孔子后直接到孟子便可得知，郭店儒简的出土并没有被牟先生提及，显然是没有来得及被重视，这直接导致"孔孟之间"一两百年的儒学发展成为空档，造成人性论问题之两个传统两个源头的假象，这是当时学术界研究不得不面对的共同的现实情况，故此徐复观（2001）也认为，虽然由道德的人文精神之伸展，而将天地被投射为道德法则之天地，但在长期的宗教传统习性中，依然是倒转来在天地的道德法则中求道德的根源，而尚未落下来在人的自身求道德的根源。虽然没有如牟先生一般直接将"即生言性"的传统定义为非儒家或非正宗，但也没有阐述其与"自义理或德言超越之性"之间的承续关系，相反徐复观先生认为其本属两个系统。虽然也有学者认为两者之间是相互承续的关系①，但因为缺乏有力的证明而无法跻身学术界的主流。在今看来，时贤之论或有不当，却在情理之中。"不当"者，即关于道德义理的超越性质的人性论问题的探讨，在战国时期尤其是"孔孟之间"就已经涉及，只是年代久远导致史料缺乏，后世学者不复得知先贤之论，这从出土的郭店楚简儒家文献中即可看出，证明"即生言性"是儒家一贯的传统，正是由此才有了孟子的"即道德义理言性"②，两者是一个传统的不同发展阶段，虽有内外高低之分，却都是儒家之言；"情理之中"者，因为郭店儒简的出土是在1993年，时贤尚未来得及关注。盖学问的研究，大抵分为"学理"和"事实"两个维度：就"学理"言之，虽然事实上无有材料证明，但依据思想发展的内在逻辑和特性亦可推演出空缺历史时期思想发展的大致脉络，唐君毅先生的结论和宋儒之论道统可为证③；就"事实"言之，只分析可信的已有的材料，不妄断臆测，作为实事求是的态度可也，牟宗三和徐复观两先生皆是，所不同的是徐复观先生采取了更谨慎的态度。两者各有优长，皆不可或缺，后者是前者的基础，前者是后者的延续和升华，互相依存，互为证明。当然，最终的证明必须是现实可信之历史才行，在本章中，终结这一问题的就是郭店楚简儒家简的出土。

郭店楚简《性自命出》《五行》等儒家简雄辩地证明，先秦儒家谈心性论并不是突然而然的，孟荀关于人性论问题的探讨有着一贯的传统，是在思孟学派的基础上发展而来的，而思孟学派的心性论或性情论则是孔子后学在继承和延续孔子思想的基础上、综合当时社会思想的演变逻辑而发

① 唐君毅（2016）认为孟子性善论是"即心言性"，"心"为德性心、性情心之义，他说仁义礼智之心、与自然生命之欲不特为二类，一为人之所独，一为人与禽兽之所同；而实唯前者乃能统摄后者，故此，孟子之"即心言性"之说乃能统摄告子及以前之"即生言性"之说。可见唐君毅先生不但肯定了儒家的"即生言性"之传统，更认为孟子性善之论是在其基础上发展而来的，比之"更上一层次"。
② 所谓"即道德义理言性"，牟宗三、唐君毅、徐复观、梁涛等先生皆称之为"即心言性"，"心"为道德心、情性心，笔者赞同此议，只不过为了更清楚准确地说明问题，才有"即道德义理言性"之说，在本书中，两者实际上相同。盖先秦心性论问题本自不分，即心性合一论才是先秦心性思想的主流和根本。当然也有学者认为先秦心性合一论经历了心性分立再到合一之过程，即心性论并非从一开始就是完备合一的，而是处于一个动态的发展过程中，如李友广（2012），笔者从其议。
③ 宋儒在缺乏材料证明的情况下认为，孔子后学以曾子为得孔门真传，曾子传给子思，子思传给孟子，即孔曾思孟是为宋儒道统之说。

展过来的，所以就源头来看，所谓一贯的传统就是从春秋时期甚至更久之前就已经流行之"即生言性"的传统①。所不同的是，在思孟学派那里，这个传统虽然还在，但已经表现出不断内化"仁、义、礼、智、圣"等五行之德为心性根本的思想倾向，是为向孟子性善论过渡的中间阶段②。到孟子时，人性就完全转变成天赋于人内心的"四端"，成为道德义理的根本，内圣的根本之路也由此确立。荀子人性论虽与孟子有别，强调"生之谓性"，但学者普遍认为荀子的理解与告子不在同一层面，前者比后者更进一步。③

然则何为"即生言性"？"生"与"性"又有何关联？

我们先看"生"与"性"的关系。学术界一般认为"生"与"性"是同源字，即古文字材料中只有"生"字而没有"性"字，"性"字是从"生"演化而来的④；又从词源学的角度看⑤，只有在"生"字有了"性"字之含义且"生"字无法表达清楚的情况下才会产生"性"字，所以"性"字虽然来源于"生"字，甚至时常可以互代使用⑥，但"性"字已然不同于"生"字，已经独立并有了新的意义，正如牟宗三（1999）所说"自生言性，性非即生"是也，关于这点徐复观（2001）说得很透彻："性字乃由生字孳乳而来，因之，性字较生字为后出，与姓字皆由生字孳乳而来的情形无异。性字之含义，若与生字无密切之关联，则性字不会以生字为母字。但性字之含义，若与生字之本义没有区别，则生字亦不会孳乳出姓字。并且必先有生字用作姓字，然后乃渐渐孳乳出性字。"所以中国古代人性论先是经历了"即生言性"的过程，在此过程中，"性"字之含义越来越明显和独立，并偶尔出现"非即生以言性"的思想，即在"即生言性"的基础上更进一步或是思考其"所以然者"，使得"性"和"心"出现"合一"的倾

---

① 梁涛（2002）也认为竹简"性自命出，命自天降"乃是古代"生之谓性"传统的延续，是对后者思想的进一步发展。

② 见李存山（2002）；另可参阅李存山（2007）。

③ 本节将有专门篇幅论述荀子性论与告子性论及其区别，此不赘述。

④ 甲骨文金文中并没有"性"字。在郭店简中，"性"字写作"眚"字，等同于甲骨文中的"省"字，在金文中，则既写作"省"字也写作"生"字，可以互用。可见先有甲骨文的"省"字，到金文中演化为"生"字，且两者可以互用，再到"眚"字到"性"字，虽然字形不同，但原始意义一致。

⑤ 具体而言，甲骨文"生"字，从↓从一，其状如草生出于地面形，象从无到有之意。察之，"生"之本义乃是草木的出生，地面之上是从无到有。"生"字在所出土的先秦竹简中可见，用于对人之情性的表征。显然，"生"字由"草出地上"到对人之情性的叙说，无疑是其词义的扩大与延伸。参阅李友广（2012）。其扩大与延伸正是"性"字的含义和演化方向。

⑥ 徐灏《说文解字注笺》说："生，古性字。书传往往互用。"

向，如《性自命出》的人性论，而到一定程度，随着心性论思想的进一步发展成熟，即"道德义理言性"或"即心言性"的传统就形成了，标志就是"心""性"思想的完美合一，如孟子的人性论。所以笔者以为在正式讨论《性自命出》的人性论时，应先理清楚在此之前之"即生言性"之传统。

"即生言性"的传统出现得很早，其基础就是对"生"和"性"的理解，主要分为两个层次：一是直接将"性"理解为"生"，或在其基础上延伸出相关的外在层面自然而有之意思，如欲望等，此时"生"和"性"常可以互代使用。二是"性"在"生"的基础上延伸出之新意思（如欲望）再度发生变化，即欲望由先天之生而即有变得丰富而复杂，表现为人们在后天习养过程中也能产生欲望和各种过度的欲求，此是由心而发之非基本的生理生活乃至道德欲求，所以必须以"仁、义、礼、智"的道德规范来约束，故而使人性之演变呈现出向内的超越性之道德的思想倾向，表现为"心""性"合一的倾向，"性"由此独立而不可为"生"所替代。总的说来，在《性自命出》之前，后者较少而前者居多，因为后者属于新概念、新思想的萌芽，在思想发展成熟以前，其往往只表现为个别典籍或学者偶尔涌现出之新思想倾向，所起的作用便是上承"即生言性"、下启"即心言性"（即道德义理言性），成为两者之间的过渡环节，而这一过程在《性自命出》中得以充分体现。

关于第一层含义，"性"可理解为"生"，即出生、生命、人生而即有之欲望、本能，或人生而有之自然而然地生长和变化发展的常态①，诚如唐君毅（2016）总结的："一具体之生命在生长变化发展中，而其生长变化发展，必有所向。此所向之所在，即其生命之性之所在。此盖即中国古代生字所以能涵具性之义，而进一步更有单独之性字之原始。既有性字，而中国后之学者，乃多喜即生以言性。"正是"性"字的这种含义，最后延伸出"生之谓性"和"性恶"的思想，成为宋明"气质之性"在先秦时期的源头。需要说明的是，人生而即有的欲望、本能，并不能被简单地否定为坏的、恶的，相反这只是生命生长、发展过程中自然而然表现出来的本能，从某种程度上说，也是物之为物、人之为人的自然"天性"，是其所能存在之自然常态，所以并没有好坏善恶之分。如：

---

① 梁涛（2008a）也认为古人所言之性不是抽象的本质、定义，不是"属加种差"，而是倾向、趋势、活动、过程，是动态的，非静止的。换言之，性不是一事物之所以为该事物的内在本质，而是一生命物之所以生长为该生命物的内在倾向、趋势、活动和规定。

惟王淫戏用自绝……故天弃我，不有康食，不虞天性，不迪
率典。（《尚书·商书·西伯戡黎》）

蔡沈注："不虞天性，民失常心也。""不虞"即不顾，则所谓"天
性"，是指生命生长发展过程中自然而有之欲望本能及其常态，"吾闻
抚民者，节用于内，而树德于外，民乐其性，而无寇仇"（《左传·昭
公十九年》）、"夫小人之性，衅于勇，啬于祸，以足其性而求名焉者"
（《左传·襄公二十六年》）以及《周礼》大司徒"辨五土之物生"等皆
其证。① 盖先贤认为，有德行的人，不能不顾生命之常态，因为不顾常态
则必然无法有序生活以致盲动乱行，"遭天所弃"；但又不能一味顺从，
必须要有节制，节制源自对人心所生之后天欲望的克制。如《诗·大雅·卷
阿》说：

伴奂尔游矣，优游尔休矣。岂弟君子，俾尔弥尔性，似先公
酋矣。尔土宇昄章，亦孔之厚矣。岂弟君子，俾尔弥尔性，百神
尔主矣。尔受命长矣，茀禄尔康矣。岂弟君子，俾尔弥尔性，纯
嘏尔常矣。

徐复观（2001）认为"俾尔弥尔性"的"性"同于金文所录"永令弥
厥生"的"生"，可以互用，但仍然用的是"性"之含义，解作欲望，"弥"
是满的意思，则"俾尔弥尔性"解释为满足你的欲望。徐先生虽然没有特
地强调指出"满足你的欲望"是有一定限制的，即生而即有的自然欲望，
并非人心后天所生之贪得无厌的欲求，但欲望有一定限制应是题中之义，
因为所满足欲望者乃是君子，君子自然不能随心所欲，故而笔者以为此处
的"性"指的是自然而生的欲望，是生命生长发展所必须满足的欲望或本
能，与人后天习养而成的欲望有根本区别。如果说这里以"君子之性"来
限定人之欲望的话，下文便从"君王之性"的角度来限制，如《左传·襄
公十四年》说：

天生民而立之君，使司牧之，勿使失性。有君而为之贰，使
师保之，勿使过度。

---

① "民乐其性"，牟宗三先生解释为"民乐其生"，"生""性"互用，意义互通，意即人们乐
于其生活之基本欲望得到相当的满足；"物生"也即"物性"。

君为民之牧，君、民各有本分和界限，不能过度，即不能"失性"。人生而有之欲望在得到满足之后，为君者就应该"保之"，而不能过度，也不能让民众在自己的范围内过度，因为一旦过度就会产生祸害，如《尚书·周书·召诰》说：

> 王先服殷御事，比介于我有周御事，节性惟日其迈。王敬所作，不可不敬德。

"节性"，必然是因为"性"在得到满足的同时，过度且造成祸患，有伤德行，因为"节性"与"敬德"相连，所以必须要节制。蔡沈注"节性"为"节其骄淫之性"，笔者以为此"节性"强调的应是一个过程，即节制其自然而有之欲望（即天性）过度之后的肆意泛滥，有荀子"性恶"之义的萌芽，而不应仅解作节制其自然而有之欲望①，若是，则与前文所论之"俾尔弥尔性"等冲突。且"骄淫之性"非生而即有，而是后天习养生成，盖人生而即有之欲望大都相同，但后天之习养习惯分殊各异，则其心所生之欲求也各不相同，孔子所谓"性相近，习相远"是也，所以人的欲望有两种，一是生而即有之欲望本能；一是后天习养生成的欲望。无论哪一种，若不及时加以克制而任由本能欲望释放，则必然伤及德行，所以在一定程度上，"节性"的过程就是"成德"的过程，而"成德"的思想在先秦时期是经历了由外到内的发展演变过程的，故此"性"字之意义演化过程也表现为由外到内且与心相合的过程，在本书中实即第二义之产生及演变过程。

关于第二层含义，"性"可理解为本性、常性，是就一般情况下人物所表现出之"情欲"（第一层含义）的来由和根据，从心从生，明显地表现出"心""性"合一的倾向，即"性"由原先的外在于人"心"的自然而有之常态内在化为人"心"中之所本然的倾向，已经半步踏入超越的层面，是对第一层含义的升华，最后延伸出孟子的性善思想，成为宋明"天命之性"思想在先秦时期的源头。先秦学者们在论证此条时，多采用比附的手法，即通过论证"天地之性"的超越道德倾向从而推出人性之超越道

---

① 牟宗三（1999）将"性"字解释为生命中自然有的欲望本能等，"节性"等同于"节生"，笔者以为稍欠妥当，首先"节性"强调的应是一个过程，其次"性"不应该只是自然生有之欲望，还应包括人后天习养生成之欲望，不然则与"俾尔弥尔性"的观点相悖，因为一边强调应该顺从保有人之自然欲望，一边又说要节制，显然有矛盾（找不出需要"节性"的理由），除非人之自然欲望过度泛滥或生出其他过度之欲望。

德倾向^①，因为人由天地所生，则人之性也必然秉承天地之性，"天生烝民，有物有则。民之秉彝，好是懿德"（《诗·大雅·烝民》），如《左传·昭公二十五年》说：

> 夫礼，天之经也。地之义也，民之行也。天地之经，而民实则之。则天之明，因地之性，生其六气，用其五行。气为五味，发为五色，章为五声，淫则昏乱，民失其性。是故为礼以奉之……民有好、恶、喜、怒、哀、乐……哀乐不失，乃能协于天地之性。

"天地之性"表现为"天有六气"而"地有五行"，有序而相呼应，自然而然，如同有礼仪规定一般，是以"气"所聚合演化的"五声"、"五味"及"五色"的秩序应该与人性所自然呈现之喜怒哀乐与好恶一般对应稳定且不昏乱，换句话说，"天地之性"的自然而然也应该是人性的自然而然，人性若昏乱则必然"失其本性"，所以人性只有保持喜怒哀乐及好恶的情感之所发与"天地之性"之自然而然和有序协调起来，才能长久。这就要求人性需要"依礼而发"，正如"天地之性"之"依于礼"一般。事实上，"天地之性"作为"礼"成为规范人们行为准则的思想在先秦并不少见，如《左传·成公十三年》说：

> 吾闻之，民受天地之中以生，所谓命也。是以有动作礼义威仪之则，以定命也。能者养以之福，不能者败以取祸。

"天地之中"即"天地之性"，与上文"则天之明，因地之性"义同。古人常以"中"表示"礼"，这与孔子所论礼之"中庸"一脉相承，如《礼记·仲尼燕居》说："子贡越席而对曰：敢问将何以为此中者也。子曰，礼乎礼！夫礼所以制中也。"《荀子·儒效》篇也认为："曷谓中？曰：礼义是也。"可见，人性源于"天地之性"，而又同以礼为根本。然则礼之所在毕竟属外在约束，礼作为人性之内容虽有超越性的道德意义，但依然是由外在的"天地之性"所赋予的，仍是由外到内的思路。所以《左传·襄公十四年》又说：

---

① "推天道以明人事"的思路在先秦时期非常普遍，往往典籍中上半句是说天道，下半句便是人道，如《易传》的"天行健，君子以自强不息；地势坤，君子以厚德载物"便是明证。曹峰先生曾专门提到，参见杜维明等（2012）。

　　天之爱民甚矣。岂其使一人肆于民上，以从其淫，而弃天地之性？必不然矣。

　　这里的"天地之性"直接变成"爱民"，则人性也不能不"爱民"。爱人者，其爱发自内心，"仁者爱人，有礼者敬人"（《孟子·离娄下》），"为仁由己"（《论语·颜渊》），当其将人性归结为"爱"时，就已经表明了人性由原始之生而即有的自然欲望开始逐渐蜕变为人心中内在的道德义理规定性，也就为"性"字由外到内的演化历程打开了思维道路，也就开始了先秦心性合一论的思想历程。换句话说，"性"字脱离"生"字而独立演化的过程就是"心""性"合一的过程，"即生言性"的传统便从这里开始发生质变，衍生出"即道德义理言性"（即心言性）的传统。

　　综上可知，"即生言性"的传统，实是中国古代哲学人性论的根本传统。其作为中国人性论的开端，在先秦时期，已然形成儒家人性论的传统，只是表达尚未成熟[①]，笔者将其分为三个方向：一是强调"生之谓性"，以人生而有的自然欲望为人性之根本，以告子和荀子为主要代表，此为后世学者所谓"气质之性"的源头之一。二是与"生之谓性"相对，强调人性之根本在于天赋于人心中的"仁、义、礼、智"等道德义理及其扩充显现的全体，以孟子为主要代表，此为后世学者所谓"天命之性"的源头。三是"孔孟之间"心性论发展之过程表现出的复杂现象，即一方面继续主张"生之谓性"，成为荀子"性恶"思想的来源之一；一方面又表现出"仁、义、礼、智"等道德义理之强烈的内在化倾向，为孟子"性善"思想铺路[②]，以郭店楚简的《性自命出》为主要代表，宋儒虽未见此萌芽状态的"天命

[①] "即生言性"的传统通常表现为从生命物的出生、生长及其呈现来看待和理解"性"，梁涛（2008a）将其归纳为三个方面：一是人由天生，性由天赋，是所谓生而即有之自然而然者，生之然者也；二是以气言性，性指适宜生命生长发展的过程，因为气是万物的始基且始终是变动不居的，所以气所构成的人性也是动态的、活动的，这便是后天之习养也能放纵原始欲望甚至在心里产生新的欲望的原因；三是性需要后天的培养，养性乃成。可见，即生言性的传统一方面衍生出"即心言性"的传统，另一方面对后儒所谓"气质之性"的讨论也逐渐深入。

[②] 如郭齐勇（1999）认为以"喜怒哀悲之气"和"好恶"来界定"性"的同时就已经预设了此能好人的、能恶人的"好恶"之"情"即是"仁"与"义"的可能，又说并没有完全排拒"情气"好恶中的"善端"，这就为后世的性善论埋下了伏笔。需要说明的是，笔者在这里只是强调《性自命出》的人性论是先秦儒家人性论向孟子性善论过渡的中间阶段，并不是承认其本身就已经是性善论的意思，实际上学术界对《性自命出》是否有性善论的看法并不一致，如吕绍纲（1999）就认为《性自命出》没有性善论思想，《中庸》合性命为一，天命善，故性必也善。《性自命出》分性命为二，故言性善，显得理论乏力。

之性"与"气质之性"的融合，却从孟荀人性论得出相同的结论，可谓思之真切也。有鉴于此，笔者在总结先秦诸家论性之特点及其思路之分别的基础上，将本节分为三部分：第一部分"即道德义理言性"，以"浩然之气"阐述孟子的"性善"思想；第二部分"即生言性"，强调"生之谓性"，以《性自命出》、告子及荀子为主要代表①；第三部分即其他与人性论相关的气思想，如帛书《五行》的"仁气"、"义气"和"礼气"等。

一、"浩然之气"：天命之性的源头

关于"浩然之气"是不是气的问题，学术界也曾有过讨论。②王博先生认为"以气论性"实际上是说性被气化了，与仁气、义气、礼气、智气或者浩然之气的讨论不同，后者的气是心所具有的仁义礼智的本性在外的呈现，所以两者是不相同的。在这里，王博先生认为"浩然之气"是人之本性的外在呈现，属于道德义理的形上层面，与《性自命出》之"以气论性"及告子所说的"生之谓性"截然不同，所以他强调孟子关于人性的讨论基本上是对"以气论性"传统的纠正，甚至可以说是在这个传统之外提出了另一个传统，即"以心论性"（杜维明 等，2012）。这等于说"浩然之气"不是气，所以"浩然之气"关涉人性的问题不是"以气论性"的传统，而是"以心论性"的传统。梁涛先生则认为孟子开出了心的传统并不是以气来谈性而是以心来谈性的说法有问题。这等于是说：尽管"浩然之气"是"集义所生"，指向心中之天赋道德，但仍然是气。然到底是什么气呢？梁涛先生认为，"浩然之气"是"德气"，与孟子所论的"血气"相区别，而与《民之父母》将德视为一种气的观点相同（杜维明 等，2012）。杜维明等（2012）也说"浩然之气"当然是集义而生的气，按孟子讲，仁义内在，性由心显，那义一定是内。李景林先生认为《孟子》所说"浩然之气"是通过修养呈现出的气象和精神力量，有着夜气或平旦之气这两种先天根据，即"浩然之气"不仅是气，同时也是一种存在上的精神力量，指向德性，并具有发行实践的力量（杜维明 等，2012）。统合上述观点，笔者以为"浩然之气"是气，但与《孟子·公孙丑上》所论的"夫志，气

---

① 虽然《性自命出》表现出了性善论的倾向，但毕竟没有正式提出"四端"及"性善"的思想，且其人性思想的很大篇幅依然是"生之谓性"的思路，所以姑且归于此处。至于荀子，虽然其关于人性的理解和告子不在一个层面上，也与《性自命出》不同，但因为其仍然强调"生之谓性"，且与孟子相对，也姑且归于此处。

② 关于仁、义、礼、智"四端"是不是气的问题，韩国学术界曾有过专门的讨论，是所谓"四、七之辩"。因内容复杂繁多，笔者不再赘述，论者可参阅杨祖汉（2008）及李明辉（2008）等。

之帅也；气，体之充也"的"血气"不同。前者是一种存在和实践的精神力量而非血气之属，直接与人的德性有关，是由仁义或理义贯通其中并显现"仁义之心"或"良心"的才具（李景林，2007）；后者则是人之生命的物质基础。孟子依然延续着"以气释性"的思路，所不同的是，孟子的"性"是天赋于人心中的仁、义、礼、智"四端"，所以也只能用"浩然之气"而不能用"血气"来解释"性"。要解决好这个问题，笔者以为可分三步走：第一步，解决"浩然之气"究竟是怎样的一种气的问题；第二步，弄清楚孟子人性论的本质；第三步，反思"浩然之气"在孟子人性论中的地位及其作用。下面笔者将分而述之。

（一）"浩然之气"究竟是怎样的一种气

在《孟子》一书中，仅一处两次出现"浩然之气"，是在《公孙丑》章句上：

> （公孙丑问曰）"敢问夫子恶乎长？"
> （孟子）曰："我知言，我善养吾浩然之气。"
> "敢问何谓浩然之气？"
> 曰："难言也。其为气也，至大至刚，以直养而无害，则塞于天地之间。其为气也，配义与道；无是，馁也。是集义所生者，非义袭而取之也。行有不慊于心，则馁矣。我故曰，告子未尝知义，以其外之也。必有事焉而勿正，心勿忘，勿助长也。无若宋人然：宋人有闵其苗之不长而揠之者，芒芒然归。谓其人曰：'今日病矣，予助苗长矣。'其子趋而往视之，苗则槁矣。天下之不助苗长者寡矣。以为无益而舍之者，不耘苗者也；助之长者，揠苗者也非徒无益，而又害之。"

孟子明言"其为气也"，就是说"浩然之气"确实是一种气，是一种"至大至刚"的气。盖中国哲学思维与西方不同，我们在回答问题时常常是描述性的，而西方思维则常常以下定义的方式，这便是孟子不正面回答"浩然之气"是什么而只是不断描述其生成发展及养护状况的原因。孟子认为"浩然之气"虽然有着可以"至大至刚"的无限潜能，但必须要有"养"的过程才能使其不断扩张而至"塞于天地之间"，否则就没有力量了。如何"养"？孟子提出了三个必备的要素，即"直养无害"、"配义与道"和"集义所生"。所谓"直养无害"，意即用正道去养护而不损害它，对于"直养"，赵岐分别注为："正直之气"和"养之以义"，笔者以为这里不应分开注解，因为分开解释之后，则多出"正直之气"，此气若与"浩然之气"相同，则属于循环论证，也使得"养之以义"与下文"集义所生"重复；若不与"浩然之气"相同则又凭空多出一个"正直之气"，孟子并未对此有过解释，于理不合。所以笔者以为应当作一个整体的偏正结构来理解，即"用正直的方法去养护"，则"直"可解为正直、挺直，与孟子论曾子养勇的"自反而缩，虽千万人吾往矣"之"缩"义同且呼应（晁福林，2004），由下文的"行有不慊于心，则馁矣"及"不直，则道不见，我且直之"（《孟子·滕文公上》）可得证明。所谓"配义与道"，论者常以"义"与"道"同等而论，其基础在将"与"字看作连词而只以"配"字为不分主次的动词①，唯白奚（1995b）提出不同看法。白先生认为"配"字和"与"性质相同，都是动词，且"配"字有从属之分而"与"字无主次之别，又认为"义"与"道"，在先秦时期，本就分属两个不同层次，"道"比"义"层次更高，则"配义与道"就变成两个阶段性的步骤，即"与义相配"和"与道相合"，前者是后者得以实现的途径和手段，后者则是前者的目的和结果，白先生所论甚详，笔者从其议。所谓"集义所生"，学术界的分歧也不可谓不大，程朱都认为"浩然之气"是人之先天所本有，修养的功夫只是去除私意之弊而回复人生之初禀于天的本来面目。②冯友兰（2010）则明确认为浩然之气是"集义所生者"而不是"集义"所恢复者，故程朱所说显然与孟子的意思不合，即孟子以行义为心的自然的发展，行义既久，浩然之气自然由中而出。可见冯友兰先生认为"浩然之气"是人后天"集义"所生成的。李景林（2007）根据孟子"性善""四端"的理论特色认为，冯友兰先生所谓"浩然之气"的后天"创生"说是对的，程朱的"复其初"说也有道理，所以应该结合两者才能真正理解浩然之气的思想本质。笔者以为"浩然之气"既然能经历从有到无的过程，即因为有"害"而丧失殆尽以致毫无力量，"无是，馁矣"，就必然也同样有从无到有的过程，朱子自己也曾说："某直敢说，人生时无浩然之气，只是

---

① 如朱熹注曰："配者，合而有助之意。义者，人心之裁制。道者，天理之自然。馁，饥乏而气不充体也。言人能养成此气，则其气合乎道义而为之助……若无此气，则其一时所为虽未必不出于道义……而不足以有为矣。"其中"道义"就体现为"道与义"的意思。

② 朱子解释"浩然之气"说："本自浩然，失养故馁。唯孟子为善养之以复其初也。"又说："盖天地之正气，而人得以生者，其体假如是也。惟其自反而缩，则得其所养；而又无所作为以害之，则其本体不亏而充塞无间矣。程子曰：'天人一也，更不分别。浩然之气，乃吾气也。养而无害，则塞乎天地；一为私意所蔽，则欿然而馁，却甚小也。'"

有那气质昏浊颓塌之气。这浩然之气，方是养恁地。"（《语类·卷五十二》）如果仅是如此则必然不符合朱子和孟子的本义，因为"气质昏浊颓塌之气"从来不能生出人心中的"仁、义、礼、智"等伦理纲常，而朱子强调"人人心中有一太极"，"太极"者，人之先天所本有，意即为"仁、义、礼、智"等伦理道德，孟子"四端""性善"之论亦然，所以这里朱子说的"无浩然之气"指的是没有"浩然之气"养成之后的气象和精神状态，而不是指没有养"浩然之气"的潜能和可能，这从"本是浩然，被人自少时坏了，今当集义方能生"（《语类·卷五十二》）可得证明。故此，笔者以为只有以"创生性"与"先天性"之结合才能更好地解释"浩然之气"。需要说明的是，孟子这里的"集义所生"指的是一个长期的修养功夫，与"反身而诚"及孔子的"一日克己复礼，天下归仁焉"有本质不同，因为这里的"义"与人心中本有之"义"不同，心中本有之"义"是人之"四端"，作羞恶解，需要反身内求才能保有和扩充，而这里的"义"是一种外在的伦理规范和行为的原则（陈来，2010），作"人路"解，这与孟子强调"仁义内在"并不矛盾①，因为正是由于"义"作"人路"解，才可能被后天所"集"，如"见义不为，无勇也"（《论语·为政》）。也正因为需要"集义"，所以养"浩然之气"是一个长期的道德践履过程，"非义袭而取之也"。当然，"义"虽有"人路"的意思，"集义"也有遵循外在之路径的要求，但这只是养"浩然之气"的手段和方法，其本质仍然是借以修养和光大自己的德行以保有和扩充心中之"四端"，即"集义"养"浩然之气"实是心中之"四端"的外化，或者说"集义"的潜能和原因都来源于人之善性，因为外在的伦理的规范或正义的原则本都源于天所赋予人之本性，两者是一脉相承、相为表里，"行有不慊于心，则馁矣"，这便是孟子说"告子未尝知义，以其外之也"的根本原因了。且正因为养"浩然之气"是一个长期的内外兼修的过程，所以孟子以宋人揠苗助长之例告诫人们：一定要持之以恒地"集义"以养"浩然之气"，既不能由于它是一个长期、艰苦的过程而失去恒心，弃而不养，也不能失去耐心，操之过急，揠苗助长（张奇伟，2001）。

---

① "义"在《孟子》并不是只有"羞恶"一个表示内在的意思，还有表示外在的"人路"的意思，如《孟子·离娄上》说："仁，人之安宅也；义，人之正路也。旷安宅而弗居，舍正路而不由，哀哉！"在《告子上》中又说："仁，人心也；义，人路也。舍其路而弗由，放其心而不知求，哀哉！人有鸡犬放，则知求之；有放心，而不知求。学问之道无他，求其放心而已矣。"可见在这里，"仁""义"是一内一外，互为表里，"仁"是仁爱原则，"义"是正义原则，成为孟子修养论的根本，并不矛盾。

综上可知，"浩然之气"实是具有行动力的后天养成的精神性概念[1]，但又有着先天的存在根据，即以道德之善为其基础，表现为处于高尚道德境界所具有的大义凛然、无所畏惧的主观精神状态和外显心理意志气象，由"集义"而来，是人心自然生发的正气（周淑萍，2004）。故而除了上述三种养护的方法，还可以通过"知言"来养护，这也正是孟子批评告子"不得于言，勿求于心"之故。[2]《孟子·公孙丑上》说：

> （公孙丑曰）"何谓知言？"
> （孟子曰）曰："诐辞知其所蔽，淫辞知其所陷，邪辞知其所离，遁辞知其所穷。生于其心，害于其政；发于其政，害于其事。圣人复起，必从吾言矣。"

所谓"知言"，冯友兰（2010）解释为"明道"的一个方面，而所以能知是因为其对于义理已有完全的知识。盖"诐辞""淫辞""邪辞""遁辞"等虽皆有鄙陋不妥之处，然却都生于人心，成为心中之"志"的重要方面，是保有和扩充"四端"的最大障碍，其一旦为"气之主"，则养"浩然之气"势必不能成行，而若能知其所鄙陋之处，则又能进一步"明道"，养"浩然之气"的过程也将变得不再那么艰难，甚至能做到"反身而诚，乐莫大焉"（《孟子·尽心上》）。

除"浩然之气"外，孟子在《告子上》还讲到"夜气"和"平旦之气"，学界一般把这章称作"牛山之木章"，其也是《孟子》中唯一提到"夜气"

---

① 关于"浩然之气"的精神性理解，冯友兰先生将其理解为个人在最高境界中之精神状态；张立文先生也认为"浩然之气"是以内在道德之善作支撑而表现出的一种精神力量，既不是自然界的天地之气，也不是人体内的阴阳之气，而是一种道德精神。可参阅蔡方鹿等（1990）。张奇伟（2001）亦将"浩然之气"理解为心志之气而非物质之气。

② 关于"知言"与"养气"的关系，学术界并无一致定论，主要有三种意见：第一种以程朱为代表，认为"知言"是"养气"的基础，如其说："人之有言，皆本于心。其心明乎正理而无蔽，然后其言平正通达而无病；苟为不然，则必有是四者之病矣。"又引程子的话说："心通乎道，然后能辨是非，如持权衡以较轻重，孟子所谓知言是也。"又曰："孟子知言，正如人在堂上，方能辨堂下人曲直。若犹未免杂于堂下众人之中，则不能辨决矣。"（《四书章句集注·公孙丑上》）第二种意见认为"养气"是"知言"的基础，如郭绍虞（2008）说，如能胸中养得一团浩然之气则自然大至刚，自然不致流为诐辞、淫辞、邪辞、遁辞矣，孔子所谓"有德者必有言"，也即此意；不过孟子始拈出一个"气"字耳……所以知言是消极的对人的，因言以知心；养气是积极的对己的，养气以立言。第三种意见认为"知言"与"养气"并无明确必然的逻辑关联，而是同属于孟子的两个不同问题的重要观点，如杨泽波（1998）认为"知言"与"养气"是孟子的两个重要论点，但它们属于两个不同的问题，其间没有必然的逻辑联系，否则会造成理论上的混乱。"

和"平旦之气"的地方，如下：

> 孟子曰："牛山之木尝美矣，以其郊于大国也，斧斤伐之，可以为美乎？是其日夜之所息，雨露之所润，非无萌蘖之生焉，牛羊又从而牧之，是以若彼濯濯也。人见其濯濯也，以为未尝有材焉，此岂山之性也哉？虽存乎人者，岂无仁义之心哉？其所以放其良心者，亦犹斧斤之于木也，旦旦而伐之，可以为美乎？其日夜之所息，平旦之气，其好恶与人相近也者几希，则其旦昼之所为，有梏亡之矣。梏之反覆，则其夜气不足以存；夜气不足以存，则其违禽兽不远矣。人见其禽兽也，而以为未尝有才焉者，是岂人之情也哉？故苟得其养，无物不长；苟失其养，无物不消。孔子曰：'操则存，舍则亡；出入无时，莫知其乡。'惟心之谓与？"

这里孟子用比喻的手法，提出"才"的观念，即"牛山"之所以光秃秃不是其本性如此，而是因为人们的不断砍伐和放牧，这如同现实之人的"恶"一样，不是因为其本身不具备"仁义之心"，而是因为其不断地反复摧残，以至于日夜所自然涵养的"夜气""平旦之气"所保有的"善性"丢失殆尽，故而呈现出"恶"来。其中，人之本来面目，即本具有"仁义之心"的全体和功能，就是"才"。需要说明的是，孟子所谓"才"，与后儒所言才性气质有本质不同。后儒言才性气质，注重人的禀赋区别和个体差异，如魏晋人言才性，目的在于强调人之禀赋之不同，宋儒则在于解释个体差异的问题。但孟子却是落实到与人性相关之精神性的"气"上说的，如"夜气""平旦之气"，可见孟子之"才"指的是"性"之内在于其中的普遍性的才具或实存性基础，其着重点是人存在的通性而不是个体禀赋的差异，换句话说，"才"是一个标志人的实存总体的观念，以"平旦之气"和"夜气"为基础，本就自然具有"仁义之心"，是德性或善性的实存基础，即能够在"好恶"之情上显现出"良心"或"仁义之心"的存在整体。[①]

---

① 此处关于"才"的观点多采用李景林（2013b）的意见。此外，《孟子·告子上》中还有两处也提到"才"，也都是就人性存在于人之通性而言的，都指的是德性和善性的实存基础，如"乃若其情，则可以为善矣，乃所谓善也。若夫为不善，非才之罪也。恻隐之心，人皆有之；羞恶之心，人皆有之；恭敬之心，人皆有之；是非之心，人皆有之。恻隐之心，仁也；羞恶之心，义也；恭敬之心，礼也；是非之心，智也。仁义礼智，非由外铄我也，我固有之也，弗思耳矣。故曰：'求则得之，舍则失之。'或相倍蓰而无算者，不能尽其才者也"。"孟子曰：富岁，弟子多赖；凶岁，弟子多暴，非天之降才尔殊也，其所以陷溺其心者然也。"

然则何谓"平旦之气"和"夜气"呢？"平旦之气"者，有如天地万物之运行在经过一夜之生息后于清晨而散发的未受污染和影响的自然清新之气一般，指的是人清晨没有被外物、外事打扰所保有的纯一、清静的精神之气或状态；"夜气"者，有如天地万物于夜间生息的寂静、本然的自然之气一般，指的是人在不受外在影响的情况下内心善性自然而发的精神之气或状态。可见，两者其实只是一种"气"，只不过是在不同状态和时段表现出的人性本然之气，如一个是在清晨，一个是在夜里。其突出的特点就是必须在不被打扰的寂静自然的状态下，人才能不自觉地涵养自己的本性善性，否则除非是善于修养的功夫，不然"旦昼之所为"，就很可能让自己"日夜之所息"的"夜气""平旦之气"丢失，若反复如此，则纵使再处夜间、清晨也不足以保有"夜气""平旦之气"，到那时人便与禽兽无异，因为人与禽兽的区别主要就在于有"四端之心"并能自觉保有和扩充之，而一旦丧失了"平旦之气"和"夜气"的先天实存基础，人性便也随之"梏亡"，人也就不足以为人了。

（二）孟子人性论的本质

孟子尝借助于"人禽之辨"来说明人性。除了上文所说"夜气不足以存，则其违禽兽不远矣。人见其禽兽也，而以为未尝有才焉者，是岂人之情也哉？"还在多处提到，如下：

（1）君子之于禽兽也，见其生，不忍见其死；闻其声，不忍食其肉。是以君子远庖厨也。（《孟子·梁惠王上》）

（2）当尧之时，天下犹未平，洪水横流，泛滥于天下。草木畅茂，禽兽繁殖，五谷不登，禽兽逼人。兽蹄鸟迹之道，交于中国。尧独忧之，举舜而敷治焉。舜使益掌火，益烈山泽而焚之，禽兽逃匿。……人之有道也，饱食、暖衣、逸居而无教，则近于禽兽。圣人有忧之，使契为司徒，教以人伦：父子有亲，君臣有义，夫妇有别，长幼有序，朋友有信。（《孟子·滕文公上》）

（3）尧舜既没，圣人之道衰，暴君代作……园囿污池，沛泽多而禽兽至……周公相武王，诛纣伐奄……驱虎豹犀象而远之，天下大悦。……圣王不作，诸侯放恣，处士横议，杨朱墨翟之言，盈天下，天下之言，不归杨则归墨。杨氏为我，是无君也；墨氏兼爱，是无父也。无父无君。是禽兽也。公明仪曰：'庖有肥肉，厩有肥马；民有饥色，野有饿莩，此率兽而食人也。'杨墨之道不怠，孔子之道不着，是邪说诬民，充塞仁义也。仁义充塞，则率兽食人，人将相食。吾为此惧，闲先圣之道，距杨墨，放淫辞，邪说者，不得作，作于其心，害于其事，作于其事，害于其政，圣人复起，不易吾言矣。（《孟子·滕文公下》）

（4）孟子曰："人之所以异于禽于兽者几希，庶民去之，君子存之。舜明于庶物，察于人伦，由仁义行，非行仁义也……君子所以异于人者，以其存心也。君子以仁存心，以礼存心。仁者爱人，有礼者敬人。爱人者人恒爱之，敬人者人恒敬之。有人于此，其待我以横逆，则君子必自反也：我必不仁也，必无礼也，此物奚宜至哉？其自反而仁矣，自反而有礼矣，其横逆由是也，君子必自反：我必不忠。自反而忠矣，其横逆由是也，君子曰：'此亦妄人也已矣。如此则与禽兽奚择哉？于禽兽又何难焉？'是故，君子有终身之忧，无一朝之患也。（《孟子·离娄下》）

从（1）句可以看出，人与禽兽有着根本的等级划分，即人吃禽兽天经地义，因为即使是君子，也只是远离庖厨，而不是因为"不忍见其死"就不吃或倡导不杀。所以远庖厨者，是因为君子善存"四端之心"，"君子所以异于人者，以其存心也"，其见"禽兽之死"好比见"孺子入于井"，必然"恻隐之心"大发，若弃之不顾，等于是不能养心存性，自然有伤德行，更有伤于前文所述之"平旦之气"和"夜气"，若阻止便是有违天地伦常①，君子叩其两端而取中，是所以远庖厨也，此一句点出了人与禽兽的区别，但并没有指出具体区别在何处。（2）句则直接道出了具体的区别，即人之群居约束乎"礼"，是所谓"人伦"，根据个体在类生活中的不同地位而有相应的"礼"来约束，使得整个社会井然有序、稳定团结，"父子有亲，君臣有义，夫妇有别，长幼有序，朋友有信"，如此这般才能将人与禽兽区别开来，因为人与禽兽都有饱暖、逸居的需求，若无"礼"以区别之，则与禽兽无异，所以圣王心忧天下，就是带领人们远离禽兽一般的生活，找到属于人类自身的生活。（3）句可以说是对（2）句所论内容的诠释和延伸，圣王之治理天下也，不仅在于驱离禽兽以获得人类自身的生存环境，更在于拨乱反正，对人类在长期生存过程中形成的错误的文化

---

① 儒家向来主张"人为万物之灵"的思想，典籍中广有记载，如《尚书·周书·泰誓》说："惟天地万物父母，惟人万物之灵。"《孝经》说："天地之性，人为贵。"荀子说："人有气、有生、有知，亦且有义，故最为天下贵也。"人为天地万物之最灵最贵者，故可以上体天道、下察万物，拥有最大的主宰权。

和习俗进行矫正，以明确人类与禽兽之不同，好教化万民，如杨朱、墨翟之言，就是无父无君之辞，虽冠之以"为我""兼爱"之思想，实则与禽兽之生存无异，等于是"率兽食人"，必须坚决反对，其不仅是诬民之邪说，更在于"充塞仁义"，障碍孔子之道的显现，若于人心处显现，就必然"害事""害政"，是故必须距之。（4）句则顺此思路开始阐述孟子自己关于人与禽兽之区别的思想。所以不同者，用孟子的话说，仁义之本性也。何为其然也？孟子言"人之所以异于禽于兽者几希，庶民去之，君子存之"，接下来又说，"君子所以异于人者，以其存心也。君子以仁存心，以礼存心"。可见，人与禽兽之不同在于人心之有"仁礼之心"。所谓"去""存"者，说明心中先天即有此"仁礼之心"，不然则无所谓"去""存"也。实际上，在孟子看来，人与禽兽的不同不仅在于人本有"仁礼之心"，如《孟子·告子上》说：

　　孟子曰："乃若其情，则可以为善矣，乃所谓善也。若夫为不善，非才之罪也。恻隐之心，人皆有之；羞恶之心，人皆有之；恭敬之心，人皆有之；是非之心，人皆有之。恻隐之心，仁也；羞恶之心，义也；恭敬之心，礼也；是非之心，智也。仁义礼智，非由外铄我也，我固有之也，弗思耳矣。故曰：'求则得之，舍则失之。'或相倍蓰而无算者，不能尽其才者也。诗曰：'天生烝民，有物有则。民之秉夷，好是懿德。'孔子曰：'为此诗者，其知道乎！故有物必有则，民之秉夷也，故好是懿德。'"

　　此处涉及"性""心""才""情"，而关键在于对"情"的理解。考察诸家之论，"情"的解释主要集中在两个方面：一为情感，即心有感于物而发之心理情绪和意志；一为情实，即事物之本然存在状态。首先，作为情感解，则"性""情"皆统于"心"，"性"为"情"之本，"情"是因"心"中之"性"有感于"物取"而发，如朱子说："乃若，发语辞。情者，性之动也。人之情，本但可以为善而不可以为恶，则性之本善可知矣。"（《四书章句集注·告子上》）这与《性自命出》所论"情生于性"相一致[①]，即所谓"性之动"者，实是"心"有感于外物而生"情"，是"物取之"而"性"本身寂然不动，但因为"性"是人所得于天者，故其生来就在人的"心"中，"心""性""情""才"，本就是内在统一的整

------

① 关于《性自命出》的"性""情"论，详见本章本节第二大点。

体。^①这正好驳斥了学界关于宋明儒学与先秦儒学无关的观点，相反，包括《性自命出》在内的郭店楚简的出土强有力地证明：宋明儒学与先秦儒学的关系，远比我们想象的要更亲近、更内在。^②与朱熹拥有同样意见的还有程瑶田^③和焦循^④，皆主张"情"即情感，乃"性之动"，与"性""相为表里"。其次，作为情实解，尤以戴震为最著，他在《孟子字义疏证》中说："首云'乃若其情'，非性情之情也。孟子不又云乎：'人见其禽兽也，而以为未尝有才焉，是岂人之情也哉！'情，犹素也，实也。孟子于性，本以为善，而此云'则可以为善矣'。可之为言，因性有等差而断其善，则未见不可也。下云'乃所谓善也'，对上'今曰性善'之文；继之云，'若夫为不善，非才之罪也'。为，犹成也，卒之成为不善者，陷溺其心，放其良心，至于梏亡之尽，违禽兽不远者也；言才则性见，言性则才见，才于性无所增损故也。"现代学者丁为祥（2013）先生从其议。比较双方之言论，确各有道理，各有证据，盖中国学问，博大精深，相同词句作不同解释本属正常，只要能切合论者之思想主旨即为有用，更何况该词句本就有不同含义，此所谓"六经注我，我注六经"之辩也，实为中华文化的一大特色。后世学者，不必非得较真孰是孰非，而只应根据自己的理解，自圆其说，得出对自己之学问和人生有用的"为己之学"即可。^⑤是所以笔者统观上下诸意思及《孟子》文本，窃以为不必按照"非此即彼"

---

① 李景林（2009）主张"性""心""情""才""气"的内在一体观，他说"乃若其情……非才之罪也"是从情的角度言"才"。"求则得之……不能尽其才者也"是从"性"的角度言"才"，"非天之降才尔殊也，其所以陷溺其心者然也"是从"心"的角度言才，"夜气不足以存……而以为未尝有才焉"是从"气"的角度言"才"。笔者以为然，故采其说。

② 杜维明等（2012）在开会时说李学勤最近提出一个非常重要的观点：宋明学者对先秦思想的吸收和掌握远远比我们以前想象的要内在。杜先生借此以反驳认为宋明儒学基本上离开了先秦儒学的观点，并认为李学勤先生所提观点值得深入思考。

③ 程瑶田是戴震早年的同窗好友。他在《通艺录·论学小记》中曾说："孟子以情验性，总就下愚不移者，指出其情以晓人。如言恻隐、羞恶、辞让、是非之情，为仁义礼智之端，谓人皆有之者，下愚不移者亦有也。故乍见孺子入井，皆有怵惕恻隐之心，正谓下愚不移者皆如是也。故曰'乃若其情，则可以为善'。'乃若'者，转语也。即如下文'若夫'字生根。'其情'者，下愚不移者之情，即下文'为不善者'之情也。曰'可以为善'者，可不可未可知之辞，然而未尝不可以为善也。'若夫为不善'，乃其后之变态，非其情动之初，本然之才便如此也。性善之义，至孟子言，乃真透根之论。即今日人人可自验，人人可自信其性之无不善也。"（《孟子正义》）

④ 焦循（1987）《孟子正义》中载："若，顺也，性与情，相为表里，性善胜情，情则从之。《孝经》曰：'此哀戚之情。'情从性也，能顺此情，使之善者，真所谓善也。若随人而强作善者，非善者之善。若为不善者，非所受天才之罪，物动之故也。"

⑤ 如黄宗羲（2008）言："学问之道，以各人自用得著者为真。凡依门傍户，依样葫芦者，非流俗之士，则经生之业也。"（《明儒学案·发凡》）

的思想方式去解释"情",即"情"本就有情感、情实诸意思,只是在不同语境和面对不同的对象时体现为不同意思,正如人之"性"一样,既有"寂然不动"处也有"感而遂通"处。要之,当"情"指物之"情"时,皆作情实解,当"情"指人性时,于其静处,则指"寂然不动"之本然之性(情实),于其动处,则指"感而遂通"之情感。故若只就"乃若其情"一句讨论,则朱熹和戴震的解释都可以说得通,区别只在于从什么角度去阐释。但若关照到下文所说"则可以为善"时,笔者以为应该解作情感更合理,即以"情"解释人性之动处。需要说明的是,笔者此论是以"以情指性""即情显性"为理论前提,而此前提正是先秦时期儒家学者的共识和理论思维的发展方向。因为在先秦儒家那里,"性""情"不分或者说区分不明显,如《大戴礼记·文王官人》说:"民有五性,喜怒欲惧忧也。"《荀子·正名》说:"性之好、恶、喜、怒、哀、乐谓之情。"即使是主要讨论"性""情"关系的《性自命出》,也常常直接将"性""情"等同,如"好恶,性也","喜怒哀乐之气,性也",《孟子》也以"恻隐、羞恶、辞让、是非"之"情"释"性"。总而言之,先秦儒家虽区别"情""性",但从不否认它们之间的关系,相反更多地以为"情""性"之间主要处于同一平面的关系①,纵然在孟子那里"性"被作为天赋之高高在上的善端(正体现了先秦人性论由孔子到孔子后学如《性自命出》《五行》等,再到孟子的思维发展方向),其也必然"即情而显",统一于"心"和"才"。②事实上,"即情显性"是先秦儒家一贯的思路,在孟子甚至《性自命出》以前就已经大量存在,只是其必须由"性"之内涵及其与"情"之关系确立后才能彰显,如《左传·僖公二十八年》说:"晋侯在外十九年矣,而果得晋国。险阻艰难,备尝之矣;民之情伪,尽知之矣。"《礼记·祭义》说:"教民相爱,上下用情,礼之至也。"在《乐记》中又有"情动于中,故形于声""礼乐之情同,故明王以相沿也",《论语·子路》说:"上好义,则民莫敢不服;上好信,则民莫敢不用情。"至此,

---

① 如韩东育(2002)认为《性自命出》的"性"和"情"几乎是同义的;郭沂(2001)也认为《性自命出》的"性"与《中庸》"天命之谓性"所论之先验而又超验的本体不同,它是以气言性,"喜怒哀乐之气,性也"。笔者以为这与先秦"即生言性"的传统有关,除孟子外,告子、《性自命出》、《荀子》及早期谈论人性的文献基本都可以归结为"生之谓性"的传统,当然《性自命出》是有着向孟子过渡的倾向的,在本节笔者已有所论,此不赘述,这里主要是强调,虽然孟子不主张"生之谓性",但是其"心""性""情"之间的关系毕竟没有形成宋儒的格局,所以主要还是近乎平面的关系,是所谓"即情显性""性由情显"。

② 李景林(2009)说孟子是归本于心以言性,发行于情以言心。所以孟子即心言性,具体地说来,就是即情显性。

则"乃若其情，则可以为善矣，乃所谓善也"，大意是：至于其（作为"性无善无不善也"、"性可以为善，可以为不善"以及"有性善，有性不善"等各种性相表现的）有善有恶之现实情感，本来都是可以表现为纯善的（因为它们都是"性"的显现），而"性"之纯善本善才是孟子所说的善。接着孟子进一步以情善诠释性善，并引出作为"心""性""情"之先天实存基础的"才"的概念。在孟子看来，"情"所以"可以为善"，是因为皆是"仁、义、礼、智"等人之本性所发之"恻隐、羞恶、辞让、是非"之情感，所以应该都是善的，若是不善则必是因为受外物之诱的影响，蒙蔽本心，阻挡了"性"之显现，而并非不能为善（非才之罪也）。可见，人心中不只有"仁"和"礼"，还有"义"和"智"，统称为"四端"，根于人心之中，是人生来所固有的，人心本善，人性本善。学术界有观点认为，孟子在这里是"以心善言性善"，因为孟子是回答公都子性善之问[①]；也有学者认为是"以情善言性善"，因为"恻隐""羞恶""辞让""是非"皆人情之表现。两种说法各有道理，可以争论，甚至相互补充，尤其是郭店楚简出土后，"孔孟之间"儒学对性情论、心性论多有发展，孟子有所吸取和应用，再正常不过。笔者以为丁为祥先生的解释很值得注意。丁先生认为最重要、最难理解的一点就在于孟子以"乃若其情"来表达超越于"性无善无不善也"、"性可以为善，可以为不善"以及"有性善，有性不善"等各种性相表现之本然而又本真的情实之性。故此所谓"可以为善矣"就是指人超越的本然之性，而由这种本然之性（情实之性）所表现出来的善就是性善论的基本含义（丁为祥，2013）。由之，笔者以为孟子人性论的本质是性本善论，只是此性本善论需以先天实存的"才"为基础，因为无"才"则无人心之"四端"，也即无扩充"四端"得以修身养性的"夜气"和"平旦之气"，则人无以"自反"和"求放心"，必然渐与禽兽无异。

关于孟子人性论的内容，实际是很丰富的，但笔者限于篇幅和内容，在此只作基本的表述，目的在于探索其人性论的旨向和在其思想体系中的地位及作用。综上所论，笔者以为孟子人性论反映的是人的类本质，是孟子关于人与自然及万物关系的思考，更是对人在宇宙中所处位置及存在意义的思考，并以之探索人与世界之间的关系。孟子的结论是人为天地之最

① 公都子曰："告子曰：'性无善无不善也。'或曰：'性可以为善，可以为不善；是故文武兴，则民好善；幽厉兴，则民好暴。'或曰：'有性善，有性不善；是故以尧为君而有象，以瞽瞍为父而有舜；以纣为兄之子且以为君，而有微子启、王子比干。'今曰'性善'，然则彼皆非与？"（《孟子·告子上》）

贵，与禽兽有着根本不同，但同时又与禽兽一样属于天地大化流行之不可分割的一部分；人与禽兽最大和最根本的不同在于人有着天赋的"仁、义、礼、智"等道德伦理，这是人的本性，根于人心之中，秉承于天地之"生生不息之大德"，所以人只要不断扩充内心的善端以"尽心"，就能认识人自身的本性，即"知性"，从而达至"知天"的"天人合一"之境，是所谓"尽其心者，知其性也。知其性，则知天矣"（《孟子·尽心上》）。可见，人性论是孟子整个思想体系的基础和核心，是其"仁政"学说的源头和内在动力，更是其"天人合一"思想的理论基础和枢纽。换句话说，作为人性论之重要一维的"存心养性"功夫就成了孟子思想的核心和最大特色之一。事实上也正是如此。孟子用精神性的"气"思想来解释"存心养性"的功夫论，即以养"浩然之气"和存"夜气"及"平旦之气"作为"尽心知性知天"的前提和功夫，使得"气"作为"才"成为孟子所论善性的载体和先天实存基础，在某种程度上，可以说是开启了宋明儒学有关"天命之性"的源头。

（三）"浩然之气"在孟子人性论中的地位及其作用

孟子虽然用精神性的"气"解释"心""性"，但是并没有否认"气"的质料意涵，相反，孟子是在充分肯定"气"之质料意涵的基础上肯定"气"之精神意涵的，从其"志气之辩"即可看出。[①]在"牛山之木章"中，孟子引出"才"的概念，并将其落实到"平旦之气"和"夜气"上以作为性善的先天实存基础，可见在孟子看来，人先有"才"，"心"、"性"、"情"以及"气"都统一于"才"中，"才"作为质料意涵的"气"则是人身体的基础，作为精神意涵的"气"才是向善的根本而非必然性善，因为人之后天的修养功夫和经历完全能蒙蔽"本心"的显现，所以人之善与不善，在于"才"所表现的"平旦之气"和"夜气"是否能够被存养，在于"浩然之气"之存养是否成功，即后天的修身养性决定了人之善与不善，"非才之罪也"。可见，在孟子看来，人的"良心"天然伴随着一种自然而生的精神之气，在特殊情况下，如见孺子入井，或清晨及夜间等不受外物之诱的情况下，就会显现出来，如"平旦之气"或"夜气"，又或者表现为"情"，如"怵惕恻隐之心"及"好恶"之"情"等。盖因为人不能不应接外物，而应接外物就自然被影响以致产生诸多欲望，从而蒙蔽人们的"良心"以使其丧失与之相伴之"气"，换句话说，"平旦之气"和"夜气"

---

① "志气之辩"详见本书第四章第一节。

作为伴随"良心"而自然生发的"气"，是人性所受于天的本然之气，其本身就是"性"显现于外的载体，更是人们回复和扩充内心本性的先天实存基础，所以需要不断存养才能保有和扩充"善端"，是所谓养"浩然之气"；而养"浩然之气"的前提又是"养心"即寡欲，因为只有如此才能驱除心中的欲念，使得"直养无害"、"配义与道"和"集义所生"成为可能，从而显现心中本有之"良心"或"仁义"。相反，若不能存养，则其必然因为反复丢失而最终丧失殆尽，是孟子所谓"放其良心"者也。在这个过程中，"才"只作为"性"之外显的载体、才具，通过"心"的活动自然表现为"情"①，"乃若其情，则可以为善矣，乃所谓善也。若夫为不善，非才之罪也"。意思是：善不善不取决于"才"，而取决于"良心"即"气"而显诸"情"的实际程度和效果，即"情"是内心之"性"在外物的必然显现，无论其"良心"是否被蒙蔽，其在应接事物上所表现出的"情"都是"性"的显现，即"气"作为"才"，在应接事物上的现实表现，就是"情"，是所谓"即情显性"也。所以养心和养气就成为人养性（即保有和扩充善端）的根本手段和方法，也成为现实中人能否保有善性的前提基础。据前文所述，笔者以为"才"与"气"相对应，也该有双重含义：一是作为生命的载体和基础，标志人之实存整体，既包括"体之充"的"气"，又包括精神性的"气"②，是人之得自天的现实生命之全部，笔者将其称为"广义的才"；一种专指人"可以为善"和"本善"的潜能和才具③，以"平旦之气"和"夜气"为基础，与"浩然之气"相对应，表现为人得自天的"四端"和善性，是人得以"尽心知性知天"的根本和基础，笔者将其称为"狭义的才"。前者以"血气"为根本，虽亦可称为养气，但更多表现为养心，是所谓"养其小者"；后者以"浩然之气"为根本，是孟子所重的养性功夫，是所谓"养其大者"。前者为后者的基础，后者则是前者的目的和归宿，"尽其心者，知其性也。知其性，则知天矣"（《孟子·尽心上》）。

既然养性为最重要，何以养性必须先要养心呢？要回答这个问题就必须先回答何为养心。所谓养心，也就是养血气，因为人不得不接于外物，

---

① 这里的"情"实际指的是"情实"，即本然本真之人性，李景林（2009）认为孟子所谓的"才"就是"良心"或"仁义之心"即"气"而显现为"情"，同时"气"作为"才"在应接事物上的现实表现就是"情"。

② 关于何谓"气"及"气"与"才"的关系，李景林（2009）有一段精湛的论述。

③ 张岱年（1982）在《中国哲学大纲》中也曾提到，所谓才即天赋之可能，亦即"可以为善"之因素；所谓性善者，乃谓人生来即有为善之可能。可见，"情"与"才"都可归结为"善因"，是"可以为善"的潜能和因素。

则人心不得不产生各种欲望和情感情绪，养心就在于驱除人内心的杂念和欲望，使得心灵保持虚静和空明的状态，"养心莫善于寡欲。其为人也寡欲，虽有不存焉者，寡矣；其为人也多欲，虽有存焉者，寡矣"（《孟子·尽心下》）。如此善性才能被存有和扩充，否则便会被蒙蔽以致丧失殆尽，所以养心是养性的前提。孔子所谓"三戒"的道理正在这里。孟子也认为养心是养性的基础，因为人的现实人性有各种各样的欲望和负面的情感情绪，虽然人有"四端之心"，但并不是每个人都能"反身而诚"，相反人们随时随地都受到各种各样的诱惑和干扰，足以障碍和蒙蔽"四端之心"的显现，"饥者甘食，渴者甘饮，是未得饮食之正也，饥渴害之也。岂惟口腹有饥渴之害？人心亦皆有害。人能无以饥渴之害为心害，则不及人不为忧矣"（《孟子·尽心上》）。"人心之害"在于产生各种欲望之心和情感之心，如富贵利达之心，"欲贵者，人之同心也"（《孟子·告子上》）；如情欲之心，"人少，则慕父母；知好色，则慕少艾；有妻子，则慕妻子；仕则慕君，不得于君则热中"（《孟子·万章上》）。在孟子看来，这类欲望之心是小者，"四端之心"才是大者，修养的功夫正是去其"小者"而立"大者"[①]，"无以小害大，无以贱害贵"，因为"养其小者为小人，养其大者为大人"（《孟子·告子上》）。

事实上，"养其大者"就是保有和扩充"四端之心"，也就是养性养"浩然之气"，或者说存养"平旦之气"和"夜气"。《孟子·告子上》说：

> 公都子问曰："钧是人也，或为大人，或为小人，何也？"
> 孟子曰："从其大体为大人，从其小体为小人。"
> 曰："钧是人也，或从其大体，或从其小体，何也？"
> 曰："耳目之官不思，而蔽于物。物交物，则引之而已矣。心之官则思，思则得之，不思则不得也。此天之所与我者，先立乎其大者，则其小者弗能夺也。此为大人而已矣。"

---

① 孟子曰："人之于身也，兼所爱。兼所爱，则兼所养也。无尺寸之肤不爱焉，则无尺寸之肤不养也。所以考其善不善者，岂有他哉？于己取之而已矣。体有贵贱，有小大。无以小害大，无以贱害贵。养其小者为小人，养其大者为大人。今有场师，舍其梧槚，养其樲棘，则为贱场师焉。养其一指而失其肩背，而不知也，则为狼疾人也。饮食之人，则人贱之矣，为其养小以失大也。饮食之人无有失也，则口腹岂适为尺寸之肤哉？"（《孟子·告子上》）孟子运用比喻的手法，其所为"养小"者，指的是只顾耳目口腹之欲，"失大"者，指的是丧失道德的修养和本有的善性，此"小大之辩"是孟子思想的重要代表，其在《告子上》后文又提到"先立乎其大者"，被宋儒接受，可以说是开心学一派的最早说法。

此亦可见养心与养性之关联和区别。所谓"大者"，即"仁、义、礼、智"的道德本体，得之于天的善性、善端，虽然其一旦被确立和持守，就很难丧失，人也就必然达到很高的精神境界，但是对常人来说，确立和持守它是很困难的，除了因为不断地受到物欲的影响而必须坚持养心的功夫外，还必须要有养气的过程，笔者将其总结为"静养"和"动养"两方面。"静养"者，存有和保养"夜气"和"平旦之气"；"动养"者，"集义所生"，养"浩然之气"也。至于如何养气，前文已有所论，此不赘述。

总而言之，孟子虽然延续了孔子后学"以气言性""即生言性"的传统，但因其脱离了自然人性论[①]，而是以超越的性本善论为其思想体系之基础与核心，故而提出"浩然之气"的概念，以精神之气诠释人性，尽管精神之气非孟子首提，但以精神性的"浩然之气"、"夜气"以及"平旦之气"阐释人性，则是孟子独有之思想和理论特点，也使其成为先秦时期人性论思想之卓有成效者。在很大程度上，宋明儒者关于"天命之性"以及以"太虚之气"为"天命之性"的说法，是受到孟子很大启发的。

二、"生之谓性"与"性恶"：气质之性的源头

牟宗三（1999）曾对"性"做过分类，他说："大抵性之层面有三：一、生物本能、生理欲望、心理情绪这些属于自然生命之自然特征所构成的性，此为最低层，以上各条所说之性及后来告子荀子所说之性即属于此层者；二、气质之清浊、厚薄、刚柔、偏正、纯驳、智愚、贤不肖等所构成之性，此即后来所谓气性才性或气质之性之类是，此为较高级者，然亦由自然生命而蒸发；三、超越的义理当然之性，此为最高级者，此不属于自然生命，乃纯属于道德生命精神生命者，此性是绝对的普遍，不是类名之普遍，是同同一如的，此即后来孟子《中庸》《易传》所讲之性，宋儒所谓天地之性，义理之性者是。"可见牟先生在"气质之性"外另立了"生之谓性"者，认为两者虽不相同，但同出一源，即都以自然生命为基础。实际上宋儒并没有严格区分"气质之性"和"生之谓性"，而是认为两者是同一的，如程颢说："'生之谓性'。性即气，气即性，生之谓也。人

[①] 实际上，从孟子和告子的辩论可以看出，孟子并没有完全否定告子"生之谓性"的观点，如"食色，性也"，而只是对告子就"生之谓性"的具体理解和对"仁内义外"的观点进行了批评，所以可以认定孟子的性善论实际是对告子人性论的进一步反思与超越。梁涛（2008a）也认为"即生言性"的传统不是儒家人性论的消极面，相反是后者之不可忽视的重要内容，所以孟子并不是一概地否定"即生言性"的传统，而毋宁说是超越、发展了"即生言性"的传统。

生气禀，理有善恶……有自幼而善，有自幼而恶……是气禀有然也。"(《遗书》卷一)此"生之谓性"便是指"气质之性"；张载也说："湛一，气之本；攻取，气之欲。口腹于饮食，鼻舌于臭味，皆攻取之性也。"(《正蒙·诚明》)所谓"攻取之性"就是指"气质之性"，是由"气禀"而产生的欲望，如人生而即有的耳目口腹之欲。可见在宋儒看来，"生之谓性"本身就是由"气禀"而来之"气质之性"的题中义，但是"气质之性"并不就是"生之谓性"，因为宋儒以为"气质之性"并不仅是源自"气禀"，还是由气质本身之清浊、昏明、偏正及厚薄等不同限制和阻碍"理"或"太极"的显现造成的，"气质是阴阳五行所为，性即太极之全体。但论气质之性，则此全体堕在气质之中耳，非别有一性也"(《朱文公文集》卷六十一《答严时亨》)。即"天地之性"被气质所阻碍而呈现出的就是"气质之性"，"气质之性，便只是天地之性。只是这个天地之性却从那里过"(《语类》卷四)，又说"气质之性只是此理堕在气质之中，故随气质而自为一性"(《朱文公文集》卷五十八《答徐子融》)。所谓阻碍"天地之性"的显现，便是人心的作用，因为人心也属于阴阳五行所为之气质，其除了本由"气禀"产生的生而即有的欲望本能，还有因为"气质之偏"造成人后天习养产生的欲求，"人之刚柔、缓急，有才与不才，气之偏也"(《正蒙·诚明》)，这已经超越"生之然者"进入到更高层次的"生之所以然者"之层面了，而荀子恰恰涉及了这一问题。荀子认为人性的根本不只是关注"性之然者"，即所谓由"气禀"而来的"生之谓性"，更关注"性之所以然者"，即"生之所以然者谓之性"(《荀子·正名》)，或"生之谓性之所以然者"，正如黄彰健(1955)所说，《荀子》所言"生之所以然者谓之性"是说"生之所然的那个道理"，或者是"所以生之理"谓之性而已。正是基于此，本书认为"气质之性"与"生之谓性"只是一个"性"，都是"天地之性"因被气质阻碍和限制后呈现出来的"性"，虽然"气质之性"与"生之谓性"相比还有因为后天气质不同习染而成之性的来源，"养性者，习也"(《性自命出》)，但其源头还是在于"气禀"。故笔者不再分列两节阐述告子"生之谓性"与荀子"生之所以然者谓之性"的内容，而是将它们与《性自命出》一起作为孟子人性论之相对面，一同论述。

(一)《性自命出》：以"情气"释"性"

关于《性自命出》的人性论思想，学术界尚未形成一致意见，初步统计共有四种看法：第一种看法认为《性自命出》主张"自然人性论"，以李泽厚（2000）、陈来（1999b）为代表；第二种看法认为《性自命出》主张性善论或包含"性善论"的思想，属于思孟学派的重要代表作，是孟子心性思想的主要来源，以郭齐勇（1999）、欧阳祯人（2000，2010）为代表；第三种看法认为《性自命出》的人性论是一种"性有善有不善"的二重构造，是前孟荀时代儒家人性论中重要的一种，以王中江（2011）为代表；第四种看法认为《性自命出》分为上下两篇，上篇是"自然人性论"，下篇又表现出强烈的性善倾向，为孟子道德人性论的前驱，以梁涛（2008a）为代表。各家言之凿凿，皆有可证可据之理，笔者以为在《性自命出》之作者和学派归属问题尚未完全肯定的情况下，可不必非去强调或者肯定其一定提倡某派某家之思想，而可以将其放在孔孟之间的整个学术环境的背景之下，动态地去分析其思想内容及来龙去脉，便可发现即使是《性自命出》本身，其性论思想在上下篇中也有不完全一致的地方①，即学术界所谓的上篇是在谈自然人性论，而下篇则谈道德人性论，表现出强烈的性善倾向。诚如王中江（2011）所说，在前后体例高度一致（如通篇每一段句首都用"凡"字）的同一篇有限文字中，思想发生实质性的变化的可能性是很小的。笔者同此议，因为同一篇结构紧凑的文章中，出现两种不同的人性论思想是不可理解的。笔者认为不必非得将《性自命出》人为地分开，而应该当作一个整体来看，其人性论思想或许前后有异，但如果从动态的角度去看，在孔孟之间的思想发展过程中，心性论思想之发展正经历第一个高峰期或突破期，出现前后不一致的论调也属正常，而《性自命出》作为一篇学术文章如果本就在创作过程中，而非完全成熟的作品，则其前后的不一致更可以解释（先秦的很多典籍和文章中也有前后不一致的地方，或因不同作者所作或因不够成熟，皆同此理），况且《性自命出》前后的不一致并不是对立、不可融合的，下篇只是表现出思想的倾向性，并没有否定上篇的"自然人性论"，而是沿着上篇的路子继续向前推进了一步，即继续追问"生之所以然者"并试图解释之，这是"性"字演化的必然，也是人性论思想发展的必然，所以并不算是前后不一致。再者，作者在试图解释的过程中，也没有完全肯定，只是用一种猜测的语气，"性或生之"②，所以笔者以为上下篇并没有实质性的思想差别，《性自命出》

① 关于《性自命出》的分篇问题，李学勤（1999）认为简1到简36以论乐为宗旨，简37到简67以论性情为宗旨，前后不一致，可能表明其是一书中独立的两篇文章；李零（2007）和梁涛（2008a）则持不同意见，他们都认为《性自命出》不是独立的两篇，但应从简36开始分为上下两部分，简35及以前为上篇。
② 本小节所用引文材料，若未标明出处，则一般均出自李零（2007）所校释的《性自命出》。

主要表现的仍然只是一个"自然人性论"系统，只是其作者意识到人性论
问题的复杂而处于思想演变的过渡环节，故而做出探索性的思考，未必就
是成熟的定论（思想时刻都处在变化之中，这在学术研究的过程中也十分
常见），这恰恰反映出《性自命出》所处孔孟之间儒学发展的动态过程，
孟子言"予未得为孔子徒也，予私淑诸人也"（《孟子·离娄下》）亦可
得证。①综上，笔者认为《性自命出》主要坚持的仍然是"自然人性论"
的说法，但是其已有将人性论内在化的倾向，顺着"天之爱民甚矣"（《左
传·襄公十四年》）、"民受天地之中"（《左传·成公十三年》）的思
路，进一步表现出将人性归结为伦理道德并将作为"性"之内容的"礼"
内在化的倾向②，"仁，性之方也，性或生之"，孔子言："克己复礼为
仁。一日克己复礼，天下归仁焉。为人由己，而由人乎哉？"（《论语·颜
渊》），就是要将"礼"内在化为人内心的自觉，而这里将"仁"作为"性
之方"，"礼"又是"性"的内容，则"仁""礼"皆自然而然为人心之
内在的道德规定，都是"性"的内在规定，初步显示出了"即道德义理言
性"的思维方式，但就其思想内容的本身来看，人性内在规定的获得仍然
是从外在于人的天命那里获得，而不是从人自身出发获得的，"性自命出，
命自天降"，是由外向内而非由内向外的思维方式，所以其与孟子人性论
的逻辑仍然差之甚远。按照这种思维方式，则人性不必然为性善论，也有
可能是性不善的，据《论衡·本性》和《孟子·告子上》的记载③，有三

---

① 学界虽然对《性自命出》的作者尚无一致定论，但基本都认同其是先秦"孔孟之间"的儒家
作品，是孔子后学的重要代表作，所以即使不是思孟学派的作品，也是子游等儒家一脉的作
品，对孟子的影响仍然很大。《史记·孟子荀卿列传》称孟子"受业于子思门人"，倘《性
自命出》是思孟学派作品自然好解释，如果不是，也能理解，盖先秦虽然儒分为八，但毕竟
只是儒家内部的分裂，所以并不是对立互不相容的局面，相反，往往因为各家各派互有所长
而有所交流，如学者一般认为子游、曾子都对子思产生过重要影响，且子思作《中庸》《五
行》《缁衣》《鲁穆公问子思》基本被学术界所接受，其中言情性颇多，而《性自命出》更
在上博简以《性情论》名之，就儒学内部而言，二者学术之间的存在关系几乎毋庸置疑，又
子思作为孔子孙子的超然地位，其学派能宗当时儒门的各家之长并诸后世也不足为奇，则
孟子虽只"受业于子思门人"，但应该也能通透当时社会学术尤其儒家之全貌。
② 《左传·昭公二十五年》以"礼"为"天地之性"和人性的内容，详见本章第三节"以气释
性"之节前言。
③ 《论衡·本性》记载：周人世硕，以为"人性有善恶，举人之善性，养而致之则善长；性恶，
养而致之则恶长。如此，则性各有阴阳，善恶在所养焉。故世子作《养书》一篇。宓子贱、
漆雕开、公孙尼子之徒，亦论情性，与世子相出入，皆言性有善有恶。《孟子·告子上》记
载：公都子曰："告子曰：'性无善无不善也。'或曰：'性可以为善，可以为不善；是故
文武兴，则民好善；幽厉兴，则民好暴。'或曰：'有性善，有性不善；是故以尧为君而有
象，以瞽瞍为父而有舜；以纣为兄之子且以为君，而有微子启、王子比干。'今曰'性善'，
然则彼皆非与？"

种可能：如"性有善有恶"论、"性可以为善，可以为不善"论及"有性善，有性不善"论。然仔细分辨则可发现，有且只有一种可能，即"性有善有不善"论，因为《性自命出》所论人性具有同一性，即不区别人群，而是就所有人的人性来说，具有最广泛的普遍性，排除"有性善，有性不善"论；另外，《性自命出》强调人性的先天获得，不是从人性在后天如何表现来论善恶的，则可排除"性可以为善，可以为不善"论。

故此笔者以为《性自命出》一方面反映了"孔孟之间"儒学心性论发展的动态过程，呈现了孔子后学到孟子性善论的思维逻辑的演变历程，即孔子的罕言性命到孔子后学的心性论和性情论，从而开出孟子性善和荀子性恶两种儒家人性论的传统，使得孟荀的人性论和性情思想不至于出现得太突兀而丧失思想史的连续性。另一方面，这也反映了先秦"性"字意义演变的轨迹和"心"之哲学地位的提升，充分体现了先秦由心、性分言到心性合一论之思维发展的逻辑历程。当然，心性合一论在《性自命出》并没能完成，而只是表现出了发展趋势。至于《性自命出》的人性论，笔者认为最大的特色就是"以情气释性"，既表现了素朴的"自然人性论"，又体现了性之内在化而可善的"性善恶混"之论调，其中性善的倾向流为孟子的"性善论"，性恶的倾向则流为荀子的"性恶论"，故其作为"孔孟之间"学术的过渡环节之意明矣。[①]下面笔者将对《性自命出》之"以情气释性"的思维逻辑做一简单剖析。

第一，关于"性"是什么及其来源的问题，《性自命出》有专门论述，其言曰：

> 凡人虽有性，心无定志，待物而后作，待悦而后行，待习而后定。喜怒哀悲之气，性也。及其见于外，则物取之也。性自命出，命自天降。道始于情，情生于性。

这是说只要是人都有人性，且人性不会无缘无故地自己发动，必须要通过"物取"的过程。从其中我们可以得出三条信息：第一，凡人都有"性"，

---

① 王中江先生的"二重人性结构论"与梁涛先生的主张虽有不同，但笔者认为其本质是一致的，首先，他们都认为《性自命出》的人性论是"孔孟之间"的过渡环节，对孟荀人性论的影响巨大；其次，虽然具体主张和说法不同，但他们的结果一致，即都认为人性存在着"善恶混"的事实，因为自然人性论就能导出"性恶"的结果；最后，他们都认为《性自命出》的人性论有着性善论的倾向，是孟子性善论形成的先在因素，王先生的"性有善有恶"论就是强调性本身有善有恶，"养其善则善长，养其恶则恶长"。所以从本质上来说，两者并无差别，只是在提及性善之倾向的程度和人性论的结构时，有所不同。

这是人生而即有的，非后天所得，重要的是这种人性是同一的，人与人之间没有差别，所以其在后文中有"四海之内，其性一也"的说法。

第二，第一句话的隐藏含义是："性"必须通过"心"之所发才能显现出来，即只有通过"心"所发之"待物而后作，待悦而后行，待习而后定"的过程，"性"才能显现出来，后文"人之虽有性，心弗取不出"①（《性自命出》）是其证。此处亦可证见"性"已经不完全是外在的欲望，而是藏于人心中的人的本性，其只有在外物的刺激下，形著于"心"中所发之"情"，即通过"心"之流行及活动才能表显于外，"及其见于外，则物取之也"。又因为"心"之所发本就为"情"，"喜、怒、哀、乐"皆是也，所以简文说"喜怒哀乐之气，性也"，也就等于说"心之所发之情源自于性"②，由此便可解释"情生于性"的哲学意涵了，即《性自命出》认为"情"与"性"并不相同，并试图区别之。事实上，"情"是"心"之情欲活动和欲求，属动态的现象层面，可因时因地因环境不同变化，"性"则是就人之生而即有的本性层面，具有同一性，是静态不变的本体，就现在看来，两者有本质之区别，但在当时之"性""情"连用不作区分的学术背景下③，《性自命出》之作者也没有完善的理念和思想完全区别开"性"和"情"，只能在表述上摸索地提出自己的意见，即"以情论性"。所谓"以情论性"者，笔者认为正在于展现"性"由"情"显的动态过程，因为"情"之结果，如"喜、怒、哀、乐、好、恶"之状态本身，并不是"性"，因为人"情"多变，通常即使同一人面对同一环境下的同一对象也可能喜怒不一，若只是以此结果和状态论"性"，则"性"也必然千变万化无可捉摸，就必然违背其生而即有的具有同一性的本质，所以只能就"情"之

---

① 李零（2007）断本句为"人之虽有性心，弗取不出"，陈伟（2000）与此同，李天虹（2002）和丁四新（2000）两先生则断句为"人之虽有性，心弗取不出"。据《性自命出》开篇"凡人虽有性，心无定志，待物而后作，待悦而后行，待习而后定"的断句，以及在孔孟之间心性论转向的思想趋势下"心"的主体性被凸显的逻辑，笔者赞成后者的意见。

② 关于此处"情""性"的关系，此处争议不大，皆认为"情"源于"性"，是"性"之外化。如李天虹（2002）也说人的情感根植于人之天性，由本性生发的情，具有朴实、信诚的特质。李零（2007）也说"性"是人的本性，藏于人的内心，是只有靠外物的激发才会从内向外显露出来的东西（简文把它表达为"以物取之"），"情"是人的情感，是"性"的流露或外部表现。

③ 学术界一般认为先秦儒家往往"情""性"混同使用，并不做明确的区分，如《礼记·礼乐志》说："先王耻其乱也，故制雅颂之声，本之情性，稽之度数，制之礼仪，合生气之和"，即使在《荀子》中也常如是，如"性之好、恶、喜、怒、哀、乐谓之情"（《荀子·正名》），在《荀子·乐论》中又说："夫民有好恶之情而无喜怒之应，则乱。先王恶其乱也，故修其行，正其乐，而天下顺焉。"

所发的过程谈"性"①，即"喜怒哀乐之气，性也"就应该被解释为："喜、怒、哀、乐"之"情"源自"性"，或"性"是"喜、怒、哀、乐"之"情"由以发的原因和过程，当然也能解释为："喜怒哀乐之气"就是"性"，因为"气"本身就是变动不居的功能性概念，它不只是被赋予解释人之身体性的质料含义，同样被赋予解释人之心理和精神活动的含义，所以"喜怒哀乐之气，性也"应被解释为"喜、怒、哀、乐"的能力是"性"②，其本身就包含了"情"之所发的过程和原因，盖正如陈来（2005）所言，"好恶，性也"应是主张好恶之情根本于性，是在区别"情"和"性"的基础上，主张"情出于性"的思路。察之，则在于《性自命出》时代之特定的心性关系问题。《性自命出》认为"性"具有同一性，能借由"情"之所发而显现于外，但不能自我显现，只有被外物刺激才能通过借助于"心"之流行及活动而表显于外，"凡性为主，物取之也"，"凡动性者，物也"，"凡性，或动之，或逆之，或交之，或厉之，或绌之，或养之，或长之"，是以"心"的流行及活动非常重要，成为"性"之外显的决定者，而其本身也是"情"之源头，心之所发皆是"情"，所以简文特别重视"心"的作用③，强调"心"为身之主，"君子身以为主心"，而"志"为"心"之主，"凡心有志也，无与不[可。人之不可]独行，犹口之不可独言也"，人的一切肢体和精神活动都取决于"心"，足见"心"的作用已经上升到"道"的层面，"凡道，心术为主"，这便意味着"心"的感受和活动决定了"性"之善恶，因为"善不善，性也。所善所不善，势也"，意思是："性"之本身有善有不善，所有人都一样，其之所以表现出来时，人之善恶各有异，是因为外在的情势。何谓外在情势？这取决于两个方面：一个是外在的"物取"，一个是"心志"对于"物取"的感受、反应及其流行与活动。前者可能人人相同，后者则非常复杂，成为决定人各有异的根本原因，"四海之内，其性一也。其用心各异，教使然也"，如上文之"心无定志"，意即"心"之"志"并不如"性"一般具有普遍的先在同一性，

---

① 若就"情"所发之结果表述"性"，则可以是：只有引得"喜、怒、哀、乐、好、恶"之"情"由以发的不变的本质才是性，如此，"喜、怒、哀、乐、好、恶"之"情"之发的结果状态便不重要，问题的中心就指向不变的本质或"喜、怒、哀、乐、好、恶"之情之由以发的过程，而不是所发之结果状态。

② 先秦情性大多不分，常常连在一起互用，即使在《性自命出》中也只是稍作区别，并没有形成完备的思想，如《礼记·礼运》所言："何谓人情？喜怒哀惧爱恶欲。七者弗学而能。"从中可见，"情"即"性"，也就是说"喜怒哀惧爱恶欲"作为"性"是一种不学而能的能力。

③ 这与《五行》的"贵心论"非常相近，详见第二章第二节。

而是后天习养形成的，自然人各有异，故而只能"待物""待悦""待习"才能"作""行""定"。所以"心"所发之"情"是关键，"性"之显全赖于"情"①，简文说"道始于情，情生于性"，盖此之谓也。

　　第三，回答了"性"之由来的问题："性"从哪里来？简文曰："性自命出，命自天降"，这与《中庸》首章所论"天命之谓性"很相似，意思是："性"由"命"生，"命"由"天"成，即要回答"性"从哪里来的问题就必须先理解"天"、"命"是什么。关于"天"的理解，在先秦时期，笔者认为主要有三种含义，即"主宰之天"、"义理之天"和"自然之天"。②首先可以排除"主宰之天"，因为自西周提出"以德配天"的观念后，作为至高主宰的"天"的观念已经开始动摇，到春秋时期，"自然之天"的观念已经兴起，更进一步冲击了"主宰之天"的地位，虽然有意志的人格神的"天"依然存在不小势力，但以孔子为首的儒家学者却以道德的伦理的德行观念开始替代"天"之主宰性，及至孔子后学转向心性论、性情论，则"天"在儒家那里就完全被转变成"道德之天"，而成为儒家心性道德的理论来源，于是"主宰之天"除了被宗教神学继续沿用外，便慢慢淡出了哲学的视野，继之以形成"自然之天"和"道德之天"（后来发展成为义理之天）双重含义的结构③；其次，可以排除"义理之天"而代之以"道德之天"，因为《性自命出》作为孔孟之间的过渡阶段，其没有真正形成孟子的行善思想是学术界的共识，故而其"天"不能解释为"义理之天"，但其有道德的属性和价值的意义却被部分学者认同，如蒙培元（2008）说，天绝不是在人之外、高高在上、主宰人的命运的绝对主体，而是通过命授人以性，使人成其为人的。对人而言，天是亲切的、亲近的，是有价值意义的。梁涛（2008a）也认为此处的天主要是外在礼仪、伦常的制定者，需要说明的是，"道德之天"与"义理之天"有本质区别，"道德之天"只认为"天"有道德的属性和价值的意义，是人伦道德的终极根

① 李景林（2002）在《读上博简〈性情论〉的几点联想》中认为郭店楚简的《性自命出》篇若命名为《性情论》更加合适，因为此篇着重讨论的便是心性和性情问题，用《性情论》更能突出该篇特点，从而提请学者关注先秦儒家的心性和性情论。
② 详见本书第一章第二节。
③ 杨庆中（2004）也认为春秋时期天命神学的衰落使得构成天命神学的两大要素——天与人得到了相对独立的发展，从前者中发展出了自然主义天道观，从后者中滋生出了人文主义的人道观。其中，老子是以天道自然的本然和谐为根据，求证人类社会的合理存在方式；孔子是以"天命之德"之内化于人自身，来为人的伦理道德行为寻求内在的动力源泉的（有些工作是由孟子来完成的）。前者是推天道以明人道，后者是推人道而上达天命。从其中可明确看出"天"的双重含义，老子之"天"是"自然之天"，孔子之"天"是"道德之天"。

源，自"天"至于"人"，其"天人合一"的思路是由外而内的，并不必然导出性善论；而"义理之天"是以心性论为前提，以性善论为根据，由内而外地从本体论角度得证"天人合一"，所以两者虽都是"天人合一"的思路，但尚有距离，前者是后者的基础，后者是前者的延续和完成[①]，如西周时期提出"敬德保民""以德配天"之思想，实即认为"天"有道德的含义，所有人只有"以德配天"才能永保长久，盖先贤皆认为"天"是最有德行的，因为天生长万物不为己有，生生不息地化育宇宙万物、为生民立命也不居功，《诗经·大雅·烝民》说："天生烝民，有物有则。民之秉彝，好是懿德"，《左传·襄公十四年》说："天生民而立之君"，郭店竹简《成之闻之》也说："天登大常，以理人伦，制为君臣之义，作为父子之亲，分为夫妇之辨。"皆其证。最后，"道德之天"也可以排除，因为从哲学的层面看，"性自命出，命自天降"主要是生成论的，而非本体论的（梁涛，2008a），盖先秦儒家在解释宇宙生成的方面，仍然是遵循气论思想的思维逻辑的，即以阴阳二气的和合变化为天地万物化生之根本过程[②]，所以天地万物时刻都处在阴阳二气的变化中，"天地之大德曰生"（《易·系辞下》），而"道德之天"只是说"天"有道德的属性，并不是如宋儒之"天理"或"理"的概念那般为世界万物之根本，其既不是本体论意义上的"天"，如"义理之天"，也不是宇宙生成论意义上的"天"，如"自然之天"，而只是象征性的价值意义上的"天"，在孔孟之间的心性论、性情论思想的发展过程中，即在孟子性善论之前，这样的"天"作为人性本原的思想还不够成熟，只能说孟子性善思想受其启发，而不能说已经达到孟子"尽心"以"知性"进而"知天"的思维程度。所以，确切地说，"命自天降"的"天"只应作"自然之天"解释。

故此，"命"也当相应地只有一个含义[③]，与"自然之天"相对，"命"可解释为生命，即由气聚而形成的现实的生命个体，也就是《荀子·王制》

---

① 诚如梁涛（2008a）所言，古人更倾向将其（天）看作人伦道德的立法者，而不是善性的赋予者。

② 详见本书第三章。

③ "性自命出，命自天降"中的两个"命"字应该是相同的意思，两个短语也应该是一个连续的整体，放在一起解释才能连贯。所以"天"与"命"的意思应该是一一对应的关系才解释得通，而不能割裂看，这从《语丛三》的"有天有命有生"可得证明。但实际上，学术界关于"命"的解释有多种，除了"生命"之外，还有带宗教神学色彩的"天命"一说，如刘钊（2005）就认为"性自命出，命自天降"应该解释为"天性来自天命，天命从天而降"；李天虹（2002）则认为"命"有"天命"和"生命"双重含义，他一方面认为性由天之命派生而来，应该具有生命的内涵，但另一方面，命又是由天降达的，则命可能具有双重含义：就天而言，它是天的意旨，天的命令；就人而言，它确实是纯粹的生命。

所讲的"生"。"水火有气而无生，草木有生而无知，禽兽有知而无义；人有气、有生、有知，亦且有义，故最为天下贵也。"宇宙万物皆由"气"聚而成，所以说"水火有气"，但只有草木、禽兽和人类有"生"，"生"即生命，因为只有在有生命之后，才可能产生"知"。所以在解释"性自命出，命自天降"时，陈来（2005）强调命具有生命（如后世道教所说的命）的意思，"性自命出，命自天降"是指性根于生命躯体，而生命是天所赋予的，如此便与全篇以生论性、以气论性的思想一致了。梁振杰（2007）也认为"命"既没有道德形而上的意义，又不是指天命，而是指人的生命，是人的感性生命和生存。笔者以为，为突出"命自天降"的含义，可以借鉴朱子"天以阴阳五行化生万物，气以成形"的说法①，将"命自天降"译为：生命正是在天之大化流行的过程中自然生成的，则"性自命出，命自天降"可解释为：人性根植于生命，生命则是在天之大化流行过程中自然生成的。②如此便符合全篇"以气释性"、"以情论性"的思维路径。

其次，关于"性"、"心"、"情"的分别及联系问题。如上文所说，"性"本处于静隐的状态，只有"物取"才能"动"，《礼记·乐记》也说："人生而静，天之性也。感于物而动，性之欲也。"阮元（1993）解释"人生而静"说"言尚未感物，非专于静也"。可见，"性"虽由天赋，但其本身并不能自我呈现，而只有在"感于物"的情况下才能呈现。"性"既不能动则不能"感于物"，然则何者"感于物"？正如前文所分析的，"性"只有借助于"心"之流行与活动才能呈现自己，即现实人心的种种情感欲望活动正是"性"之自然而然的呈现过程，所以笔者以为，"感于物"者乃"心"也，李学勤（1999）也指出"人心感于物"实际就是前文所说的"物取之"。而"情"则属于"心"之已发，"心感于物"而动，朱子曰："既发为情"是也。（《语类》卷五）可见，"性"、"心"、"情"三者虽各有不同，却也通过"心"被联结起来，即"性"虽静，但却自然地通过"心"表现为"情"，"情"是动，却必然地通过"心"表现根本之"性"，是竹简所谓"道始于情，情生于性"者也。察之，虽然此"性"非宋儒所谓"性"，但笔者认为其与"心""情"之间的关系可以看成张

---

① 朱熹在解释《中庸》的"天命之谓性"时，把"命"解释为赋予，他说："天以阴阳五行化生万物，气以成形，而理亦赋焉，犹命令也。"

② 蒙培元（2008）将"命自天降"解释为自然地降生，是一种生命创造，不是有一个神在那里发布命令，要人如何如何；也不是对象式地命令人，应当具有某种性。命就在性中，性就是命的实现。

载和朱熹之"心统性情"的思想在先秦时期的萌芽。①关于"情生于性"的思想，先秦时期并不是《性自命出》的专有之论，如《大戴礼记·文王官人》说："民有五性，喜怒欲惧忧也。喜气内畜，虽欲隐之，阳喜必见；怒气内畜，虽欲隐之，阳怒必见；欲气内畜，虽欲隐之，阳欲必见；惧气内畜，虽欲隐之，阳惧必见；忧悲之气内畜，虽欲隐之，阳忧必见。五气诚于中，发形于外，民情不隐也。"此段文字同时见于《逸周书·官人解》，除个别字不同，大意没有变化。与《性自命出》一同被发现的《语丛二》，更有明确的长篇大论："欲生于性，虑生于欲……爱生于性。亲生于爱，忠生于亲……子生于性，易生于子……喜生于性，乐生于喜……恶生于性，怒生于恶……愠生于性，忧生于愠……惧生于性，慊生于惧……强生于性，立生于强……弱生于性，疑生于弱。"可见在先秦时期，"情"、"心"及"性"的上述关系，在一定程度上，已经成为学者们的共识，或者说是当时的流行观点。

综上所论，"以气释性""以情论性"可以说是《性自命出》最大的理论特点，其所反映的是孔子后学的理论发展方向，体现了"孔孟之间"儒家的思想特点，不仅填补了"孔孟之间"思想史、哲学史的空白，更为孟子的性善论和天人合一思想提供了逻辑前提，对先秦心性论思想的发展具有重大的推动作用。②正如王博先生所说，《性自命出》"以气论性"的角度实际上就是宋儒与天命之性相区别之气质之性的传统的最早呈现，告子"生之谓性"也基本上可以纳入"以气论性"的传统中来（杜维明 等，2012）。

（二）告子："生之谓性"

告子所谈人性论，主要集中在《孟子·告子上》，且呈现为与孟子讨论的形式。孟子弟子公都子将告子人性论总结为"性无善无不善论"，告子自己也说"生之谓性"，可见告子是延续"即生言性"的传统，以人之生而即有的欲望和需求为人性之根本，故而学术界一般将其称为"自然人性论"。为述说方便，笔者先将告子与孟子在《孟子·告子上》的谈话抄录在下面。

---

① 张载提出心统性情的思想，朱子深为赞同，称其"颠扑不破"，并说："在天为命，禀于人为性，既发为情……唯心乃虚明洞彻，统前后而为言耳。据性上说'寂然不动'处是心，亦得；据情上说'感而遂通'处是心，亦得。"（《语类》卷五）

② 关于出土简帛文献对思想史、哲学史的贡献，王中江先生有专门的论述，可参阅杜维明等（2012）。亦可参看王中江（2011）。

（1）告子曰："性，犹杞柳也；义，犹桮棬。以人性为仁义，犹以杞柳为桮棬"孟子曰："子能顺杞柳之性而以为桮棬？将戕贼杞柳而后以为桮棬？如将戕贼杞柳而以为桮棬则亦将戕贼人以为仁义与？率天下之人而祸仁义者，必子之言夫！"

（2）告子曰："性犹湍水也，决诸东方则东流，决诸西方则西流。人性之无分于善不善也，犹水之无分于东西也。"孟子曰："水信无分于东西，无分于上下乎？人性之善也，犹水之就下也。人无有不善，水无有不下。今夫水，搏而跃之，可使过颡；激而行之，可使在山。是岂水之性哉？其势则然也。人之可使为不善，其性亦犹是也。"

（3）告子曰："生之谓性。"孟子曰："生之谓性也，犹白之谓白与？"曰："然。""白羽之白也，犹白雪之白；白雪之白，犹白玉之白与？"曰："然。""然则犬之性犹牛之性，牛之性犹人之性与？"

（4）告子曰："食、色，性也。仁，内也，非外也；义，外也，非内也。"孟子曰："何以谓仁内义外也？"曰："彼长而我长之，非有长于我也；犹彼白而我白之，从其白于外也，故谓之外也。"曰："异于白马之白也，无以异于白人之白也；不识长马之长也，无以异于长人之长也？且谓长者义乎？长之者义乎？"曰："吾弟则爱之，秦人之弟则不爱也，是以我为悦者也，故谓之内。长楚人之长，亦长吾之长，是以长为悦者也，故谓之外也。"曰："耆秦人之炙，无以异于耆吾炙，夫物亦有然者也，然则耆炙亦有外与？"

第（1）句，学术界一般称之为"杞柳之辩"，是以杞柳与桮棬之关系比喻人性与仁义之关系，即孟子和告子都没有从正面表述人性是什么或人性怎么样（即人性善恶），而只是借助于比喻暗示了仁义与人性之间的关系。其中，告子以为人性如杞柳一般，与象征仁义的桮棬本自不同，只有通过后天的改造和加工才能把杞柳制成桮棬，则人之本性也与仁义无关，所以为仁义者，不过是通过后天的学习和习惯养成的；孟子恰恰相反，他认为人性本有仁义之内容，两者是同一的，把杞柳制成桮棬不但不是杞柳的本性，反而是对其无情的残害，所以这个比喻等于是说只有残害人性（即后天的习养）才能使其成为仁义，到这里孟子没有直接下结论，而是发出感叹说："率领天下之人去祸害仁义的一定是你说的这种话。"虽然孟子没有正面说出人性和仁义的关系，但其否定告子之观点却给我们明显的暗示：人性本就包含有仁义的内容，不是残害即后天之习养才能使其成为仁义。第（2）句，学术界一般称之为"湍水之辩"，告子以水流之无分东西比附人性之无分善恶，因为流水的性质是"决诸东方则东流，决诸西方则西流"，与人性之可以通过后天的教养以显出善恶的性质一样，所以告子主张人性无分善恶，是人之自然而然的本性；孟子则相反，他认为水虽然没有东西之分，却有上下之别，这就好比人的本性是向善一样，而现实中所呈现出之人性的不善与恶就好比运用逼迫的情势使水违背向下的本性而向上一样，是后天的习养和环境等"势"造成人性的改变，而非人性本然的呈现。在这一句里，孟子和告子都开始亮出自己的观点，其实都是在解释现实人性为什么有善恶的问题，告子主张"性无善无不善论"，即人性之善恶全赖后天之习养，则现实人性之善恶可解也；孟子则认为善是人性之自然而然的根本，但是后天的环境和情势却可以改变人性之本然之善的呈现，则现实之人性呈现为善恶亦可解释。单从此句来看，孟子显然处于上风，因为先秦时期学者，基本都认为水有"柔"、"就下"乃至"善"的性质，如"上善若水。水善利万物而不争，处众人之所恶，故几于道"（《老子·第八章》），"夫兵形象水，水之形，避高而趋下；兵之形，避实而击虚"（《孙子兵法》），甚至有学者以"水"为宇宙万物的本原，如"太一生水。水反辅太一，是以成天"（《太一生水》）。所以告子以"湍水"无分东西来比喻人性无分善恶，确有不当之处，故而反被孟子利用，但是此句虽然回答了人性怎么样（即人性善恶）的问题，却还没有回答人性从哪里来的问题，故而第（3）句一开始，告子就说"生之谓性"，即人生而即有的自然之性就是人的本性，而人是由"气禀"而来的，故而告子所谓"生之谓性"实亦是"气禀"而来，成为宋儒所论气质之性在先秦时期的源头之一。

关于第（3）句孟子的结论，固然有偷换概念强为之辩的嫌疑，但是也正表明了孟子所坚持的"人禽之辨"的立场。因为告子说"生之谓性"，则不能区分草木瓦石之性与禽兽动物之性的区别，相反，告子认为白羽之白等同于白玉之白，以动物之性等同于无生命之物之性，显然是孟子不能接受的，是以孟子做出推论说："按你的意思，狗之性同于牛之性，牛之性同于人之性？"现实实际雄辩地证明牛、狗以及人之性是有本质区别的，所以孟子成功坚持了人禽之区别，"人之所以异于禽于兽者几希，庶民去之，君子存之"（《孟子·尽心上》），即人与禽兽之最大的不同在于人有天赋于人性的"四端之心"，换句话说，仁义就是人性的本然内容，是纯善无恶的，与禽兽有本质区别。当然，告子所说"生之谓性"也并非完全就如孟子所言以人与禽兽万物之性为等同，而应该解释为因"气禀"而来的自然产生（也即生而即有）的欲求就是性，人与禽兽之"气禀"不同，则人与禽兽之性不同，万物万类莫不如此，此也是荀子所谓"性恶"的思路。

第（4）句，告子开始正面说出人性的具体内容是什么，即"生之谓性"所生而即有的是什么。告子言"食、色，性也"，孟子并没有直接反对，盖如第（2）句所正视之人性善恶的问题一样，孟子和告子都认为现实人性有善恶，而"食色"即是现实人性的主要内容，善恶也是因"食色"而生的，所以孟子没有直接反对"食、色，性也"的论断，而就告子观点的结论进行追问，因为"食、色，性也"并不是告子的结论，而只是论据，用以为自己的"仁内义外"说做铺垫。在告子看来，人生而即有的自然生理欲求就是人的本性，所以仁义都是后天的习养而非先天得到的禀赋，更进一步，仁是内在非外在的，义是外在非内在的。何以如此？告子以尊敬长者为例，尊敬长者是自己的道德选择，所以是内在的，此与孔子所论"为仁由己"相同，但"我"之所以尊敬长者是因为他是长者，但他作为长者并不是我能控制和干扰的，这犹如看到白色的事物时，我们称它为白是因为它本身白且不由我们决定，所以义是外在的。孟子则提出有力的反驳，也许白马之白与白人之白没什么不同，但是对白马的爱惜怜悯之情也与对长者的尊敬之情一样吗？况且义若在外，是在尊敬长者之人一边还是长者一边呢？很显然，义是在尊敬长者一边，则告子的"义外"之说遇到困难，所以告子再次举例证明自己的"义外"说，他强调："长楚人之长，亦长吾之长，是以长为悦者也，故谓之外也。"殊不知"以长为悦"亦是"心悦"，即"以我为悦"，看似是因为外在的不受自己影响的长者，实际上是因为自己内心对现实道德伦理规范的认同，所以孟子的反驳很到位，以吃烤肉为比喻，雄辩地证明了告子的"义外"说站不住脚。

至此，告子的人性论在与孟子的论辩中，基本阐述清楚。其所最重者，一言以蔽之曰："生之谓性"，即"食色"就是人性的根本内容，是人生而即有的，顺遂天道运行之自然而然，所以人性本无善恶。现实人性之所以表现为善恶相混，皆是由人后天的习染造成的，因为人性就如"杞柳""湍水"一样，可以被改变和充实，教以善则善，教以恶则恶，所以仁义并不是人性的根本内容，而是后天习养形成的。告子的这种"自然人性论"，后来被荀子继承并又向前推进了一步。

（三）即情显性：性恶论本然义

荀子人性论与告子人性论之最大的不同在于，荀子在告子"生之谓性"的基础上又进行了进一步的探索，并对"性"作出具体的规定。如《荀子·正名》说：

> 生之所以然者谓之性。性之和所生，精合感应，不事而自然
> 谓之性。

论者一般将此句分为前后两个部分，但笔者以为将前后看作一个整体的过程更为合理。为叙述方便，姑且将"生之所以然者谓之性"作为第一句，将"性之和所生，精合感应，不事而自然谓之性"作为第二句。关于第一句的理解，学术界有多种看法，第一，将"生之所以然"释为"生之所已然"，即"生来就是这样的叫作性"（北京大学《荀子》注释组，1979），以与告子"生之谓性"相类；第二，将"生之所以然者谓之性"解为"生之所以生者谓之性"[1]；第三，更多的学者则将"生之所以然"与告子的"生之然者"或"生之所然"（即"生之谓性"）区别开来，认为前者是对后者的进一步追问，因为后者是就生之表现和现象说的，而前者则是追问生之表现和现象所以如此的原因和根据。[2]笔者赞同第三种意见。盖孟子以"仁、义、礼、智"为人性之根本，并由此思考"仁、义、礼、智"所以为人性根本的原因，即"仁、义、礼、智"之来由和根据，进而构建出天赋道德之性善思想体系，荀子批评子思、孟子"案往旧造说"，所谓"甚僻违而无类，幽隐而无说，闭约而无解"（《荀子·非十二子》），正是对"思孟五行"的诘难，所以其人性论不可能不思索"生之然者"的原因和根据，而只有以此原因和根据为"性"，才能正面批评孟子人性论，也才能建立自己的"性恶"思想体系以与孟子抗衡。况且，"生之然者谓之性"作为"即生言性"传统的发展，也在情理之中。故而，此"性"非事物生长发展所表现出之现象，而是事物之所以如此生长发展及有如此现象的内在原因和根据。如此解释，实际上等于提出了一个对荀子人性论至关

---

① 廖名春（2013）在《荀子新探》中即持此观点。

② 可参阅梁涛（2008a）。此外，黄彰健（1955）也认为《荀子》所言"生之所以然者谓之性"只是说"生之所然的那个道理"，或是"所以生之理"谓之性而已。徐复观（2001）也认为"生之所以然者谓之性"的"生之所以然"是求生的根据，是从生理现象推进一层的说法，与孔子"性与天道"及孟子"尽其心者，知其性也"的性在同一个层次。笔者赞同徐先生前半部分说法，但其后面以"生之所以然者"之"性"等同孔孟之性，则值得商榷。

重要的问题，即"生之所以然者"既然作为内在的原因和根据，其何以能及如何表现为外在的"生之然者"之现象？因为荀子强调"性"是自然而然的，有半点人为作用就是"伪"，"不事而自然""不可学，不可事"（《荀子·正名》），这就要求"生之所以然者"之"性"必须内在地、自我地具备自然表现和外化为"生之然者"之"性"的能力，然则这种能力从哪里来？如何作用？笔者以为，对这些问题的回答，正是第二句所要表达的内容。

关于第二句的理解，有两个重点：一是两个"性"字，二是"性之和所生"。首先，重点在两个"性"字。荀子既然追索"生之然者"之原因和根据，说明荀子肯定"生之然者"，如"人生而有欲"（《荀子·礼论》），"欲不可去""欲不可尽"是"性之具也"（《荀子·正名》），则可知，在荀子看来，"生之所以然者"是"性"，"生之然者"同样是"性"，"性之好、恶、喜、怒、哀、乐谓之情"（《荀子·正名》）是其证。所不同的是，前者是后者的原因和根据，后者是前者的表现和外化，因为"性者，天之就也"（《荀子·正名》），"天"始终处于大化流行的运动变化之中，"生之然者"之"性"也始终处于运动变化之中，所以"生之所以然者"之"性"也处于运动变化之中，是动态的，是事物所以生长发展表现为如此的内在倾向和趋势。故此，第二句的两个"性"字可作如下理解：前一个解释为"生之所以然者"，后一个解释为"生之然者"，即解释现实事物之情状和表现是如何从其自性中得来的。其次，"性之和所生"之"和"，学者一般理解为阴阳二气相和[1]，梁涛（2008a）则解释为对"性"的限制和修订，笔者以为然。原因有二：一是本句的重点在于回应第一句所提出之问题，即"生之所以然者"之"性"如何内在地、自我地具备自然和外化为"生之然者"之"性"之能力的问题，而不是前一个"性"如何产生的问题，所以将"和"作此解，正好直面前一个"性"之内在的动态的转化能力；二是荀子强调"性"是完全的自然而然，"和"正好体现出"性"与人为的独立，即"生之所以然者"之"性"在积累达到自我转化的自然条件后，就会开启"精合感应"的过程，完成向"生之然者"之"性"的转化，换句话说，整个过程是"性"之自然而然的过程，而这正是荀子"性恶"的理论基础，且与下文"不事而自然"相呼应，所以将"和"译为适当、适度较妥。综上，第二句可译为："生之所以然者"之"性"

---

[1] 王先谦（1988）在《荀子集解》就认为："和，阴阳冲和气也。事，任使也。言人之性，和气所生，精合感应，不使而自然。言其天性如此也。"

在适当的条件下（即达到满足自我转化的条件后），就会自然开启精神与外物相合感应的过程①，不需经过人为努力或后天教化，自然产生出来的就是"生之然者"之"性"。这才是荀子"性恶"论得以成立的理论前提。需要说明的是，荀子"性恶"论虽然延续了"生之谓性"的思路，但与告子却有一个根本的不同，即告子之"性"可以被改变，其以杞柳为桮棬及"决诸东方则东流，决诸西方则西流"，都说明告子的人性在通过后天的习养和加工后仍然是人性，但荀子完全不同，他认为："不可学、不可事而在人者，谓之性；可学而能、可事而成之在人者，谓之伪；是性、伪之分也。"（《荀子·性恶》）可见，荀子之人性并无半点人为的痕迹，若有，则已不是人性也。

然则荀子言"性恶"真是主张人性是恶的吗？若如此，则人之得自天的欲求和自然本性岂不就是恶的？这不等于说人性本然恶吗？实际上，荀子的回答自然是否定的，因为荀子从来没有主张人之生而即有的人性是恶的，而是说，如果不运用礼义对人之生而即有的人性加以约束而任其自然流露的话，就会表现出恶的结果，"然则从人之性，顺人之情，必出于争夺，合于犯分乱理，而归于暴"（《荀子·性恶》）。在荀子看来，人之"性"得自天，人之"情"也得自天，"性"与"情"只是表里内外的区别而无本质的不同。如《荀子》说：

> 天职既立，天功既成，形具而神生，好恶、喜怒、哀乐臧焉，夫是之谓天情。（《天论》）
> 性者，天之就也；情者，性之质也；欲者，情之应也。（《正名》）

"好恶、喜怒、哀乐"是人之常情，而在这里，却成为"天情"所在人身上之表现，可见荀子所谓"天情"，实则"成人之美"，即"天职""天功"所展现之大化流行之"情"，表现为人之所以为人的来源和本质及其过程（性、情之本质及其获得过程），换句话说，人之"形具"源自"天功"之成，而"神"又是"形具"的结果，这就从根本上去除了孟子"性善"的理论前提，当然也说明荀子的"性恶"不是"性本然恶"，而是"性

---

① "精合感应"，杨倞注曰："精合，谓若耳目之精灵与见闻之物合也。感应，为外物感心而来应也。"梁启雄（1983）注曰："精合，指精神和事物相接。感应，指事物感人而人应接它。"可见，所谓"精合感应"实即是人之精神应接于外物而做出反应的过程。

可能恶"，即不以礼义约束人性之显现则会表现为恶。由此亦可知，人之"情""心""欲"皆是"形具"而后获得的。如何获得？荀子认为"性"是天生而成的，"情"则是"性"的材具和质体①，"欲"是"情"的外在表现，"人之情，欲而已"（《荀子·正名》）。可见，"性""情""欲"三者实为一体，只是表现方式和显发的层面不同："性"是"天之就"，借由"心"的功能而显现为"情"，"性之好、恶、喜、怒、哀、乐谓之情"（《荀子·正名》），"情"之指向外物则表现为"欲"，又因为"情"本是"心"中之"性"的显现，故而"欲"实际上也属于"心"中所发之"情"，只是此种"情"有明确的外物指向，如"夫贵为天子，富有天下，是人情之所同欲也"，"人之情，食，欲有刍豢；衣，欲有文绣；行，欲有舆马；又欲夫余财蓄积之富也；然而穷年累世不知不足，是人之情也"（《荀子·荣辱》）皆其证。基于此，荀子特别重视"心"的认知和控制情欲的功能，如《正名》中说"心也者，道之工宰也"，又说，"说、故、喜、怒、哀、乐、爱、恶、欲，以心异。心有征知"。在《天论》中更是直接认为："心居中虚，以治五官，夫是之谓天君。"事实上，正因为"心"有"召万物而知之"②的能力，才有君子"以公义胜私欲"一说③，人也因此才能认识和体会到礼义的功用和对人性修养的重要性，也才使"化性起伪"成为可能。

综上可知，荀子并不认为"性本恶"，而只是主张人性在没有礼义的约束和修养下会流为恶，这与宋明儒学所论"气质之性"非常相似，在一

---

① 杨倞注此句曰："情者性之质体，欲又情之所应。"所应者何？自然是指向于外物。所以，"情"是"性"的显现和外化，而"欲"则是"情"的显现和外化。欧阳祯人（2005）也认为性显而为情，情显而为欲，性、情、欲三位一体，表现方式不一样，显发的层面不一样，范畴规定的角度不一样，但其实质是浑而为一的。

② 王先谦（1988）在《荀子集解》注释"说、故、喜、怒、哀、乐、爱、恶、欲，以心异。心有征知"此句时说："征，召也。"又说："说者，心诚悦之。故者，作而致其情也。"故"心有征知"之谓，"言心能召万物而知之"。

③ 所谓"以公义胜私欲"，与孟子所言"养心莫善于寡欲"是一个意思。即人心中之思可以宰制人心之欲望，因为人心之欲望是人性的显现和人在应接于外物和自身的修养过程中产生的，"人生而有欲"（《荀子·礼论》），是不可能避免的，"欲不可去""欲不可尽"（《荀子·正名》），君子和小人的区别就在于君子能够不断控制自己的私欲而以天下大义代之，小人则只囿于自身之私欲而不能自拔。虽然孟荀对"心"的理解有很大差别，但这却是他们共同的修养方法，可谓殊途而同归。关于这句话，《荀子·修身》说："君子之求利也略，其远害也早，其避辱也惧，其行道理也勇。君子贫穷而志广，富贵而体恭，安燕而血气不惰，劳倦而容貌不枯，怒不过夺，喜不过予。君子贫穷而志广，隆仁也；富贵而体恭，杀势也；安燕而血气不衰，柬理也；劳倦而容貌不枯，好交也；怒不过夺，喜不过予，是法胜私也。《书》曰：'无有作好，遵王之道；无有作恶，遵王之路。'此言君子之能以公义胜私欲也。"

定程度上，可以看作宋明儒所谈"气质之性"在先秦时期的源头之一。察之，则人性之所以会流为恶，是因为"性"所显现的"情"和"欲"在没有约束下会表现为恶，如《荀子·性恶》中说：

> 今人之性，生而有好利焉，顺是，故争夺生而辞让亡焉；生而有疾恶焉，顺是，故残贼生而忠信亡焉；生而有耳目之欲，有好声色焉，顺是，故淫乱生而礼义文理亡焉。然则从人之性，顺人之情，必出于争夺，合于犯分乱理，而归于暴。故必将有师法之化、礼义之道，然后出于辞让，合于文理，而归于治。用此观之，然则人之性恶明矣，其善者伪也。
>
> 今人之性，饥而欲饱，寒而欲暖，劳而欲休，此人之情性也。今人饥，见长而不敢先食者，将有所让也；劳而不敢求息者，将有所代也。夫子之让乎父，弟之让乎兄；子之代乎父，弟之代乎兄；此二行者，皆反于性而悖于情也，然而孝子之道、礼义之文理也。故顺情性则不辞让矣，辞让则悖于情性矣。用此观之，然则人之性恶明矣，其善者伪也。
>
> 凡人之欲为善者，为性恶也。夫薄愿厚，恶愿美，狭愿广，贫愿富，贱愿贵，苟无之中者，必求于外；故富而不愿财，贵而不愿势，苟有之中者，必不及于外。用此观之，人之欲为善者，为性恶也。今人之性，固无礼义，故强学而求有之也；性不知礼义，故思虑而求知之也。然则性而已，则人无礼义，不知礼义。人无礼义则乱，不知礼义则悖。然则性而已，则悖乱在己。用此观之，人之性恶明矣，其善者伪也。
>
> 若夫目好色，耳好声，口好味，心好利，骨体肤理好愉佚，是皆生于人之情性者也，感而自然、不待事而后生之者也。夫感而不能然，必且待事而后然者，谓之生于伪。是性伪之所生、其不同之征也。

可见，若顺人之情形，则流为恶，此固不为圣人、君子所容，所以要"化性起伪"，即通过圣人所指定的礼义法制来约束和控制人之情性，使之向善，"凡礼义者，是生于圣人之伪，非故生于人之性也"，"礼义者，圣人之所生也，人之所学而能、所事而成者也"皆其证。然则要如何运用礼法以起到"化性起伪"之作用？《荀子·性恶》中说：

　　今人之性恶，必将待师法然后正，得礼义然后治。今人无师法，则偏险而不正；无礼义，则悖乱而不治。古者圣王以人性恶，以为偏险而不正、悖乱而不治，是以为之起礼义、制法度，以矫饰人之情性而正之，以扰化人之情性而导之也。使皆出于治、合于道者也。今之人，化师法、积文学、道礼义者为君子，纵性情、安恣睢而违礼义者为小人。

　　由是观之，人之情性与礼义文法是相悖的，即遵人之情性则流为恶而有悖于礼义文法，遵礼义文法则向善却有悖于人之情性，是所谓"顺情性则不辞让矣，辞让则悖于情性矣"（《荀子·性恶》）。

　　需要说明的是，在荀子看来，人之情性虽然会流为恶，且是人人都有的，但是通过礼义文法的习养，人人也都有成为圣王禹的可能，因为礼义文法本是圣人所制，是后天之所成，而圣人也是后天所致的，"故圣人也者，人之所积也"，所以礼义文法具备可以被认知学习的可能，"凡禹之所以为禹者，以其为仁义法正也。然则仁义法正有可知可能之理"，且人心有"征知"的功能，即"涂之人也，皆有可以知仁义法正之质，皆有可以能仁义法正之具"，所以"涂之人可以为禹"明矣（以上几处皆出自《荀子·性恶》）。但并非所有人真的可以成为圣王，"可以而不可使也"，即人虽有成为禹的可能，但并不是所有人都能够"为仁义法正"，相反，现实中只有极少的人可能做到。可见，从本质上看，荀子的"涂之人可以为禹"与孟子的"人皆可以为尧舜"并没有本质区别，都强调只有习养和体悟"仁、义、礼、智"之道德伦理达到常人所无法企及的高度时，也即圣人的境界，才可能为圣王。

　　"性者，天之就也"，"形具而神生"，都是在说人先有形体，而后才有"性""情""欲"，而形体正是"气禀"而来，且"情"作为"性"之外显，也即是"气禀"之生而即有之"性"的显现，所以荀子的"即情显性"，正是延续中国古代"即生言性"的传统，秉承自郭店楚简之"以气释性""以情气释性"的思路，是对告子"生之谓性"的深化，与孟子"即道德义理以言性"的"性善"论有根本区别，所以虽然荀子主观上意欲与孟子针锋相对，但实际上其论述的"性恶"与孟子的"性善"却不在一个层面上，因为孟子论的是天生人成、下学上达的"神性"，而荀子却是就人的情欲之性而立论（欧阳祯人，2005）。徐复观（2001）认为荀子对性恶论所举出的例证没有一个是完全站得住脚的，盖因为此也。

三、"仁气""义气""礼气"：性气一元论与气善论的源头

先秦时期，关于"仁气""义气"的说法，主要有两种含义：一种与方位说联系在一起，属于表达天地之德的自然哲学概念，如《礼记·乡饮酒义》说："天地严凝之气，始于西南而盛于西北，此天地之尊严气也，此天地之义气也。天地温厚之气，始于东北而盛于东南，此天地之盛德气也，此天地之仁气也。"另一种则与人之现实德行联系在一起，属于道德伦理的范畴，如《大戴礼记·文王官人》说："信气中易，义气时舒，智气简备，勇气壮直。"①前者并非当时学术之主流，因为孔子后学谈到"仁气""义气""礼气"时，皆与人之内心的德性和现实的德行密切相关，而孟子也以"浩然之气""平旦之气""夜气"来诠释和存养、扩充人心中的"四端之心"（也即善性），所以可知，先秦时期所论"仁义""义气""礼气"等，主要都被用来解释人内心之德性和德行之间的过渡关系及其完成过程，且这一思想在马王堆汉墓出土帛书的《五行》篇中表现得最为全面和集中。下面笔者将就此做重点讨论。

马王堆帛书《五行》与郭店楚简《五行》最大的不同就在于：前者分为"经"和"说"两部分，后者只有"经"，且所有关于"仁气""义气""礼气"的说法，都是在"说"中提出来的，如：

> 不变不悦，变也者，勉也，仁气也。变而后能悦。（说10）②

"变"，池田先生解释为"恋"，即思慕之情；"勉"者，努力追求的情感意志。则整句话的意思就是：心中若没有思慕、向往的情感显现，心就不会感到喜悦，而思慕和向往的，是心中所一直努力追求的仁义等道德③，即"仁之气"。只有心中对仁义等道德的思慕和向往之情得以彰显，也即"仁之气"得以显发，才能说是实现仁。可见，"仁之气"作为"变"和"勉"，是指仁的德性在心中发端和显现的过程和状态，并不是指现实完成的仁的德行，即只有这种心理状态完成并显发以后才能算是仁之现实

---

① 此四句同样见于《逸周书·官人解》，只是个别字略有不同，其文曰："信气中易，义气时舒，和气简备，勇气壮力。"

② 此小节所引《五行》文本，若无特殊说明，皆以庞朴（1980）的《帛书五行篇研究》为蓝本，第36页。

③ 所以如此说者，盖勉在先秦时期，本来就表示自我修养的心理意志和状态，且常以用作努力追求仁义道德的修养方法。如《礼记·表记》中说："夫勉于仁者，不亦难乎？"《庄子·天运》也说："夫孝悌仁义忠信贞廉，此皆自勉以役其德者也。"

德行的开始，是即为"不变不悦，不悦不戚，不戚不亲，不亲不爱，不爱不仁"（经10）。这与孔子所论"我欲仁斯仁至矣"的思路一致，都是强调先是在心里有一个"求仁"的意志，或说仁的德性先在人的心理显现并取得内心的认可，然后再发于心外而现实地追求仁，其将仁义等道德之内在化的倾向已经非常明显。"仁气"如此，"义气""礼气"皆然，如下：

> 不直不泄。直也者，直其中心也，义气也。（说11）
>
> 不远不敬，远心也者，礼气也。质近者则弗能敬，远者则能敬之。远者，动敬心，作敬心者也。……不尊不恭，恭也者，居上而敬下也。恭而后礼，有以礼气也。（说12）

所谓"直""远"，都是指人之内心指向道德的心理状态和倾向性，离现实道德之完成尚有发之于外并付诸行动的莫远距离，即帛书《五行》"说"部的作者认为，义和礼以及仁的道德在实现或达到之前，有一段在心中发端和显现并发之于外的过程，这在"经"部中，被用否定句式表达出来，即

> 不直不泄，不泄不果，不果不简，不简不行，不行不义。（经11）
>
> 不远不敬，不敬不严，不严不尊，不尊不恭，不恭不礼。（经12）

意思是：现实的义和礼之道德的实现，必须相应地经由内心之"直"、"泄"、"果"、"简"、"行"和"远"、"敬"、"严"、"尊"、"恭"的心理情感和意志倾向的转换和显发过程，才能表现为现实的义和礼的道德。在这个意义上，我们可以说"直""远""变"等概念所表达的都是前道德意识的内心状态和意向表现（陈来，2009b）。换句话说，在仁义的道德实现之前，其有两个必须要完成的环节，即前道德意识和前道德行为，前者指的是内心之道德情感的呈现，如"直""远"等；后者指的是内心道德情感之间的不断转换和发之于外的过程，如"直"演化为"泄"、"远"演化为"敬"等。需要说明的是，这是一个连贯而又一气呵成的心理转变和显发于外的过程，故而"说"部将其统称为"气"，如"仁气""义气""礼气"，盖因为气范畴在先秦时期就已经被用来形容和描述人之内心的情感和精神状态，而其本身也是一个连续性的整体性的概念，如孟子的"志气之辩"和"浩然之气"，皆以"气"为人身体之功能性和心理状态甚至精神

性之间关系的纽带。①

正因为"仁气""义气""礼气"是一个连续一贯的行为过程，所以其由内心之情感显发于外而表现为现实的追求道德之行为时，也仍然都依据于内心显发之"气"，故而这种现实的行为也被相应地称作"仁气""义气""礼气"，如说18：

> 知而行之，义也，知君子之所道而杀然行之，义气也。……智而安之，仁也，知君子所道而谋然安之者，仁气也。安而敬之，礼也，既安之矣，而又愀愀然而敬之者，礼气也。

说19也如此说：

> 见而知之，智也，见者，明也；知者，言由所见知所不见也。知而安之，仁也，知君子所道而谋然安之者，仁气也。安而行之，义也，既安之矣，而杀然行之，义气也。行而敬之，礼也，既行之矣，又愀愀然敬之者，礼气也。所安所行所敬，人道也。

所谓"知而行之""知君子之所道而杀然行之"，都是指正在实现的道德行为，故也可以用"气"来表述，是所谓"义气"。"仁气""礼气"皆如是。陈来（2009b）把这种说明德行的心理动力机制和德行的进行时态的"气"称为"德气"，梁涛先生也同此看法。②笔者以为然。因为此正与竹简《五行》篇首之"仁形于内谓之德之行，不形于内谓之行"的说法

---

① 李景林先生指出先秦儒讲气主要是从人的实存来讲的。他认为先秦儒把实存理解为一个整体，所重不在区分差异，故先秦儒讲的气是一个整体性的东西，是道德性在实存上的表现，表征的是通性而非差异性，比较容易和道德性那一面沟通起来。《孟子》所说"浩然之气"是通过修养呈现出的气象和精神力量，有着先天的根据，即"平旦之气"或"夜气"。孟子所谓"夜气"或"平旦之气"，是肯定人先天有那样一种良知、良心，它本身同时伴随着一种存在上的力量性的东西。所以，"夜气"或"平旦之气"不是一种特殊的气，而是一个普遍的东西。就是说，每个人只要你的本心没有丢掉，你就一定会伴随一种存在和实践性的力量，这就是先秦儒所说的气。可参阅杜维明等（2012）。

② 梁涛（2008b）不仅认为帛书《五行》"说"的"仁气"、"义气"和"礼气"都是"德之气"，且成于孟子后学之手，对我们理解孟子的"浩然之气"有很大帮助，即正是借助于对"仁气"、"义气"和"礼气"等"德之气"的理解，我们才能断定"浩然之气"也是发自仁义之心的"德之气"，所以它"至大至刚""塞于天地之间"，具有不同于血气、情气且能涵盖、融摄血气、情气的性质与功能，因而"养吾浩然之气"便成为孟子乃至以后中华民族有志之士培养崇高气节、树立坚定信念、挺立道德人格的重要方法，在历史上产生长期、深远的影响。

相呼应，即所谓"德之行"是"仁之德"形著于内心之情感并具有发行于外的实践潜能和倾向，而"行"是发行于外之"德之行"的外化和继续延伸，两者实际上是一个连续一贯的过程，并非分列独立的两个过程。[①]由此亦可见，"孔孟之间"儒家心性论的转向，即将仁义礼的道德规范内在化的明显倾向，表现为内心所显发的道德情感为现实践行之道德之端的思想，非常明显。到孟子时，这种内心情感道德之端的思想被推向极致，从而建构出一个天赋人性之道德形而上学的结构来。[②]笔者以为，其以"气"描述内在之仁义道德之显现及发之于行的过程，并以此作为德行实现的前提和内在因素，在某种程度上，可以看作宋明"性气一元论"和王夫之"气善论"思想在先秦时期的萌芽。当然，两者依然有着本质的区别，首先，《五行》并没有明确提出天赋性善论，也没有明确说"气"是善的，而只以"气"的连续性和一贯性描述德性外显为德行的过程，充其量只能作为孟子"性善"的道德形上学在发展过程中的思想线索和来源，与孟子"性善"的人性论有本质差别。其次，宋明儒的性气一元论则是强调"天命之性"与"气质之性"只是一个性，不作分别，主要以罗钦顺和王廷相为代表[③]，如罗钦顺在《困知记》中说："但曰'天命之性'，固已就气质而言之矣，曰'气质之性'，性非天命之谓乎？"王廷相也认为"人有二性，此宋儒之大惑也"（《王氏家藏集》卷二十八《答薛君采论性书》）。王夫之则主张"气善论"，一方面认为"气质中之性，依然一本然之性"（《读四书大全说》卷七），另一方面又认为："天之道惟其气之善，是以理之善……人之气亦无不善矣。"（《读四书大全说》卷七）至此，帛书《五行》之"仁气""义气""礼气"思想与宋明儒之性气一元论及王夫之"气善论"乃至孟子"性善"论思想之区别，可见一斑。

---

① 详见本书第四章与《五行》相关之内容。

② 陈来（2009b）在《竹简〈五行〉篇与子思思想研究》一文中也说，竹简《五行》篇作为子思对德行的讨论，其论"德之行"与"行"的区分，强调德的内在性；其论德行得以实现的心理展开过程及其外在体现，强调内在意识的发端对德行实现的根本性和原初性。这些都为孟子性善四端思想的提出发挥了重要的奠基作用。在《竹帛〈五行〉篇为子思、孟子所作论》中，陈来（2009b）直接认为若竹简《五行》是子思所作，则帛书《五行》说部应为孟子所作，如此才符合荀子所说"子思唱之，孟轲和之"的评论。庞朴（2000）也曾做过类似的猜测，如其说帛书《五行》是孟氏之儒或乐正氏之儒的作品，也许就是赵岐删掉了的《孟子外书》四篇中的某一篇。

③ 关于性气一元论的说法，程颢与王阳明都曾提到，如程颢说："'生之谓性'，性即气，气即性。"（《遗书》卷一）王阳明也说："恻隐、羞恶、辞让、是非即是气。……若见得自性明白时，气即是性，性即是气，原无性气之可分也。"（《传习录》中）李存山（2008b）认为两先生虽如此说，但都不是其一贯思想，故而不能看作性气一元论，笔者以为然。

需要说明的是，《五行》首章提出仁、义、礼、智、圣"五行和"的思想，但是在"说"中却只有"仁气""义气""礼气"三者，而并无"智气"和"圣气"一说，可能是由于圣智与闻见关联，而闻见不是实践德行，偏于"知"，不属于"行"，故不宜用"气"来说明；同时，"仁""义""礼"超出知觉成为行动，宜用"气"说明。要之，圣智指向天道，"仁""义""礼"指向人道，前者是理智行为，后者是实践德行（陈来，2009b）。

第四节　以气释生死

生与死的问题，也即"人从哪里来？要到哪里去？"的问题，历来是哲学家们所要面对的永恒话题，因为不论西方哲学还是中国哲学，抑或印度哲学，其对人生的终极关怀，都在于对生死问题的思考与解答。换句话说，生死问题的尽头，就是人生的终极关怀，而人生的终极关怀，就是决定生死的关键。[①]

对于终极关怀的问题，张岱年（1993b）曾将其归纳为三种类型，即归依上帝的终极关怀、返归本原的终极关怀及人生之道的终极关怀，并认为，归依上帝是宗教有神论的终极关怀，返归本原则主要以老庄道家为代表，人生之道则主要以孔孟儒家为代表。笔者以为然。但因为主题限制，故而本书主要以后两者为讨论对象，即主要讨论儒道两家之终极关怀所表露之面对生死之态度。需要说明的是，本书重在于对生死之终极价值和意义的探讨，而非是讨论人之整个生命历程的价值和意义，所以依循"推天道以明人事"的思路，可知儒道两家"生死之道"之不同主要源自对"天道"（也即宇宙本原论）的不同理解。即虽然儒道两家都主要以气化宇宙观作为自己宇宙理论的共同基础，也都认为"天道"是化生万物的本原，但是儒家以此"生生"为"天地之大德"，从而在根源上赋予其道德本性，作为人性道德之本源，"天人合一"也正在于人生的积极主动和进取；道家以此"生生"为自然而然的过程，是自由无待的逍遥，从而从根本上取

[①] 关于生死观的理解问题，学界曾有不同表述，如崔荣根（2005）说生死观是人们对生与死的关系和意义所保有的观念。沈铭贤（1999）说生死观主要指对于生与死的基本看法，包括如何看待生命，到底为什么活着，生命的意义何在；如何看待生命进程中必定会遇到的疾病、衰老；当然，还包括必定会降临的死亡，死亡有没有价值，人们是否有权选择死亡；等等。张英（2007）说生死观必然包含人从生到死的一系列过程，出生和死亡是这一过程的两个点，死亡点之后还有观念中的鬼神世界，或者叫物质的消散后阶段。刘伟（2011）说生死观是人们在生死问题上所持有的观念和看法，广义地说凡是与生和死有关的认识、看法都属于生死观的研究范围。

消了仁义道德的超越来源，以其为智巧、货利之心泛滥的人为结果，故而只有顺遂"天道"之自然而然才能清心寡欲以达至"天人合一"之境。两家之区别，正是本节"以气释生死"之思路的由来。

一般地说，人们对待生死，通常就只有两种方式：一是积极面对；一是消极抵抗。虽然不论选择哪一种，结果都不会改变，但学者们仍然乐此不疲地为自己的选择找寻正当合理的理由。由此也衍生出两种截然不同的人生态度：积极的和消极的。其中，儒家主要以积极的为主，道家主要以消极的为主。

一、积极的人生态度

积极的人生态度源于儒家对宇宙理论的不同理解。儒者皆以为"天道"有着"生生"的道德性，"天地之大德曰生"，依循"推天道以明人事"的思路，故而"人道"也应有"生生"的道德伦理精神，如《易·乾》的"天行健，君子以自强不息"即是明证。

作为儒家的创始人，孔子是最早提到生死观的儒家学者。在回答季路的问话时，孔子说"未知生，焉知死"（《论语·先进》），意味着孔子更重视现实生命，这从"子不语怪力乱神"（《论语·述而》）、"未能事人，焉能事鬼"（《论语·先进》）亦可得证。如何重视生命？《论语·季氏》有曰："君子有三戒：少之时，血气未定，戒之在色；及其壮也，血气方刚，戒之在斗；及其老也，血气既衰，戒之在得。"即通过控制"血气"来进行"克己复礼"的道德修养，能执行"三戒"，才可能为君子，若不能治"血气"，则不可能为君子，可见君子的境界之高。在孔子看来，君子是能够体悟"天道"之人，所以有着"爱人"的胸襟和情怀，又被称为"仁者"，是理想人格。然则面对生死时，越是理想人格，就越会为人生之终极价值和意义付出，甚至超过自己的生命，"志士仁人，无求生以害仁，有杀身以成仁"（《论语·卫灵公》）、"朝闻道，夕死可也"（《论语·里仁》）是其证。当然，孔子也有不太积极的看法，如《论语·颜渊》记载子夏说："死生有命，富贵在天"，但这不是孔子的主流思想，因为与孔子强调学习、进取的积极思维冲突，"吾十有五而志于学，三十而立，四十而不惑，五十而知天命，六十而耳顺，七十而从心所欲，不逾矩"（《论语·为政》）。

孟子继承孔子的思想，也同样提出"舍生取义"的观点，他说："鱼，我所欲也；熊掌，亦我所欲也，二者不可得兼，舍鱼而取熊掌者也。生，亦我所欲也；义，亦我所欲也，二者不可得兼，舍生而取义者也。"（《孟子·告子上》）意思是"义"的精神价值追求比生命还要可贵。那么"志士仁人"该要如何养护呢？其必曰：养"浩然之气"，因为它是"配义与道""集义所生"，是人心所得于"天道"之最初的"夜气"和"平旦之气"，只有守护好才能扩充自己的善端，反身而诚，成为人人敬仰的"大丈夫"，如若不然，则会不断丧失，以致成为人所不齿的"小人"。

荀子在《礼论》中也说道："生，人之始也；死，人之终也。终始俱善，人道毕矣。""善生"容易理解，因为荀子一直主张"化性起伪""涂之人可以为禹"，所以"善生"者只要不断努力修身养性即可；"善死"作何理解？笔者以为与孔子的"杀身成仁"和孟子的"舍生取义"是一致的，如他在《荀子·正名》中说："人之所欲，生甚矣；人之所恶，死甚矣。然而人有从生成死者，非不欲生而欲死也，不可以生而可以死也。""欲生恶死"是人之常情，所以人都想要生存，但为什么有人还是会选择死亡呢？在荀子看来，选择死亡的人不是因为不想继续生存，而是为了某种终极的意义和价值不得不去死，因为若不死就会伤害德性，是所谓"大哉，死乎！"（《荀子·大略》）足见，荀子与孔孟对待生死的观念并没有不同，即当面对现实复杂的生活而不能做到善始善终时，果断选择"善死"以全"大义"。

总而言之，在先秦儒家看来，生死不是人生所要面临的终极问题，因为有着比生命更加重要的价值和意义，即仁、义、礼、智等道德伦理。这种道德伦理，既是"天道生生"的"大德"，又是人伦精神的根本精髓，故而具有无限的超越性，比人的生命更加重要。所以为了追求道德和价值的实现，"志士仁人"可以且应该主动选择"杀身""舍生"，即在不能做到"善生"的情况下，主动选择"善死"。换句话说，若人生在世，则应孜孜不倦以求；倘若面临生死，则应果断"成仁""取义"。这种为了追求道德伦理之根本原则而放弃生命的思想，对后世儒家学者影响深远，甚至成了后世学者立德、立功、立言的榜样。

二、消极的人生态度

消极的人生态度之所以产生，是因为学者对宇宙论理解的不同，这主要以道家为代表。因为道家强调自然，主张"天道"是自然运行的，"以万物为刍狗"而不带任何道德伦理色彩，故而无所谓仁义善恶，所以依循"推天道以明人事"的思路，则"人道"也应该崇尚自然无为、清静寡欲，去除仁义礼智等道德伦理之束缚，顺遂"天道"之自然，因此有着消极避世、无待逍遥的思想情结。

　　老子提出"道"的学说，认为"道"是"先天地生"，为万物主宰、宇宙本原，"道生一，一生二，二生三，三生万物"（《老子·四十二章》）。"一"者，天地未分时混而为一的淳和之气，化生出阴阳二气，"万物负阴而抱阳，冲气以为和"（《老子·四十二章》），由是而成"和气"，三者交互运动激荡化生出万物。可见，老子以"道"为最高，道生气，气化万物。当以气化的观点来描述和解释宇宙万有的发生发展过程时，一切都只是"道"之自然而然的过程，又因为"人法地，地法天，天法道，道法自然"（《老子·二十五章》），所以人生向以"从道"为准则，"孔德之容，惟道是从"（《老子·二十一章》）。有鉴于此，老子认为智慧、仁义都不是修身养德的根本，"为学日益，为道日损。损之又损，以至于无为"（《老子·四十八章》），唯有清静无为、少私寡欲，才可能体万物之然，从而达至圣人境界。要之，人生的终极价值和意义，在于顺遂道之自然而然，生不足喜，死不足悲。

　　庄子进一步发挥老子的道气论思想，提出"通天下一气"的观点，以气聚气散为天下万物的生灭，主张"生死本为一体"，"孰知生死存亡之一体者，吾与之友矣"（《庄子·大宗师》），而气聚气散不过是道化天地万物之自然而然的过程，"方生方死，方死方生"（《庄子·大宗师》），所以人的生死只不过是气之聚散的不同状态，"人之生，气之聚也。聚则为生，散则为死"（《庄子·知北游》）。无所谓悲伤，因为人本来就是从"无"中来的，什么都不是；相反，人之死，反而要回归于虚无的"道"，摆脱形体和精神等限制，应该高兴，"夫大块载我以形，劳我以生，佚我以老，息我以死。故善吾生者，乃所以善吾死也"（《庄子·大宗师》）。庄子鼓盆而歌其妻之亡，也正是这个道理。①当然，人也不应该为仁、义、礼、智等道德伦理所束缚，而应该以"心斋""坐忘"为根本，达到"堕肢体，黜聪明"的返璞归真之境界，以"无待"的绝对逍遥为最高追求，"游心于物外"。所以，若活着，就应该"为善无近名，为恶无近刑。缘督以为经，可以保身，可以全生，可以养亲，可以尽年"（《庄子·养生主》）；若死了，这是大道运转的自然而然之过程，"死生，命也，其有夜旦之常，天也。人之有所不得与，皆物之情也"（《庄子·大宗师》），"生之来

---

① 《庄子·至乐》记载庄子鼓盆而歌的故事说："庄子妻死，惠子吊之，庄子则方箕踞，鼓盆而歌。惠子曰：'与人居，长子老，身死不哭亦足矣，又鼓盆而歌，不亦甚乎！'庄子曰：'不然。是其始死也，我独何能无概然！察其始而本无生，非徒无生也而本无形，非徒无形也而本无气。杂乎芒芴之间，变而有气，气变而有形，形变而有生，今又变而之死，是相与为春夏秋冬四时行也。人且偃然寝于巨室，而我噭噭然随而哭之，自以为不通乎命，故止也。'"

不能却，其去不能止"（《庄子·达生》），"死生、存亡、穷达、贫富、贤与不肖、毁誉、饥渴、寒暑，是事之变，命之行也"（《庄子·德充符》）。

此外，《列子》也从"气化宇宙论"[①]的观点出发，认为人之生死不过气之聚散，虽然有悲的一面，但也有安息的意思，如《天瑞篇》记载："人胥知生之乐，未知生之苦；知老之惫，未知老之佚；知死之恶，未知死之息也。"意思是：不能只看到生是一种快乐，还要看到生命过程中会遇到许多痛苦；不能只是厌恶死亡，还要看到死亡也是一种安息。

可见与儒家的积极入世相比，老庄乃至于黄老道家都主张消极避世，都以气化自然的观点来描述和解释生死的规律，都认为人之生死不过"道"之自然而然的过程。人生的终极价值和意义在于"体道""闻道""得道"以复归于"道"之本原，当能达到圣人的境界时，就能顺遂"道"之自然而忘记生死，"古之真人，不知说（悦）生，不知恶死"（《庄子·大宗师》）。

---

① 详见本书第三章第三节相关内容。

第五章 以气通天人：气论思维模式的 确立及其对儒道的贯通

通过前文的论证，我们发现气论思想在先秦时期，实际上已经成为儒道两家共同的理论基础，这主要表现在宇宙论方面，即儒道两家都是以气论思想描述和解释宇宙万有之发生发展和运动变化而得出的，包括现实社会之各种现象，又因为气论思想所代表之宇宙论是人生论的基础和前提，所以谈及儒道之区别，主要就表现在由宇宙论所导出之人生论的不同，如老庄强调顺遂天道之自然而然，所以个人就应该守柔处下、游心于物外，人与万物同，故而强调"人与天调"（《管子·五行》）；孔孟荀则在此宇宙论的基础上强调人为万有之最灵，"惟天地，万物父母；惟人，万物之灵"（《尚书·泰誓》），故须有"义"以区别于万物，因为"天道"本就是善是诚，所以人应该"克己复礼""反身而诚"。简言之，儒道两家的区别在于：儒家是以"人道"诠释"天道"，认为"天道"本就是住于人心而表显于外的"人道"，故而更重"人道"并以此追求"天人合一"；道家则以"天道"规范"人道"，以"人道"合于"天道"之自然而然以追求"天人合一"。可见，儒道两家都是在气论思想的基础上追求"天人合一"之境界的。笔者以为，这也从根本上内在地符合先秦诸子之"推天道以明人事"的思维逻辑，因为先秦时期，不论是儒家、道家还是其他流派的学者，都共同生活于"礼崩乐坏"的现实社会中，都需要在乱世中寻找到追求价值、安顿心灵的方式，所以出现道家的逍遥、儒家的入世，换句话说，诸子争鸣的目的和学问之道的根本，只是安顿自己和众人的心灵，即"明人事"。所谓安顿自己的心灵，其主要表现在个人的道德修养，如老子强调圣人应该守柔处下，《中庸》强调"诚者，天之道；诚之者，人之道"。《易传》也以生生之"天道"导出"人道"应该自强不息。所谓安顿众人的心灵，除了教化和教以道德修养的维度外，就是主动参赞和体察"天道"之大化流行以"制天命而用之"，主要表现在对社会、政治的组织形式的思考，如老子由"天道"自然导出的"小国寡民"，孟子由"不忍人之心"的"人道"导出"仁政"，荀子由"性恶"导出隆礼重法等。当然，"明人事"不只是明白，还包括行，所以才出现"王霸并用"的政治局面而不是专依"王道"或"霸道"。

需要说明的是，在安顿人的心灵的过程中，气论思想被儒道两家学者普遍运用，或直接赋予气范畴以精神性，如孟子的"浩然之气"、《管子》的"藏于胸中，谓之圣人"的思想；或是在气论思想的基础上开创出崇高的精神境界，如老庄正是在气化万物的宇宙论的前提下才提出"玄德""玄同"的概念的，荀子也正是因为要控制和引导由气化万物而导致人之自然欲望的泛滥才提出"化性起伪"的。所以如此者，笔者以为，这与人的本身及由来有关，正如朱熹所论"人人有一太极，物物有一太极"一样，人的本身就相当于一个健全的宇宙，人从出生、生长到死亡，整体就是一个宇宙发生、发展演变的缩影，故而人既是"道"的一环又是"道"的反映，对人之身体性和精神性的解析就是宇宙论及由此而推出之人生论的本质，所以在某种程度上，"推天道以明人事"的本质就在于如何描述和解释人的身体性和精神性及其相互关系，而这一切都是通过气论思想来完成的。首先，人的身体性可用气论思想描述和解释，如《管子·心术下》的"气者，身之充也"，《孟子·公孙丑上》也说"气者，体之充也"。其次，人的精神性都与气论思想有密切关系，因为精神性在很大程度上也依赖于身体产生，更不能脱离身体而存在，如气范畴与心、性、德之间的关系（详见本书第四章），可见，两者是密不可分、互相影响的，前者是后者的基础却又时刻影响着后者，后者虽然占据主导却不能脱离前者而存在。在本书中，笔者将这种运用气论思想描述和解释宇宙万有（人的身体性）和人生价值（人的精神性）的思考方式称为气论思维模式，即先秦气论思想（气论思维模式）本身就包含解释世界万有和人生价值两个方面。

既然如此，为什么过去几十年学界会产生一种"凡主张气论思想的就是唯物主义"的成见呢？为什么"气论"与"仁学"成为并列分立为中国传统哲学的两大主线呢？在笔者看来，之所以产生这两种成见，主要是因为中国哲学及其历史的研究在一段时间内受到了西学和马克思主义哲学广泛而深刻的影响。关于第一个问题，这主要是受到"苏联模式"的影响，在本书的第一章第一节有详细说明，此不赘述。关于第二个问题，笔者以为主要是受到西学和马克思主义哲学的双重影响。在回答之前，需要做一个概念的澄清，即通常在说到"气论"和"仁学"的对立时，"气论"并不是本书所说的气论思想或气论思维模式，而只是局限在描述和解释世界万有的宇宙论层面。同样地，"仁学"也是被局限在宇宙论之外的人生论方面。宏观而论，其受到马克思主义哲学的影响自不待言，因为其将中国古代哲学划分为"气论"和"仁学"并立的两大块，正是为了对应马克思主义哲学所强调的物质与精神、思维与存在的哲学基本问题，其运用马克思主义哲学的世界观、价值论及方法论的痕迹非常明显。受到西学的影响，则主要表现为"主客二元对立"的思维方式，西学主张主客体二元对立，且是主体认识客体，这内在地包含着物质与精神的对立（马克思主义哲学本就是脱胎于旧西学），所以西学强调解释世界后要征服世界、改造世界，表现为"气论"与"仁学"的对立。中国古代哲学从先秦时期开始就主张整体互系的思维方式，即没有主客体之分，因为世界（包括人在内的一切现象）本就是密不可分混而为一的整体，所以只是描述世界，以"天人合一"或"人与天调"为共同目的，表现为"气论"涵包"仁学"或"仁学"与"气论"互摄，如程颢的"浑然与物同体"和张载的"民胞物与"。是所以，笔者以为，气论思想作为中国古代哲学的根本和基础，在先秦时期就包括通常所说的"气论"和"仁学"两个方面，分别对应着解释世界万有的宇宙论和解释人生价值的人生论，其中宇宙论是基础，人生论是升华，两者相互依存、密不可分，共同组成了中国古代气论思想的两个方面，而后世学者都不过是不同程度地对这两个方面进行不断的诠释。这既是先秦时期儒道等诸子学术合流的必然结果，也是先秦时期气论思想发展的内在选择，故而笔者将这种气论思想的思维逻辑称为气论思维模式。

最后，笔者以为，中国哲学及其历史的现代化过程，就是回到中国哲学自身并以其自身之实际回应当下现实问题借以实现中国哲学及其历史研究的主体性挺立之过程，而非"以西范中""以苏范中"。换句话说，未来中国文化的建设和中国哲学的传承延续，都建立在回到中国哲学自身之实际的基础上，以当下的时代现实为前提，借鉴融合外来文化之精华才可能真正实现张岱年先生所论之"综合创新"。本书正是在这样的指导思想下，试图回到中国哲学自身，破除西学和马克思主义哲学对中国哲学及其历史研究的桎梏，以整个先秦时期为研究对象，还原气论思想的本来面目，探索其作为中国古代哲学之基础和根本的源流和必然性，从而得出"气论"涵包"仁学"的结论，即"气论"和"仁学"是气论思维模式的两个方面。具体的内容上的论证在前文之第二、第三、第四章已有说明，下面笔者将只针对气论思维模式之哲学基础、内涵、确立过程及其作为中国古代哲学之根本思维方式对儒道的贯通进行解读。

第一节　气是天人合一的中介

中国古代哲学，在很大程度上，可以称为"天人之学"，这在先贤的语录或著作中广有记载。如司马迁说："究天人之际，通古今之变，成一家之言。"（《史记·太史公自序》）《庄子·大宗师》说："知天之所为，知人之所为者，至矣。"《中庸》云："思知人，不可以不知天。"《淮南子·人间训》云："知天而不知人，则无以与俗交；知人而不知天，则无以与道游。"《皇极经世·观物外篇》云"学不际天人，不足以谓之学"等。从这些话语中我们可以得出三个重要结论：第一，天人关系问题是中国古代哲学的主要问题，或者在中国古代哲学中占据主流等非常重要的地位；第二，"天""人"是相区别的；第三，由"天"可以知"人"，由"人"也可以知"天"，两者以相合为目的，以相别为前提。

　　首先，关于第一个结论，早已被学界前辈认可。学者们多认为天人关系问题是中国哲学的基本问题，"天人合一"是中国哲学家处理天人关系问题的基本思路。[①]如张岱年（1985）说中国传统哲学的一个独特的观点是大多数（不是全部）哲学家都宣扬一个基本观点，即"天人合一"。汤一介（2006）也指出"天"与"人"是中国传统哲学中最基本的概念，"天人合一"是中国传统哲学的最基本的命题，在中国历史上许多哲学家都以讨论"天""人"关系为己任。明确提出天人关系问题是中国哲学的基本问题并做出充分论证的是业师宋志明（2011）在《中国古代哲学发微》一书中，运用马克思主义哲学讨论哲学基本问题的理论和方法，在充分考虑中国哲学自身之特殊性和民族性的基础上，认为天人关系就是中国哲学的基本问题，且主张中国古代哲学家都是在"合"的基础上强调"分"，所以"天人合一"是中国古代哲学家处理天人关系的基本思路（宋志明，1998），是所谓"天人之际，合而为一"（《春秋繁露·深察名号》）是也。

　　其次，关于第二个结论，"天""人"虽都源出于"一道"，但仍相区别，"天"代表"天道"，"人"代表"人道"，这从"际"字之辨析中可获知。《说文解字》云："际，壁会也。"段玉裁《说文解字注》："两墙相合之缝也。引申之，凡两合皆曰际。际取壁之两合，犹间取门之两合也。"可见"天""人"原就分属一体之两面，"一体"谓道，"两面"者谓"天""人"各截取反映之道的一面，相通但不相同，故"合一"必

　① 以李存山（1998a）为代表的一批学者认为，中国哲学家处理天人关系问题有两个基本思路，即"天人合一"和"明于天人之分"，但也认为"天人合一"居于主要或主流的地位，并且强调"明于天人之分"并不一般地与"天人合一"相对立，而是只与"天人合一"的某些特定意义相对立。所以李存山（2008b）后来在《中国传统哲学纲要》一书中又说，中国传统哲学就是"天人之学"，其"实质上的系统"可以说主要就是讲明"天道"与"人道"，并以"推天道以明人事"的方式来追求"天人合一"。其他诸如冯禹（1990）赞成李存山的观点。丁守和（1997）则认为应区分为"天人合一""天人相分""天人感应"三方面。

须基于两者相分别的基础才能谈，即"天""人"虽然不处于主客二元对立之局面但也不是"混沌未分之情状"。这是中国独有之整体的联系性思维方式，从源头上消解了人与自然、社会与宇宙的对立。

最后，关于第三个结论，说明"天""人"不但可以相通，而且可以"合一"，通过进一步考察"天""人"之具体含义即可获知。关于"天"之含义，学术界尚有争论，潘志锋（2003）统计共有六种说法，分别为：第一，认为"天"就是大自然，以季羡林（1993）为代表；第二，认为"天"是指有意志的人格神和自然的天体，以王明（1985）为代表；第三，认为"天"是指主宰之天、自然之天及义理之天，以张岱年和宋志明两先生为代表①；第四，认为"天"是指意志之天、无为之天、道德之天、自然之天，以康中乾（1995）为代表；第五，认为"天"是指物质之天、主宰之天、运命之天、自然之天、义理之天，以冯友兰、任继愈两先生为代表②；第六，认为"天"是一个混沌概念，神、本体、本原、自然、必然、命运、心性等均在其中，以刘泽华（1996）为代表。笔者以为，上述意见以张岱年和宋志明两先生之意见最中肯，既避免了意义重复、模糊不清的弊病，如无为之天与自然之天、运命之天与主宰之天、主宰之天与人格之天等意义含混重复、难以界定，又不至于含义缺失，如将"天"只作自然之天解释而忽略其主宰、义理的意涵实在是不顾中国哲学之实际，可作"天"之最佳解释。况且，纵观六种意见，自然之天的含义始终都有，主宰之天的含义也基本都被承认，义理之天的含义在只要是三个及以上含义的情况下就都有包含，可见在某种程度上，这三种含义在学者那里近似达成了共识，即较其他含义相比更能诠释和代表"天"之意涵。至于将"天"视作一包含所有的混沌概念，笔者以为不妥，中国哲学思维虽然是整体的联系性思维，但不代表不做区分，相反都是以分别为基础和动力的，如根本的阴阳之道，正因为阴阳不同才能相济，所以"天"之含义若不作区分以致含混模糊，则"天道"不能流行，"天""人"亦无以区分，遑论合一？

关于人的意涵，主要有三种意见。一是指"现实社会的人类人群"或"芸芸众生的凡人"，以季羡林和任继愈两先生为代表③。二是指"先知先

---

① 张岱年（1985）认为，所谓天有三种含义：一指最高主宰，二指广大自然，三指最高原理。此论虽与宋志明（2011）主张之名称略有出入，但实际内容却一致。

② 冯友兰（2010）在《中国哲学史·上》中认为天有五义，分别为：与地相对的物质之天、有人格的主宰之天、人无所奈何的运命之天、自然运行的自然之天及最高原理的义理之天。任继愈（1996）大体上同意冯友兰的观点，但以"人格之天"替代冯友兰的物质之天。

③ 任继愈（1996）认为对"人"的解释不像对"天"的解释那样繁多，而一般都是指现实社会的人类人群。季羡林（1993）也认为"人"就是"我们这一些芸芸众生的凡人"。

觉的圣人"，以蔡仲德先生为代表①。三是指凡人和圣人的集合，即从实然的角度说，是指现实中的认知主体或实践主体；从应然角度说，是指价值意义上的理想人格，以宋志明（2011）为代表。针对"圣人"还是"凡人"的主张，笔者以为，双方各有道理，因为现实社会没有天生"圣人"，而只有"芸芸众生的凡人"，若只是"圣人"才有资格"合一"，就失去理论的现实意义，也偏离了中国哲学内圣的内在超越进路，所以现实的凡人能且必须可以"学为圣人"；事实上，圣人已达"参赞天地化育"之境，早已实现"天人合一"，又何须再去追求？故此，"天人合一"应是一种细化的现实的"学为圣人"之方法和内在德性之要求，也是为学之终极目的和道德境界。是以笔者综合双方观点，采宋志明先生之主张。

"天""人"既已分别，"天人合一"才有了理论基础。通过上文的观察，"天""人"应该"合一"。且不论"天人合一"作为中国哲学内在超越进路之基本思维模式，是已然的事实，而单就"天""人"相区分的哲学意涵进行讨论。首先，"天"有主宰、自然和义理三种含义，而"人"作为现实的凡人，本就是自然的一部分，天道运行，人当然符合自然之理，同时现实的凡人又是文明社会的人，而文明社会的起源本就是从原始宗教发端而来，故其受主宰之天的限制也是理所当然的。当人作为理想之人格存在时，其价值就在于得到义理之天的认可，以人之智参悟宇宙万有之终极价值意义，从而诠释人生、安顿人们的精神生活方式，体现为天道与人道合流。其次，人有"凡人"和"圣人"两义，"凡人"之所以为凡，是因为被天道运行主宰和支配，"圣人"之所以为圣，是因为能够在一定程度上跳出被主宰的命运，能以主动的姿态"体道"，能明悟人情自然之理，能够体悟天道与人道的相通与合一处，即通过对义理的领悟而参赞天地之化育。可见，从"天"的角度看，天道运行下，"人"要么被动顺应天道，要么主动体悟理解天道；从"人"的角度看，缘情而至理，天道就在"人"的日用住行之间和精神追求的顶端。即无论怎样看，"天""人"都应该"合一"，这是先秦时期天人关系问题的基本特征。追本溯源，"天""人"所以应该要"合一"，可能与中国哲学之整体的联系性思维之形成有关，因为中国哲学家从一开始进行哲学思考时提问世界的方式就与西学不同，中国学者没有思考"世界是什么"的问题，而是问出了"世界怎么样"及"人与世界的关系怎样"的问题，这就把世界的存在当成了不证自明的前提，

---

① 蔡仲德（1994）则不然，他认为"天人合一"命题中的"人"并非泛指"芸芸众生的凡人"，而是特指先知先觉的"圣人"。

而人与世界共存，同为一个整体，不存在主客体的分别，只是同一整体的不同方面的体现，是所以中国古代学者都坚持天道和人道是一个道。①这正是魏晋时期"天人合一"思想由应然之过程论转入本然之本体论的思想源头。

"天""人"应该"合一"，但要如何"合一"呢？杜维明先生曾提出"存有的连续"问题，用以解答人类学之人生观（人道或人）与宇宙论（天道或天）如何打通的问题。②笔者以为，天道流行，万物由此得以"生"和"成"；人道作为天道在"人"身上的映射，要实现合于天道的目的，就必须先要解决两个问题：一是必须追问世界万物何以所以生所以成，即天道流行下，世界万物所以生所以成之凭借，此时"人"不过是世界万物之普通一分子；二是人道之义理何以能与外在流行之天道对接和互相转化，即外在流行之天道何以能内化为人道之精神而成为人们追求的理想人格，此时，"人"被独立出来而能够主动感悟天道以认识自己的主体思维。笔者以为，能够成为天道和人道的桥梁，实现"天人合一"的中介是且只是气。何为其然也？冯友兰先生曾说哲学的论域只是三个：宇宙、社会和人生。宇宙代表宇宙论或世界观，回应世界万物所以生所以成的思想，又称为天道观，在中国古代主流哲学中，则是以气论思想为主流；社会是人类群体的人生，人生是个人的人生，合在一起就是人生观（这里的人生观，在本书中常以人生论替代，即若无特殊说明，本书所说之人生论都涵包社会和人生两个方面），又称为人道，反映在中国古代主流哲学中，就是天赋于人心人性之中的仁、义、礼、智、信等纲常伦理，而气既是人心人性的物质基础，又是纲常伦理的本体来源③，因为气不仅只有物质性意涵以被用来解释人的身体性，还有与纲常伦理相通的精神性意涵，更可以通过"养"或"存"的方式实现与纲常伦理的相互转化。且所谓"天人合一"者，即是人道与天道相统一，其潜在的过程就是要将人道转化为天道或合于天

---

① 即使荀子提倡"明于天人之分"，但也主张"制天命而用之"，这就包含了天道与人道可以合二为一的思想。学者们惯于将其称为辩证的"天人合一"观或"天人相交"。可参看宋志明（1998）及李存山（1998a）。

② 杜维明等（2012）说，道德的问题在儒家的传统中绝对不可能是我们今天讲的 ethics，因为 ethics 上面就跟天道没有关系，下面跟情也没有关系，因为它是规律，靠规律来讲 ethics。但中国讲伦理的话，一定是扎根在感性中，又要跳出现代意义的道德。所以那个时候才讲"存有的连续"问题，就是你的人类学的人生观与宇宙论怎样打通的问题。

③ 气作为纲常伦理的本体来源有两层意思：一是气必然与人的心理状态产生关联从而影响甚至决定人心人性的精神追求和状态，如《管子》的心气结构论，庄子的"心斋"、德之气及思孟学派的心气论等思想；二是气作为天赋于人性之一部分而成为纲常伦理的根本，如孟子的浩然之气、张载的太虚之气所包含之天命之性等。

道的高度，而这个过程，在中国古代主流哲学中，只有气论思想才能够完成。所以"气是天人合一的中介"当可成立。

然则"天人合一"的精髓在哪里，即"天人合一"所"合"以作为最高原理的"一"是什么？笔者以为正是《易传》所论"生生之意"是也，表现在宇宙论上，就是"天行健"（《周易·乾卦·象传》）、"生生之谓易"（《周易·系辞上》）；表现在人生论上，就是"自强不息"（《周易·乾卦·象传》）、"日新之为盛德"（《周易·系辞上》）。

一、宇宙论：大德曰生

宇宙作为总括一切的名词，早在《庄子·齐物论》中就已出现，用惠子的话说就是"至大无外，谓之大一"（《庄子·天下》）。最早对"宇""宙"做出简明界说的是《尸子》[1]，其言"上下四方曰宇，往古今来曰宙"，用时空来形容宇宙囊括所有无有不包的蕴意。[2]《庄子·庚桑楚》更是对时空进行进一步的说明，"有实而无乎处者，宇也。有长而无乎本剽者，宙也"。意思是：大道真实可信而不必居于固定的处所（其普遍存在的空间）就是"宇"，道体绵延悠长而没有首尾（其始终存在的时间）就是"宙"。众所周知，庄子的"道"是万物之大本，天地万物皆由其所生，其所处的时间和空间既是无限又是全部，是所以宇宙就是指整个时空及其所包含的一切，道论在世界观的领域就是宇宙论，就是指天地万物化生之发生、发展的演变历程。

中国古代宇宙论的始祖是老子，但以《易传》之宇宙观为宗。老子以"道"代替西周及春秋时期的"天"[3]，认为化生天地、主宰万物的是"道"，"道生一，一生二，二生三，三生万物"（《老子·四十二章》），意思是："道"派生原始的"淳和未分之气"，而"气"中本来包有的阴阳两

---

① 张岱年（1996）认为《尸子》作者是战国末期人，虽然"宇宙"一词在《齐物论》中有出现，但并未界说，而《庄子·杂篇》学术界多认为非庄子所作，其年代、作者多有争议，张岱年认为是在《尸子》之后。

② 最先运用时空解释类似宇宙之概念的是《墨经》。然其时并没有宇宙的名词，而是"久"和"宇"，《经上》说："久，弥异时也。宇，弥异所也。"《经说上》又说："久。合古今旦莫。宇。冢东西南北。"可见，"久"即"宙"，久字就是宇宙。

③ 商纣时期，宗教思想浓厚，人们都以"帝"作为万有的主宰和最高原理，西周时期则转换为"天"，所谓"以德配天"是也。春秋时期，无神论思想萌芽，传统的有人格神意志的"天"开始动摇，自然之天开始萌发，如孔子说："天何言哉？四时行焉，百物生焉。天何言哉？"（《论语·阳货》）张岱年（1996）认为，孔子的天之观念，可以说是由上帝之天到自然之天的过渡。到孟子时，义理之天开始出现，"心之官则思，思则得之，不思则不得也。此天之所与我者，先立乎其大者，则其小者弗能夺也"（《孟子·告子上》）。

属性或潜能则随"道"之运动化为阴阳二气①，二气聚合为"和气"，三者交互生化出宇宙万有，且这样的过程始终处在循环往复的运动变化之中，因为"道"本身"独立而不改，周行而不殆"（《老子·二十五章》），即万物不断由"道"产生，最后又复归于"道"。老子的这种宇宙论观点广泛被后来者继承而渐渐形成中国古代哲学宇宙论的共有模式，即阴阳二气交感化生万物的持续变化过程。所不同的是阴阳二气的由来及其与"道"的关系，比如庄子赞成老子"道"生"气"的观点，黄老道家则在道论向气论的转变过程中提出主张"精气"就是"道"，《易传》主张"太极"为大、阴阳的变化规律是"道"，汉唐主张元气论，程朱理学主张"理在气先"，陆王心学倡导"心外无物"，张载提倡"太虚即气"，等等，虽然学者们对宇宙的终极来源看法不一，但都是以气论哲学作为解释宇宙、解释世界的根本思想。

之所以中国古代宇宙论以《易传》为宗，不仅是因为其宇宙论的典型性②和可诠释性③，更因为其宇宙论所宣扬的"生生"思想及其直接与人生论对接而体现出来的价值意义。首先，《易传》直接将作为最高原理的"太极"（或易）诠释为"生生"，"日新之谓德，生生之谓易"（《系辞上》），这不仅是说整个宇宙化生万物的过程就是"生生"的过程④，且在一定程度上赋予这个过程道德意涵，展现出天道与人道的相通处，在《系辞下》

---

① 阴阳本就有属性之阴阳和阴阳二气两种分别。当"气"是最初的淳和未分的混沌状态时，其虽然没有生出阴阳二气，但并不代表"气"中没有阴阳两属性或生化为阴阳二气的潜能，如张载《正蒙·参两》中说："一物两体，气也。"王夫之（1975a）在《张子正蒙注》中也说，"太极之中，不昧阴阳之象"（《参两》），又说，"误解《太极图说》者，谓太极本未有阴阳"（《太和》），相反，正是因为有这种潜能和条件才会有阴阳二气的产生，《鹖冠子·环流》又称之为"意"或"图"。

② 之所以说《易传》的宇宙论典型是因为其宇宙模式本身就代表了中国古代哲学宇宙论的主流模式。"易有太极，是生两仪，两仪生四象，四象生八卦，八卦定吉凶，吉凶生大业。"（《易传·系辞上》）"两仪"谓天地，则太极生出天地，亦即阴阳二气，二气相与交感化生万物，"天地絪缊，万物化醇。男女构精，万物化生"（《易传·系辞下》）。

③ 所谓可诠释性，是指学者们由于对"太极"和"两仪"理解不同，相应形成不同的宇宙观。对太极的理解，一般有三种解释：一是以气诠释"太极"，如郑玄、孔颖达将"太极"解释为"淳和未分之气"或"元气"，张载解释为"太虚之气"，王廷相、王夫之也是如此；二是魏晋时期的王弼和韩康伯，他们将"太极"解释为"无"；三是程朱等，将"太极"解释为"理"。关于"两仪"也有两种解释，一为天地，如孔颖达《周易正义》说："太极谓天地未分之前，元气混而为一……混元既分，即有天地，故曰'太极生两仪'。"一为阴阳，以邵雍为代表。需要说明的是，诸如此类的学者，都宗《周易》，也都以《周易》之宇宙观为基础构建自己的宇宙理论。

④ 张岱年（1996）也认为"生生"就是指宇宙是一个变化创新的过程，《易传》所谓生是出生、产生之意，亦即创造之意。所谓"生""日新"亦即谓宇宙是一个变化创新的过程。

中又说："天地之大德曰生"，这就从根本上解决了天道与人道难以沟通合一的问题（天道与人道从来都不是相对立的），因为人与万物的本质是"生"，而宇宙的本质也是"生"，则"生生不息"成为"天""人"的共同本质，"生生"在一定程度上也可以理解为"自然万物之生"和"人类之生"的合一。笔者认为，正是《易传》的这种整体性思维和"生生"的哲学，才最后奠定了中国古代哲学开放、创新与包容的思想特性、整体互系的思维模式及"生生"的思想内核。其次，《易传》直接将宇宙论的精神（天道）与人的精神（人道）对举贯通，认为天道就是人道之"大训萃"，"天行健，君子以自强不息"（《周易·乾卦》），意思是"人"应该效法"天"之健动、变化、创新的特性，即天道是"生生不息"，人道就应是"自强不息"。天道如何"生生"？靠"气"来完成。人道如何自强？"推天道以明人事"也，是所谓存性养气、反身内求以修身者也，笔者以为：这才是君子所要秉守的"内圣"之路，这才是"天""人"可能"合一"的路径，这才是"易"之真正精髓所在。

可见，中国古代哲学宇宙论，不论其最根本的本原是"道""心""理"，还是"气""太极"，都本然地依赖于阴阳二气交感化生万物的气论思维模式来描述和解释世界，而气论思想的思维模式就是整体的联系性思维，气论思想所揭示的宇宙本质就是"健动""生生"，即持续不断地变化创造的过程，是所谓"大德曰生"，结合人的本质就是"生"来思考，便可解释为什么中国古代哲学家往往将宇宙论和人生论放在一起谈，即前一句谈宇宙论，后一句就谈人生论，因为在很大程度上，他们认为宇宙论与人生论是不分开的，谈宇宙就是谈人生，宇宙的根本原理就是人生的终极关怀。当然，此处亦可窥见，中国哲学的本原论是宇宙论和本体论不分家，故而有学者将此称为"本体-宇宙论"或"世界本原论"，以与西方哲学本体论和宇宙论分离的现象相区别，笔者以为是有道理的（李存山，2008b）。

二、人生论：自强不息

诚如张岱年先生所言，中国古代哲学家更注重人生论，谈宇宙论也不过是为人生论寻找终极之本体、来源，如孔子墨子，作为中国人生论发端的思想家，竟没有成体系的宇宙论，其后的孟子、荀子也不太注重对宇宙论的探讨，宋明及以后的学者虽然注重宇宙论，但其思想的重点仍是人生论，即使是老子、庄子，其宇宙论的归宿还在于对人生论的阐释，是为解决现实的人生问题而寻找到的根本原理。故而在中国思想家眼里，宇宙的根本原理就是关于人生的根本原理，即人生的至理准则就是宇宙的本根，宇宙之本根就是道德的标准（张岱年，1996）。是故《周易》有言"天行健，君子以自强不息"（《乾卦》）、"地势坤，君子以厚德载物"（《坤卦》）。"天""地"为宇宙之根本大势，所以作为理想人格的"君子"就应该效法天地作为万物之母之"生生不息"的根本原则，以"自强不息"为人生的根本原则，以"厚德载物"为人生的根本追求，以"天人合一"为人生的最终目的和至高境界。

　　然则"人"何以能够自强？何以能够参悟体会宇宙之本根？其必曰："人为天地之心。"意思是："人"为宇宙天地的中心或核心，表现在中国古代哲学上，就是学者们大多认为"人"是天地间万物之最贵最灵者。[①]首先，在先秦时期，《老子·二十五章》说："故道大，天大，地大，人亦大。域中有四大，而人居其一焉。人法地，地法天，天法道，道法自然。"有版本将"人"训作"王"，笔者看来影响不大，因为"王"也是"人"。荀子也说"水火有气而无生，草木有生而无知，禽兽有知而无义；人有气、有生、有知，亦且有义，故最为天下贵也"（《荀子·王制》）。这是说万物虽然都由"气"构成，但水火只有气等质料元素而无生机，草木有气有生机但无知觉，禽兽有知觉但没有道德意识，"人"不仅有生命有知觉还有道德意识，所以"人"在万物中最为高贵（钟肇鹏，2001）。这与孟子强调"人之所以异于禽于兽者几希"一致。《礼记·礼运》更直接提出"人为天地之心"的命题，"人者，天地之心也，五行之端也"，又说，"人者，其天地之德，阴阳之交，鬼神之会，五行之秀气也"。笔者以为，所谓"天地之心"不在于强调"人"之为"人"所依赖的"气"，而在"精纯之气""秀气"所化之"人"之"心"的能知能觉，即能够觉察"人"之为"人"的道德意识以区别于其他万有，然则"人"之道德意识如"仁""义""礼""智"，其来源于何处？"天地之德"是也。因为人就是"天地之德"，故而"人"由"阴阳之交，鬼神之会，五行之秀气"生成后，

----

① 学者认为人在宇宙中的地位藐小而平常的学说主要存在于《庄子》外、杂篇中，如《秋水》篇中说："吾在天地之间，犹小石小木之在大山也。方存乎见少，又奚以自多？计四海之在天地之间也，不似礨空之在大泽乎？计中国之在海内，不似稊米之在大仓乎？号物之数谓之万，人处一焉；人卒九州，谷食之所生，舟车之所通，人处一焉。此其比万物也，不似毫末之在于马体乎？"在《则阳》中又说道："曰：'有所谓蜗者，君知之乎？'曰：'然。''有国于蜗之左角者，曰触氏，有国于蜗之右角者，曰蛮氏。时相与争地而战，伏尸数万，逐北旬有五日而后反。'君曰：'噫！其虚言与？'曰：'臣请为君实之。君以意在四方上下有穷乎？'君曰：'无穷。'曰：'知游心于无穷，而反在通达之国，若存若亡乎？'君曰：'然。'曰：'通达之中有魏，于魏中有梁，于梁中有王。王与蛮氏有辩乎？'君曰：'无辩。'客出而君惝然若有亡也。"不过这种视人为藐小且同于其他万有的思想，在中国古代哲学中不占主流，甚至只是很低的地位。

"天地之德"便内在于人心之中，人们只有不断地通过道德自省和反身内求的修身功夫，才能回复本心，这也是《孝经·圣治章》强调"天地之性人为贵"的原因。可见，这时气范畴已然不再是宇宙论领域的意涵，而是被赋予了精神性，成为伦理道德的来源。

其次，自秦以后，这种"人为天地之最贵"的思想更进一步发挥，道德伦理的原则被理解为人性之本来规定，而人性又与气禀及太虚湛然之气有关①，则变化气质之养气修身的内求功夫就成为人们扩充道德、追求"天人合一"的主要手段。如董仲舒言"人之超然万物之上，而最为天下贵"（《春秋繁露·天地阴阳》），周敦颐说"二气交感，化生万物。万物生生，而变化无穷焉。唯人也得其秀而最灵"（《太极图说》），邵雍也说"唯人兼乎万物，而为万物之灵"（《观物外篇》），等等，这些都是在说人是天地间之最可贵者，可见"人为天地之最贵"的观点早已成为中国古代主流哲学公认的基本观点。然则人究竟何能为天地之最贵？是因为人性之得于天而最全者也。胡五峰言："万物各正性命，而纯备者人也，性之极也。"（《知言》）朱熹也说："故人为最灵而备有五常之性，禽兽则昏而不能备，草木枯槁，则又并与其知觉者而亡焉。"（《答余方叔》）程朱、陆王及张载都认为人性有两部分②，"天地之性"（天命之性）和"气质之性"，前者是人性之根本，也是宇宙的本体，故而人人相同，纯善无恶；后者则由于气禀之不同而人各有异，有善有恶。由于"天地之性"的呈现常受到"气质之性"的遮蔽，所以现实中的人多表现的是有善有恶的"气质之性"，即只有通过修身养性以变化自己的"气质之性"，才可能回复和呈现出"天命之性"。还有一种人性论主张"天命之性"与"气质之性"应该合二为一，以罗钦顺和王廷相为代表，如罗钦顺说："但曰'天命之性'，固已就气质而言之矣，曰'气质之性'，性非天命之谓乎？"（《困知记》卷上）王廷相的主张更加鲜明，他说："宋儒只为强成孟子性

---

① 仁义礼智等道德伦理的基本原则，不论是理本论学派、心本论学派还是气本论学派，都认为是人性内在的本然规定，是为天命之性，但其显现都受气禀即气质之性的影响。所不同的是，理本论学派，如程朱，认为伦理的基本原则来源于理；心本论学派，如陆王，认为伦理的基本原则来源于心；气本论学派，如张载，认为伦理的基本原则来源于太虚之气。

② 关于王守仁的人性论是不是二元论，学术界尚有争议。如王守仁说"恻隐、羞恶、辞让、是非即是气。程子谓：'论性不论气，不备；论气不论性，不明'，亦是为学者各认一边，只得如此说。若见得自性明白时，气即是性，性即是气，原无性气之可分也"（《传习录》中）。在这里，张岱年（1996）认为王守仁是主张性一元论，李存山先生则认为此处"气即是性"不是王守仁一贯的思想，性气一元论实际上始于与王守仁同时的罗钦顺和王廷相（李存山，2008b）。

善之说，故离气而论性，使性之实不明于后世……后之学者，梏于朱子本然气质二性之说，而不致思，悲哉！"（《雅述》上篇）其后王夫之、颜元、戴震等，皆主张人性来源于"气"。[①]可见，人性问题的本质就是宇宙之本根论问题，而宇宙之本根论问题的本质是气本原论或理气论、心气论思想，所以人性问题的本质就是气论思想的本质，或者人性问题本身就是一个"天人合一"的过程，其借由"气"沟通"天""人"实属理论之必然。

综上可知，"气作为天人合一的中介"，是中国哲学之理论本身的旨趣所在。何为其然也？首先，人生论是中国哲学的中心或重点，前文已述；其次，所谓人生论者，就是研讨人生的意义、价值和终极关怀，以解决人们之为人处世、安身立命及心灵的安顿方式等根本问题为目标，但是要回应这些问题或内容就必须以对人性问题的充分了解为前提，于是人生论之根本问题就变成对人性问题的处理，而对人性问题之本质的追索又逃脱不开气论思想。所以，中国哲学的中心或重点就在于对气论思想的多维度诠释和处理，即气范畴本来就被赋予了物质性和精神性的双重意涵，气论思想尤其是先秦气论思想，也不仅仅是对解释现象和世界的自然观或宇宙论方面有贡献，也对解释人生的人生论和价值论方面有重大贡献，两者同属于气论思想，是气论思想之一体的两个方面，并非对立的平行关系。

另外，笔者以为，"气作为天人合一的中介"，也是中国古代哲学发展的必然结果。以先秦时期为例，诸子哲学在描述世界万有及其发生发展（包括人类自身）之过程中，都主张"天人合一"的精神境界和目标，其中，关于"天"，一般都以气论思想为主流[②]，不需赘述；关于"人"，则首先承认人也是万有之一，故而人之身体也都是在气化过程中形成的，即"血气"作为人之身体性的精华也都由气所充实，"气者，体之充也"（《孟子·公孙丑上》），又因为"血气"的充盈盛衰直接影响人的心理和精神活动，这既包括生而即有的欲望，如孔子的"三戒"，也包括后天习养形成的欲念，如孟子所论孟施舍的"养勇"，等等，并由此进一步关涉人的

---

① 王夫之认为"气质之性"就是"气质中之性也"，等同于"本然之性"，是"太和之气所成"，他说："所谓气质之性者，犹言气质中之性也。……是气质中之性，依然一本然之性也。"（《读四书大全说》卷七）颜元也认为有气质才有性，"非气质无以为性，非气质无以见性"（《存性编》卷一），气质指人的机体和生理机能，是性之所发的根本，"非气质无所为情、才，即无所为性"（《存性编》卷二）。戴震（1982）则以"血气心知"为性，"阴阳五行，道之实体也；血气心知，性之实体也"（《孟子字义疏证》卷中）。是所以有"所谓性，所谓才，皆言乎气禀而已矣"（《孟子字义疏证》卷下）。

② 当然，郭店出土文献有《太一生水》篇，但毕竟不是主流，故暂不考虑。

精神修养和内在之德性，如孟子的"养浩然之气"和荀子的"性恶"。由此可见，"天""人"本为一体，其"合一"所倡导之"合"的重点本就是内在精神之合，是人之主体思维与天道之大化流行相合，"天人关系"也不是一种主客体二元分立的关系，而是一个整体的两个方面，即"玄之又玄"的"道"的两个方面，"道"不可知而只能被描述，气论思维又恰恰是一种整体性的描述性思维，所以凡主张"天人合一"的思维模式，气论思想就成为"天""人"可以"合一"的必然中介，在这个程度上，气论思维可以说是中国古代哲学的根本思维。

第二节 气论思维模式的确立

气论思维模式的确立并不是偶然，因为它是中国古代哲学"天人合一"思维发展的必然结果，也是"天人合一"思维得以证立的内在前提。[①]但是它又是一个容易被忽略的问题，这除了受到"以西范中"和"以苏范中"的影响外，还涉及研究方法的问题。学者们一般以儒道为分别对立的两家，所以在研究过程中总是采取区别对待的方式，分别从纵向时间轴的角度，以儒道两家及其血脉传承为研究对象，然后再去讨论异同，然笔者则采取另一方法，即以整个先秦时期的气论思想为研究对象的整体，从横向的角度，具体而历史地考察儒道两家思想之同异。在笔者看来，两种方法，无所谓好坏，各有益处和侧重。如前一种方法，更多地带有研究者的固有成见，好处是能够更具体而微地进行专项深入的研究，坏处则可能会在一定程度上蒙蔽先秦时期思想发展的实际，割裂学术大融合背景下学者、学派等相互之间的复杂关联，缺乏对于当时社会政治、学术和文化之复杂背景对思想发展之影响的认识，因为在学术争鸣和文化大融合的社会转型时期，学者、学派的思想往往非常复杂，这从由先秦时期所留典籍（如《易传》《管子》《鹖冠子》《列子》等）之作者和成书时代所引起的争论就可见一斑。至于后一种方法，在一定程度上可以与前一种方法互补，即好处是尽可能少地带有主观成见，以"回到中国古代哲学自身"为宗旨，不去纠结于学派之间说不清楚的复杂关系（如学界所争论的《管子》和孟子孰先孰后的问题），而是以整个先秦时期之思维发展为研究的整体，从宏观的角度和层面去发掘社会转型期之学术大融合的历史真相，故而能够简洁而精

---

① 详见本书第一章第二节。

练地找出诸子思想发展的共同基础（即主要都是以气论思想作为宇宙论的根本，且以血气、情气等作为人的身体性和精神性沟通的桥梁），也能够探索出诸子哲学对中国古代哲学思维的巨大贡献（诸子后哲学的宇宙论及由人性论和心性论构成的人生论可以说都是以诸子哲学作为开端的），坏处就是不能专门深入地探索一人、一家的学术发展历程。综而观之，两种方法虽然可以在很大程度上互补，但也应有先后的顺序，不然便会失之偏颇，更难坚定自己的学派主张。

如何是先后的顺序？笔者以为，一般应以后一种方法为先，前一种方法继之，才能全面而深入地把握诸子哲学的历史整体。这是符合学者实际学习的历史规律的，当然这里的学者主要不是指初学者（即使是初学者，也应遵循"先博后专"的学习思路），而是历史上的哲学家、思想家。因为对先秦以后的学者来说，不论其属于何家何派，先秦诸子学术都被作为一个整体被呈现在他的面前，换句话说，诸子后学者都是在以整个诸子哲学为研究对象的前提下，以"回到诸子哲学本身"为手段之后才能真正形成自己的见解，对他们来说，不会仅仅桎梏于一家一派而不管不顾其他，相反都是在充分研究各家思想的基础上才有自己的取舍，董仲舒所谓"罢黜百家，独尊儒术"也是在充分研究其他学派思想的基础上才更坚定儒学的。即使是先秦诸子本身，也是在充分了解各家思想的基础上才能坚定明晰自己学派的思想，不然孟子"辟杨墨"、荀子"非十二子"都成为无稽之谈，而《管子》和《易传》中的儒道兼有的事实也要被抛弃，就连荀子作为儒家却教授出韩非子、李斯等法家学者的事实也要被否定，然而这些显然都是事实，必须承认。所以考虑到思想的实际发展历程和学者学习的实际情况，笔者以为，以先秦时期整体作为研究对象是研究诸子哲学必然经历的过程，张载"访诸释老之书，累年尽究其说，知无所得，反而求之六经"（吕大临《横渠先生行状》），程颢"泛滥于诸家，出入于老、释者几十年，返求诸《六经》，然后得之"（戴震《孟子私淑录》），盖此意也。

当然这里也有一个矛盾：虽以后一种方法为先，但却必须先经历前一种方法，即对各人各家分别学习，然后才能执行后一种方法。这是实然问题，虽然看似有矛盾，实则不算矛盾，正是学者们常说之"先博后专"的学习方法。需要说明的是，笔者之所以分先分后，主要意义有两个。第一，目的是强调应以"回到诸子哲学本身"为目的，即不能以固有成见曲解先秦诸子之学问，魏晋玄学、宋明理学等固然是对诸子哲学的发展，但是，若反过来以后者解释前者就不免失之偏颇；第二，诸子后学者面对诸子哲学本就是"一对多"的关系，且诸子哲学又是社会转型期在学术大融合的过程中形成的，因此诸子及学派之间思想发展的复杂程度非同一般，若只局限某一家一派之言，往往不能窥见学术发展的真相，且学者只有在全面学习诸子哲学的情况下，才能不失偏颇，更加坚定自己的学术主张。所以，笔者以为，若要深入研究先秦诸子哲学，就必须先经历以诸子哲学为研究对象之整体的阶段，找出其共同的主要的哲学基础，如此才能全面而深入地掌握先秦诸子学术的全貌，也才能在此基础上发展创造出全新的哲学理论形态，如玄学、理学等。

也正是在这样的认识下，气论思维模式才能被提出，且不仅仅是实然问题，更应该是应然问题。实然问题者，先秦诸子哲学本就是以社会转型期的学术大融合为背景，其间互相融合借鉴之处颇多，集中体现在都是以气论思想作为宇宙理论的根本，也都以"血气""情气"等作为人之身体性和精神性沟通的桥梁（即以"血气""情气"与人心、人性沟通，进而以对人心、人性的养、存作为成德的根本）。应然问题者，如前文所述，后世学者面对诸子哲学是"一对多"的关系，考虑到其复杂的思想、政治和社会背景，自然应该对其进行全面而深入的把握后才能理清其中关窍，集中体现在宇宙论演化出人生论时赋予气范畴以精神性意涵上，如孟子的"浩然之气"和郭店儒简的"情气""性气"，当气范畴与心、性、德等道德范畴密切相关时，气论思想已经不再局限于宇宙论领域，而是成为宇宙论和人生论联结的中心点和桥梁，成为"天人"所以"合一"的根本。是所以笔者以为，气论思维模式的提出是一种必然，应该由被忽略的幕后位置上升到被重视的前台，且作为一种描述性思维，其主要包含两个论域：宇宙论和人生论（包括社会论域）。

以上，笔者专门论述了气论思维模式为什么会被提出的必然而应然之问题。下面笔者将针对气论思维模式确立的历史过程及其哲学史、思想史基础进行简要分析。

一、气论思维模式确立的历史过程及其哲学史、思想史基础

从气范畴的演变历程来看，春秋以前，气概念从其产生之初就已经具备描述和解释自然和人类社会乃至人之精神世界的思想萌芽[①]，如云气、烟气、蒸气等被用来描述和解释自然现象；天地之气、阴阳二气被用来作

---

① 详见本书第一章第三节。

为描述和解释人类秩序变化的原因①；"行气玉柲铭"（《三代吉金文存·二十·四十九》）则体现出气与人之精神、生命和智慧的关系。但是，这并不是成熟的思想，也不是一家一派在短时间内形成的，而是前辈有识之士在长时间内的积累，是一种天才的猜想和假设，气论思想甚至都没有真正成型（只是伯阳父将气范畴从原来的具体之气上升到抽象的高度），所以只能作为气论思维模式在春秋以前时期的思想源流或者萌芽状态。

到春秋时期，《左传》以"六气"与"五行"相对待，《国语》则主张"川谷导气"，老子更提出完整的宇宙论，等等，这皆是以气论思想作为描述和解释现象乃至世界总体的理论工具。孔子则提出"食气"和"血气三戒"，以及《左传》的"勇气""魂魄之气"，《国语》的"人助宣气"，《孙子兵法》的"士气"，等等，都与人的内在心理和精神活动密切相关。可见，气论思想已经逐渐成为包含描述和解释世界总体之宇宙论及描述和解释人之心理和精神活动之价值论的两个方面。

到战国时期，气论思想得到全面发展，其中，道家以宇宙论为侧重点，而儒家则以人生论为侧重点。首先，以道家为例，庄子继承老子的道气论思想，明确提出"通天下一气"的观点，更有"心斋""游心"之论，黄老学者则在老子道论的基础上将气论思想进一步扩充，如《管子》以"精气"为天地万有的本原，包括人类的智慧和思维活动能力，更以此为基础全面打通"气"与"心"之间的关系；其次，儒家则在坚持以气论思想为主之宇宙论的前提下（如孟子的"气者，体之充也"、荀子的"水火有气"以及《易传》的"太极阴阳说"），侧重对气范畴的精神性意涵的发挥，如郭店儒简《性自命出》提出"情气""性气"，孟子提出"浩然之气""夜气""不动心"，等等。可见在儒道两家那里，以气论思想作为宇宙论的主要内容是基本达成共识的，且都以宇宙论为基础推导出自己学派的人生论，即将气论思想作为包括宇宙论和人生论两方面的思维框架，这一点也是被儒道两家共同推崇的，所以气范畴作为宇宙论和人生论沟通的桥梁，自然而必然地成为"天人合一"的中介。至此，气论思维模式，在先秦时

---

① 这是伯阳父论地震的说法，出自《国语·周语》。其潜在的前提是：人类社会和自然现象本是在"天地之气"的正常序列下和谐共处的，"夫天地之气，不失其序"，其中，人类社会与自然是相互依赖、互相影响的，又因为人类之生存高度依赖自然环境，所以自然环境之变化必然影响到人类的生存，"阳失其所而镇阴也。阳失而在阴，川源必塞；源塞，国必亡。夫水土演而民用也。水土无所演，民乏财用，不亡何待？"所以伯阳父认为由"天地之气"失序所导致之自然的变化必然影响人类社会组织的稳定，"若过其序，民之乱也"。通过"天地之气"失序导致"川源必塞""水土无所演"并进而导致人类社会组织的崩坏，我们可以看出一条清晰的痕迹：以气论思想为主流之宇宙论以及"推天道以明人事"之思路的萌芽。

期便已然成型。

　　从以上历程，我们可以看出，气论思维模式的提出有着本然的哲学史和思想史基础。笔者将其确立过程划分为三个阶段：第一，春秋以前时期，是气论思维模式的孕育和萌芽时期，以伯阳父论地震为主要代表；第二，春秋时期，是气论思维模式的逐渐成型期，以老子和孔子为主要代表；第三，战国时期，是气论思维模式的成熟期，以庄子、黄老和思孟一系、《易传》为主要代表。一言以蔽之，即气范畴从其诞生的那一刻起，就必然被作为宇宙论和人生论沟通的桥梁，而成为儒道两家描述世界、安顿心灵和精神世界的共同理论基础。察其缘由，笔者以为，这是人类与自然关系的本质所决定的。何解？自人类诞生之初，人与自然的关系就已经被决定，中西方并无二致，所不同的是对这种现状的应对。西方古代学者选择了"世界是什么"的提问方式①，从而自觉地将人之认识主体与自然的客体划分开来，形成主客体二元分立的思维方式；中国古代学者则问出"世界怎么样"之问题，先在地认为人的认识主体与自然的客体是一个不可分割的整体，即包括人在内的世界总体是先在的完满的一个世界②，不需被征服改造，相反，人应该与之相合或融为一体，自然形成整体互系的思维方式。所以，西方哲学总是在解释世界，目的是征服和改造世界，而中国哲学则

---

①　海德格尔（1996）在《什么是哲学？》的一篇演讲中将西方哲学的提问方式或问题形式归纳为对"是什么"的追问，他说："这是什么……这是由苏格拉底、柏拉图、亚里士多德所发展出来的问题形式。例如，他们问：这是什么——美？这是什么——知识？这是什么——自然？这是什么——运动？"宋志明（2010）也同意此观点，并认为古希腊学者正是在这种提问方式下，把世界总体作为判断的对象，把世界处理成一幅静态的画面，看成"有"（存在），然后从"有"（存在）出发采取分析的进路开启自己的哲学思考；中国先哲则是提出"世界怎么样"的问题，把世界总体作为描述的场景，把世界看成动态的过程。李景林（2013b）也同意海德格尔的结论，并认为儒家哲学的提问方式与西方哲学不同，儒家是以成圣为最高的目标，"学有所止，止诸至圣"。笔者以为两位先生的观点并不矛盾，因为正是由于中国古代先哲的提问方式与西哲不同，且是遵循"世界怎么样"之描述世界的思路，即先在地以为世界是完满成熟的，人也是健动世界之大化流行的一部分，故而产生"推天道以明人事"的思路，"天人合一""天人相分"这一反映中国古代哲学之基本问题的"天人关系"问题才能出现，也才使得"成圣""成德"有了来源和依凭，所以两者虽然表述不同，却也殊途同归。

②　李泽厚等（2012）在《中国哲学如何登场？——李泽厚2011年谈话录》一书中就认为西方自柏拉图到基督教，再到康德的本体、先验性等都讲"两个世界"，而中国恰恰只谈"一个世界"，所以西方讲超越性，中国不能讲超越性。笔者赞同李先生主张中国一直只是一个世界的观点，但不认为中国不能讲超越，以为超越只是西方哲学"两个世界"的专有名词，就好比哲学只是西方的讲法而中国没有哲学一样。事实上，中国当然有自己的哲学，也有超越的思维，这在本章第二节将会详细论述。至于余英时先生所论"内向的超越"，笔者以为有理，可与杜维明、汤一介先生所论参看。

一直是在描述世界，目的是融入世界而至"天人合一"之境。在此基础上，中国哲学从其产生之初就背负了"推天道以明人事"的历史使命，因为世界本就是圆满的、整体的，人要么化入天地万物而成为天道流行的一分子，要么作为认识主体去参悟体察天道之理在人事上的反映，总之都是在描述和体悟天道至理，然后以之为人道的根据，所以中国古代哲学的宇宙论和人生论是不可能分开的，是本然地联结在一起的，故而中国古代哲学提倡"圆道"（如《吕氏春秋》），气论思想只要被作为描述世界的主要理论，便必然被赋予沟通宇宙论和人生论两方面的历史使命，气论思维模式也必然包含宇宙论和人生论两个维度。

二、气论思维模式是一种整体互系的描述性思维模式

气论思维模式，作为中国古代先哲对"世界怎么样"之问题的回答，突出体现了先哲们穷神知化的宇宙思考以及对人之生存的价值和意义的终极关怀。

首先，所谓穷神知化的宇宙思考正是对应气论思维模式的宇宙论维度。在笔者看来，"世界怎么样"之问题的成立有一个前提，即世界本就是圆满完善的存在，人也不过是世界的一部分，即世界与人的关系是整体与部分的关系，而不是并列相对的个体之间的关系，所以世界的运行变化本身就包含了人的活动，或者说人之存在和活动本就是世界存在的一部分。简言之，"天道"①作为人类认识的顶端，其本身就包含了"人事"，而"人事"也必然是"天道"在人类活动上的反映。如此，便能得出四个结论：第一，世界的总体不能成为人之判断的对象，人们也无法回答"世界是什么"的问题，这既是由人与世界关系的本质造成的，也是因为无限的世界的总体本就无法被有限的认识把握，与"不识庐山真面目，只缘身在此山中"（苏轼《题西林壁》）的道理相类。第二，虽然人们无法正面判断和回答"世界是什么"，但却可以描述世界。世界作为一个整体，虽然无限，但人们可以根据自己的所见所闻和体悟、理解去描述"世界怎么样"，尽管可能因为角度和理解的不同，造成"横看成岭侧成峰，远近高低各不同"（苏轼《题西林壁》）的差别，如儒道两家对"天道"理解之区别，却也能真实反映"天道"流行之一面，这便天然地埋下了"推天道"的思维路径。第三，人类认识所描述的世界总体其实就是"天道"的大化流行，所以"天

---

① 这里的"天道"表达的就是最终极的先天大道，与老子的"道"相同，是最终极的本原，而非后天之道，即天地形成以后的天地万物之规则。

道"本就是最高、最圆满、最先的至理，是以儒道两家为代表的中国古代哲学所共同追求的终极真理，人们对"世界怎么样"的描述就是对"天道"流行的描述，而所能认识和描述的最高境界和最终目的就是达至"天道"或与"天道"合一。第四，因为"天道"流行本就表现为包括人在内的天地万有之本原及其发生发展和运动变化过程，即天地万有始终处在不断的交替变化之过程中，所以万有之间本就是相互联系的整体（世界本就为圆满完善的整体存在，故而万有必然是相互联系的整体），对"天道"流行之体悟和理解也必然表现为穷神知化的宇宙思考，是所谓健动的宇宙观。总而言之，气论思维模式是一种描述性的思维方式，是以包括人在内的世界整体为描述对象，是以天地万有之间的互相联系为描述的准则，表达出了一种整体互系的健动宇宙观。

其次，所谓对人之生存和意义的终极关怀正是对应气论思维模式的人生论维度。在笔者看来，早期人类思考关于"世界是什么""世界怎么样"的问题，都是为了生存，为了让人类可以在所处环境中生存得更好，即从一开始，人类对"天道"的认识就是为了"明人事"，更何况"明人事"之过程本身也就是"推天道"之过程，所以对人生意义和价值的思考本就是承继人类对映射到人生之"天道"的描述而来。这从中国古代先哲以"天人合一"为成圣成德的最高境界亦可得证。人之所以能成圣，是因为能感悟"天道"，感悟"天道"越深就越能"明人事"而有德行（当然也可以由"明人事"进而感悟"天道"，两者本是殊途同归），若能悟得"天道"大化流行之自然而然的最高境界，也就能达至"与道合一"之境，可见，所谓"圣"和"德"，也都是对至高"天道"的描述，人之生存的价值和意义就在于自觉体悟和顺遂"天道"之自然而然，以自觉躬行之人生轨迹化为对"天道"至理的无声描述，而"德"即是这幅人生图卷的具体风景。

综上，笔者以为，气论思维模式从其被确立之初，就负有描述世界并进而阐明人生价值和意义的历史使命，而气论思维从其萌芽之初就表现出连续性、整体性以及健动之特征，因其无形无相、不可名状，故可描述万有；因其确实存在并相互关联，故可沟通宇宙论和人生论，成为中国古代本根论和价值论之共同的理论基础。

三、论气论思维模式本即为中国古代哲学之根本思维模式

冯友兰先生曾说中国古代哲学的论域有三个：宇宙、社会和人生。对此，宋志明（2010）认为：宇宙是人生活于其中的客观环境，对应中国古代哲学所说的"天"；人生是个人的生存样态，社会是群体的生存样态，

合在一起对应中国古代哲学所说的"人"（也即前文所说的人生论）。足见，天人关系问题就是中国古代哲学的基本问题。[①]在前文中，笔者已经论述气论思维模式本就包含宇宙论和人生论两个维度，宇宙论对应这里所说的"天"，人生论则对应这里所说的"人"。由此亦可知，气论思想的本质其实就是天人关系问题，气论思维模式本就是中国古代哲学之根本思维模式。

当然，这里说气论思想的本质是天人关系问题，是从宏观角度说的，以气论思想作为天人沟通之桥梁为基点，并非是认定所有学者论及的气论思想都是一致的，更不主张所有学者论及天人关系之理路是相同的，而是强调天人关系问题作为中国哲学的基本问题，其核心的内容和实质都是以气论思想为基础，主要表现在两个方面：一方面，气论思想是中国古代学者思考和描述"天""人"所分别对应之宇宙论和人生论的基础思想；另一方面，气论思想是中国古代学者沟通"天""人"借以"推天道以明人事"的关键，甚至在某种程度上，可以说气论思维模式的本质就是"推天道以明人事"的思维路径。故此，笔者以为气论思想的本质就是天人关系问题，而天人关系问题的基础也就是气论思想。

此外，论者有以"气论"和"仁学"相对待而为中国古代哲学主流的观点。笔者以为此说欠妥。因为此种观点，一般以"气论"为描述和解释万有之本原及其发生发展变化者，即赋予气范畴物质性意涵，而以"仁学"为安顿人之心灵及道德精神之追求，即赋予气范畴精神性意涵，以物质与精神、"气论"与"仁学"相对待，作为中国古代哲学的基本问题。不能说这种观点没有道理，但也有值得商榷之处，笔者以为可归纳为三点。第一，中国古代哲学并不能简单地以物质与精神的问题来归纳，因为中国古代哲学的基本问题不是思维与存在、物质与精神的关系问题，而是中国固有主体性的天人关系问题，这是由中国古代先哲提问世界的方式所决定的，即不是问"世界是什么"，而是问"世界怎么样"以及"人与世界的关系怎样"，故而中国古代没有主客体二元分立的思维方式（则没有物质与精神为哲学基本问题的说法），反而是整体互系的描述性思维方式（是以气论思维模式得以成立）。第二，在中国古代哲学中，气论思想从来就不是与"仁学"相对立的，而是相互包含关系，前者包含后者，这是其产生之初就背负的使命，主要表现在气论思想被用来描述和解释人的心理和精神活动，并进而被用来描述和解释心、性、德以及生死问题（即"仁学"之根本都是由气论思想来说明的，则以气论思想包含"仁学"也属理所当然）。

---

① 有关此问题的论述还可详见本书第一章第二节。

第三，气论思维作为一种整体互系的描述性思维，以世界总体为描述的对象，而世界总体是先在的圆满的整体，所以在中国古代先哲看来，"天""人"是本然而应然的"合一"，根本不存在物质与精神或者"气论"与"仁学"的对待关系。

综上，笔者以为，若站在中国古代哲学自身的角度，则气论思想实是涵包宇宙论和人生论两个方面，反映的是天人关系这一中国古代哲学的基本问题，气论思维模式也成为中国古代哲学的根本思维模式。

第三节　对儒道的贯通

儒道关系问题是一个老话题，因为不仅古代中国学者常论及此，尤其是从 20 世纪初开始，学界对此问题的讨论就已经逐渐展开。唐明贵（2012）将这一时期的讨论划分为三个阶段：第一阶段是 1900 年到 1949 年；第二阶段是 1950 年到 1980 年；第三阶段是 1981 年到 2000 年。唐明贵认为三个阶段的政治气候、意识形态、学术取向各不相同，故而儒道关系研究也呈现出不同的阶段性特征。如前两个阶段以儒道之分列对立为主线，其中第一阶段以儒道的对立为线索，第二阶段以儒道之基本范畴理念的异同为线索；后一阶段则以儒道同为中国古代哲学之主流的两个方面之互补关系为线索。察之，笔者以为儒道两家之关系可以总结归纳为三种：第一种是"儒家主干说"，正如陈鼓应（1990a）所说，儒家是中国古代哲学的主流是沿袭近两千年封建史学的习惯，换句话说，在中国两千年的习惯认识中，儒家基本上都是被独尊的，此外，今人孙道升先生也曾于 1934 年在《大道半月刊》第 4 期上发表《道家出于儒家颜回说》一文，明确以为道家出于儒家，从而引发小范围论战；第二种是"道家主干说"，这主要是近现代学者在驳斥"儒家主干说"时提出来的，最著名的就是陈鼓应（1989），以形成《易传》为道家系统作品之观点为标志，同样引发小范围论争[①]。

---

① 此处争论主要有两个方面，第一个是关于《易传》的学派归属，传统的说法是归属于儒家，陈鼓应（1989）则撰文称是归于道家，吕绍纲（1989）则认为陈鼓应的说法不能令人信服，应归为儒家；第二个是关于"道家主干说"的争论，陈鼓应（1990a）撰《论道家在中国哲学史上的主干地位——兼论儒、道、墨、法多元互补》一文主张道家是中国古代哲学的主流，李存山（1990b）在《道家"主干地位"说献疑》一文中进行质疑。其后，陈鼓应先生又撰文作出回应，可参阅陈鼓应（1990b）。此外，对"道家主干说"的驳斥，除了"儒家主干说"的学者外，还有主张儒道两家共同构成中国古代哲学主流的学者，如张智彦（1990）撰《楚文化与老庄哲学》一文，将中国传统哲学划分为南北两个系统，南方以道家思想为代表，北方以儒家思想为代表。此外涉及争论的还有多位学者，如王葆玹、周桂钿等，限于篇幅，此处省略。

由此可见，自近现代以来，这两种意见往往相伴而生，分别代表"以儒观道"和"以道观儒"两个极端角度，故其必然孕育出调和两者的"中庸"的角度，即第三种观点：儒道两家互补共同构成中国古代哲学的主流，这也是站在中国古代哲学整体之角度所必然具有的全局观。在笔者看来，固执地坚持"儒家主干说"或者"道家主干说"确实失之偏颇，因为儒道两家都遵循"推天道以明人事"的思路，都以气论思维作为自己思想体系的根本思维，如此，儒道互补才由于有了共同的理论基础而成为可能，又因为气论思维模式的两个方面，即宇宙论和人生论，本来就是分别以道家和儒家为主［其实，儒道两家都涉及宇宙论和人生论两方面，不过道家侧重宇宙论进而顺遂天道之自然而然，儒家侧重人生论从而以人生论之终极顶端为天道，如郭沂（1994）就强调孔子和庄子皆以生命价值立论，其哲学体系都是围绕什么是生命的价值和如何实现生命的价值建立的］。换句话说，如果没有道家，则气论思维模式的宇宙论维度会有所欠缺；如果没有儒家，则气论思维模式的人生论维度又会不足。所以儒道两家本就是互补关系，共同构成了中国古代哲学主流的双螺旋结构。

需要强调的是，互补者，以有补无，或者以彼之长补己之短，总之不能是相同的，非如此，中国古代哲学不能延续，是所谓"和实生物，同则不继"[①]；但是又不能完全不同而随意甬合，即必须要有共同的理论基础，非如此，则不但无法互补反而不伦不类，这正是"同气相求，同声相应"（《易·乾》）的道理。然则共同的理论基础是什么？笔者以为正是气论思想及其气论思维模式所代表的"推天道以明人事"之思维路径。基于此，本节所论"对儒道的贯通"之主旨，实在于挖掘气论思想作为儒道两家互补之理论基础，对儒道两家建构自己之思想体系有何贡献。概而言之，主要有如下两条。

一、儒道都以气论思维模式作为自己的理论框架

气论思维模式的确立过程，实际就是儒道两家以气论思想为基础、以"推天道以明人事"之思维为原则构建自己学派哲学体系的过程。

首先，以道家为例。老子建立了中国古代哲学最早成体系的宇宙观，以"道生一，一生二，二生三，三生万物"（《老子·四十二章》）构建了完善的世界图景，但这不是老子哲学的最后归宿，因为老子哲学是在礼

---

① 语出《国语·郑语》，史伯说："夫和实生物，同则不继。以他平他谓之和，故能丰长而物归之；若以同裨同，尽乃弃矣。故先王以土与金木水火杂，以成百物。"

崩乐坏、人们无法安定生存的社会环境下产生的，所以其必然要面对如何生存和安顿人们心灵的重大课题，而通过对"道"之无为和气论万物之自然而然的体悟，老子提出了"抟气致柔"的修养论，以"人道"顺遂"天道"之自然而然为成圣修养之根本；庄子则在此基础上进一步提出了"逍遥"的理论，即与其在如此纷乱的世道下谨小慎微地保全自己，不如直接放下所有的牵挂，无待于己，反身"逍遥"，以"游心"为"心斋"的根本和目标，借此实现生命的价值；黄老道家与老庄道家有所偏移，表现在对老子道论的超越上，即将气论提升到道论的高度，不以"道"统"气"，而是以"精气""元气"为天地万物的本原，并以之作为描述和解释、安顿个人及群体之精神和心灵世界的根本。总而言之，道家虽重"天道"，但从来不与"人道"分离，相反，"人道"以"天道"为根本，"天道"崇尚无为和自然而然，故而"人道"也应以无为、自然和逍遥为根本，圣人、君子的生命价值及其实现皆以顺遂"天道"为本。

其次，对儒家来说，孔孟虽然没有明确如老庄一般专门系统地提出自己的宇宙论，但却也不反对气化阴阳成万物的世界图式，这从孔子的"血气"、孟子的"气者、体之充也"中可以看出。此后，荀子提出"水火有气"的观点，《易传》的"太极阴阳说"，标志着儒家宇宙论的根本成型。遵循"推天道以明人事"的思路，儒家学者认为"天道生生""天地之大德曰生"，故从孔子开始，儒者就以"仁"学为核心，由道家的顺遂"天道"转而内求诸己，如孔孟之间学者转向心性学，提出"情气""性气"之论；孟子延续其路、反求诸己，从而提出个人修养的"浩然之气"和群体性善的"仁政"；荀子则主张"性恶"的观点，认为"气禀"所得之需求和欲望必须以后天之礼法才能化解，故提出"化性起伪""隆礼重法"的伦理政治思想。

综上可知，无论儒家还是道家，都以宇宙论为基础和前提，以人生论为目的和根本，即都以气论思维模式作为自己思想体系的理论框架，只不过侧重点及精神旨趣不同，儒家侧重"人道"，重视仁、义、礼、智等德性修养，故以弘道为己任，可以说是"拿得起"；道家侧重"天道"，重视守柔、处下的道德修养，故以无为、逍遥为人生真谛，可以说是"想得开"。若没有"拿得起"，就不会有"想得开"，反之，若不能"想得开"，也就不可能总是"拿得起"，不论是在个人之道德修养还是社会政治、伦理层面，这都是适用的，由此亦可见儒道两家之互补关系。

二、儒道都是在气论思想的基础上走上"内在超越"的进路

当"儒道都以气论思维模式作为自己的理论框架"之论断成立时，"儒道都是在气论思想的基础上走上内在超越的进路"之论断也自然能够成立。然则儒道两家具体是如何基于气论思想而走上"内在超越"之进路以实现终极关怀的？笔者以为对此问题的回答，可以分为三个层面：第一，什么是"内在超越"？第二，"内在超越"如何成为儒道两家之基本思路？第三，气论思想对儒道两家"内在超越"进路的意义。

（一）什么是"内在超越"

所谓"内在超越"，有两种含义，即一种是内在性，一种是超越性，故又可被称为"超越而内在""超越内在"。据郑家栋（1998）考证，这种表述最初由新儒家的牟宗三先生提出。牟宗三（1997）说："天道高高在上，有超越的意义。天道贯注于人身之时，又内在于人而为人的性，这时天道又是内在的（Immanent）。因此，我们可以康德喜用的字眼，说天道一方面是超越的（Transcendent），另一方面又是内在的（Immanent 与 Transcendent 是相反字）。天道既超越又内在，此时可谓兼具宗教与道德的意味，宗教重超越义，而道德重内在义。"可见，牟先生认为中国哲学之"天道"范畴既有"超越"的宗教意义又有"内在"的道德意义。随后这种说法遭到美国学者郝大维和安乐哲的反对，他们说"天"不是生出、哺育独立于自己的世界的先存的创造原则，而是自然发生的现象世界的一般表征，是完全内在的，不独立于构成自身的现象总和而存在，并认为牟宗三先生是想把西方人的超越性概念强加在早期中国传统之上（郝大维 等，1996）。牟先生对此予以强烈回应，并渐渐获得新儒家学者的认同，如刘述先、杜维明、余英时等学者都专门发文申述此说[①]，中国学者（台湾地区学者不包含在内）如汤一介、郑家栋等大都支持此说[②]，此后学者虽偶尔有不赞成者，但也属于极少数，且立

① 参见刘述先（2005）的《超越与内在问题之再省思》；杜维明（2002）论及此者颇多，皆收入《杜维明文集》，此不赘述；余英时先生作《内在超越之路：余英时新儒学论著辑要》（辛华 等，1992）进行专门论说。可以说，自牟宗三先生提出这一问题后，"内在超越"立刻成为国内外相关学者的热点问题，其时诸多学者都曾参与讨论，因篇幅有限，从略。
② 汤一介（1991）专门著《儒道释与内在超越问题》一书从中国古代哲学的所有主要方面细致周到地论证和支持此说；郑家栋（2001）也在所著《断裂中的传统：信念与理性之间》之第四章"'超越'与'内在超越'"中进行系统说明，后又不断发表文章论证其说，此从略。

论多难以持久、站不住脚。①故而"内在超越"渐渐被学界称作中国古代哲学尤其是儒学的基本特色。②笔者亦赞同此说。

本来，依照西学的观点，"内在超越"的说法是不可能成立的。因为"超越"一词是舶来品，属于西方宗教性术语，标示的是两个世界，即上帝存在的彼岸世界和现实人类生存的此岸世界，上帝创造此岸世界，却不是此岸世界的一部分，而是高高在上不可达到的圆满主宰，所以上帝与此岸世界是"超越而外在"的关系。换句话说，在西方宗教视野里，提到"超越"，就必然外在于现实世界并成为其创生者和决定者，不然不能称之为"超越"。③中国古代哲学不同，因为不论是儒家还是道家，都主张"道"或"天道"、"天"既是天地万物的创生者，又参与并内在于天地万物之生生不息的流行过程中，即只有一个现实世界，"天道"与现实世界是"内在而又超越"的关系。故而当以牟宗三先生为首的学者以"内在超越"作为中国古代哲学尤其是儒学的基本特色时，等于是赋予其哲学和宗教学双重性质，这点几乎是现代学者所公认的。但需要说明的是，除部分学者外，多数学者虽认为中国古代哲学尤其是儒学具有宗教的性质，但又与宗教有本质不同，即道家和儒家哲学只是具有宗教特色而不是宗教，道家不是道教，儒家也不是儒教，这必须与时下坚持儒学是儒教的观点区分开来，如杜维明先生在讨论儒家哲学时说，儒家之所以既不是一种哲学又不是一种宗教，正是因为儒家既是哲学又是宗教。若仅把儒家当作一种哲学，一种理智的思辨，一种纯智的解析，一种逻辑的争论，一种思想的厘清，则儒家的体验精神就会被忽略；若仅把儒家当作一种宗教，一种直觉的体验，一种灵魂的信仰，一种绝对的皈依，一种感情的超升，则儒家的学术精神就会被贬低。④

---

① 任剑涛（2012）就不赞成此说，他认为所以出现这种说法，主要是由基督教对儒家构成的宗教压力与政治压力导致的，并强调能且只能在以儒家为宗教的基础上才能得出"内在超越"的结论。笔者以为，中国哲学的"内在超越"特性并非是由基督教压力造成的，而是先秦时期开始就已经是中国哲学的根本精神，所不同的是古人称之为"天人合一"，现在学者结合西学称之为"内在超越"而已，且只有儒家是儒教才具有宗教特色的说法过于武断。针对任先生观点，有学者提出正面商榷，如胡金旺（2013）。

② 杜维明（2002）先生就将儒家这种"既超越又内在"特点称作是儒家精神方向的特色。

③ 郑家栋（1998）也认为，就"内在超越"与"外在超越"相对而言，人们主要是在独立不依（中国哲学称之为"绝待"）的决定与创造这重含义上使用"超越"一词的，又说，在基督教传统中，上帝创造世界，却不是世界的一部分，上帝相对于它所创造的世界而言，可称为"外在超越"或"超越而外在"。

④ 参见杜维明（2002）。此外，杜维明先生还认为儒学与宗教不同，儒学只承认有一个世界，儒者也必须在现实的凡俗世界中实现自己的"终极的自我转化"。可参阅《杜维明文集》的卷4、卷3之《儒学的超越性及其宗教向度》《论儒学的宗教性——对〈中庸〉的现代诠释》（杜维明，2002）。

（二）"内在超越"如何成为儒道两家之基本思路

何谓"内在"？承认只有一个世界，"天道"即蕴含于天地万物的运动变化之中，尤其是赋予人的精神和本性以体悟"天道"的可能，而人的精神若能够体悟"天道"，便可达至自觉"合一"之境；何为"超越"？"天道"作为至高无上的本原和主宰，是独立不依之存在，是天地万物的创生者和决定者，归根结底，是宇宙之所由来。两者相合，实即中国古代哲学"天人合一"的"天""人"二维，"超越"对应"天"的层面，"内在"对应"人"的层面。何也？中国古代先哲认为，从人类诞生之初，世界就只有一个，人虽是天地万有之一，但不同的是，人的意识和精神具有认识和实现个体自觉的功能，即人的精神和意识能够描述现实世界，能够体悟"天道"之流行，换句话说，"天道"内在于人的意识和精神之中，人们通过日用之间反躬自省的内在体验以及社会生活的修身、齐家、治国、平天下，就可以自觉体验"天道"之流行，从而超脱现实凡俗生活的限制，达至"天人合一"之境界。故此，"内在超越"的本质问题正是儒道两家所论之"天人合一"问题，而"天人合一"问题是天人关系问题的主要方面，天人关系问题又是儒道两家之基本问题，所以"内在超越"就是儒道两家的基本思路，其提出正是依循儒道两家之共同的"推天道以明人事"之思路而来，正如汤一介（1991）所言，孔、孟儒家是以道德理想的提升达到超越自我和世俗的限制，并实现其超凡入圣的天人合一的境界；老、庄道家则是以其精神的净化而达到超越自我和世俗的限制，以实现其绝对自由的境界。这两种"超越"虽不相同，但都是以"内在超越"为特征，同样表现了与西方哲学的不同。

然则儒道两家具体是如何实现"内在超越"的呢？限于篇幅，笔者仅以孔孟老庄为例。

首先，就道家而言。老子哲学主张"自然无为""无私无欲"，虽然化生万物的"道"是"迎之不见其首，随之不见其后"（《老子·十四章》），不为万物主宰，虚无无形，但人们只要不断净化自己的灵魂和精神，摆脱一切世俗的欲念和枷锁，做到"涤除玄览"、顺万物之自然，就能够体悟和感受"道"，甚而达至"与道合一"的境界。当然，这并不是说只有反对孔学的仁、义、礼、智，才能做到"涤除玄览"，事实上，老子并不是片面反对孔学，而是认为在当时的社会环境下，孔学尚难以自保自存，又怎能被用来教人、执政？因为孔学所继承和发挥的传统伦理道德在实践过程中出现很多问题，诸如"迂远而阔于事情"、强制、虚伪等，使得儒家所继承和发挥的传统伦理道德出现扭曲，故而被老子反对①。至于庄子，在继承老子道气论思想的基础上，最大的发挥就是将"道"住于"心"之中，"离形去知"，以"心斋"和"坐忘"为手段追求精神上的绝对"无待"与"逍遥"，即顺"道"之"自然"就是精神的绝对自由，反之，只要精神受到一丝束缚，就不能"同于道"而超越内外限制的一切束缚，达至"神人""至人""圣人"之境。可见，老庄虽都主张"内在超越"，但论说和进路多有不同，前者由"道"至"德"，后者以"心"通"道"。

其次，就儒家而言，"内在性"和"超越性"本就是统一相合的。如孔子言："吾十有五而志于学，三十而立，四十而不惑，五十而知天命，六十而耳顺，七十而从心所欲，不逾矩。"（《论语·为政》）"为己之学"②可以"知天命"，达到"从心所欲"的境界，这显然是孔子"闻道"③的结果，可见孔子"克己复礼"的道德修养就是沟通"天""人"实现"内在超越"的根本途径。孟子循此思路，明确提出"尽其心者，知其性也。知其性，则知天矣"（《孟子·尽心上》）。以"四端之心"为天赋于人心中的仁、义、礼、智四德，反求诸己，以"诚"作为打通"天道"和"人道"的桥梁。可见，孔孟主张"内在超越"实是在同一条思路上，如果说孔子是开端，尚有不明确之处④，则孟子就是对孔子的进一步深化和加强，彻底打通了"天人合一"的心性路径。

（三）气论思想对儒道两家"内在超越"进路的意义

正如前文所论，当以"超越"概括儒道两家思想的基本特征时，就已经赋予其浓厚的宗教性色彩，但是儒道两家事实上并不是真正的宗教，而是"即哲学即宗教"（以哲学为主），换言之，儒道两家都是带有宗教色

---

① 刘笑敢（2010）亦有此看法。此外，汤一介（1991）有另一种看法，认为老子对儒家仁义道德的反对，是对自然之"道"的自觉和体悟，是内在德性和精神的升华和净化，如冯友兰先生《新原人》的"天地境界"对"功利境界"和"道德境界"的超越，更比人们最初的"自然境界"多出了自觉，这种自觉而自然顺应"天道"的境界可以打破一切世俗的限制和束缚，真正"与道合一"。

② 《论语·宪问》有言："古之学者为己，今之学者为人。"

③ 《论语·里仁》记载："朝闻道，夕死可矣。"

④ 所谓不明确处，指的是孔子思想中"超越而外在"的因素，如《论语·季氏》记载："君子有三畏：畏天命，畏大人，畏圣人之言。"这里的"天命"就是一种外在的力量。类似这种说法，《论语》中还有很多，都是以"天"为外在的超越的力量，如"天生德于予，桓魋其如予何"（《述而》）、"获罪于天，无所祷也"（《八佾》）、"不怨天，不尤人，下学而上达，知我者其天乎！"（《宪问》）、"颜渊死。子曰：噫！天丧予！天丧予！"（《先进》）、"子见南子，子路不说。夫子矢之曰：'予所否者，天厌之！天厌之！'"（《雍也》）、"死生有命，富贵在天"（《颜渊》）等。

彩的哲学流派，中华民族之宗教性的超越感情及宗教精神，因与其所重之伦理道德，同来源于一本之文化，而与其伦理道德之精神，遂合一而不可分（《为中国文化敬告世界人士宣言》）。这种观点，自现代新儒家发端后，现已被学界广泛接受，虽有反对者，但不占据主流。

　　所以出现这种"即哲学即宗教"（以哲学为主）的局面，笔者以为，这与儒道两家之共同的理论基础有关，即气论思想决定了儒道两家是哲学流派而非宗教。因为气论思想产生的前提，就承认只有一个世界，且是作为一种整体互系的描述性思维来描述这个世界，所以宇宙和人类本为同一个世界整体的两个部分。换言之，"天"和"人"，或说宇宙论和人生论，本就是气论思维的两个论域，本就可以在气论思维模式的沟通下"合一"。简言之，正因为有了气论思想作为儒道两家的哲学基础，"内在超越"的思想特征才能被彰显而无矛盾，否则就要陷入宗教哲学的泥潭。

第六章　先秦气论哲学体系建构

气论哲学体系指的是以气论为中心，将先秦哲学的重大核心问题都串联贯彻起来，使其综合成为一贯的开放的有机思想整体。之所以是开放而不是封闭的体系，是因为气论哲学从不局限于每家每派，而是源出于诸子的共同文化源头——六经，所以先秦诸子都不同程度地接受了气论，并作为自身思想的基础或核心，故而气论哲学从一开始就是融通各家思想的关键之一；之所以强调有机思想整体，是因为先秦气论的发生发展历程本身就是一个不断发展的动态变化的时代整体。

要之，先秦哲学本是一个相互交融、互相影响的思维整体，不是与社会、历史割裂的，更不是界限分明的九流十家，所以诸子思想的发生发展历程本身也是一个动态的不断交融、互补、变化、发展的有机生命体，而绝不是沿着某种分明的界限或时间先后的顺序去各自独立发展的机械过程。

尤其是对后世学者来说，在学习和研究先秦哲学时，不必非得按照各家各派的分别或时间先后的规定去获得相应的知识，相反可以从别的流派那里获得其所记录的其他流派的思想，如思孟学派可以从荀子记载获得，这就说明先秦哲学作为思想资源，呈现给研究者的是一个历史的整体，如何还原它们发生发展的具体过程或者内在逻辑地建构它们所以发生发展相互交融的思想体系，才是现在研究者不可避免的重任，而非必须按照时间的先后或成熟思想的门派之见对它们进行机械的划分，毕竟门派之别并非一开始就有，也并非始终如一地区别着各家各派的思想分野而不允许相互交融和贯通。

冯友兰（2010）曾说，中国哲学史工作者的一个任务，就是从过去的哲学家没有形式上的系统的资料中，找出其实质的系统，找出他们的思想体系，用所能看见的一鳞半爪，恢复一条龙出来。在写哲学史恢复的这条龙时，必须尽可能地接近于本来的哲学史中的那条龙的本来面目，不可多也不可少。

那么先秦气论哲学的实质的系统是什么呢？这还要从先秦气论哲学的基本问题谈起。

第一节　先秦气论哲学的基本问题

想要弄清楚先秦气论哲学的基本问题，首先必须明白中国古代气论哲学的基本问题；而要弄清楚中国古代气论哲学的基本问题，必须先清楚中国古代哲学的基本问题；同样想要厘清中国古代哲学的基本问题，就得从哲学的基本问题谈起。

一、中国古代哲学的基本问题

最先提出哲学基本问题的是恩格斯，他在《路德维希·费尔巴哈和德国古典哲学的终结》一书中说（中共中央马克思恩格斯列宁斯大林著作编译局，1995）：

> 全部哲学，特别是近代哲学的重大的基本问题，是思维和存在的关系问题。……因此，思维对存在、精神对自然界的关系问题，全部哲学的最高问题，像一切宗教一样，其根源在于蒙昧时代的愚昧无知的观念。但是，这个问题，只是在欧洲从基督教中世纪的长期冬眠中觉醒以后，才被十分清楚地提了出来，才获得了它的完全的意义。

学术界对这段话的理解多有不同，但总结起来，大致有以下两个方面：第一，哲学是否存在基本问题；第二，哲学的基本问题是否可以归纳为思维与存在的关系问题，其主要关涉的是恩格斯所说的全部哲学是指全部认识论哲学还是全部西方哲学，还是包括所有其他哲学形态的全世界范围内的所有哲学。下面笔者将对此一一分析。

（1）哲学是否存在基本问题？学者主要有三种态度：否定、处于生成的过程中、肯定。

就否定和肯定两种极端对立的态度来说，学者主张哲学作为一个大总名和唯一的最高理论形态，只有一个"元问题"即"什么是哲学"，并主张因为哲学具有唯一性，因此"元问题"也是唯一的，所谓哲学的基本问题其实都是不同话语、思维方式、文化传统在回答"元问题"时形成的具体类型的哲学才产生的，要之，哲学没有基本问题，只有具体类型的哲学才有基本问题（俞吾金，1997）。对此，有学者表示，"元问题"是哲学的共性，具体类型的哲学是个性，共性和个性是对立统一的关系，不能割裂，并且认定作为共性的哲学是系统化、理论化的世界观和方法论，所以对哲学的回答，应该采用先本体论后认识论的逻辑思路，即先承认哲学的对象——世界的存在，才能认识世界，而不能直接针对"什么是哲学"这一认识论性质的"元问题"进行回答（杨生平 等，1997）。

上述两种意见的本质其实是哲学基本问题的判定标准是什么，即哲学的基本问题是由具体类型的哲学决定的还是由哲学的对象决定的。哲学作为人类思维的成果脱胎于"蒙昧时代的愚昧无知的观念"，其时人们以宗教作为对世界的最高认识，人与世界的关系也很纯粹，即人们努力认识生活于其中的人神杂处的世界，这点，全世界范围内的文明都具有高度的统一性。换言之，哲学的认识论的根源在于宗教，而宗教源自对世界的认识，所以，哲学的共性应该也是对世界的认识，其个性便在于脱胎于不同宗教所形成的对世界的不同认识。故此，以"什么是哲学"作为哲学的"元问题"是不合适的，因为问题本身其实就已经掺杂了具体类型哲学的先入为主的成见，即这种思维是先确定了哲学才提出的问题，而不是从哲学发生发展成熟的根源和演变过程去思维哲学所以证立的来由和内在逻辑，则其答案必然陷入"以果论因"的循环中。

然则，哲学的基本问题是不是就完全是由哲学的对象决定的呢？除了上述观点外，学术界并没有完全一致的看法，如韦有多（1998a）同样认为是哲学的研究对象规定了哲学的基本问题；赵行良（2004）则认为哲学基本问题取决于对终极关怀的回答和对超越之路的设计；金隆德（1982）认为哲学基本问题由哲学的本质决定，而哲学的本质就是以最一般的概念和逻辑对世界进行高度概括和反映社会存在；张玉喜（1990）认为哲学基本问题取决于实践活动内容、特点及其中形成的思维方式，并认为恩格斯所提哲学基本问题只是社会思维与社会存在的关系在西方特定历史条件下的表现。

笔者以为若哲学的基本问题只是取决于哲学的对象的话，无法解释中西哲学形态不同的多样性，因为世界、自然是哲学的对象，这只能说明哲学的统一性；所谓终极关怀是对世界本原进行哲学追问的世界观和人类作为存在如何实现与价值意义统一的价值论，超越之路即是如何实现的方法论，这种方法论在马克思主义哲学看来就是实践。应该说，哲学基本问题取决于对终极关怀的回答和对超越之路的设计的论断比较精湛，但却忽略了哲学所以证立的认识论源头，即哲学基本问题的证立是从"蒙昧时代"到"中世纪"再到"近代哲学"这样一步步由不自觉到自觉的发展过程，并非是一开始就"明心见性"地自觉追求；至于哲学的本质，这是一个随着人类思维不断发展而丰富加深的话题，是一个从无到有不断充实的过程，只有对世界的认识处于不断的扬弃过程中才可能找到"最一般概念和逻辑"，语言的发展因此显得尤为重要；关于实践活动的内容、形式及思维方式，确实是哲学的核心问题，尤其是马克思哲学，但不是哲学的基本问题，因为实践活动不必然有待于反思，人类最初在"蒙昧时代"的实践活动也不可能进行多么深刻、自觉、普遍的反思。综上可见，学者看法虽然不一，但都说明了一个共同的问题，即哲学有着共性和普遍性，这个共性和普遍性最初来源于哲学所赖以产生和发展的对象及对其的认识，即哲学基本问题是由哲学的对象——世界及人与世界关系之认识（最初的表现形态为灵魂不死等）——判定的，虽然这个对象和认识随着文明的发展不断以新的姿态和问题出现，但哲学作为系统化、理论化的世界观和方法论的认识论根源没有变。这便是学术界绝大多数学者都认为哲学有基本问题的原因。

就处于生成过程的观点来看，主要以贺来先生为代表，他认为若是强调一个不变的一贯的哲学基本问题便与哲学自由创造的本性和哲学思想的历史和成就冲突，言下之意是如果存在一个统摄一切哲学内容和思维的基本问题，那么哲学就不存在发展变化，可哲学本身偏偏要求哲学家的自由创造，且历史上的不同哲学也证明了哲学内容和思维在不断变化和进步，两者相互矛盾，故此他得出结论：不存在具有普适性的适合过去、现在、未来所有哲学思想创造结果的哲学基本问题，只存在适用于相对特定话语体系下的具体哲学的基本问题，即哲学永远在路上，所以哲学的基本问题也永远在不断地创造和生成过程中（贺来，2014）。贺来先生的反对与中国哲学话语中反对"道统论"的理由非常相似，两者其实是类似的问题。笔者以为否定哲学的基本问题是不合适的，举一个例子，一个二十岁刚出大学校园的毕业生进入社会讨生活，十年后的他必定和刚出校园时变化极大，更不用说往后的岁月会越变越大，这种变化体现在身形、思维方式、观点、能力等诸多方面，我们能否因为三十岁的他与二十岁的变化太大就断定他不是他，父母、朋友等就要与之绝交呢？换言之，无论这个大学生怎样变化，都不过是他对人生的一种应对，他依然是他！在这里，大学生及其过往所形成的世界观、人生观、价值观等就好比哲学的基本问题，他现实的人生和应对就是具体哲学的具体问题，无论大学生怎样变，都是以之前的积累为基础的，即大学生的变化就是哲学基本问题在特殊话语体系下的特殊理论形态。归纳起来，这里的实质问题其实是对"基本"的理解。

何谓"基本"问题？是始终一成不变叫作"基本"，还是涵括所有一切叫作"基本"？又或者"基本"与"重要""元""中心""核心"同义？刘同舫（2019）认为"基本"是前提性意义，是哲学对具体哲学的抽象，不代表所有哲学家必须先弄清楚哲学基本问题后才能研究其他问题，也不代表它是所有哲学家共同关注的"中心"或"核心"问题。俞吾金（1997）则认为"什么是哲学"这一"元问题"是唯一的，同时也是唯一之哲学的总问题，对它的回答形成具体哲学，而只有具体哲学才有哲学基本问题，所以"元问题"不是哲学基本问题。张刚（2007）认为基本问题和重要问题是既对立又统一的关系，他认为重要问题往往就是主要问题，所以常把重要问题称为基本问题，同时重要问题又是相对地变化的，并且哲学家们都能意识到，而基本问题具有超时代性，很难发现。笔者以为，既然叫"基本问题"，就不是"元问题"，而是从所有具体哲学抽象出来的可以搭建所有具体哲学之共性和个性的根本性问题，即"基本问题"是不是"主要问题""中心问题""核心问题""重要问题"取决于具体哲学的理论形态和特殊性，并不是一成不变的，同时"基本问题"让所有具体哲学及其特殊性成为可能，是因为它反映了哲学的普遍性，这个普遍性源自哲学最初得以产生的话语体系和观念，这便是恩格斯强调思维对存在、精神对自然界的关系问题源出于蒙昧时代的狭隘而愚昧的观念的原因，而当恩格斯再度指出"但是，这个问题，只是在欧洲从基督教中世纪的长期冬眠中觉醒以后，才被十分清楚地提了出来，才获得了它完全的意义"时，就是在说明哲学基本问题不能替代具体哲学的发展历程的不同及其特殊性，同时具体哲学不论其是否自觉都会自然而然地遵循哲学基本问题这一根本思路。由此，笔者以为，"基本问题"是高度抽象的前提性意义，既不是哲学的全部问题，也不能代表全部问题，更不必然是中心问题、核心问题、主要问题、重要问题，但却是哲学所以证立的根本和来源，是最初的世界观问题。

综上，哲学有基本问题，存在于不同理论形态的具体哲学中，是前提性意义的根本问题。所谓前提，是因为具体哲学产生于不同话语体系下对哲学基本问题的自觉或不自觉回答，因此从具体哲学中可以抽象出哲学的基本问题，这是共性和个性的统一体；所谓根本，指的是哲学基本问题来源于哲学最初之证立的所以然，是对世界本原的追问和人与世界关系的终极关怀，也就是恩格斯在文中所提到的"最高问题"，而不是来源于对后天所形成之具体哲学的抽象概括。

（2）既然哲学有基本问题，那么思维与存在的关系问题是不是哲学的基本问题？对此，学者有不同解读，一般来说，主要有五种意见，如下。

第一，主张思维与存在的关系问题只是西方近代知识论哲学的基本问题，尤其是对黑格尔和费尔巴哈所代表之哲学的总结（侯才，1998；黄楠森，1995）。这种观点其实是模糊了思维与存在的联系性，即只注重对立而忽略了它们之间的统一性。在马克思主义哲学中，对立统一规律是基本规律，这同样符合思维与存在的关系问题，即思维本身是一种存在，而存在也只能通过思维被人们认识和实践，又因为不同时代的存在、实践和不同哲学家的思维皆不一样，所以恩格斯在论证此处时特别将"蒙昧时代""中世纪"与近代西方哲学并论，就是为了说明思维和存在之关系这一基本问题在人类思维中的不断自觉和发展的过程性和特殊性。要之，一切具体的哲学理论形态都有着认识论的根源，而认识论源自对本体论——世界观——的追寻和确立，因此无论是西方近代知识论还是"中世纪"、"蒙昧时代"、现代西方哲学价值论、生命哲学等，都必然有着一个统一的源自人类童年时期的"灵魂不死"的宗教观念的源头，这是所有文明的共性，从这个角度讲，思维与存在的关系问题是有着普适性的，而"蒙昧时代"、"中世纪"、近代西方哲学就是这个时间链条上的特殊过程和特殊哲学形态。

第二，认为恩格斯所提全部哲学指的是全部西方哲学，不包括西方哲学以外的其他哲学，如中国哲学（张刚，2007）。从恩格斯将"蒙昧时代""中世纪""近代哲学"相提并论就可以知道"全部哲学"首先指的就是西方全部哲学，是否包括其他哲学形态呢？笔者以为是包括的，因为恩格斯从人类文明的共性肯定了思维与存在关系问题的普遍性，又从不同的历史过程和哲学家的思维强调了它的特殊性和自觉性，但这个问题只是在欧洲人摆脱基督教全面笼罩后才被十分清楚地提出来，同理，中国哲学、印度哲学拥有相同的认识论根源，却有着不同的历史过程和哲学家思维，同样处于人与世界关系的探索和处理之中，所以中国哲学、印度哲学较之于西方近代哲学的特殊性，与"蒙昧时代""中世纪"较之于西方近代哲学的特殊性，是同类的、同质的。

第三，认为哲学的基本问题实际上是随着时代的变化而变化的，因为哲学家关注的主题不断发生变化，不会总聚焦于思维与存在的关系问题（胡辉华，2000）。哲学基本问题既然随时代的变化而变化，就没有一定之规，而思维与存在的关系问题是认识论哲学的基本问题也无不同意见，若依此逻辑，则说明思维与存在的关系问题不会是古希腊哲学本体和"中世纪"哲学追寻的基本问题，然恩格斯又明确说到哲学基本问题在"蒙昧时代"

经历了由宗教到哲学的蜕变，最关键的是，哲学基本问题的判定标准不是依赖于哲学家的关注度，而是哲学的对象及对其与人类关系的认识，所以此一说法也不成立。

第四，认为哲学的基本问题是人与自然的关系问题，因为哲学世界观就是关于人和世界关系的理论（孙正聿，1999；韦有多，1998b）。这种说法固然不错，却失之泛化，也有将人与自然完全割裂对立起来的漏洞，毕竟无论哪种哲学都会提到人与自然的关系，这源自人类最初的认识根源，在某种程度上，这就是思维与存在关系的另一种表述，但与后者相比，笔者以为思维与存在的表达更加精练、准确，因为人一定属于自然，但思维不必然一定存在。

第五，主张思维与存在的关系问题是哲学的基本问题，但认为不同理论形态的具体哲学有特殊性，所以哲学基本问题也有不同的理论形态，不能教条地当作其他哲学的基本问题。[①]笔者以为五种意见中，这种意见最为合理，也最合恩格斯的本意：思维与存在的关系问题是哲学的基本问题，具有普适性，但不同哲学形态又有其特殊性，并不是照搬近代西方哲学关于思维与存在问题的理论模式。

当然，主张思维与存在的关系问题不能作为哲学基本问题观点的学者还提出了马克思哲学和马克思主义哲学的不同，认为后者的基本问题是思维与存在的关系问题已经得到了大家的公认，但马克思哲学的基本问题却需要再讨论。对此，学界一般有两种意见：一种认为马克思哲学的基本问题是思维与存在的关系问题（刘同舫，2019），或者说马克思主义哲学的基本问题虽然具有思维与存在关系问题的普遍性本质，但又有其特殊性，具体表现为社会意识与社会存在的关系问题（王金福，2002）；一种认为马克思哲学的基本问题不是思维与存在的关系问题，而是实践问题（贺来，2014；俞吾金，1997）。持第一种意见的学者认为思维与存在的关系问题是基本问题，实践是马克思哲学的核心问题，基本问题和核心问题既不一样也不矛盾；持第二种意见的学者认为实践是马克思哲学的中心问题和根本特质，思维与存在的关系问题不能凸显这一中心问题和根本特质。到底马克思是否同意恩格斯关于哲学基本问题的提法呢？笔者以为答案是肯定的，这从马克思的博士论文就可以看出端倪。通过从自然哲学的角度对德谟克利特和伊壁鸠鲁解释世界理论的一般差别和具体差别的比较，丁涛博

---

① 参见宋志明（2009b）、刘同舫（2019）、张岱年（1991b）的文章。事实上，很多研究中国哲学基本问题的学者都同意这个观点。

士在《马克思博士论文对哲学基本问题的探索》中已经论证马克思发现并总结出了思维与存在的关系这一哲学的基本问题。实际上思维与存在的关系问题早在费尔巴哈和黑格尔那里就已经非常明确，如黑格尔《哲学史讲演录》说：只有思维与存在的统一，才是哲学的起点。费尔巴哈（1984）说："思维与存在的真正关系只是这样的：存在是主体，思维是宾词。"所以马克思博士论文有所总结和提及是很正常的。

由此，笔者以为思维与存在的关系问题是全部哲学的基本问题，具体哲学的特殊性就表现在要么偏重存在，要么偏重思维，要么在两者的统一中找到平衡点。应该说，马克思哲学正是两者统一中的平衡点，中国古代哲学也是，这从马克思哲学的实践核心与中国古代哲学的知行理论可见一斑。又由于中西方文化传统的不同，所以两者表现出了极不相同的特殊性。正是对这种特殊性的理解不同导致学术界对中国古代哲学的基本问题产生了分歧。

对中国古代哲学基本问题是什么的回答，归纳起来主要有以下几种说法："性"的问题（沈顺福，2013）；性情关系问题（张刚，2010）；心性与天道的关系问题（张玉喜，1990）；理气问题（张岱年，1991b）；人与自然关系问题（韦有多，1998a）；天人合一问题（李清良，1998）；天人关系问题[①]；有学者认为中国古代哲学的基本问题并不是一贯地不变的，而是在不同历史时期有不同的体现，如天人关系、有无、道器等（金隆德，1982）。

需要说明的是，持天人关系为中国古代哲学基本问题之观点的学者往往强调中国哲学历史分期的特殊性，即天人关系问题作为基本问题并不是一成不变的，而是根据时代话题的转移呈现不同的理论形态，如有无、理气等。

在笔者看来，以"性"的问题作为中国古代哲学的基本问题，的确是一种非常精到的提法，因为人性论不仅是作为一种思想而居于中国哲学思想史中的主干地位，并且也是中华民族精神形成的原理、动力（徐复观，2001）。诚然，儒释道三家都以"性"作为哲学体系的重要内容，但人性论的实际地位却有所不同，就算是同为儒家，其实也不一样。如孟子讲"性善"，荀子讲"性恶"，然"性善"是"人皆可以为尧舜"和仁政可能实现的前提性基础和保障，也是孟子思想的终极关怀，可"性恶"却不是"涂之人可以为禹"的前提性基础和保障，只能说是原因，也不是荀子思想的

---

① 参见宋志明（2009b）、林可济（2006）的文章。持这种观点的学者最多，难以尽举。

终极关怀。再如王弼的"名教本于自然"和嵇康的"越名教而任自然"恐不能简单地理解为礼教压迫人性的结果,毕竟礼教变得教条和形式是由人造成的,是由当时的社会政治决定的。因为礼教的本质是治国理政教化万民,当国家公器被假托礼教的人把持,则礼教沦为统治工具势所必然,士子以反对礼教为名反抗把持之人是正常现象,所谓自然人性论不过是对当时现实的一种反抗和矫正,毕竟"以水济水"不是学问,而孔子之外只有黄、老无为思想才有说服力,"本在无为,母在无名……仁德之厚,非用仁之所能也;行义之正,非用义之所成也;礼敬之清,非用礼之所济也"(《王弼集校释》)。可见,王弼是要为"名教"寻找到另一个更加可靠的根据,其真实的意图仍在"名教"治国本身,并非真的是要完全抛弃名教而回到老子那里去,"崇本以息末,守母以存子"(《王弼集校释》)。则自然人性与礼教关系成为魏晋玄学的主题尚待商榷。至于宋明理学,"性"固然是重要的母题,但不是唯一,"心""气""理"等皆是,若以"性"代替所有失之牵强,因为理包容万物,其本质意涵远大于"性",德性更是不能完全代替和表述情性及两者的关系。不仅儒学的基本问题难以概括为德性之说,佛家和道家也难以概括为佛性和天性的问题。以佛家言,佛性是空是可能是潜在,世界是虚假的真实,可是这种觉悟的达成需要人的努力,而有了人的功夫和追求就不能完全是空,关键是觉者毕竟只是少数;以道家言,天性是与生俱来的自然,可是人的生长并受到环境的影响也是自然,虽有先天后天之分,却都是真实不二,想要回到天性自然的原初状态就必须依赖后天的努力,那么天性也不能概括所有。要之,以"性"作为中国古代哲学的基本问题,太过于笼统,缺少问题意识的提炼,也过于重视人的一面,会留下"以人道推天道"的逻辑漏洞,不可能完全概括所有重要问题,毕竟相关不代表相同。

以性情关系问题作为中国哲学的基本问题是否合适呢?应该说,这样的提法也是失之偏颇的,会造成逻辑的混乱,因为中国古代哲学所说的"性"主要指的是人性、物性,天性的讨论通常落在人性或物性上讲,而"情"则更是落于人性上探讨。换言之,性情关系问题只能覆盖人生和社会两个论域,对于宇宙论域只能透过人性和/或物性去反推,这与中国古代哲学主流的宇宙观相悖。

至于心性与天道的关系问题、理气问题、人与自然关系问题、天人合一问题等说法,其实都是天人关系问题的另一种表达。其中,心性与天道的关系过于突出人而忽略了物,而实际上在道家和宋儒看来,人也只是物之一,虽然是"灵秀"者,但本质还是物,所以这种表达也失之偏颇;理气问题带有很明显的宋儒特色，虽然理、气的概念在先秦就已经出现，但理的概念提得比较少，用之恐不能代表先秦和玄学的学术特色；天人合一又过于武断，毕竟还有着天人相分的观念，不能完全忽视，相反，恰恰因为有着天人相分的观念，才加深了天人合一的理论深度和复杂性；人与自然关系应该是与天人关系相类的，但是天人关系的说法更符合中国古代哲学的话语特色，尤其是天人关系的说法代表着中国古代浑然一体的逻辑路径和思维特色，而人与自然关系则是主客二元分立思维下的表达，或者让人产生这种逻辑印象。故此，笔者以为，诸多意见中，以天人关系问题或"天人之际"的表达最为合适，"知天之所为，知人之所为，至矣"（《庄子·大宗师》）。张岱年（1985）也曾指出"天人合一"是中国传统哲学家都宣扬的一个基本观点，汤一介（2006）也说中国传统哲学中最基本的命题是"天人合一"。

需要说明的是，天人关系作为中国古代哲学的基本问题，并非是一成不变的概念、范畴的传承，而是不同社会历史背景下思想和思维的不断更新、再始，其基本思路是天人相分基础上的天人合一，下面做简要分析。

先秦时期，天、人本就是最重要的几个范畴，学者都以"推天道以明人事"为己任。然则天道何以能推出人事呢？这还要从中国古代哲学对世界的追问方式说起。与西方古代哲学不同的是，先秦哲人追问世界的方式不是"是什么"的关怀，而是"怎么样"的追寻，即先秦哲学认为世界是先在的大化流行的动态变化的，人本身就是世界的一部分，不可能完全独立出来并以世界为对象，所以人们不可能也不需要去思考世界是什么，而只能直接关注人本身的生存状况。又因为人们作为世界的一部分，生存的一切都来源于世界，所以把握世界的状况和运行规律对人类来说尤为重要，于是描述性的整体的动态变化的思维诞生了——世界怎么样以及人与世界的关系怎样，通过描述世界来把握和了解人们自己的境况，通过理解人与世界的关系寻找到人类自身的位置，从而满足人类生存的基本需求。故此，在先秦哲人那里，几乎没有"创世说"的哲学理论，他们关注的是天与人的关系问题，天指代的是整个世界及其大化流行，包括人类，是谓"天道"；人指代的是社会群体的繁衍发展和个体心灵安顿等诸事，是谓"人事"。"天行健，君子以自强不息；地势坤，君子以厚德载物。"（《易·乾》）这便是"推天道以明人事"思路的集中体现。虽然如此，儒道两家对于天人关系的描述不尽相同。

对儒家而言，天地有"生人之德"，"天地之大德曰生"（《易传·系辞下》），人虽然只是万物之一，但人集天地灵气而生，只要人能秉持天地的"生人之德"，就能得到天地的青睐，如果能把握"生人之德"在"人事"中的集中表现，如"仁""义""礼""智""圣"等，就可以"尽心""知性""知天"，参赞天地化育。那么怎么把握呢？从自心出发，往自性中求。"为仁由己"（《论语·颜渊》），"诚者，天之道；诚之者，人之道"（《中庸》），"万物皆备于我。反身而诚，乐莫大焉"（《孟子·尽心上》）。荀子虽然主张"天人相分"，但实际上并不是强调天、人的绝对对立，而仍是以"合"为目的，不然"制天命而用之"就不可能，"化性起伪"也就不可能实现，更遑论王霸政治的实现了。要之，先秦儒家皆以"天人合一"为最高目标，又以自觉在心性中用功夫求得"身心合一"为实现目标的途径。

道家的思路与儒家不同，因为道家反对将天道住于人心人性之后再反身内求的思维方式，他们认为天道浩渺幽远，人是极其有限的，并非天道之下的最灵秀之物，而是与万物等同，所以只能透过顺应自然的方式求得"与天为一""与道为一"的境界。由于天、道化育万物之自然是"生而不有，为而不恃，功成而弗居"（《老子·第二章》），则人也当如此。然而，人与物一样有其不可避免的人性局限，"人事"众多的"难得之货"、"可欲"、"尚贤"从群体的角度来讲必然会造成"为盗""民心乱""民争"等"是非"和"诈伪"①，必须全部丢弃，就像初生的婴孩一样，什么都没有，从而达至一种无欲无求无所待的境界。当然，这种无欲无求无所待是一种自然而然的心安理得，不能是表象，更不是被动的刻意，应该主动地、自觉地追寻才能达到，老子所谓"涤除玄览"（《老子·第十章》），庄子所谓"心斋"（《庄子·人间世》）、"坐忘"（《庄子·大宗师》），正是这个意思。

还有先秦黄老道家一脉，虽同样强调"天人合一"，但是思路既不同于老庄道家，也不同于孔孟儒家，而是诸家的集合，如"人与天调"（《管子·五行》）、"与元同气"（《吕氏春秋》）等，因在前文有详述，此略。

两汉时期，经学家的主要话题依然在天、人范畴。如果说先秦时期，诸子处理天人关系问题时更注重人的话，两汉时期则更注重天，这是由社会历史的变迁导致哲学家地位变化造成的。以董仲舒为代表的汉代经学家，始终思考的问题是"大一统"的局面如何维系的问题。一方面，他们需要

---

① 《老子·第三章》说："不尚贤，使民不争。不贵难得之货，使民不为盗。不见可欲，使民心不乱。"

树立君王的权威，将之塑造成"天之子"或"正统"，杜绝混乱的发生；另一方面，又必须借助天的权威限制皇权，天还是孔孟时候的"天"，"天不变，道亦不变"（《汉书·董仲舒传》），所以君王只是天爱护万民的执行人、代言人。由于过分强调了天的重要，董仲舒提出了"人副天数"的"天人感应"思想，带有道家色彩；而王充为代表的"元气"论也与老庄气论特别是《鹖冠子》《吕氏春秋》等先秦道家的典籍有很深的渊源。"天人合一"通过"合于天""合于气"而实现。

魏晋时期，天人关系的讨论发生了很大的变化，从先秦道家的"人顺于天"、先秦儒家的"人进于天"、两汉儒家的"天人相感"的过程论转变成本体论，以"有"、"无"和"体"、"用"代替天、人的观念进行讨论。之所以出现这样的情况，是因为经学的那套天人理论变得教条、僵化，皇室衰微，导致国家公器陷入争夺，诈伪、是非、偷盗横生却都打着经学、名教的旗号，玄学家清醒地认识到经学不足以救国家，却对现实政治无能为力，便只能转而为自己的人生和精神寻找终极关怀和安身之所。至此，玄学家关注的话题再一度发生变化，由两汉的为现实的社会政治寻找依据到为自己的人生考虑，但实际上这只是玄学家放浪形骸、汪洋恣肆的一种表象，造成这种现象有两个原因：一是玄学家现实的社会地位和处境造成的，一是矫枉必须过正，只有旗帜鲜明地对立才更能引起重视。实际上，玄学家已经为名教寻找到了新的理论根据——自然，如王弼的"名教本于自然"、嵇康的"越名教而任自然"、郭象的"名教即自然"是其证。于是，天、人在"有"与"无"的统一、"体"和"用"的不二中实现了"合一"。

宋明以后，天人关系问题转换成理气或理事关系问题，"天人合一"变成了"天人本一"，但诸家"合一"的进路仍有不同。如张载的关学，主张气为天下之大本，理从属于气，提出"民胞物与"的进路；程朱理学主张天理或理为天下大本，理气只有逻辑的先后，没有时间的先后，且人性中天然具足了完整的理，也即太极，所以"性即理"，只有"即物穷理"才可以"豁然贯通"，才能达至"浑然与物同体"的境界；陆王则主张"心体"即"性体"即宇宙，"吾心即是宇宙，宇宙即是无心"，所以"心外无理""心外无物"，只有"先立其大"以内求，才可能自悟"心即理"以实现"知行合一"的目标。还有罗钦顺提出"理只是气之理"，王廷相提出"理载于气"，王夫之主张"气外更无虚脱孤立之理"，黄宗羲主张"心即是气"，颜元主张"理气融为一片"，戴震主张"气化即道"，等等，总之，"天人合一"的思路转变成"理气合一"或"理事合一"后，成了哲学家们不言而喻的共识。

关于佛教有无天人关系问题，有学者认为佛教主张天、人为幻妄，所以天人关系问题不构成佛教哲学的基本问题。在笔者看来，这样的说法不完全合适。佛教主张真假二谛，虽然否定现实世界的真实性，但这也只是一种对世界及人与世界关系的意见，与主张"唯识无境""理气相即"的思想没有区别，即天人关系问题是否构成佛教的基本问题，不在于佛教如何看待天人关系或者认为天、人为假，而在于佛教是否讨论天人关系问题，即佛教是否以天人关系问题为其哲学理论的前提性基础和根本性来源。从这个角度上讲，佛教虽然独树一帜，但仍然是坚持"天人合一"之思想的，即在承认现实世界的假有的基础上，从精神出发，以包容一切、衍生一切的佛性为基，从而实现涅槃寂静的超脱。这也是有学者主张宋明儒学尤其是阳明学借鉴佛学的原因，当然，这个问题很复杂，不是本书重点，姑且不论，留待他日探究。

综上，笔者以为天人关系问题是中国古代哲学的基本问题。

二、中国古代气论哲学的基本问题

中国古代气论哲学属于中国古代哲学的范畴，因而具有中国古代哲学的普遍性，即天人关系问题应该是中国古代气论哲学的基本问题，但由于气论哲学的特殊性，则其基本问题的理论形态不必然是天人关系的表达。笔者以为，在中国古代气论哲学视域下，"天"主要被理解为"天性"或"物性"，表现为"物之遗"的自性或物质性，是第一性的更本原的；"人"主要被理解为"德性"或"精神性"，表现为"心之思"的知觉思维和良知良能，是从属于"天"的，但具体哲学家或有不同解答，这符合具体哲学的特殊性，则天人关系问题即表现为心物关系问题，主流意见是物为第一性，心从属于物。论证如下。

先秦时期，诸子虽都讨论天人关系问题，但心物关系也总是题中之义，或直接，或间接，都有提到。如"人而不仁，如礼何？人而不仁，如乐何？"（《论语·八佾》）这里明确提出了仁和礼、乐的关系：仁为礼、乐的内在根据，又因为"为仁由己，而由人乎哉？"（《论语·颜渊》）可知，"为仁"是内心的选择，仁礼关系实际上就是心物关系的一种变形。《五行》说："形于内，谓之德之行；不形于内，谓之行。"这里的"形于内"就是心的知觉思维和良知良能。《性自命出》说："凡人虽有性，心无定志，待物而后作，待悦而后行，待习而后定。"性由情显，情由心生，心交于物才是即情显性的前提。《孟子·告子上》说："耳目之官不思，而蔽于物，物交物，则引之而已矣。心之官则思，思则得之，不思则不得也。"
这里的"心之官则思"也指的是心的知觉思维和良知良能。《管子·心术
下》也说："无以物乱官，毋以官乱心，此之谓内德。"德性的呈现就在
于心物关系的处理，换言之，只要处理好了心物关系，就可能得到，"凡
道无所，善心安爱。心静气理，道乃可止"（《管子·内业》）。荀子强
调"心有征知""性恶"，老子主张"虚其心"，庄子提倡"心斋"和"游
心于物外"，墨子的"兼相爱交相利"，惠施的"历物十事"，等等，都
是心物关系的明确主张。气论在这里，首先被用来描述和解释世界总体，
包括人的身体及由此产生的知觉思虑，其次被用来描述和解释价值和意义，
如"德之气""浩然之气""夜气""仁气"等，可以说，气论既是心、
物得以存在的前提基础，也是心、物得以沟通的保障，而超越价值和意义
的实现正是以心对于物的把握完成的，所以心与物应该合一，但对于心与
物何谓第一性的问题，道家、孔子、荀子等皆主张物为第一性，孟子却给
出了不一样的回答，从其"四端之心"和认识过程可知，孟子在心物关系
上体现出复杂性，分别为本根论的追寻和认识论的追寻：在追寻仁礼何以
可能的本原时，孟子强调心为第一性，但在认识过程中，孟子又强调物为
第一性，前者是逻辑上的，后者则是现实的。此后学者对心物关系的讨论，
但凡在认识过程中，多采用孟子的结论。应该说，正是孟子的这种复杂性，
开创了宋明儒学讨论理气问题的先河。

　　汉唐时期，元气论成为气论哲学的中心，天人关系的理论形态有时表
现为有无、体用的关系问题，有时表现为形神关系的问题，但实际上无论
是前者还是后者，都是心物关系的具体体现。所谓"崇本举末"，实际上
就是以心为本，以物为末，因为只有依赖心才可以把握本体的"无"，只
有把握了本体的"无"，才可能真正理解和把捉"用"。至于形神关系，
学者多将其直接与物质和精神相对待，笔者以为确然可以相比较，但必须
说明，这里的形神关系并不是通过物质和精神思维下的主客二元分立的思
维方式得来的，而是对中国哲学特有的整体联系思维的一种描述。在"元
气自然"的宇宙观下，形是物，神是物，心也是物，心并不能独立于物之
外，心也不能不是物而凭空拥有知觉能力或智慧，如《论衡·论死》所说：

　　　　人之所以生者，精气也，死而精气灭，能为精气者，血脉也。
　　人死血脉竭。
　　　　人之所以聪明智惠者，以含五常之气也；五常之气所以在人
　　者，以五藏在形中也。五藏不伤，则人智惠；五藏有病，则人荒

忽。荒忽则愚痴矣。人死，五藏腐朽，腐朽则五常无所托矣，所
用藏智者已败矣，所用为智者已去矣。形须气而成，气须形而知。
天下无独燃之火，世间安得有无体独知之精？"

可见，"五常之气"就是"精气"，也是心的知觉思维和智慧的来源。
王充的这种说法，在《管子·内业》中早有出现，"凡物之精，此则为生。
下生五谷，上为列星。流于天地之间，谓之鬼神；藏于胸中，谓之圣人"。
因此，心物关系，与其说是对对象的认识，倒不如说是对天地一体的一种
自觉，心与物的应然合一向本然合一在转变，物为第一性，之所以没有表
现出心为第一性的情况，是因为主要是受元气论的影响。笔者以为，这正
是对先秦天人合一思想的一种发挥，开启了宋明儒"浑然与万物同体"的
先河。

隋唐佛教主张"唯识"，主要是从本根论的角度讲的，认定世界是假
有，不承认现实世界的真实性，但实际上所谓"万法唯识"正是心物关系
的另一种表达，心为第一性，心物本来为一。其时的中国哲人对此进行了
批评，如韩愈，但韩愈主要是从国家治理的角度进行反驳的，未能对其基
本问题进行理论批判。

宋明以后，张载首先驳斥了佛教的理论，"释氏不知天命，而以心法
起灭天地，以小缘大，以末缘本，其不能穷，而谓之幻妄，真所谓疑冰者
欤！"（《正蒙》）又说，"人本无心，因物为心"（《张子全书·语录》）。
心物关系并不仅仅是认识论的内容，在张载气论中，其首先是体用的问题，
"大其心则能体天下之物，物有未体，则心为有外"（《正蒙·大心》）。
如前文讨论哲学基本问题一样，先有本体论的追寻，才能有认识论的基础，
即先"大其心"，然后才能"体天下之物"，这与孟子所谓"先立乎其大
者"（《孟子·告子上》）有异曲同工的地方，但两者的区别也很明显，
即张载以物为先，孟子以心为先。程朱理学的基本问题是理气关系问题。
理藏于人性之中，虽然被遮蔽，但仍能被心认识，"盖人心之灵莫不有知，
而天下之物莫不有理，惟于理有未穷，故其知有不尽也"（《四书章句集
注·大学章句》）。心物关系虽然以心为先，但那是因为高悬在上、外在
于心的理逻辑地在气先，并于心中有一个与生俱来的映照的全体。陆王心
学主张"心即理"，虽然同样是以心为先，但与程朱理学的逻辑不同的是
阳明主张"心外无理""心外无物"。此后学者，虽然各有坚持，但主要
都是对理学、气学、心学的创造性继承和发挥，总体规模并没有超出宋明

理学的构架①，故其对于心物关系的讨论虽从未停止，但结论大体如上所述，兹不赘论。可以说，心物关系，在宋元明清时期，是一贯的基本问题，是解决其他问题的根本问题，心与物本然合一。

综上，笔者以为，中国古代气论哲学的基本问题是心物关系问题，虽然在心、物何者为先的问题上，各家有不同表述，但除了庄子主张"齐是非"外，主流的意见是都强调"心物本一""心物为一"，致思的方向都是从心开始把捉天地万物，直到自觉自然，"与万物为一"。

三、先秦气论哲学的基本问题

同理，先秦气论哲学的基本问题是天人关系问题变形后的心物关系问题，但基于其自身的特殊性，笔者以为概括为性情关系问题更合适。

首先，心对应的是性，不论这个性是生而即有的自然之性，还是"天之所与"的善性，又或者是后天环境形成的常性、本性，都蕴藏于人心之中，都从心中才能开始，都必将借由心的活动——情——发散显现出来。在前面章节中，笔者已经梳理过先秦的"心性合一"思想及其逻辑，包括性的内涵及其意义，故而可以得出这样的结论：在先秦气论哲学中，心论的根本和基础在于性论，性论的根本和基础体现为性的解读及其产生来由和外显、扩充、回复的功夫与过程，并于其中体现出从"心性分立"到"心性合一"的动态发展过程。

其次，物对应的是情，不管这个情是扩而充之的天之所与的善性所发，还是自然之性所发，抑或后天环境形成的常性、本性所发，都必然是"物取"的结果，都必然经历心中之情的过渡，即情显性，性由情显。

最后，性的意义不同，物取的过程也不完全相同，则其即情显性的思维和逻辑也不尽相同。下面做简要分析。

当性具有生而即有的自然之性的意义时，表现为人类生存的最基本的需求之情。由于这种情是性自然而然随着时间的流逝引发的，其发生逻辑不依赖于外物或者后天的知识、道德，所以当其发生时，不带有后天形成的好、恶、哀、乐等心上证显的情感，且只要满足了最基本的需求，就会变得快乐，不会有自觉的执着或过度的需求，但如果发生后，这种需求之情就必然受到外在之物和环境的影响，若始终不加礼仪地节制或者任由后天的环境、知识、道德等对其产生影响，则这种需求之情便会于心上产生后天的好、恶等情感，更会有过度的奢求并因此流向恶，

---

① 由于理学、心学、气学皆讲性，其后学者也是在它们基础上的发挥，笔者就没有单独列出了。

老子、告子、荀子的自然人性论正是此意，"今人之性，生而有好利焉，顺是，故争夺生而辞让亡焉；生而有疾恶焉，顺是，故残贼生而忠信亡焉；生而有耳目之欲，有好声色焉，顺是，故淫乱生而礼义文理亡焉。然则从人之性，顺人之情，必出于争夺，合于犯分乱理，而归于暴"（《荀子·性恶》）。

当性是天之所与的善性的意义时，普通人虽然有着成为尧舜的可能，但不是每个人都能做到，因为现实的人性受环境、知识、道德等影响，充斥着物欲从而遮蔽了天赋的善性，人们要想回复善性就必须经过反省内求的扩充善端的过程才可能。然而，这种反省内求的过程必然受到外物的影响，还受到后天形成的本性、常性的影响，即人接于外物显现的心中的情绪情感，实际上是善性受到外物影响产生的情，有善有恶，是所谓即情显性。

当性是后天受环境、知识、道德等熏染产生的本性、常性时，如赌博之性、贪婪之性，则可能在没有外物的情况下于心中产生好恶情感，若接于外物则必然产生好恶情感。这种性、情之间的关系，皆属于后天形成，可能是对自然之性、天赋善性的继承和延续，也可能是对它们的否定和反向发扬，要之，这种性是由于"物取"而产生的，也必待"物取"而显为心中的善恶之情。情之产生依于外因，但情是在心中产生的，这点与前面稍有不同。

总而言之，情是由于心中之性接于万物而产生的。依于性之不同意义，情可能是自然而然地产生后又受到环境、知识、道德等外物的影响从而反过来影响性，也可能是后天自觉地对先天之善性的回复、扩充，抑或是后天之性接物产生。放在先秦气论哲学中，性情关系问题实际上就是心物关系问题的具体特殊性，心物关系问题则是天人关系问题的具体特殊性，反之天人关系问题也是先秦气论哲学体系之基本问题的最高抽象，诚如吴震（1988）所言，虽然我们不能把天与人同思维与存在这对范畴硬套，但先秦诸子对天人关系问题的思考确实都涉及了思维与存在的关系问题，亦即涉及了物质或精神谁为第一性的问题，以及思维与存在是否具有同一性的问题。

由于本书想要构建的是先秦气论哲学体系，追求的是共性和对先秦气论哲学的高度概括和抽象，非特殊性，因为性情关系问题是先秦气论哲学的个性，不构成先秦气论哲学的普遍性，所以在讨论并明了了先秦气论哲学的特殊性后，笔者从天人关系问题作为先秦气论哲学体系之基本问题的最高抽象和概括的角度①，认为先秦气论哲学有三个根本的中心论题，即"天""人""天人关系"，三者相互交织、相辅相成，即论"天"是为了论"人"，论"人"不可以不论"天"，"天人合一"才是处理"天人关系"的基本方向和主要进路。

要之，论"天"就是论"人"，就是论"天人关系"，只是不同学派不同学者所采取的侧面和进路不同而已。如果说"天"主要对应着宇宙论，"人"主要对应着人生论和价值论，"天人关系"则主要对应着宇宙论和人生论的联结和统一之论，因为在中国古代哲学视域下，宇宙是一个不证自明的整体，是先在的合理的，人之类只是宇宙整体的一个部分，所以人之类的一切价值和意义源自宇宙的演化和流行，故此人心安处是在宇宙中找到人之类的位置，即将人类融入宇宙的大化流行之中，"与天地参"，而绝不是将自己与宇宙对立起来。

那么如何才能将人类精神与大化流行的宇宙统一呢？自古以来就有着一个明确的思路：推天道以明人事。

不同的是有的学脉从"天"入手，有的学脉从"人"入手，相同的是都最终走向"天人合一"，也就是宇宙、人生相协调、相统一的终极关怀那里去了。

这是不是说先秦气论哲学只是关照了宇宙和人生两大论域呢？当然不是，这里存在着古今哲学语境的差异问题。冯友兰先生曾说哲学的论域有三个，分别是宇宙、社会、人生。笔者同意冯先生的说法，但认为冯先生的说法是近现代哲学语境的说法，这个说法强调和突出了社会的论域，而在中国古代哲学视域中，社会和人生这两个论域是包含在"人"或"天人关系"之中的，因为中国古代哲学的"人"的观念是一个集群性整体概念，是以忠、孝观念串联起来的国、家整体，如说"我"，绝不是现代语境下的个体的我，或法律意义上的具有独立生命权、财产权、健康权的我，而是在说以"我"为中心的族群，包括父母、子女、家国天下，这是由"家国同构"下的哲学语境决定的，换言之，从近现代哲学语境解读的话，中国传统哲学的"天人关系"的"人"是包括社会的群体的人和个体的人的整体，所以其人生论就等于近现代的社会论和人生论的有机总体。

基于此，为了适应当前的语境，实现传统语境的现代转化，笔者以为可以将先秦气论哲学的论域确定为宇宙、社会和人生三者。

---

① 笔者以为，只有在充分了解清楚先秦气论哲学的普遍性和特殊性后，才能更好地基于其普遍性建构先秦气论哲学体系。

当然，先秦气论哲学中有关宇宙论域、社会论域以及人生论域的思想，都经历着各家各派不断交融、相互影响的动态发展过程，是一个顺遂社会变化而不断丰富成熟的自然历史过程，而不是静态的、界限分明的、完善的理论形态。

综上，笔者以为构建先秦气论哲学体系可以以讨论宇宙、社会、人生三论域及其相互间如何统一的问题为逻辑框架，只是不同学派进路不同，导致具体的理论内容和如何统一的思维进路有差异。

第二节　宇宙论域："知天"的终极关怀

何谓"知天"？答案绝不是通过下定义的方式得出来的，也不是借助概念判断推理的逻辑思维去追寻，更不是唯一的，而是"仁者见仁、智者见智"。因为从根本上讲，先秦诸子没有过多去纠结"天是什么"的问题，而是在追问"天怎么样"或"世界/宇宙怎么样"的问题，这是一种描述性的思维方式，即先秦诸子认为世界/宇宙的存在是自然而然、不言自明、不需追问的，"宇宙是怎样的和人与宇宙的关系怎样"才是思考的重点，前者（即宇宙是怎样的）重在描述和解释宇宙的生成、演化及其规则，包括宇宙本体和宇宙发生两部分；后者（即人与宇宙的关系怎样）重在描述和解释人类处于宇宙中的位置及其价值和意义的获得，秉承的是"推天道以明人事"的思路。

这两个问题是一脉相承的，是一个整体的不同阶段和侧面，即知晓前者正是为了明了后者，而要明了后者必须知晓前者。由于每个人对这两个问题的思考和回答都不一样，便出现了各家各派的言论，又由于诸子之学都有着一个共同的渊源——六经，故诸子之学虽多有不同却是建立在共同的理论基础和话语环境、社会背景之下的，这个理论基础体现在世界/宇宙是怎样的问题上便是气论，这从前文的"伯阳父论地震""六气与五行""百病生于气""血气"等说法可得证明。所以"知天"实际上就是知天道之所然和所以然。

前文已论"天"的主要意涵有三个：自然、义理和主宰。"自然之天"主要体现为道家的思想，"义理之天"主要体现为儒家的思想，"主宰之天"主要体现为早期宗教的思想。

需要说明的是，三者之间并非界限分明的孤立关系，而是相互牵涉、互为依存、互为证明的整体，只是突出的重点有所不同。下面分而述之。

一、"通天下一气"的自然之道

气论作为中国古代圣哲描述和解释世界总体的基础理论，从一开始，就是宇宙发生论和本体论的结合形态。换言之，中国古代本体论和宇宙论是相辅相成的一个问题的两个方面，而不是截然分开的，所以有学者建议称中国古代特色的本体论和宇宙论为宇宙本体论（或本体宇宙论）、本根论，其中心的思想理论正是气论哲学或道气论哲学。

诚然，气论不是中国古代描述或解释世界总体的唯一理论，如《太一生水》，但作为主流的基础理论是没有异议的。

气论哲学和道气论哲学有所不同，前者强调气论是描述和解释世界总体的唯一理论，其上没有更高形态的理论，并不反对道论，但道论依于气论并作为气论之规律而显现，如《管子》四篇的"精气论"；后者实际上表现为两种理论形态，即"以道统气"的道论和"道气合一"的道气论。

所谓"以道统气"的道论，指的是气论之上还有道论，道才是最高本体，"道生气"，气是道的外化和显现，是万物得以化生的凭借。宇宙万物皆依赖气的聚散发生发展成熟并走向灭亡，即在道的作用下，自然而然地顺遂气的聚散而生灭，如老子的道论、庄子的道论。需要说明的是，在庄子道论中，道与气的关系已经不再如老子那样割裂，或道相当于气显得高高在上，而是将道落于具体的宇宙和万物之中，表现为：虽然道先在于宇宙万物并是其根本，但是道同时又内在于宇宙万物之中，显现为气的聚散。故此，有学者认为庄子主张的是气论，笔者以为，庄子主张的仍然是道论，只不过道与气的地位开始拉近，开启了宋明儒学理气关系问题讨论的先河。

所谓"道气合一"的道气论，指的是道论和气论融合为一体，一定程度上忽略道论的本根性，突出气论的生成性、整体性及与道论的一致性，是道论向气论转变的中间理论形态，如《文子》的"道气合一"思想。

既然气论哲学与道气论哲学有着不同的理论形态，将它们同作为中国古代特色的宇宙本体论理论形态，是否矛盾呢？笔者以为并不矛盾。因为先秦道论本就存在着向气论转变的逻辑历程，从《老子》《文子》《庄子》《管子》《吕氏春秋》《鹖冠子》等都能看得清清楚楚。之所以会有这样的转变，笔者以为这是由道论的本质及道论丰富发展的必然理论趋势决定的，理由有三：首先，道论从老子开始，主张的就是从无到有的本体和发生过程，在老子那里，本就建构了道化生出气进而化生万物的世界图式，所以老子后的诸子继承道论时都会同步继承气论的思想。其次，在老子道论中，道作为高高在上的本体，气作为万物化生的凭借，本身就有着理论的空隙，即老子虽然指出了"道生气"的逻辑，但对于气如何化生成万物却没有进行明确的说明，"三生万物"的说法毕竟还是笼统的，对于气究竟是怎样生成万物，又是怎样复归于道的，都必须进行说明，而道是无，要说明，只能着手于有形有象的万物及其所以然的气来分析。最后，道论将人与万物并齐，但实际上人有着万物难以比拟的神智，乃至于灵魂，关键是神智、灵魂等相对于形体又是无，即要么是生而即有被遮蔽，要么是后天逐渐生成，总之需要一套理论来解释现实的千差万别的形成，以及人何以能体道、悟道，由于道是终极的，则只能在道之外显的气论上下功夫。所以，道论、道气论、气论实际上是一套描述和解释世界总体的理论，只不过在细节上有所区别，这个区别体现为气论对道气论、道论本身的内在继承和丰富、发展。

先秦诸子学的来源虽然有不同争论，有学者认为诸子学来源于王官之守，也有学者认为来源于救世之弊，还有学者认为是对先王之道的发扬，虽然结论有所区别，但有一个共同点，就是学者都认为诸子学有着共同的、一致的来源。正因为如此，道论虽然由老子提出，却成了先秦诸子共同的理论基础，儒家的宇宙理论也因此有了完整的模型，这从孔子的"血气"、孟子的"气者，体之充"、荀子的"水火有气"和《易传》的"太极阴阳说"中可以得到证明。不同的是，儒家在肯定道家气论的基础上，有了更多更加深入的发挥，即将气论与道德心性充分关联起来，真正从形、神的角度，实现了"通天下一气"。

那么"通天下一气"的宇宙秩序来源于哪里？换言之，"自然"是道之外的"自然"还是说道本身的运转就是"自然"呢？抑或气禀所形成的千差万别的万物的本有规律的正常生灭就是"自然"呢？笔者以为，对"自然"的理解就是"知天"的终极关怀。

首先，"自然"不是道之外的规则或另一本体，因为只有道是自本自根无所不包的，若是另有自然的本体，则其必然是依于道的，一旦依于道，就不是独立存在的，就不可能在道之先或道之外。

其次，自然正是道本身的运转规则的显现。不论是"天运循环"，还是"夫物芸芸，各复归其根"，都说明宇宙万物时刻处在不断的运动变化之中，而这种运动变化的本质无外乎生死的交替，"方生方死，方死方生"，即一切显现出来的宇宙万物都处于道之自然而然的运化之中：源于道并归于道。

最后，依于万物本有之规律的生灭是不是"自然"呢？有人为因素的参与是不是就不是自然呢？在笔者看来，依于万物之规律而生灭的过程本身虽然是自然，但只是道的一个内容，并不能代表全部，而道之运化正是通过宇宙万物的千差万别来实现的，所以两者是部分和整体的关系，并不矛盾；至于人为的因素，事实上人也是万物之一，人的活动正是道之运化的重要方面，不能人为地将人与万物区别开来，而应该融为一体，即人作为物的一员，正是通过自己的实践活动参与道之运化的，所以人为的活动——参赞天地化育——同样是自然，人为与自然并不是对立的。

由此，笔者以为，自然之道实际就是道本身，所谓的"自己而然"正是"自道而然"的特殊体现。这里的"己"代表物，可以简要分为"无人为影响的物"和"有人为影响的物"，前者的生灭被称为自然是大家公认的，而后者被称为自然往往是大家反对的，但笔者以为后者同样是自然，因为人也是万物之一，且是特殊的物，有着神智和认识作用，所以任何人的实践活动都应该是物化本身的活动，即不能先在地设定"人独立于世界之外并是认识世界的主体"，再依人的认识去讨论人与物的互动，而应该站在道之运化的高度去看。那么，人为的因素可能会破坏一些物得自天的生灭规则，但却是更高层面的"自道而然"，体现出人本身是物却又有着不同于普通物的特殊性。

故此，"知天"不仅仅是为了知有形质的天，或者天的运行规律，抑或是天所以生成的根本，而是为了将"天之道"①推衍到"人事"之上，使其成为人事之是非纷争的评判标准和根本来源，"大哉尧之为君也！巍巍乎！唯天为大，唯尧则之"（《论语·泰伯》），其潜在的前提是：人是万物之一，虽然特殊，但依然符合代表"道"的"天"的运行规则。结果便形成了儒道两家的不同态度："无人为影响的物"的生灭是道家自觉，强调"人顺于天""人顺于道"；"有人为影响的物"的生灭是儒家的自觉，强调"人进于天""人进于道"。

二、"养浩然之气"的天赋义理

然则，从儒家的角度，"人进于天"或"人进于道"如何可能呢？毕竟"天"与"人"都是具体的事物，并不相同，虽然在道的视角下，两者是相通的，也不能必然得出"人进于天"的结论。

---

① 为什么说"天之道"不说"道"呢？是因为先秦时期，常常以"天之道""天道"代替"道"，两者经常互用，因为"天"本身就是"积气之最大者"，是"道"所化之最大、最高远的形象代表。

笔者认为，儒家的论证逻辑是这样的。

首先，自周孔开始，都主张"天道生生"，天地有大德，"天地之大德曰生"（《易·系辞下》），这种大德集中体现为上位者和有德者爱人爱民的善，"天视自我民视，天听自我民听"（《尚书·泰誓》）。同时，从天的角度看，天道之善有一个自觉赏善罚恶的功能，会亲近善人，远离恶人，"皇天无亲，惟德是辅"（《左传·僖公五年》）[①]；从人的角度看，人应该"以德配天"，结合殷商为塑造君王权威而将其称为"帝之子"的做法，"帝生子立商"，周公为说明武王伐纣的正当性，以"天"取代"帝"，将君王说成是"天之子"，即以义理的天替换人格神的意志，从此，君王必须有德，只有真正有德性的君王才是天在人间的合理代理人，君王也有了职责，即通过爱民的方式将"天之生意""天之善"发扬光大。这便外在地将"天"与"君王"合为一体。

其次，作为"天之子"的君王应该如何发扬"天之生意"以实现爱民呢？在周孔看来，只有继承和发挥先王之道，只有推行礼乐政治才可能实现。可是现实的情况是绝大多数野人根本没有读书的机会，礼乐文明对他们来说不啻于外在的枷锁，就算是士君子，也必然面临着内心的原始欲望与道德之心的斗争。换言之，对于不了解礼乐文明的人来说，他们根本不知道也不会考虑怎样做才是仁；对于了解礼乐文明的人来说，除了极少数的正人君子外，绝大多数人都是被动的、不自觉的，他们会面临道德和欲望的纷争，既不明白怎样去"求得仁"，也无法"安心"。于是，孔子为大家指明了方向，"为仁由己，而由人乎哉？"（《论语·颜渊》）"仁远乎哉？我欲仁，斯仁至矣！"（《论语·里仁》）通过反省内求的方式，从孝悌这种日常的行为在心上的自觉与否去追寻，"孝弟也者，其为仁之本与！"（《论语·学而》）再以此为逻辑起点展开到日用、礼乐政治上去，"孝乎惟孝，友于兄弟，施于有政。是亦为政，奚其为为政？"（《论语·为政》）孔子后学继承了这条思路，又以思孟学派最为突出，这从《五行》《性自命出》等心性论转向和孟子的"反身而诚"中可以看出。孔子通过文化下移的方式，将礼乐文明最大限度地传递给了普通人，使得君王与民众形成了"家国同构"的一体观念，又为所有人指明了"求仁"的方法是反省内求，这便内在地将"天""君王""民"合为一体。

最后，反省内求为什么就能求得仁呢？换言之，若反省内求是一厢情

---

① 先秦主张天有赏善罚恶功能的不只儒家，还有道家，"天道无亲，常与善人"（《道德经·七十九章》），墨家更是有明确的"天志""明鬼"的提法。

愿或者缘木求鱼的话，不是永远求不得仁吗？所以，必定是内心中本有着仁的种子或者隐藏着仁的全体，反省内求才可能证立。这个仁的种子或隐藏的仁的全体就是天赋的善性，在孔子看来，就是天生的德，"天生德于予，桓魋其如予何？"（《述而》）也只有"上智"之人才能有这种善性。笔者以为，孔子之所以区分"上智""中人""下愚"，是为了解释现实人性的千差万别，但是这种解释显然不够圆满，为什么有的人生来就是"上智"而有的人就是"中人""下愚"呢？更何况现实人性在后天的习染中始终在不断改变，以不同来解释不同等于是否定了人之相似性的循环论证，如同在说因为人与人不同，所以人与人不同。这样的论证只能导致两个结果，即不是"死生有命富贵在天"，就是最终只能将所有的不同归结为后天的环境的习染，主张"学知"，对于人性的相似性或相同的行为反而无能为力，且两种结果之间往往掺杂着相互交织、摇摆的复杂性。孟子觉察出了这一点，所以提出了"四端之心"的概念，他认为所有人都具有普遍的一致性，即生来就具有"四端之心"，不同的是现实环境的习染对人心人性的遮蔽。天所赋予的善性就是人性，也就是四端之心，藏于现实的人心之中，要养性必先养心，只有尽心才能知性。这不但完美地解释了"为仁由己"何以可能的问题，而且说清楚了现实人性的相似和千差万别，以及尽心养性的必要和方向——知天，从根本上将"天""人"合成一体。

明了了天赋善性，问题就变成：为什么天赋善性可以成立？人有天赋善性，物有没有？

在孟子看来，天赋善性之所以成立是因为人是"五行之秀气"，是天地间最为灵秀者，能在很大程度上代表和参悟"天之道"，且天与人都是"气之充"，都是秉承道化万物的根本规则而来的，所以肯定人性中生而即有的天赋的善性等于在说天运循环借助于人的实践活动去实现，《中庸》言圣人可以"与天地参"正是此意。故此，孟子提出"养浩然之气"的说法。所谓"浩然之气"是指充塞于天地之间的"至大至刚"的"配义与道"的气，其本身也是气，只不过有了道德的善的属性。之所以如此，是因为天运循环本就是借助于气的聚散离合而实现的，气化的过程就是生生不息的过程，是天之善的显现，体现在人的身上就是血气、情气、性气由外而内的过程，这在思孟一派的心性论中十分明显。于是，在儒家这里，气明确有两种属性，即"体之充"之气和"德之气"，而且两者并不矛盾。笔者以为，正如生生不息之天道被赋予善的道德一样，气化的过程也被赋予了善的道德，"天行健，君子以自强不息"，因而就有了"德之气""仁气""礼气""浩然之气"等。应该说，"体之充"之气是"德之气"的基础，"德之气"是"体之充"之气的升华。

至于物有没有天赋善性，孟子认为是没有的，因为天赋善性正是人与物的本质区别，即想要获得天赋善性是有资格限制的，这个资格就是"人为天地之最贵"，能在最大程度上代表天之道，反之不行。

孟子天赋善性的证立主要是为他的仁政学说提供人性论基础。因为仁政的提出是为了执行以实现大同理想，当礼乐制度由外在的强制约束内在化为自觉内求的反省时，执政的难度就消失了，理论上，所有人都可以反省内求以扩充善端，所有人都可以成为"尧舜"，这样"仁政"就能实现。换言之，个人与家、国合为一体，"仁政"由一个自上而下的等级政治体制，异化为所有人通过自我修养就可以实现的日用之间的平面化的理念。于是，反省内求、即情显性就可能"尽心"，"尽心"才可能"知性"，"知性"才可能"知天"，尽心知性既是"反身而诚"的自我修养，同时也是家国一体的仁政理想的实践，更是天运循环大化流行的自然显现。

三、"无以为君子"的主宰天命

《论语·尧曰》："不知命，无以为君子。"对这句话的注解分歧主要集中在"命"上，历来主要体现为两个方面：一是将"命"理解为由人格化的至上神的意志控制的宿命论或命定论，宗教的色彩很浓，如"死生有命，富贵在天"（《论语·颜渊》）；一是将"命"理解为天生万物之德，也就是仁、义、礼、智顺善之心，"天生烝民，有物有则。民之秉彝，好是懿德"（《诗经·大雅》）。由此，"知命"也有两种理解：知宗教的宿命和知义理的天命。这两种理解其实并不矛盾，甚至在孔子的思想中，也是交织在一起的，如孔子在《论语·八佾》中主张神鬼的高高在上和天的无限权威，"与其媚于奥，宁媚于灶""获罪于天，无所祷也"，而在《论语·为政》中又强调学习和努力才是成为君子、圣人的途径，"吾十有五而志于学，三十而立，四十而不惑，五十而知天命，六十而耳顺，七十而从心所欲，不逾矩"。何以孔子的言论看上去有些前后不一呢？笔者以为，这主要是受到当时社会思潮的影响，即自文武周公时代确立的、能够赏善罚恶的人格神意志——"天"或"天命"的信仰，随着周王室的衰微而逐渐削弱和动摇。虽然还占据着重要的地位，可对于有识之士思考对治礼崩乐坏的乱世时显然没有太多帮助，所以人们一方面继承了六经所载先王之道的精髓，另一方面又根据现实社会的变化对六经有所损益，当损益的天平偏向现实社会的变化时，就表现为老庄以及法家等改革派诸子的思想，当损益的天平倾向于保持先王之道所化作的周朝秩序时，就表现为孔孟的改良派思想。由于孔子正处于这种新、旧文化浪潮的迭换、改变之间，又是礼制文化的拥护者，所以他的思想表现出守旧、改良的特征并不奇怪，恰恰是他所在时代的思想矛盾冲突的真实写照。

其实，在孔子思想中，宗教的宿命和义理的天命是一脉相承、互为补充的。

首先，宗教的宿命解决的是人所无能为力的事情，凡人能有为的，孔子都推到义理的天命那里去，得出"学知"和"躬行"的结论，即对于现实的可以把捉的"人事"，孔子主张依赖人们自己的学习和践行，包括对"仁"的追求和现实社会的政治实践。"子张问仁于孔子。孔子曰：'能行五者于天下为仁矣。''请问之。'曰：'恭、宽、信、敏、惠。恭则不侮，宽则得众，信则人任焉，敏则有功，惠则足以使人。'"（《论语·阳货》）对于无法把捉的"人事"，孔子才寄托于"天命""鬼神"："子疾病，子路请祷。子曰：'有诸？'子路对曰：'有之。《诔》曰：祷尔于上下神祇。'子曰：'丘之祷久矣。'"（《论语·述而》）两者像是"有"和"无"的互补，更像是对"人事"的全面的终极关怀。

其次，孔子提倡"克己复礼"，遵行的是礼乐宗法的等级制度，是一种全面差序化的格局，但这种格局注定了有优越的等级就有卑下的等级，如何让所有人在了解后都安于这样一种差序格局呢？笔者以为，孔子在考虑这个问题时采用了教化的策略，即因材施教，从笼统的角度将所有人群分成了两部分：有识之士和无识之人。对有识之士来说，当他们开始怀疑并对人格神的天命论产生根本动摇时，义理的天命就是差序格局形成和存在合理性的最终根据，就是他们寻找自己位置并体悟人与宇宙关系的内在根据，"天人合一"由此成为可能，所不同的是，道家主张"天道生生而以万物为刍狗"，儒家主张"天道生生而有仁义礼智圣"。对无识之人来说，宗教的宿命则是对差序格局最好的解释，"民可使由之，不可使知之"（《论语·泰伯》），这不是愚民，而是即使圣人也不可能做到使每个民众都成为君子、圣人，即"可以而不可使也"（《荀子·性恶》），老子的"虚其心，实其腹，弱其志，强其骨"（《老子·第三章》）也是这个道理。所以，笔者以为，从功用上说，宗教的宿命和义理的天命实际上是孔子教化民众的两个工具，其最终目的都是为礼乐宗法的差序格局服务，只要达到这个目的，本身是什么，有时候，反而没那么重要了，这便是到墨子、孟子、董仲舒，包括宋明儒学中的神秘学等，还会出现宗教的宿命以及鬼神、人格神的天等思想的根本原因。

最后，无论是宗教的宿命还是义理的天命，都是下位者对自己位置的自觉、上位者位置的确立以及下位者对上位者位置的认可，即"正名"，这是两者一脉相承的地方——都是来自人类对自身位置及与宇宙关系的自觉，但心态有所不同，这是两者互相补充的另一个方面。对于宗教的宿命，孔子虽然"不语"，但不代表完全不承认，如他说"敬鬼神而远之"（《论语·雍也》），既然需要"敬"，又怎么会没有呢？"子不语"可能是孔子认为没能把握完全的谦虚态度，并不一定是完全否认的态度；对于义理的"天命"，孔子则更多的是"畏"，"君子有三畏：畏天命，畏大人，畏圣人之言。小人不知天命而不畏也，狎大人，侮圣人之言"（《论语·季氏》）。"敬"的程度比之"畏"，应该说是要小一些、轻一些的，笔者以为，这正表现了孔子教化的态度：对无识之士的引导只是基础性的，这时候他们并不知道害怕，对于圣人之言也没有那么看重，甚至有抵牾的态度，但这不要紧，因为无识之人（小人）的这种文化习俗是长久以来形成的，是过去圣贤教化留下的，所以不能一概否定鬼神、否定宗教的宿命，相反，君子应该用他们容易接受的能听懂的东西来引领他们学习，等到了一定程度，他们就会自觉地学习，待了解到礼乐宗法的真义及能反思现实社会的情实时，他们就知道怕了。对君子来说，虽然运用了"鬼神之道"（也就是宗教的宿命等）来教化民众，但自身不可以像无识之人一样去信奉，也不必完全否定，存在的就是合理的，何况文武周公也有谈到，只不过时空改变，已经不那么适用于对治当下礼崩乐坏之社会的乱象，所以只要"敬而远之"就可以了。"敬"与"畏"可以说是充分体现了宗教神秘主义和儒学的结合，为宋明儒学将佛学与儒学的结合开创了先河。

《中庸》言："天命之谓性，率性之谓道，修道之谓教。"在笔者看来，这同样是将宗教的宿命与义理的天命结合起来。因为"性"是人性，而天命就是"诚"，人或万物的宿命就是"天运循环，无往不复"，而"诚"就是天地化育万物的不息善道，如果"天"不是善的，则"天运循环"很难保证必然是善的，更不能保证天所赋予人的人性是善的，而如果"天"是善的，也不能必然保证天自然化育万物的每一个环节都是善的，只有当"天运循环"即天自然化育万物的每个环节的规则都体现为善，才能保证天自然化育万物的过程及其结果都是善的。可一旦如此，就说明天自然化育万物的过程和结果有了人格神的意志——纯善无恶，毕竟善、恶是人类的价值判断，想要纯善无恶必须得有强有力的道德修养和功夫才行，依此思路，天化育万物的这个善道实际上也是宗教的说法，只不过这个宗教的至上神不是全部人格神的意志，而是只有着纯善无恶之意志的"天"，这显然是从人格神意志的宗教神学中再度抽象出来的思维，与义理的天命其实是一致的。或者说，义理的天命其实正是从宗教的宿命中抽象出来的，是后者发展的高级理论形态，如《河南程氏遗书》卷二十二描述"天"时说："以形体言之谓之天，以主宰言之谓之帝，以功用言之谓之鬼神，以妙用言之谓之神，以性情言之谓之乾。"程朱理学主张的"天理"正是纯善无恶的善道，其有"主宰"的性质，谓之"帝"正是纯善无恶的意志，故此，儒学保有神秘因素也是理所当然了。

总而言之，先秦诸子皆以"知天"为目标。"齐桓公问管仲曰：'王者何贵？'曰：'贵天。'桓公仰而视天。管仲曰：'所谓天者，非苍苍莽莽之天也，君人者以百姓为天。'"（《说苑》）。但"知天"不仅仅是为了"知天"，更是为了"知人"，因为天、人关系才是先秦哲学讨论的基本问题，"知天之所为，知人之所为，至矣"（《庄子·大宗师》）。

第三节　社会论域："及人"的外王理想

社会论域主要涉及的是家国天下的政治伦理，即群体的世界观、价值观、人生观等终极关怀问题。秉承"推天道以明人事"的思路，在先秦哲学中，群体观的获得源自对"天"或"天道"的探索，而"天道"是借由气论化成万物的。要之，正因为有着气化万物的基础，万物才可以生生不息，也正因为气论思维所要描述的宇宙世界是一个不言自明的不可分割的先在整体，所以气化的万物分别是一个息息相关的宇宙整体的部分，"天人合一"才是天人关系的主要进路，是宇宙中最主要关系的集中体现，映射到现实社会中，即王权天授，王虽是天下的共主，可民却为邦本，王、民是一个息息相关的整体。这从商人讲"帝"、周人讲"天"以及诸子讲"知天"中可以看出。

换言之，家国天下政治伦理的秩序源自对天人关系问题的探究，而天人合一在很大程度上实际上就是家国天下秩序的理想状态。

因此，在先秦哲学中，"知天"是逻辑的起点，"知天"是为人类群体、个人在价值观、人生观、世界观等终极关怀上寻找根本的依据和源头。就人类群体来说，笔者表述为社会论域，是诸子哲学的终极目标之一，突出表现在儒道两家的治道经世的伦理思想上，如老子的无为政治、孟子的王道仁政和荀子的礼治思想。[①]下面将简而述之。

---

① 事实上，法家、黄老道家、墨家都有相关的论述和观点，即使儒家也有其他文献提及，但笔者限于篇幅，只能简述这几种意见。

一、"道法自然"的无为政治

《老子·四十二章》言："万物负阴而抱阳，冲气以为和。"阴、阳即阴阳二气，这是说万物皆禀阴阳二气降生；所谓和即阴阳二气的调和，这是说万物之所以生成时物性不同且千差万别是由阴阳二气调和的不一致造成的。这便解释了人与人、人与物的普遍不同。同时，人与人、人与物也有着普遍相同的地方：都是由气化而来的。所以，站在人的角度，万物包括人之间都是千差万别的，"自其异者视之，肝胆楚越也；自其同者视之，万物皆一也"（《庄子·德充符》）；站在道的角度，万物包括人都是"玄同"的，"挫其锐，解其纷，和其光，同其尘，是谓玄同"（《老子·五十六章》）。

在老子看来，人虽千差万别，是"多"，但因其都源自共同的道，是"一"，所以可以顺应道之自然而然这个"一"去治理天下的"多"。

"一"是什么？如下：

> 生而不有，为而不恃，功成而弗居，夫唯弗居，是以不去。（《老子·第二章》）
>
> 天地不仁，以万物为刍狗，圣人不仁，以百姓为刍狗。（《老子·第五章》）
>
> 人法地，地法天，天法道，道法自然。（《老子·二十五章》）
>
> 道常无为而无不为。侯王若能守之，万物将自化。（《老子·三十七章》）
>
> 昔之得一者：天得一以清，地得一以宁，神得一以灵，谷得一以盈，万物得一以生，侯王得一以为天下贞。（《老子·三十九章》）

可见，"一"就是自然之道，其根本的原则就是"无为"。所谓"无为"，并不是什么都不做，不然道怎么运行？怎么化生万物呢？"道生一，一生二，二生三，三生万物。"（《老子·四十二章》）毕竟万物自身也总是变动不居的，"夫物芸芸，各复归其根"（《老子·十六章》），"周流六虚，变动不居"（《易·系辞下》），所以推衍到"人事"上时也不可能是什么都不做，而是顺人之自性而行，这个自性是基本的、合理的需求，不包括私欲、名利的过分追求和主观的成见，包括上位者和下位者两个层面。所谓"无不为"，也不能以世俗君王的欲求来衡量，而是遵循老子的圣人观,即实现了没有任何名利争夺、奇巧淫心、财货动人的"治世",而人们只知道相互间都是最坦诚、最淳朴的交流,都认为这样的"至德之世"是自己努力的成果,却不知道是君王"无为"的治理,"太上,下知有之。其次亲而誉之。其次畏之。其次侮之"(《老子·十七章》)。

当真正实现"无为而无不为"时,老子认为其理想的社会模型就是"小国寡民",《老子·八十章》说:

> 小国寡民,使民有什伯之器而不用,使民重死而不远徙。虽有舟舆,无所乘之。虽有甲兵,无所陈之。使民复结绳而用之。甘其食,美其服,安其居,乐其俗,邻国相望,鸡犬之声相闻,民至老死不相往来。

有学者在解读此章时,将老子看作是反社会反人类文明的思想家,认为这种主张是一种倒退,笔者以为不然,因为老子在这里所强调的"舟舆""甲兵"重在"不用",这需要根据老子所处之现实的社会历史环境来辨别其"用"是"用"在什么地方,才知道"不用"的意义。从"什伯之器"的解释来看,这里的"舟舆"同"甲兵"一样都是用于战争的工具,因为学者虽然对"什伯之器"的具体解释有所不同,但对于"什伯"作为军队组织的编制单位却有着共识,就说明"舟舆"和"甲兵"一样属于上文"使民有什伯之器而不用"的内容。同理,"使民复结绳而用之"主要指的是用于军队组织编制的计数的规则都应该去掉,而不是说毁掉所有文明使人民回到结绳记事的时代。假若老子主张回到结绳记事的时代,就不会主张"美其服""乐其俗"了,毕竟"美""俗"是老子时代的观念,也不会发出"明白四达,能无以为乎"(《老子·第十章》)的疑问了。在老子看来,礼崩乐坏的乱世之所以出现,是因为不论上位者还是下位者都随着圣人离世后社会的不良发展,即"尚贤""鬼难得之货""见可欲"等,而心生各种欲念,"民之难治,以其上之有为,是以难治"(《老子·七十五章》)。"民之难治,以其智多,故以智治国,国之贼"(《老子·六十五章》)。虽然其时出现了很多大贤,可是他们主张的治国之法皆不能从根本上解决问题,反而被有心之人利用,变成了诱导人们滋生各种欲望的温床和粉饰自己动机的遮羞布,如打着救国爱国的旗号却弑君的权臣,如打着仁义爱民的旗号却不顾民众死活的君王。普通人民不但没能得救,反而被别有用心的人利用从而陷入了名利欲望的无尽循环之中,反以为自己的追求是高尚的。老子正是看到了这一点,故而主张"小国寡民"来"救世"，所以，老子的主张只是对当时礼崩乐坏之乱世的一种应对策略，期待顺应道之自然而然，从根本上去消除世俗的纷争和人们心中的欲念，故其很多提法，如"无为""仁义"等，都是对当时欲念横生之人打着相应冠冕堂皇的旗号却被私心私欲控制之人的做法的针对性驳斥。以"仁义"为例，如果老子真的反对"仁义"观念，就不会主张"绝圣弃智，民利百倍。绝仁弃义，民复孝慈。绝巧弃利，盗贼无有。此三者以为文不足。故令有所属。见素抱朴，少私寡欲"（《老子·十九章》）。从中可以看出，老子实际上主张的是"少私寡欲"，即反对的是那些打着"仁义"的旗号却实际上只为私心私欲驱使的假仁假义之辈，这与《老子·三十八章》"上德无为而无以为。下德为之而有以为。上仁为之而无以为"中将"上德"和"上仁"都说成是"无以为"相一致，这也成为儒道两家并非对立而是互补的证明。

最后，无为政治要实现的理想情况是"我无为而民自化。我好静而民自正。我无事而民自富。我无欲而民自朴"（《老子·五十七章》）。简言之，君王圣人有自己，民众一样有自己，"无为"的最高境界就是君王圣人能不着痕迹地顺应民众的"自己"从而治理好国家，而民众同样认为"自己"没有受到影响，是自己顺遂自然才安居乐俗。

二、"制民之产"的王道仁政

老子、孔子都主张"天地之大德曰生"，不同的是，老子得出了"天地不仁，以万物为刍狗"的无为政治，而孔子则得出了"克己复礼为仁"的礼乐政治，前者经由庄子的取舍后更加偏向个体内在的自由追寻，后者则在孟子的发挥下，形成"制民之产"的王道仁政。

王道就是先王之道，仁政是孟子从孔子的"仁学"发展出来的，其内容的核心是民本思想，本质是"生生"的观念，目的在于维持差序格局的社会稳定，现简述如下。

（一）民贵君轻

《孟子·尽心下》记载：

> 民为贵，社稷次之，君为轻。是故得乎丘民而为天子，得乎天子为诸侯，得乎诸侯为大夫。诸侯危社稷，则变置。牺牲既成，粢盛既洁，祭祀以时，然而旱干水溢，则变置社稷。

既然"民贵君轻""以民为本"，那么当"诸侯危社稷"时可以变置，

"天子危社稷"呢？虽然在上述引文中，孟子没有明确提出这个问题，但实际上孟子有所隐喻，在其他地方，孟子是有明确说到的，如孟子与齐宣王的一段对话：

> 孟子谓齐宣王曰："王之臣有托其妻子于其友，而之楚游者。比其反也，则冻馁其妻子，则如之何？"王曰："弃之。"曰："士师不能治士，则如之何？"王曰："已之。"曰："四境之内不治，则如之何？"王顾左右而言他。（《孟子·梁惠王下》）

"四境不治"是君王的失职，结合上一段引文可知，孟子并不否认会有"天子危社稷"的情况出现，那么能不能"变置"呢？在孟子看来，民是天下之大本，代表的是天之德，连"社稷之神"都能变置，君王当然也能够变置，如他在《孟子·梁惠王下》中说：

> 齐宣王问曰："汤放桀，武王伐纣，有诸？"孟子对曰："于传有之。"曰："臣弑其君，可乎？"曰："贼仁者谓之贼，贼义者谓之残，残贼之人谓之一夫。闻诛一夫纣矣，未闻弑君也。"

很显然，只要君王不能伸张人民的利益，孟子认为可以"变置"。当然，这里的"变置"也要考虑一个问题：在什么时候什么情况下"变置"？不可能君王随便犯一个小错误就"变置"。在孟子看来，主要有两个考虑的维度：一个是从君王自身的角度，一个是从民众的角度。前者拷问的是君王是否还保有"不忍人之心"，因为仁政的出发点是君王内心与生俱来的善端，"先王有不忍人之心，斯有不忍人之政"（《孟子·公孙丑上》），如果君王利欲熏心，则其内心的善端就会被完全遮蔽，自然就不可能行仁政，此时除非有谏臣可以助他扩充善端、反身而诚，否则这样的君王就如桀纣一般危害天下和百姓，应当"诛"；后者，从民众的内心考虑主要是君王能否凝聚人心，或者说君王的爱民之意是否让民众深切体会并愿意同他站在一起，以《孟子·梁惠王下》中滕文公与孟子对话为例：

> 滕文公问曰："滕，小国也，间于齐楚。事齐乎？事楚乎？"孟子对曰："是谋非吾所能及也。无已，则有一焉：凿斯池也，筑斯城也，与民守之，效死而民弗去，则是可为也。"
> 滕文公问曰："滕，小国也。竭力以事大国，则不得免焉。

如之何则可？"孟子对曰："昔者大王居邠，狄人侵之。事之以皮币，不得免焉；事之以犬马，不得免焉；事之以珠玉，不得免焉。乃属其耆老而告之曰：'狄人之所欲者，吾土地也。吾闻之也：君子不以其所以养人者害人。二三子何患乎无君？我将去之。'去邠，逾梁山，邑于岐山之下居焉。邠人曰：'仁人也，不可失也。'从之者如归市。或曰：'世守也，非身之所能为也。效死勿去。'君请择于斯二者。"

所谓"效死勿去"正是从民众的角度讲的，即当君王深得民心时，自然不存在"变置"的情况，所以君王不行仁政并不是被"变置"的理由，而要看民心的向背，如果民众都不能也不愿意追随君王，民心尽失，君王自然就应该被"变置"。这点，《左传·文公十三年》有记载：

邾文公卜迁于绎。史曰："利于民而不利于君。"邾子曰："苟利于民，孤之利也。天生民而树之君，以利之也。民既利矣，孤必与焉。"左右曰："命可长也，君何弗为？"邾子曰："命在养民。死之短长，时也。民苟利矣，迁也，吉莫如之！"遂迁于绎。

五月，邾文公卒。君子曰："知命。"

在邾文公看来，民众的利益和君王的利益是一致的，只要民众获利，就是君王获利。这完全打破了自夏初以来形成的家天下的治国理念。因为依照家天下的治国理念，整个天下的人、物等都是君王的私产，"溥天之下，莫非王土。率土之滨，莫非王臣"（《诗经·小雅·北山》），所以君王的利益应该远远凌驾于民众的利益之上，甚至为了君王的利益，可以完全忽略或牺牲掉民众的利益，包括生命！要之，君王天生就有着为民众谋福利的责任和使命，"命在养民"，是所谓"民贵君轻"。

"民贵君轻"的另一个重要特点是"与民同乐"，即君王施行仁政不是一种单方面的付出或者不得不履行的沉重责任，而应该是一种当然的生活态度，应该表现出"乐"的特点，因为君王要为民众谋福利，其前提就是放弃自己的私心私欲并说服自己不要去过分追求欲利，相反，应该以天下人之利为利益，应该将自己的欲利心甘情愿地分给民众才是真正的仁政，真正做到"与民同乐"，不然就像是作秀，表面上做了很多，实际上并没有成效，也不得人心，如：

梁惠王曰："寡人之于国也，尽心焉耳矣。河内凶，则移其民于河东，移其粟于河内。河东凶亦然。察邻国之政，无如寡人之用心者。邻国之民不加少，寡人之民不加多，何也？"孟子对曰："王好战，请以战喻。填然鼓之，兵刃既接，弃甲曳兵而走。或百步而后止，或五十步而后止。以五十步笑百步，则何如？"梁惠王曰："不可，直不百步耳，是亦走也。"孟子曰："王如知此，则无望民之多于邻国也。"（《孟子·梁惠王上》）

齐宣王见孟子于雪宫。王曰："贤者亦有此乐乎？"孟子对曰："有。人不得，则非其上矣。不得而非其上者，非也；为民上而不与民同乐者，亦非也。乐民之乐者，民亦乐其乐；忧民之忧者，民亦忧其忧。乐以天下，忧以天下，然而不王者，未之有也。"（《孟子·梁惠王下》）

孟子与齐宣王的对话揭示了"民贵君轻"的另一层含义：民贵不是民的地位比君贵，君轻也不是君的地位比民轻，而是站在国家天下的角度强调"民为邦本"，因为君、民本自一体，这是天道推衍出来的，要想维持好这个群体就必须做到"以民为本"，而"与民同乐"正是这一目标的突出体现。

（二）制民之产

如果说上文"民贵君轻"是孟子王道仁政思想的政治理念的话，则"制民之产"所代表的就是这套理念具体落实的农业经济政策。顾名思义，"制民之产"就是让普通民众有着固定的自己的田地，这在农业型社会尤其重要。

孟子认为："夫仁政，必自经界始。经界不正，井地不钧，谷禄不平，是故暴君污吏必慢其经界。经界既正，分田制禄可坐而定也。"（《孟子·滕文公上》）所谓经界就是田地间的分界，这是推行井田制必须分清楚的地方，因为井田制分公田、私田，以私养公，"方里而井，井九百亩，其中为公田。八家皆私百亩，同养公田；公事毕，然后敢治私事"（《孟子·滕文公上》）。各家皆有相应的任务，如果田地大小都分不清楚，井田制也就无法推行。

在孟子看来，只有让民众有了可以耕作的固定的田产，人们才会有定心去耕作，也才会定居并积累财产，这样对于国家来说就有了民众和税收，所以明君一定会帮助民众"制民之产"，《孟子·梁惠王上》：

无恒产而有恒心者，惟士为能。若民，则无恒产，因无恒心。
苟无恒心，放辟，邪侈，无不为已。及陷于罪，然后从而刑之，
是罔民也。焉有仁人在位，罔民而可为也？是故明君制民之产，
必使仰足以事父母，俯足以畜妻子，乐岁终身饱，凶年免于死亡。
然后驱而之善，故民之从之也轻。

有了自己的足够奉养父母畜育子女的田地，民众只要努力耕作就会有
好的生活。

五亩之宅，树之以桑，五十者可以衣帛矣；鸡豚狗彘之畜，
无失其时，七十者可以食肉矣；百亩之田，勿夺其时，数口之家
可以无饥矣。谨庠序之教，申之以孝悌之养，颁白者不负戴于道
路矣。七十者衣帛食肉，黎民不饥不寒，然而不王者，未之有也。
（《孟子·梁惠王上》）

有了好的生活，民众又怎么会随便离开呢？除非没有田地，又或者虽
然有了田地，却因为君王的种种欲念或者好战，导致民众不能好好耕作。
但上述引文已经提到"明君"，就说明不是君王的私心私欲造成的，那只
有一条，就是农业型经济有着它本身的规则——农时，如果不小心耽误
了农时，加之那时节农业产量低，则即使再多的土地，也仍然会闹饥荒，
所以在恢复井田制之后，有一个非常重要的原则——使民以时，如《孟
子·梁惠王上》记载：

不违农时，谷不可胜食也；数罟不入洿池，鱼鳖不可胜食也；
斧斤以时入山林，材木不可胜用也；谷与鱼鳖不可胜食，材木不
可胜用，是使民养生丧死无憾也。养生丧死无憾，王道之始也。

孔子所谓"道千乘之国，敬事而信，节用而爱人，使民以时"（《论
语·学而》）正是这个意思。
最后，不能民稍富裕就横征暴敛，而应该"取民有制"，轻徭薄赋，
如孔子的"富尔教"理论，"百姓足，君孰与不足？百姓不足，君孰与足？"
（《论语·颜渊》）孟子也强调"耕者助而不税"（《孟子·公孙丑上》），
毕竟对普通民众来说，最要紧的是生存。只有上能奉养父母，下可畜育子
女，中能保障自己与妻子的基本生存，才算是仁政落到实处。

总而言之，孟子的王道仁政的目的在于得民心，不能得民心者，必失天下，"桀纣之失天下也，失其民也；失其民者，失其心也。得天下有道：得其民，斯得天下矣；得其民有道：得其心，斯得民矣；得其心有道：所欲与之聚之，所恶勿施尔也"（《孟子·离娄上》）。

需要说明的是，孟子王道仁政所以可能的先天基础是他的"性善论"，因为如果只是君王有"不忍人之心"并不能保证所有民众都能被教化和跟随，只有当所有的民众都有了"四端之心"，也就是"不忍人之心"，才能保证在原则上可以教化所有人，也才可能真正将王道仁政推行下去，不然人们必定会被私心私欲障蔽，王道仁政也只是一纸空谈。然则王道仁政的实施并非一朝一夕，尤其是各人"四端之心"受到的蒙蔽并不相同，如何能确保君王、臣子、民众都能同心协力地执行王道仁政的措施呢？孟子以为，这主要落在个人身上，即"养浩然之气"，存"夜气""平旦之气"，唯其如此，才可能不被后天的习染蒙蔽。

三、"不诚无物"的礼治思想

如果说孟子侧重继承和发挥的是孔子的"仁"学，那么荀子侧重继承和发挥的就是孔子的"礼"学。与孟子的"仁"相比，荀子的"礼"确有体现为外在超越的特点。但实际上，荀子的"礼"也属于"内在超越"，因为人性流向恶，不得不"化性起伪"才能变为善，而"化性起伪"的过程正是一个"内在超越"过程，所以可以将孟子的"性善"称作先天的"内在超越"的前提，将荀子的"性恶"称作后天的"内在超越"的前提。

在笔者看来，除了在人性论的探讨上，孟荀有着明显的不同导致求为圣贤的进路有所区别外，在内圣外王的终极关怀上，孟荀是一致的，这点从"诚"上可以看得清清楚楚。

首先，孟荀都将"诚"当作天道在人道之上的显现，是君子修行的根本追求。思孟一派的《中庸》提出："诚者，天之道；诚之者，人之道。"《孟子·离娄上》也说："诚者，天之道也；思诚者，人之道也。"可见，孟子对于"诚"的思索比《中庸》更加明确，因为《中庸》以"诚"为不息循环的宇宙本体，则"诚之"有着"诚体""诚之"和人心自觉"诚之"两种可能，而孟子的"思诚"则明确表明是人心的自觉作用，这正是孟子所强调的人禽之别的本质。《荀子·不苟》则说："君子养心莫善于诚，致诚，则无它事矣。""致诚"也很明确是人心的自觉作用，这是由荀子"性流向恶"的人性论所决定的。那么荀子的"君子养心莫善于诚"与孟子的"养心莫善于寡欲"（《孟子·尽心下》）是否矛盾呢？在笔者看来，两者本质在目标上是一致的，荀子的"诚"是人道的体现，"致诚"则是实现"化性起伪"的目标——使用"仁义法正"导人向善，而孟子的"寡欲"并不是完全去掉所有的欲心，而是要保留扩充四端的纯粹之心——天赋仁、义、礼、智的不忍人之心，即孟荀求"诚"的结果都是为了向善，都是为了于心上自觉保有和证显仁、义、礼、智的儒家伦理，尽管他们求"诚"的途径和践行"诚"的思维进路不一样。

其次，由于"诚"是天道生生的显现，所以想要情顺万物达至"内圣"的目标，就必须于日用的修身养心过程中自觉践行"诚"，只有"致诚"才可能体悟天道的大化流行、循环往复，也才可能"备于万物"。《中庸》说："诚者，物之终始，不诚无物。是故君子诚之为贵。"《孟子·尽心上》说："万物皆备于我矣。反身而诚，乐莫大焉。"天道的运行规则是"诚"，所以宇宙万物的开始、终结都属于"诚"之道，人们如果想要体悟万物运动变化的自然规律，就必须抓住其所以然的根本的"诚"才可能，这是孔孟儒家"君子务本"的思维方式。与思孟一系强调从内心生而即有的善性出发求"诚"不同的是，荀子强调从外在的后天的圣王制定的礼仪文理出发，不断地对人生而即有的本性进行修正、教化，才可能达至纯善，也才可能明了和把握天地万物运行变化的所然和所以然，"天地为大矣，不诚则不能化万物；圣人为知矣，不诚则不能化万民"（《荀子·不苟》）。所谓的"不诚无物""万物皆备于我""不能化万物"并不是说"诚"作为心识是一切万物所以生灭的来源，即孟荀不是主张"心生万物"，而是强调道化万物的情实是生生不息的不假丝毫人心人欲的纯善，所以其在人道上的反映也是天赋"四端"的"不忍人之心"的扩充和显现，"诚"正是对"四端之心"的充分理解，是对天道生生之理的体认，是对不息之道的透悟，是对人类自身的位置及与宇宙整体关系的把捉，是对不言自明的先在的世界整体的肯定。

最后，想要真正实现"外王"的理想，就必须将来源于天道的备于万物的内圣的"诚"推致到现实社会的政治伦理中，化为礼治的思想与实践，才可能真正实现内圣和外王的合一。《荀子·不苟》说："夫诚者，君子之所守也，而政事之本也。""君子之所守"是内圣，"政事之本"则是外王，说明"诚"是内圣推出外王的根本，为什么说是内圣推出外王而不说是外王反推内圣呢？因为在先秦儒家看来，"正名"是"政事之本"的重要表现之一，在没有君子之德或皇族血脉传承的情况下，任何人登上王位都是"名不正言不顺"的。换言之，若是有君子之德的人登上王位，不管是否有皇族血脉，他都必然经历了内圣的过程，也就是"思诚"的过程，符合内圣推出外王的逻辑；若是皇族血脉的传承者登上王位，其如果不是君子，也必然依赖君子治国，且君王之位也要求他必须内圣即修身养性诚意再去更好地治理国家，"命在养民"。从这个角度来看，外王的实现，要么借助臣民，要么依靠自己，总之必须经历内圣的过程，但内圣不必然推出外王。内圣依赖"思诚"，外王借助于礼治，而它们的根本源头则是"生生"之天道。至于孟子，对于礼的强调虽然不如仁、义，但由于他把礼内在化为"四端之心"的扩充，在某种意义上，其"仁政"思想其实就是"礼治"的别名。

在荀子看来，"天行有常，不为尧存，不为桀亡"（《荀子·天论》）。从表面看，荀子主张"天人相分"，实际上荀子是为了说清楚不同于孟子的"天人合一"才主张"天人相分"的，这从荀子强调"制天命而用之"以及"化性起伪"就可以看出，因为如果天道、人道完全相分、不可融合，则生而即有的流向恶的性怎么可能会被礼仪法正改变呢？人又怎么可能"制天命而用之"呢？甚至连"知物"都不可能实现，更何况发挥人之能动作用的礼法治国。笔者以为，荀子强调"天人相分"主要是为了反对孟子的"天赋四端"的说法，因此，荀子"天人合一"的路径也与孟子不同，前者是"内在超越"，与之相比，荀子是通过法圣王制定的礼仪文理去"化性起伪"实现的，虽然也同样需要内在的心性功夫，但相比孟子确实有所不同，称之为外在超越也是可以的。那么荀子是具体如何实现内外的沟通从而达至"天人合一"的呢？在笔者看来，荀子天道与人道的沟通尽在一个"诚"字。圣王通过"积"的方式，"圣可积而致，途之人可以为禹"（《荀子·性恶》），在法天地运行、万物运动变化之理制定出礼仪文理的过程中，不断地体悟万物生息的天道，"天地为大矣，不诚则不能化万物"（《荀子·不苟》），在成就自己的过程中不断地推己及人、教化万民，也就是"致诚"的过程，"圣人为知矣，不诚则不能化万民"（《荀子·不苟》），通过圣人的"积"，天的运行秩序内在化为人道根本的"诚"，再经由圣人的总结、传承、践行等转化为治国理政、经纬国家的礼治思想。是以，在笔者看来，"诚"是礼治思想的根源和保障，只有理解了"诚"，才能体察万物变化之中的天道，才能悟透圣王所制定礼仪文理的真义，才能了解人性变化的情实，也才可能真正实现"化性起伪"并"制天命而用之"，"礼有三本：天地者，生之本也；先祖者，类之本也；君师者，治之本也"（《荀子·礼论》）。

当荀子将"诚"内化为礼治的根源和保障时，从天到人的一切秩序都成了礼治的映射，而礼治也成了社会治理和国家制度的根本，如下：

　　天地以合，日月以明；四时以序，星辰以行；江河以流，万

物以昌；好恶以节，喜怒以当；以为下则顺，以为上则明；万物
变而不乱，贰之则丧也。礼岂不至矣哉！（《荀子·礼论》）

　　君臣、父子、兄弟、夫妇，始则终，终则始，与天地同理，
与万世同久，夫是之谓大本。（《荀子·王制》）

　　由此亦可见，荀子更加重视孔子的礼治思想，所以从具体的社会治理
和国家制度层面论证天人相通，与孟子侧重从心性层面论证天人相通不同。
如果说孟子的王道仁政还带有浓厚的理想色彩，是一种美好的愿望或说法
的话，那么荀子就更加注重现实实际，其礼治思想透露的王霸观念是"张
而可施行"的具体措施或做法，与黄老道家的"以道论法，道法并用，兼
采百家之长"有异曲同工之妙。

第四节　人生论域："推己"的内圣目标

　　探讨天人关系问题从来就不是为了获取确定不变的知识，而是为了寻
找人类自身在宇宙中的位置及如何安顿自己乃至众人的心灵，即追寻个人
和人类存在的价值和意义。所以从先秦气论哲学产生之初，就不仅仅是为
了用来描述宇宙的本体及宇宙万物的运动变化，而是为了"推天道以明人
事"，即宇宙论和人生论的讨论从来就不是割裂的，而是一贯。这是不
言自明的前提。

　　先秦诸子因为有着共同的理论来源——承载先王之道的六经，又有着
相同或相似的为学目标——救世之弊，所以在思想的创新上往往也有相似
的地方，比如上半句讨论天道，下半句述说人生的文风，应该说，这是最
贴近"推天道以明人事"的思路的。前文已经论证，"推天道以明人事"
的逻辑是以气论作为天人合一的中介，则"天人合一"成为处理天人关系
问题的主要进路，"天人合一"不再局限地作为一种思维方式被理解，还
上升为内圣的目标——精神理想的至高境界，有时候也作为功夫论的内容
被提及，这些都以修身养气成圣论特别是气论所关涉的身体、心理、精神
及相互关系为核心话题。

　　然则，"天人合一"的内圣目标究竟怎样才能达到呢？即天人要如何
合一呢？笔者以为，天道流行，万物所以生所以成，人道作为天道在"人"
身上的映射[①]，要实现与天道合一的目的，就必须先要解决一个问题，即

---

　　① 不管是人道顺应天道还是由人道进于天道，人道都是天道在人身上的映射。

人道之义理何以能与外在流行之天道对接并互相转化之问题，或者说外在流行之天道何以能内化为人道之精神从而成为人们追求的理想人格和终极目标之问题。对这个问题的回答，从应然的角度来看，则表现为以人合天与以天合人两种理论形态；从本然的角度来看，则表现为天人合于一的理论形态。下面笔者就这两种思路作简要说明。

一、以人合天、以天为一

所谓以人合天，就是以人道符合天道，不违背天道，换言之，即是以天道规范人道，其思维逻辑大致表现为：寻孔颜乐处或求为圣人，以参悟和效法天道为首务，达到极处，才能成就圣人品格。因天主要有主宰、自然、义理三义，故此天人合一理论呈现出三条进路，如下。

第一，当天作主宰之义理解，则天道成为人格神之意志的代名词[①]，甚至直接化身为"帝"或"上帝"，天人合一也就呈现为宗教神学的进路。以《尚书·吕刑》载"乃命重、黎，绝地天通"为分水岭，这种进路可以大致分为两个阶段：绝地天通以前，人人都可以与"帝"或"上帝"等人格神沟通，人人都可以当巫、觋[②]，民神杂糅，世道混乱；绝地天通以后，只有专门的巫、祝、史可以与"帝"或"上帝"等人格神沟通，而君王正是这群能与神沟通之人的首领。在商朝，君王更是直接被当作是"帝"或"上帝"的儿子，如《诗经·商颂》"帝生子立商"就是明证，由此形成了政教合一的国家治理形式，这也是商纣在面对周文王之强大时仍然自信地以为"我生不有命在天"（《尚书·西伯戡黎》）的原因。

进入西周，"帝"或"上帝"的观念逐渐被天取代，但是其人格神之意志的思想传统仍然被继承下来，如周王室强调"以德配天""皇天无亲，惟德是辅"正是商朝政权神授的思想延续，因为"皇天"能够分辨人是否有德并决定是否进行辅佐，只不过周朝统治者强调"天命靡常"而非一成不变，只有有德之人才能得天眷顾。

到董仲舒，可以说既继承了商朝的皇帝与天沟通的思想，又继承了周朝的"以德配天"的说法。如董仲舒提出"天人感应"思想，认为天人相类，可以相互感应，尤其是皇帝，本是代表天意，而天意正是为了保民，

---

① 所谓人格神的意志指的是包含一切神的意志及其所能指导人类事务的一切总知识，"帝"或"上帝"当然是最高神，除此之外还有原始宗教所认同的神祇，以及先民自己认同祭祀的祖先神，余英时（2014）曾引张光直先生的观点说明这个问题，商周统治阶层精英普遍相信天乃上帝、神祇、祖先魂灵的居所。他们共同持有关于人间事务的所有智慧。

② 《国语·楚语下》记载通神之人说："如是则明神降之，在男曰觋，在女曰巫。"

"天之生民，非为王也；而天立王，以为民也。故其德足以安乐民者，天予之，其恶足以贼害民者，天夺之"（《春秋繁露·尧舜不擅移汤武不专杀》）。可见，只要君王顺遂天意施行仁政，人民就该服从他；如果君王昏聩不施仁政，天就会以"灾异"警示他，若再不听，天就会另立君王代替他。[①]董仲舒言"屈民而伸君，屈君而伸天"（《春秋繁露·玉杯》）正是此意。

第二，当天作自然之义理解，则天道成为万事万物自然而然化生及其发展、成长的所以，人也只是万事万物的普通一分子，天人合一表现为天道学进路。由于天道运行是一个永不停歇的自然无为的过程，所以人道也应该效法天道的无为和自然，甚至应以完全达到与天道同一的境界为自己的目标。正如《老子》文本所阐述的，不论是学为圣人的自我修养或者长生保命[②]，抑或教化民众、治理国家[③]，都应该顺遂天道的自然和无为，"功成身退，天之道也"（《老子·第九章》）。需要说明的是，老子哲学虽然以道为最高范畴，但并不妨碍其对天人合一思想的表达，因为天道从根本上说就是道的最真实、最全面的体现，"玄牝之门，是谓天地根"（《老子·第六章》），而人们把捉道首先就要从身边的天道开始，"人法地，地法天，天法道，道法自然"（《老子·二十五章》）。所以，要想实现顺道而为，其前提就是必须做到顺天道而为，其强调"天人合一"就很明确了。

然则，人如何顺天而为实现"天人合一"呢？在老子看来，道借助气化生万物是普遍的自然的，没有任何的私心私欲，"天地不仁，以万物为刍狗"（《老子·第五章》），所以人也应该去除心中欲望努力做到"虚"，"致虚极。守静笃"（《老子·十六章》），唯其如此，才能真正不受外物影响而自己也能真正去除世俗的欲望回归到婴孩般自然的状态，"涤除玄览"（《老子·第十章》），"含德之厚，比于赤子"（《老子·五十五章》）。庄子提出"无以人灭天，无以故灭命"（《庄子·秋水》）的说法，主张完全地放弃人为的主张去追求彻底地随顺自然，甚至连身体、智慧都不要，"堕肢体，黜聪明，离形去智，同于大通"（《庄子·大宗师》），再结合《庄子·人间世》说的"心斋""听之以气"的修养功夫，

---

① 《汉书·董仲舒传》记载："国家将有失道之败，而天乃先出灾害以谴告之，不知自省，又出怪异以警惧之，尚不知变，而伤败乃至。以此见天心之仁爱人君而欲止其乱也。"

② 《老子·第五章》："天地不仁，以万物为刍狗，圣人不仁，以百姓为刍狗。"《老子·第七章》："天地所以能长且久者，以其不自生，故能长生。是以圣人后其身而身先，外其身而身存。"

③ 《老子·第二章》："是以圣人处无为之事，行不言之教。"《老子·第三章》又说："是以圣人之治，虚其心，虚其心，实其腹，弱其志，强其骨；常使民无知无欲；使夫智者不敢为也，为无为，则无不治。"

最终达至"与天为一"（《庄子·达生》）的境界。

第三，当天作义理之义理解，则天道成为道德伦理的本体来源，追寻人道就是在求悟天道，天人合一表现为人道学和人天学的进路。所谓人道学进路，是思孟儒家的心性论路向，将在下文讲到，此处从略；所谓人天学进路（宋志明，2010），就是从人的角度来看天，或者从天的角度来说人，即赋予天以人伦道德的内涵，使其成为现实之伦理道德主张的担保者，主要以墨子为代表。如墨子提出"天志"和"明鬼"的思想，认为天是有意志之天，鬼神则是天之下、人之外的神秘意志力量，但同时墨子又肯定天的意志并不是指向命定论的神秘的主宰力量，而是以"兼爱"为中心的社会伦理思想，是包括君王在内的人人都必须遵循的人伦规矩，"子墨子置立天之以为仪法，若轮人之有规，匠人之有矩也。今轮人以规，匠人以矩，以此知方圜之别矣"（《墨子·天志中》）。鬼神也同样成为赏善罚恶的执行者和监督者。由于墨子代表着底层劳动人民，更强调人的劳动本质，"赖其力者生，不赖其力者不生"（《墨子·非乐上》），所以他的"天志"和"明鬼"尽管富有神秘的色彩，却更多体现为安抚社会各阶层尤其是底层劳动人民的外在的伦理政治思想，既不指向控制人间的主宰力量，也不强调人内在心性的超越，而是鼓励人们通过现实的劳动和努力去追寻和实践人道原则。

总而言之，无论天作何种解释，"情顺万物而顺于天"的思路始终存在，主要以道家、墨家和古宗教为代表，道家主张"莫若以明"的虚静之道，墨家主张维持局面等待圣人出现的"兼相爱交相利"的策略，古宗教则主张"死生有命富贵在天"，三者的区别明显，相同点也很清楚：顺遂道所显现的现实而然，反向内求以保持最朴素最自然最无欲无为的自己。

二、以天合人、以人为一

所谓以天合人，就是认为人道的本原虽然是天道，但人道可以代表天道，所以参悟出人道之精妙隐微的极处，就可以参赞天地化育，通达于天道，其思维逻辑大致表现为：通过反求诸己的"尽心知性"的内圣功夫，成就君子或者圣人的理想人格，达至"知天"并参赞天地化育的目标，其主要代表便是儒家，尤以思孟学脉及其后儒之求放心、学为圣人的即情显性功夫为重要特征。

首先，在儒家学者看来，人超越于万物而为天地之最贵。孟子以四端之心作为人与禽兽的根本区别，《荀子·王制》认为"人有气、有生、有知，亦且有义，故最为天下贵"。《礼记·礼运》更强调人是"天地之心""五行之秀气"，董仲舒言："人之超然万物之上，而最为天下贵。"（《春秋繁露·天地阴阳》）周敦颐说："唯人也得其秀而最灵。"（《太极图说》）邵雍也说："唯人兼乎万物而为万物之灵。"（《观物外篇》）。可见"人最为天下贵"早已成为儒家学者公认的基本观点。

正因为人为天地之最贵，而人又是天地运化的产物，人性是生而即有的天赋的结果，所以在很大程度上，人道可以代表天道，即通过对人道之极的体悟，便可以觉悟天道，《中庸》的"天命之谓性，率性之谓道，修道之谓教"及孟子的"尽其心者，知其性也。知其性，则知天矣"（《孟子·尽心上》）正是此意。其后的儒家学者，基本都是这种思路，这从他们以道德伦理的心性论作为人道和天道之核心内容便可知晓。以程朱理学为例，程颢言"天者理也"（《遗书》十一），朱熹在继承二程天理说的基础上说"理也者，形而上之道也"（《答黄道夫》）、"太极之义，正谓理之极致"（《答程可久》），又说"其中含具万理，而纲领之大者有四，故命之曰仁义礼智"（《答陈器之》）。足见，程朱理学是以天赋的仁、义、礼、智为太极的提纲挈领之内容从而将天人沟通起来。

然则，人究竟何以能为天地之最贵？是因为人性之得于天而最全者也。孟子以四端之心论之，理学家如胡五峰则说："万物各正性命，而纯备者人也，性之极也。"（《知言》）朱熹也说："故人为最灵而备有五常之性。"（《答余方叔》）所以，儒家学者所说的天，主要指的是作为道德伦理之来源的义理之天①，所遵行的是"推天道以明人事"的思路，同理，借由人事也可以反推天道。

其次，正因为"人为天地之最贵"是由于人性得于天而最全，故此人道的精微幽眇之处正在于对内在于心的人性论问题的把握。自孔子提倡人可以通过自身努力和学习"成仁"乃至改变命运后，儒家学者不再只是关注外在的典章礼仪，而是明确地展开了"求诸己而后求诸人"的人生努力，期望通过"反求诸己"的"成己"功夫实现"成德"的目的。如郭店楚简《五行》篇主张"形于内，谓之德之行；不形于内，谓之德之行"的贵心论，《性自命出》则专谈性情论，孟子提出"性善"的说法，荀子主张"化性起伪"的观点，等等，这些皆强调内求诸己才是圣门功夫的入手处。

宋以后，人性论问题更被重视：陆、王承继孟子天赋性善论；程、朱、张载都认为人性有"天地之性"（天命之性）和"气质之性"两部分；罗钦顺、王廷相都主张一种人性论，即"天命之性"与"气质之性"应合二

---

① 主要指的是义理之天，并不是说凡是儒家学者所说的天都是义理之天，没有其他意义，而是强调对大多数儒家学者来说，义理之天的意义更加受到关注、更加重要，或者说对其他意义具有逻辑的先在性。

为一；王夫之、颜元、戴震等也都认为人性来源于"气"或气质。

最后，综合以上两点可知，人性问题的本质就是对宇宙本根的探索，天人合一的理论问题，也就变成由人性推原到宇宙本根的理论问题。由于现实的人性非常复杂，所以天人合一的理论形态具体表现为对道德性理之学的逻辑处理及由此而产生的细化的现实可操作的"学为圣人"的方法、路径和为学求道的终极关怀和境界，换言之，即人道之义理何以能与外在流行之天道对接和互相转化，以及外在流行之天道是如何内化为人道之精神从而成为人们追求的理想人格的。此时，"人"被独立出来，必须能够主动反省自己、探索人道并感悟天道。

这种情况下，天人合一理论主要呈现出三种进路：第一种进路认为人性本源于天道，纯善无恶，或者说含有宇宙之本根故而可以完全代表天道，所以天道本就有人伦道德的色彩，主要以思孟学派以及陆王为主；第二种进路认为人性的来源有两方面，一方面源自天道（天命之性），一方面源自气质（气质之性），前者是根本，纯善无恶，后者有善有恶但可以变化并以证显前者为目的，主要以程朱、张载、王夫之等为代表；第三种进路认为人性完全来自气质和后天的"习"，但同样承认人道是体悟天道的必由之路，天道自然而然，却与人道相通相用相交，主要以荀子、柳宗元、刘禹锡、王廷相、罗钦顺、颜元、戴震等为代表。

三、天人合于一

与以人合天和以天合人不同的是，天人合于一强调的是在天、人之外或之上另有一个更为根本的"一"或者整体，而不是以天为一（以人合天）或以人为一（以天合人）。

所谓天、人之外的更为根本的"一"或者整体，其实就是强调天、人本就是一个整体的两个方面，这个本根的浑然的整体或"一"在《易传》中被称为太极，在《老子》中被称为道。

当合于一就是合于太极时，天道不必然等同于人道，人道也无法完全代替天道，但由于两者本于一个整体，所以可以相通，甚至相互转化，主要以《易传》的宇宙论为代表。如《易传·说卦》（下引本书只写篇名）说："是以立天之道，曰阴与阳；立地之道，曰柔与刚；立人之道，曰仁与义。"将天道、人道和地道并列对举，可见在《易传》的作者看来，天、地、人才是一个整体不可或缺的三个部分，且天主要是指化生万物的阴阳之道，并不能片面地囊括表征刚柔的地之道和崇尚仁义的人之道，但因为"有天地，然后有万物；有万物，然后有男女……"（《序卦》），所以推

究天地之道可以明悟人事，是所谓"天行健，君子以自强不息"（《乾卦》），
"地势坤，君子以厚德载物"（《坤卦》），故此天人合一就是天人合于整
体的太极，"易有太极，是生两仪，两仪生四象，四象生八卦，八卦定吉
凶，吉凶生大业。是故，法象莫大乎天地；变通莫大乎四时；悬象著明莫
在乎日月"（《系辞上》）。需要说明的是，这里的"太极"与朱子的天
理不同，而应该是涵括阴阳的"淳和未分之气"①，与《管子·四篇》的
"精气论"（王小虎，2014）、《黄老帛书》的气论和《文子》的"道气合
一"思想颇有相似。

　　其实，《左传·昭公十八年》也曾将天道和人道对举，"天道远，人
道迩，非所及也，何以知之？"不同的是，子产提出这个观点是专门针对
和驳斥推天道以明人事的思路中一些神秘怪异的因素的。

　　当合于"一"就是合于道时，天道和人道其实都是道的不同程度和层
面的反映，但天道比人道更加根本，两者存在着层次的差别，因此人道包
含于天道之中，即只要顺应天道就是最高明的人道，而天道则包含于道之
中，主要以老、庄的宇宙观为代表。如"人法地，地法天，天法道，道法
自然"（《道德经·二十五章》），就明确表明域中四大的道、天、地、
人②之间存在逻辑的先后顺序，所以天人合一也就是天人合于道。

　　需要说明的是，老庄的天人观在以人合天条目下也曾出现，但两者并
不矛盾：第一，老庄的天确有自然之天的意思；第二，从老、庄逻辑上讲，
天人合一与天人合于道并不矛盾，即由天人合一可以直接推出天人合于道
的结论。

　　总而言之，天人关系问题作为中国传统哲学的重大核心课题，是每一
学派哲学都不可避免要回答的问题，就主流观点来说，仍然是强调合，分
也是在合的基础上，即以天人合一为解决天人关系的主要进路。

第五节　先秦气论哲学的一般性质探讨

　　想要探讨先秦气论哲学的一般性质，首先要做的是选取先秦气论哲学
的典型理论形态，笔者以为主要以儒家和道家为代表；其次是对所选取的
典型理论形态进行深入全面的思想分析；最后，进行对比研究，以点带面，
将儒、道两家的典型气论还原到各自气论的发生发展的哲学历程中，再站

---

① 对于《易传》"太极"的解释，历来学者多有不同，本书认同李存山（2008b）的解释，以其
　为涵括阴阳的"淳和未分之气"或"元气"。
② 有版本也写作王，但不管是王还是人，都代表人之道，不影响本书结论，故不作考辨取舍。

在先秦气论哲学作为一个时代和哲学发展之整体的高度，考察两家的互补性和特殊性，从而抽象出气论思维及其模式的一般性质。

笔者以为，在儒、道两家气论哲学都认同的基础上，气论思维主要有两大特点：一是描述性的整体思维，体现为道家的"天人合一"的自然主义和儒家的"天人合一"的道德中心主义；二是通变的联系思维，体现为道家的"有机的自然主义"和儒家的"人为天地之最贵"的思想。气论思维模式也成为天人沟通的中介，成为气论推出仁学的基本理论架构。下面，笔者将分别简要说明。

一、气论思维是一种描述性思维

气论思维不同于西方的逻辑思维，前者是一种描述性的带有直觉和体认特点的理论思维，即在承认人与万物同为一个先在的不言自明的整体世界的情况下，通过描述"世界怎么样"以及"人与世界的关系怎样"来寻找人类的位置和精神安顿之所，实现人与世界的统一和共生；后者依赖于概念、判断、推理等一套哲学逻辑，将人类独立于自然宇宙之外，使人类成为认识世界的终极观察者，寄望人类的理性可以认识一切从而征服一切，实现一切"为我所用"的目标。

所以，气论思维重在于描述世界，还原世界作为一个先在整体的事实以及人类作为世界之一部分的事实，映射到"人事"上，就是人类作为世界变化的一个部分，能且只能顺遂世界的变化并达到"与天地参"的高度后，才可能在一定程度上实现人类的自由，人类永远不能作为世界的对立面去"观"世界。但人类是特殊的，因为人类有可以认识的"知"，儒家和道家都承认这一点，所以人类便有了描述和解释世界的可能，同时，这种描述和解释的最高境界是且只能是"天人合一"或"与道为一"。

西方哲学的逻辑起于对"世界是什么"的回答，而对这个问题的回答，其潜在的前提就是人类可以依赖理性思维将自身独立于世界之外并思考观察世界得出答案，其必然的或下意识的目的则是人类通过不断寻得的答案能够征服世界并将一切为我所用。要想说清楚"世界是什么"，必须建立一整套确定不变的语言和知识系统，这有赖于形式逻辑，故而西方哲学将通过下定义的方式得到的确定内涵的概念当作哲学思考的基本单元，将基于概念的判断和推理当作哲学思考的逻辑历程，而有机地将三者结合起来并作为解释世界的工具就是理性。殊不知，所谓确定的内涵也不过是哲学家一时一人下定义的说法，而世界是不断变化的，以不变应万变，是不可能真正把握世界的运动变化之规则的。

以古希腊时期的原子论哲学为例。当中国古代哲人以气论思维描述世界的运动变化之时，西方哲人在探索世界是由什么组成的。然而，世界是运动变化的，所以要想说清楚世界是由什么组成的，就必须假定世界在这一刻是静止的，然后才能去分析。德谟克利特、伊壁鸠鲁等得出了原子论，在他们看来，只要把物不断地细分到不可再分时，其所留下的东西就是世界的本原，由于留下的是原子，所以他们关于世界本原的理论就是原子论。可以看出，原子的不可再分其实只是一种假设，且造成了原子的运动不得不来自外来原因的事实，而其所得到的最终的认识也只是静止那一刻即失去时空延续性的世界的部分本原，因为世界整体不可能作为一个对象被"观"；而气则是关乎生命的变动不居的具有可感性质的"物"，其运动来自自身内部，不需要外在原因，气论所描述的是时空正常延续下的真实自然的整体世界的运动变化的表象。

总而言之，气论思维作为一种描述性的整体思维，与古希腊哲学的下定义式的分析思维有着根本不同。那么先秦气论的描述性整体思维的理论成果的一般特征是怎样的呢？笔者以为主要表现在两个方面：道家的"天人合一"的自然主义和儒家的"天人合一"的道德中心主义。

就道家的"天人合一"的自然主义来说，主要指老庄道家所强调的"本始材朴"，即主张人与万物平等，少私寡欲应该取代尚贤名利。与儒家强调寡欲不同的是，老庄强调的是心中什么都没有，如同婴孩一般，因为"无疵"，才可能"无以为"或"无待""逍遥"；儒家则强调应该保有心中那生而即有的"不忍人之心"，就是保有和扩充仁、义、礼、智的四端之心。可见，道家所追求的是"与道合一"，因为道化生万物不为己有，没有丝毫的私心私欲，只有一颗不息运化的自然之心，所以人道也应该"法自然"。

就儒家的"天人合一"的道德中心主义来说，主要以孟子和荀子为代表，强调人道的至善来源于天道的善，人类的实践活动因此都有了道德的伦理色彩。但毕竟人与其他物是有区别的，因为人有"四端"而其他物没有，所以孟子赋予天道运行的道德属性是有限的，不属于"泛道德论"，而属于"道德中心主义"（李存山，1998b）。应该说，荀子与孟子有所不同，当孟子主张"天赋四端"的内在逻辑时，荀子主张化性起伪的外在教化，虽然在人性问题上孟荀不同，但依赖圣王制定的礼乐去内求诸己进而推己及人则是一致的。

总之，气论作为儒道两家"天人合一"的中介，虽然呈现为不同的理论形态，如道家重宇宙本源论而儒家重道德心性的人生论，但实际上却是同一思想的不同方面的表现，因为气论思维本身就是描述的天、人一体的世界本原状态及其发生发展之过程，所以在不同学者或同一学者的不同论说领域虽然有所侧重，重天或者重人或者并重相分，但"合一"的本质却是不变的，包括荀子，前有所述，此不赘论。

二、气论思维是一种通变的思维

由于现实的世界是变动不居、千变万化的，所以气论思维也呈现出不息变化的普遍联系的特征。不息变化是因为气论思维本就是描述现实世界整体的，现实世界变化，气论思维就必须是变化的才可能描述准确；普遍联系是因为万物作为世界之整体的部分是千差万别的，气论描述现实世界的整体变化，自然就必须描述千差万别之万物之间的联系性。由此，形成了中国古代哲学特有的健动的宇宙观，"天行健，君子以自强不息"（《易·乾》），以及通变的联系思维，"穷则变，变则通，通则久"（《易传·系辞下》）。这种通变的联系的气论思维主要体现为道家的"有机的自然主义"和儒家的"人为天地之最贵"的思想。

所谓"有机的自然主义"只是说把自然界看作类似于生命的有机体，而不是真的把自然界看作是生命有机体，有机指的是万物的普遍联系、协调和统一性，不是"泛生命论"的特征（李存山，1998b）。在先秦道家哲学中，万物由道化生，最后又复归于道，因为万物在道的自然规则下由气化生，所以万物是普遍联系的；因为万物最终都复归于道，所以万物是"齐一""玄同"的。换言之，千差万别的万物只是道这个"一"之有机整体的部分或"偏"，遵循着自然的规则，运行不息。

所谓"人为天地之最贵"是先秦儒家的突出特点，这在孟荀的"人禽之辨"中尤为明显，如孟子以"四端之心"作为人有别于动物的根本，荀子用"有义"来区别人与动物。在孟荀看来，人虽然与其他物一样由道化生，禀气而成，也确实是宇宙整体的一个部分，但正如万物有千差万别的层次和不同一样，人也是不同于万物的，且人是宇宙最重要的部分，因为人得了"五行之秀气"，所以人有特殊的认知能力，不但能够反求诸己彻底超越于万物之外，还能够参赞天地化育，达到"知天"的圣人境界。要之，"人为天地之最贵"不是强调人与万物的隔离，而是在普遍联系之世界整体的基础上主张差别即层次、变化就是不变。差序格局的世界，"人为天地之最贵"既是孟荀所主张的事实判断，也是价值判断。

三、气论推出仁学如何可能

通过普遍联系的思维才能追寻万物变化的根本，而追寻和描述世界的运动变化的根本是为了给"人事"的"仁学"寻找依据，即"推天道以明人事"的思路，实际上就是"气论推出仁学"的思路。

由此，"气论推出仁学"的思路，在先秦哲学中，主要归纳为"内在超越"和"外在超越"两条进路。还以儒道两家为例[①]，"内在超越"的进路指的是老庄道学和孔孟仁学，前者通过"以人合天、以天为一"的方式实现，强调"涤除玄览""心斋""坐忘"以合自然之道；后者通过"以天合人、以人为一"的方式实现，主张"为仁由己""反身而诚""尽心知性知天"以行仁义道德。两者是否矛盾呢？笔者以为，两者并不矛盾，因为老子所反对的是假借仁义道德去谋私利的人，并非反对真正的仁义道德。当然，两者也有不同，老庄的仁义道德是顺遂天道演化的自然而生，发于人性之最初的"朴"，与孟子强调的"天赋善性"和荀子的"性流向恶"皆有不同。

"外在超越"指的是荀子的"化性起伪"，因为圣王所制定的礼乐文理主要是外在的约束和规制，所以成就圣人的可能主要取决于后天的习染，而非是对先天"种子"或"端绪"的扩充和发挥，与孟子相比，笔者以为是"外在超越"，但由于后天的努力实际上也几乎全赖内心的自觉追求，从这个角度上讲，与道家的"内在超越"有相似之处，亦可算作"内在超越"，或者说，道家亦可在相同程度上算是"外在超越"。

反思"气论推出仁学"的上述两条进路，笔者以为其所以证立的哲学基础主要在于"血气"的思想。有身体才有血气，有血气表明有生命，有生命才有心，有了心的思考和能力才有精神有思想，有精神有思想才需要志向和主宰，也才能真正培养"浩然正气"。还以儒道两家为例。

就道家论，正因为人的身体"禀气"而生，而现实的人类环境多欲多诈，所以后天的习染会导致人心产生各种欲望，必须要有反思照察的功夫，才能发现并逐渐去掉那些欲望，"见素抱朴，少私寡欲"（《老子·十九章》）。然而，"致虚"的过程和目标是很难实现的，因为不论身体还是精神在受到后天环境的影响后都会反过来遮盖人们的"赤子之心"[②]，以

---

① 笔者之所以在这里将老庄道学也放到"仁学"的范围内，是因为老子哲学强调"绝仁弃义，民复孝慈"，又主张"上仁无以为"，与上德并列，最主要的是，老子反对假仁假义的私心之辈，所主张的"小国寡民"从本质上说也是为了普通民众寻到生机，这符合了儒家所说的"天道生生"的义理；庄子的"无待"和"逍遥"是对千差万别的现实世界的反抗和讽刺，虽然他的主张重在追求个体的长生久视，但若与儒家的教化哲学联系在一起，也有相似的地方，总之因为老庄哲学都主张反对不公和为民众寻到生机，故此从笼统的角度来讲，将他们归为"仁学"。

② 《老子·五十五章》："含德之厚，比于赤子。"这里的"赤子之心"指的是婴儿无欲无求自由自在的自然情感的表达，是没有受到世俗丝毫影响的状态，与儒家保有"四端"的赤子之心不同。

致人们在欲望的道路上越走越远，不但不能认识到自己的错误，反而认为自己是对的，是在"为学"，"为学日益，为道日损"（《老子·四十八章》），最后连老子都发出了疑问，"明白四达，能无以为乎？"（《老子·第十章》）可见，老子虽然认为可以"无以为"，但那是"上德""上仁"之人才能做到的，普通人不行。一旦成就了"上德""上仁"之人，其"爱民治国"必定"能无以知"，也必定能教化民众"复孝慈"，淳化民风，实现"小国寡民"的治国之道。可见，在老子看来，欲望首先源自人"禀气"而成的最基础的生理需求，其次源自人后天成长过程中习染的身、心，表现为心理活动和情感、过多的欲求、价值抉择等，两者是相辅相成的关系，即后者源起于前者，可一旦成型后，后者便会相对独立，甚至反过来影响和决定前者，即后天的心理活动和情感、过多的欲求和价值抉择等会放大生理需求，使其脱离最基础的层次，甚至只要是不在"为道"的正确道路上，这种放大就始终会存在，更可能不断地加剧。如果想要去除，就只能从人心人性入手，想要成圣更只能从人心人性入手，因为一旦不能去除超过最基础生理需求的心理活动和情感、过多的欲望、价值抉择等，就永远不能成圣。自己尚不能成圣，又怎么可能去施行"小国寡民"的政策呢？至于庄子，其所追求的"无待"和"逍遥"也是道的境界，而道是"万物之所系，一化之所待"（《庄子·大宗师》），同样是"生而不有，为而不恃"，所以庄子虽然没像老子那样提出"救世"的治国理念，但是他发挥了老子"内圣"的思想，这与儒家哲学强调"内求诸己"和"推己及人"的教化是一致的，当所有人尤其是当政者实现了"无为""无待"，民众自然也获得了"生机"，从这个角度上看，庄子的个体"逍遥"也是一种"仁学"。

就儒家论，"气论推出仁学"是不言自明的，不论是孔子的"血气三戒"、《性自命出》的"即情显性"、《五行》的"贵心"，还是孟子的"气志之辩"、荀子的"化性起伪"等，前文都已经述说，此不赘论。

总而言之，"气论推出仁学"，主张的是"仁学"是"气论"发展的高阶理论形态，是更具人生价值和意义的理论表述，其与"气论"从来就不是分离的，而是一体的，如果说"气论"是描述世界总体、价值和意义的整体联系的通变思维，是沟通天人的中介和纽带，那么"仁学"就是"气论"中描述价值和意义的专门理论形态，是天人视域中王道理想和终极关怀得以实现的哲学保障。

第七章 先秦气论哲学对后世的影响及其现代价值

气论思想作为先秦儒道两家思想的共同理论基础，是天人关系问题的核心，而天人关系问题是中国古代哲学的基本问题，所以气论思想也是中国古代哲学的基本问题。具体地说，先秦时期形成之气论思维模式，成为后世学者进行哲思的根本思维方式，因为中国古代哲学之最根本、最核心的话题是"天人合一"或"推天道以明人事"，"天"或"天道"是宇宙论维度，肯定的是世界的实在性和统一性；"人"或"人道"是人生论维度，肯定的是这个世界的道德性及在这个世界中追求道德的价值和意义，前者是后者的基础，而后者是前者的延续和精神价值所在，所以天人关系问题始终是中国古代哲学追求终极价值和意义的核心话题与基本问题，气论思维模式也顺理成章地成为后世哲学的基本理论框架。[①]延续至今，事实证明，气论思想虽然是中国古代哲学的基本理论，却仍然有着无法比拟的"超越性"，即其对宇宙理论的建构和精神价值论的确立有着不可替代的作用，尤其是依循"推天道以明人事"的思路对两者进行的沟通，不但直接解决了"人与自然的统一"问题[②]，更能安顿人们的心灵，成为人们追求道德理想和价值意义的终极依据和归宿。

第一节 气论思想对后世的影响

虽然后世学者面对的同是先秦诸子思想，且都是一对多的关系，但由于个人的学养和看法不一，所以纵然能够坚持综合全局地对待先秦气论思想的总体，却也难免有所侧重，即后世学者虽然把握了气论思想的本质，

---

① 详见本章第一节。

② 张岱年（2004）在《中国文化的基本精神》一文中将中国文化的基本精神归结为四个："天人合一""以人为本""刚健有为""以和为贵"。其中"天人合一"一条，张岱年先生又将其称为"人与自然的统一""人与自然的一致""自然界与精神的统一"，后两个称呼源自恩格斯（1971）的《自然辩证法》。笔者以为第一个称呼最为合适，很接近中国古代的"天人合一"或"人与天调"的说法，正好回应了中国古代先哲在描述"世界怎么样"之后对"人与世界的关系怎样"之问题的思考。

但却对气论思维模式的两个维度有不同侧重，表现如下：在"天"或"天道"之下，对于现实世界的实在性和统一性（宇宙论）与道德伦理（人生论）的先后关系有不同看法。这种不同主要体现在两个方面：第一，张载一脉主张"先识造化"，即先肯定现实世界的实在性，然后说"民胞物与"，肯定世界是道德的；第二，程朱理学则主张"先识仁"，即先肯定现实世界是道德的，然后说"有理则有气"，肯定世界是实在的。[①]至于陆王心学，因其在理气关系上从一开始就偏向于气学[②]，故而将其归为第一类。两种看法虽然有些区别，但都是在"天"或"天道"之下，都是讨论天人关系问题，也都是以肯定世界的实在性及追求道德价值为宗旨，所以本质却是相同的，正如《宋元学案·序录》所说："横渠先生，勇于造道。其门户虽微有殊于伊洛，而大本则一也。"（黄宗羲，1986）下面笔者将针对这两种看法进行简要分析。

一、"先识造化"：先肯定现实世界的实在性再肯定其道德性

实际上，主张"先识造化"者，并非关学首创，早在两汉时期盛行的"元气"论思想已然开辟了这一道路。一般说来，"元气"论者都主张"元气"为天地万有的"大本"，"元气"化生天地、阴阳[③]，阴阳化生五行[④]，

---

① 此处两种分法采用李存山（2012）的意见。

② 陆王皆深秉《易传》"一阴一阳之谓道"之论，在理气关系的对比中，即是以气论为"道"本身，故而更偏向气论，归为第二类。如陆九渊说："一阴一阳，已是形而上者，况太极乎？"，又说，"《易》之为道，一阴一阳而已"（《陆九渊集·卷二·与朱元晦》），王阳明也有"人心与物同体……如此，便是一气流通的"（《传习录下》）之论，黄宗羲更直接有"心即气"的说法。

③ "元气"作为天地未判之前的"淳和未分之气"，虽然"混而为一"，但实已包含阴阳之象，是所谓"太极之中，不昧阴阳之象"（《张子正蒙注·参两》），所以当"元气"化生天地时，"阴阳二象"实则化生为阴阳二气，分别成就"地"和"天"，换句话说，"地"和"天"是"元气"演化后最大最初的"阴"和"阳"（当然，这并不是说"地"就只是阴而"天"就只是阳，而是说"地"以阴为主，而"天"以阳为主，如董仲舒在《春秋繁露·阳尊阴卑》中言："天数右阴而不右阳"），所以在典籍中时常有"地""天"和阴阳的互代。

④ 阴阳化生五行的观点是由战国中后期的阴阳五行家提出来的。《史记·孟荀列传》记载邹衍"称引天地剖判以来，五德转移，治各有宜，而符应若兹"。可见"五行"的思想是在天地剖判以后，李存山（2012）由此以为阴阳五行家是在《易传》的世界图式中加入"五行"从而形成传承两千年的普遍架构，即元气（阴阳）—天地—（阴阳）五行—万物。笔者以为基本同意李先生的观点，但以为可以稍作改动，如图式中的第一个阴阳应是混合在"元气"中的阴阳二象，而第二个阴阳应放在天地的位置并标为阴阳二气，因为是阴阳二象随着"元气"演化生成的阴阳二气，则图式便改为：元气（阴阳二象）—天地（阴阳二气）—五行—万物。此一图式形成后，即成为中国古代宇宙论的基本模式。梁启超（2012）在《阴阳五行说之来历》一文中说阴阳五行说为两千年来迷信之大本营。说是迷信虽然不妥，但亦可反映其基础地位。

进而演化天地万物，换句话说，人自身及所生存的世界都是"元气"化生出来的，如《太平御览》卷一引《礼统》云："天地者，元气之所生，万物之所自焉。"《白虎通·天地》云："天地者，元气之所生，万物之祖也。"张衡《灵宪》也云："元气剖判，刚柔始分，清浊异位，天成于外，地定于内。"东汉的王充更在此基础上认为，"元气"化生万物是自然而然不带任何意识、知觉和欲望的过程，如他说："天动不欲以生物，而物自生，此则自然也。施气不欲为物，而物自为，此则无为也。谓天自然无为者何？气也。"（《论衡·自然》）此后王符继承王充的观点，并认为"道"是"气之根"，他说："道者气（一）之根也。气者，道之使也。必有其根，其气乃生；必有其使，变化乃成（二）。"（《潜夫论·本训》）虽然两汉"元气"论在"道"与"元气"的关系上并没有说得很清楚，但总算由王符提了出来，而进入魏晋以后，思想的潮流又有所变化，哲学的中心变成讨论有无、本末、体用及自然与名教的问题，故而"道""气"关系问题被一再搁置，直到北宋时期的张载明确提出"由气化，有道之名"（《正蒙·太和》）才结束了这一混乱。

需要说明的是，魏晋玄学虽然以有无问题为中心，但在世界本原问题上，玄学家们也有以"元气"论为主流者，如阮籍、嵇康、杨泉等[①]，皆以"元气"或"一气"为世界的本原，并以"气禀"的多少描述和解释"才性"的昏明，"夫元气陶铄，众生禀焉。赋受有多少，故才性有昏明"（嵇康《明胆论》）。这已经非常接近宋明以"气禀"论人性与才性的思路。至唐代，柳宗元、刘禹锡也主张"元气"论，如柳宗元在《天对》中说："本始之茫，诞者传焉。鸿灵幽纷，曷可言焉！冥黑晰眇，往来屯屯，庞昧革化，惟元气存，而何为焉！"（《柳河东集》卷十四）刘禹锡也说："浊为清母，重为轻始。两位既仪，还相为庸。"（《柳河东集》卷十六《天说》附）"两仪"是指天地，"浊""重""清""轻"则是"元气"之中的阴阳之象所化成之阴阳二气，并进而形成天地。可见，"元气"化生阴阳二气并进而生出天地万物的过程，是一个"曷可言哉"的自然而然过

---

① 如阮籍说："天地生于自然，万物生于天地……自然一体，则万物经其常。入谓之幽，出谓之章。一气盛衰，变化而不伤。"（《达庄论》）嵇康说："浩浩太素，阳曜阴凝。二仪陶化，人伦肇兴。"（《太师箴》）"太素"就是"元气"之始。杨泉也说"成天地者，气也"，又说"元气皓大，则称皓天。皓天，元气也，皓然而已，无他物焉"（《物理论》）。需要说明的是，杨泉的《物理论》中还有以"水"为"元气"本原的说法，如："所以立天地者，水也。夫水，地之本也，吐元气，发日月，经星辰，皆由水而兴。"因为《物理论》早已散佚，此处难以断定"水"与"气"谁更根本，而学界如李存山（2008b）、方立天（2012）等先生皆倾向以杨泉为"元气"论者，今从之。

程。此后，这种"元气"思想也多有传播，如宋代的王安石、杨万里等①，直到张载的气本论思想提出，始标志着中国古代气论思想的又一高峰。在宇宙论方面，张载建立了一整套哲学体系，他以无形的"太虚之气"作为世界万物的本原，"太虚之气"聚而为"气"，"气"聚而为万物，"太虚无形，气之本体，其聚其散，变化之客形尔"，又说，"气之聚散于太虚，犹冰凝释于水。知太虚即气，则无无"（《正蒙·太和》）。在《正蒙·乾称》中又说："凡可状，皆有也；凡有，皆象也；凡象，皆气也。"可见，在张载看来，不论是有还是无，皆充斥着"气"，"气"则具有"湛然""健顺"的特性，且"不能不聚而为万物，万物不能不散而为太虚"（《正蒙·太和》）。所以，世界的实存性、统一性完全依赖于气论思想。此后，气本论思想虽仍有传播②，但皆以张载为始，故此不再赘述。

　　至此，针对"先识造化"一类学者的气论思想，笔者粗略梳理了秦以后气论思维模式之宇宙论维度的发展轨迹，简要分析了此类学者都是如何肯定现实世界的实在性和统一性的，这便留下一个理论问题，即此类学者为何要先肯定现实世界的实在性和统一性？基于中国古代哲学的基本问题是天人关系问题的事实，依照"推天道以明人事"或"天人合一"的思路，笔者以为，学者们如此做的原因正是为了安顿心灵、描述和解释生命的价值及意义以实现对人生的终极关怀。由此，便可以在世界的实在性和统一性的基础上推导出世界的道德性，从而作为人类道德的根本来源。其最突出的表现就在人性论方面，即如何解释人性善恶的问题，主要有三种说法：第一，自然人性论，这种观点是以"元气"自然论为基础的，即世界万物的发生发展变化都是作为世界本原之"元气"的自然而然的过程，所以人

---

① 如王安石在《老子注·道冲章》说："道有体有用，体者，元气之不动；用者，冲气运行于天地之间。……盖冲气为元气之所生，既至虚而一，则或如不盈。"杨万里在《诚斋易传·系辞》说："元气浑沦，阴阳未分，是谓太极。……阴阳不测，至幽至神，无仪无象，太极是也。"

② 如明中期的罗钦顺、王廷相，都以"理"从属于"气"，罗钦顺在《困知记》卷上说："盖通天地，亘古今，无非一气而已"，在《困知记》续卷上又说："理只是气之理"，以"理"为依傍于"气"的所以然，而非别于"气"另一物；王廷相也说："理载于气，非能始气也"，又说，"有形亦是气，无形亦是气，道寓其中矣"（《慎言·道体》）。此后王夫之（1975a）提出"理在气中"（《张子正蒙注·太和》）、"气者，理之依也"（《思问录·内篇》）的观点，主张"天下惟器"；黄宗羲（2008）说："理为气之理，无气则无理"（《明儒学案》卷七）；顾炎武说："聚而有体谓之物，散而无形谓之变。唯物也，故聚必有其所聚；唯变也，故聚不必于其所散。是故聚以气聚，散以气散。"（《日知录》卷一）；方以智说："一切物皆气所为也，空皆气所实也"（《物理小识》卷一）；戴震（1982）则明确反对朱子"理为气本"的观点，认为"天地间百物生生，无非推本阴阳"（《孟子字义疏证》卷上），"气化流行，生生不息，是故谓之道"（《孟子字义疏证》卷中）。

性也应该秉承"自然"的特性。但是"自然"的特性究竟是"无欲无求"还是"有欲有求",学者意见并不一致。如《淮南子》认为人性应是"无欲无求","清静恬愉,人之性也"(《人间训》)。又说,"人生而静,天之性也。感而后动,性之害也"(《原道训》)。郭象也主张从"有欲"向"淡然无欲"的自然本性复归,"淡然无欲,乐足于所受,不以侈靡为贵,而以道德为荣"(《庄子注·则阳》)。嵇康则提出"越名教而任自然"的观点,以人性为有欲有求,他说,"夫民之性,好安而恶危,好逸而恶劳",又说,"六经以抑引为主,人性以从欲为欢。抑引则违其愿,从欲则得自然"(《难自然好学论》)。王弼则采取折中的意见,他一方面强调人性本是无欲,如在《老子注》中说,"万物以自然为性"(第二十九章),又说,"任自然之气,致至柔之和,能若婴儿之无所欲乎?则物全而性得矣"(第十章);另一方面又提出"情"的说法,"圣人茂于人者神明也,同于人者五情也……圣人之情,应物而无累于物者也"(《三国志·魏书·钟会传》注引何劭《王弼传》),即喜怒哀乐之"情"是人所同有的,也是正当的,但若任其放纵就会远离人"无欲"的本然之性,是"情之邪"(王弼《论语释疑》说"若心好流荡失真,此是情之邪也"),只有以"无欲"之性将"情"控制在合理的范畴内,才是"情之正","不性其情,焉能久行其正?此是情之正也"(王弼《论语释疑》)。第二,"性三品"说,这种人性论虽然把人性分为三品,即"圣人之性""中民之性""斗筲之性",但实际上都只论其中一个普通人都有的人性,即"中民之性",因为纯善的"圣人之性"和纯恶的"斗筲之性"都是天生的,不能改变,而只有"中民之性"是"气禀"而来的"自然之资"或自然之"质",董仲舒、王充、韩愈等都坚持这种人性论,但对"中民之性"(王充又称之为"中人之性")的自然之"质"或"自然之资"有不同理解,其中董仲舒认为"气禀"而来之"中民之性"本身不呈现善恶,但却有"善端"或"善质",亦可称"贪仁之气",可以通过教化成善,"性者,天质之朴也;善者,王教之化也"(《春秋繁露·实性》)。王充和韩愈则认为"中人之性"或"中品之性"的善恶取决于"气禀"的厚薄,如王充《论衡·率性》说:"禀气有厚泊(薄),故性有善恶也",又说,"人之善恶,共一元气。气有多少,故性有贤愚"。虽然"中民之性"生来有善恶,但不是不可改变的,相反,通过后天的学习也同样可以"变恶为善"或"化善为恶"。第三,"天地之性"和"气质之性",此种人性论可以说是以"气禀"描述和解释人性善恶之最巅峰之作,由张载提出,认为每个人都同时拥有"天地之性"和"气质之性",前者由"太虚之气"形成,故而纯善无恶，后者由气聚形成，故而有善有恶，现实的人性所以表现为善恶相混都是因为前者被后者蒙蔽，但人们可以通过"变化气质"，复返于"天地之性"，"形而后有气质之性，善反之则天地之性存焉"（《正蒙·诚明》）。

从以上论述可以看出，气论思维模式虽然有两个维度，但是宇宙论维度所表述的世界的统一性和实在性，其实不过是人生论维度的理论基础和存在前提，因为作为人生一切价值和意义之前提的人性都是由"气禀"而来的（人性本就有道德的意涵或是引发道德的源头，更决定了人与其他万有的不同），都是世界的统一性和实在性的延续，即没有世界的统一性和实在性，就没有世界的道德性；没有世界的道德性，则中国古代哲学无法走上"内在超越"的进路，就不可能有"推天道以明人事"之思路的出现，更不可能提出"天人合一"的思想，所以世界必然是道德的，必须要落于人性从而成为人伦道德的根源。

二、"先识仁"：先肯定现实世界的道德性再肯定其实在性

主张"先识仁"者，主要以程朱理学为代表，如程颢说："学者须先识仁。仁者浑然与物同体，义礼知信皆仁也。"（《程氏遗书》卷二上）在他们看来，"学之大无如仁"（《程氏外书》卷十二），即是将"仁"上升到伦理道德之本原的地位，并与自然规律结合起来，贯之以"理""天理""道""太极"等称呼，"吾学虽有所授受，'天理'二字，却是自家体贴出来"（《遗书》卷十五）。要之，即以"天理""理""道""太极"为宇宙万有的本原，"理"在"气"先，因为"理"是"道"，是形而上者，"气"是形而下者，"阴阳气也，气是形而下者，道是形而上者"（《遗书》卷十五），但是"理""气"从不分离，"有理则有气"，"天地之间，有理有气。理也者，形而上之道也，生物之本也；气也者，形而下之器也，生物之具也。是以人物之生，必禀此理，然后有性；必禀此气，然后有形。其性其形，虽不外乎一身，然其道器之间，分际甚明，不可乱也"（《朱文公文集》卷五十八《答黄道夫》）。可见，程朱理学认为，"理"既是道德的本原，也是世界的本原，这就从源头上赋予世界以道德性，朱子言"人人有一太极，物物有一太极"（《语类》卷一），正此之谓也。

虽然赋予世界道德性的是"理"，但证明世界之实在性和统一性的却是"气"，因为"气"是"生物之具"，气聚则万物得其形体，气散则万有归于"太虚"。人性也是如此。程朱理学认为，人性也分为"天地之性"和"气质之性"两部分，前者源于"理"，是纯善无恶的；后者源于"气

禀"，是有善有恶的。需要说明的是，对"气质之性"源于"气禀"的理解，二程与朱子稍有不同，二程以人的实存（材质）为"才"，认为"才禀于气，气有清浊。禀其清者为贤，禀其浊者为愚"（《遗书》卷十八），即认为"气质之性"完全来源于"气禀"；朱子也以人之实存（材质）为"才"，但认为"天命之性"也存于"才"之中，"天命之性，若无气质，却无安顿处"（《语类》卷四），这等于表明"气质之性"是就"理"与"气"杂而言的，"论天地之性则专指理言，论气质之性则以理与气杂而言之"（《语类》卷四），于是朱子进一步解释"气质之性"："气质之性只是此理堕在气质之中，故随气质而自为一性。"（《朱文公文集》卷五十八《答徐子融》）可见，二程与朱子虽稍有区别，实则一致，即都认为"论性不论气，不备；论气不论性，不明。二之则不是"（《遗书》卷六）。这便能解释现实人性为什么有善有恶，皆因为"天地之性"杂于"气质之性"中，或被"气质之性"熏染遮掩，故而需要不断地存心养性以复返"天地之性"。又因为"气质之性"取决于"人物之所禀受于天"，所以各有不同，故此朱子认为"气质之性"并非别有一性，而"便只是天地之性，只是这个天地之性却从那里过"（《语类》卷四）。可见在程朱理学看来，人性论虽有二元之说，但实际上还是坚持真正本原的人性只有一个——"天地之性"。然而，现实人性的善恶证明"气禀"对于"天地之性"的熏染遮掩作用非常大，即尽管"天地之性"是专指"理"，但"气禀"的实在性仍然反作用于"理"，使得现实人性有善有恶而非纯善无恶。换言之，作为最高本原的"理"虽然赋予了世界以道德性，但世界的实在性仍然能反作用于世界的道德性。何以如此？实是由"理""气"关系的本质决定的。如程颐说："离了阴阳更无道，所以阴阳者是道也。"（《遗书》卷十五）"阴阳"是指"气"，"道"是指"理"，意思是"理""气"相即不可分离，"理"是万物的本原却依赖"气"以成万物，万物"气禀"之清浊厚薄则决定了"理"的呈现。但这里没有区分"理""气"先后问题，朱子在此基础上，并提出"理在气先"的观点，如他说"天下未有无理之气，亦未有无气之理"，又说，"有是理便有是气，但理是本"（《语类》卷一）。由此必然推出"理生气"的观点，因为"理"是大本，而"气"在后，故"有是理，后生是气"（《语类》卷一）。但实际上，此说亦有不妥，因为若"理生气"的观点成立，则不好解释"理"所生"天地之性"何以总被"气禀"之"气质之性"熏染遮掩的事实，因为现实人性总是有善有恶。所以朱子晚年对"理在气先"的说法有所修改，如说："理与气本无先后可言，但推上去时，却如理在先气在后相似。"（《语类》卷一）

所谓"本无先后可言"是说"理""气"在时间上无有先后，"推上去"是说两者必须要有一个逻辑的先后，故而"理"在"气"先。察之，正因为无有先后，故而"理"对"气"没有绝对的决定作用，"气虽是理之所生，然既生出，则理管他不得"（《语类》卷四），而是相互紧密地结合在一起，相互作用，共同演示着现实世界之道德性和实在性、统一性之间的复杂关系，也因此"理"所生"天地之性"对"气禀"之"气质之性"没有决定性，反而总是受到后者的熏染遮掩。

综上可以看出，后世学者，不论是"先识造化"者还是"先识仁"者，都始终坚持气论的思维模式，依循"推天道以明人事"或"天人合一"之思路，对反映气论思想本质的宇宙论（世界的实在性和统一性）和人生论（世界的道德性）及其相互关系进行了充分的发挥，虽然在具体理解过程中不免带有主观色彩，与先秦诸子多有不同，但依然使得气论思想对于中国哲学的基础核心地位得到进一步巩固，也更证明了站在中国古代哲学的立场上"气论"与"仁学"本就不是对立相分的两条主线，而是前者包含后者、两者相通相融的一条主线。

第二节　气论思想的现代价值

先秦气论思想，不仅奠定了中国古代哲学关于宇宙理论的基本框架，更在此基础上涵摄人生论，成为人们安顿心灵、追求道德理想之不可缺少的一维，进而打通"天""人"的界限，向后世学者表明：以气论思想为中介，"天""人"本就"合一"、"天""人"应该"合一"。气论思维模式也从而成为后世学者依循"推天道以明人事"思路的题中之义，即成为思考和回应天人关系问题的根本思维模式。换句话说，若没有气论思维模式的完善，而是以"气论"仅为宇宙理论，或与代表人生论的"仁学"是相对待的平行并列之关系，则"仁学"必然与"气论"有着不可逾越的鸿沟，"天""人"就不是本然"合一"的，也难以证明"天""人"应该"合一"（因为一旦如此区分，则两者即变成主客体之间的关系，成为决定与被决定、认识与被认识的关系，如物质与精神、思维与存在的关系问题，所以即使能够证明，也难免带有"人为自然立法"的性质，与中国古代先哲以世界为一个先在的圆满的相互联系之整体的思维大相径庭），则自古以来产生之"推天道以明人事"的思路便立足不稳，作为中国古代哲学基本特色的"内在超越"也成为空谈。所以，气论思想既是中国古代哲学的理论基础，又是核心；气论思维作为一种整体互系的描述性思维，是中国古代先哲对"世界怎么样"及"人与世界的关系怎样"的回应，更是贯穿中国几千年文化的思想精髓，具有无法比拟的超越性和基础地位。如果说要"重估一切价值"，那么气论思想就是我们首先要肯定的[①]，只有肯定了它，中国传统文化的精髓才不会断裂，才能在现时代外来文化的冲击下保全自身，也才可能在中国古代哲学的现代化进程中实现真正的主体性、民族性之挺立。

为叙述方便，笔者首先以气论思想为对象，将其划分为三个方面：一是气论思维模式的整体；二是气论思维模式的宇宙论维度；三是气论思维模式的人生论维度。然后分别对其现代价值进行简要探索。

一、气论思维模式的现代价值

气论思想作为天人关系问题的基础与核心，即是中国古代哲学的基础与核心；而气论思维作为中国古代哲学的根本思维，是一种整体互系的描述性思维方式。要之，气论思维具有延续性，它强调只有一个世界，世界是确定的、实在的、统一的，同时也是先在的圆满的，人只是世界的一分子，所以人处于世界中无法去追问"世界是什么"，而只能问"世界怎么样"，同时思考自己的生存和价值，故有"人与世界的关系怎样"之追问，也因此从中国古代哲学的发端之初，气论思维就被冠以描述世界及追求人生价值和意义等两个维度，换句话说，气论思维的本质就是天人关系问题，"天人合一"也正是"推天道以明人事"思路产生的必然结论。笔者以为，这种能够体现人类先哲对世界本原和人生价值之终极关怀的整体互系的思维方式，所透露出的文化基因是和谐与交融，也是开放与文明，与当下国际社会的政治、经济、文化时局高度契合，对学者们推进中国哲学的现代化进程甚至于对国际社会创造和确立未来社会新文化，都有着不可估量的价值。

首先，气论思维模式是中国古代哲学主体性和民族性的重要标志，对中国哲学的现代化进程有着重大的意义。换句话说，中国哲学的现代化进

---

① "重估一切价值"是尼采提出来的，但张岱年也曾因此思索对中国传统文化的态度。张岱年（2004）说重新估定一切价值不是简单否定几千年来的价值观思想，而是对以往的价值观思想去粗取精、去伪存真，并且必须考虑两个问题：一是个人与人群（社会、民族、国家）的关系问题，二是人的物质需要与精神需要的关系问题。所以说气论思想是我们首先要肯定的，因为中国古代哲学的群体和个体的关系问题正是建立在对世界的实在性和统一性认识的基础上，即不论人的精神需要及其与物质需要的关系还是群体个体关系，都是人生论层面，是关乎人的道德修养和精神追求的根本，而此根本又是以气论思想所反映之"世界怎么样"及"人与世界的关系怎样"之结论为来源和根本的，如此中国古代哲学才是整体联系而非断裂的。

程已经势所必然，但这必须建立在中国古代哲学之主体性和民族性之挺立的基础上。我们不能以西方哲学（包括苏联模式）的范式来规定中国哲学，尽管西方哲学有着中国哲学所没有的优点，但同样，中国哲学的优点也是独一无二的。历史的经验告诉我们，一个国家和民族的盛衰，取决于其有没有自己的哲学，所以中国哲学的崛起绝不能以靠拢西方哲学为手段，而应是在充分继承和发挥中国传统哲学的基础上，在充分考虑到中国哲学自身主体性和民族性的前提下，以现时代的时代精神为准绳，借鉴西方哲学的优点以弥补自己的不足。故此，气论思维不但不能丢，还应在此基础上，实现文化的"综合创新"。

其次，气论思维所透露出的和谐与交融、开放与文明的文化基因正是未来新文化创造和确立的DNA。当前国际形势是"全球一体化"，即政治、经济、文化都随着时间的推移在不断地进行融合，这就需要文化之间持续的同情理解和相互兼容、综合，而气论思维的精神恰恰在于和谐与交融、文明与开放，因为气论思维的本质就是回应人与世界关系和安顿人们心灵借以沟通天人，所以一切对人类生存有益的文化和思想都可以包容进来，即气论思维本具有最大的包容性，又是以和谐为宗旨（一个世界、一个整体，故而是和谐，且全球化的进程也是人类生存之路上的必经阶段，也必须是以和谐为终点），故此对当下和未来新文化的建设具有重大的启发和指导意义。

最后，气论思维本就以"推天道以明人事"或"天人合一"为终极追求，这对当下社会的人与自然关系的处理具有直接的借鉴意义。

二、气论思维模式之宇宙论维度的现代价值

中国古代以气论思想为主导的宇宙理论，其最大贡献就在于对宇宙的发生发展和变化过程做出了天才的猜想，从而与现代物理学提出的宇宙大爆炸理论十分相似。

宇宙大爆炸理论认为，宇宙起源于一个原始的"奇点"。这个"奇点"在特定情况下发生爆炸，进而飞速膨胀，才形成了今天的宇宙，而时间和空间也正是从爆炸的那一刻才产生的。现代物理学的发展已经在很大程度上证实了宇宙大爆炸理论的合理性（郭沂，2013），同时提出假设：宇宙不会无限制膨胀下去，而是会在膨胀到一定程度后，向内部塌陷，最后变回原始"奇点"，并会再次发生爆炸，从而陷入无休止的循环。

中国古代宇宙理论中很多表述宇宙发生阶段的概念，可被理解为"奇点"。如郭店楚简《老子》的"道"、上博简《恒先》的"有"、《易纬·乾

凿度》的"浑沦"、《易传》的"太极"、《淮南子·天文》的"道"以及《潜夫论·本训》为代表的"元气"等，郭沂（2013）一一将上述概念所代表之宇宙阶段与宇宙大爆炸理论作对比，并认为都可以比拟中国古代宇宙论中的"奇点"。察之，笔者以为，所谓"奇点"正是指天地未判之前"混而为一"的"淳和未分之气"，也即汉唐所论的"元气"，以"元气"为起点，化生出宇宙天地。换句话说，现实宇宙之所有质料都来源于"元气"所化生之"气"，属于"有"的层面，所以宇宙的膨胀过程，就是气化万物的过程，而宇宙的生灭也就是气的聚散。

与宇宙大爆炸理论相比，中国古代宇宙理论不仅创造了由"奇点"化生整个宇宙的宇宙发生论，更为"奇点"及之前情况的产生找到了终极的宇宙本体，如《恒先》的"恒先"、《易纬·乾凿度》的"太易"等，这是宇宙大爆炸理论所不具备的，换句话说，中国古代这种"本体-宇宙观"对现代哲学家们把物理学的宇宙理论上升到哲学的高度并追问世界的本原和所由来，有着积极的建设性意义。

三、气论思维模式之人生论维度的现代价值

依循"推天道以明人事"的思路，中国古代哲学在人生论（社会和人生）方面有非凡的成就，如张岱年（2004）就曾将中国古代哲学的基本精神归纳为"天人合一""以人为本""刚健有为""以和为贵"四项，并认为应该正确认识和对待优秀的中国传统文化以充分发掘其现代价值。事实上，中国古代哲学在安顿人的心灵和道德修养的功夫上远不止此四项，考虑到群己关系，也为叙述方便，下面笔者就从国家、社会、个人三个层面分别考察气论思维模式之人生论维度的现代价值。

首先，就国家层面来说，社会主义核心价值观是富强、民主、文明、和谐。何谓富强？孔子主张"先富后教"，孟子主张"制民之产"，《管子》主张"立功"，皆指向富强。何谓民主？实民本、人本也，孟子言"民贵君轻"、荀子言"水能载舟，亦能覆舟"，皆此之谓也。何谓文明？以中国传统的优秀文化为本，兼收并蓄外来的优秀文化基因，创造出符合中国当前实际的民族文化。何为和谐？孔子言"礼之用，和为贵"（《论语·学而》），又说，"君子和而不同，小人同而不和"（《论语·子路》），《国语》言"和实生物"，寓意皆是指国家的各个层面（对内和对外）都应该达成有机的统一，即调和矛盾而非消灭矛盾，这点中国古代哲学与马克思主义哲学的看法是一致的。一言以蔽之：以人（民）为本。

其次，就社会层面来说，社会主义核心价值观是自由、平等、公正、

法治。何谓自由？孔子言：“为仁由己，而由人乎哉？”（《论语·颜渊》）又说，“我欲仁，斯仁至矣”（《论语·述而》），皆以人的意志为自由，为道德修养的根本，连最高的道德境界“仁”都可求得。何谓平等？孔子言“己欲立而立人，己欲达而达人”（《论语·雍也》），又说，“己所不欲，勿施于人”（《论语·颜渊》），以忠恕之道辅助法律之不足，以德治国与以法治国相结合。何谓公正？《礼记·礼运》有云“大道之行也，天下为公”，孟子亦倡言推行“仁政”，是所谓“行而宜之之谓义”，都以社会的公平和正义为前提。何为法治？荀子言“隆礼重法”“礼法并用”，正是最好的补充。

最后，就个人层面来说，社会主义核心价值观是爱国、敬业、诚信、友善。何为爱国？《大学》言“修身齐家治国平天下”，可见，仁人志士本就有着报效君王、立德立功的责任和理想，而孔子言“杀身成仁”和孟子言“舍生取义”，正说明爱国忠君作为“道”之一维是比生命更为重要的价值追求。何谓敬业？君子慎独，克己奉公。何谓诚信？孔孟皆极强调诚信，《中庸》更以“诚”为宇宙本原，“信”也被列为“五常”之一，足见中国古代哲学对“诚信”观念的重视。何谓友善？孝悌是也，孔子言：“弟子，入则孝，出则悌，谨而信，泛爱众而亲仁。”（《论语·学而》），正此之谓也。

综上可知，社会主义核心价值观实际就是中国传统人生价值观在现时代的继承和发挥。当然这并不是中国传统人生价值观的全部，事实上，中国传统的人生哲学是以心性问题并由之而引发的道德修养为根本的，走的是“内在超越”的进路，即通过不断地“克己复礼”“存心养性”“养浩然之气”等“变化气质”的道德修养功夫以期学为圣人、君子，从而实现“与道合一”的终极价值追求，达到“参赞天地化育”的“天人合一”之境。这种道德的哲学是超越时代的，对当下的经济社会有着不可估量的重大价值，抛却理论建构不说，至少还有如下两个层面的意义不容忽视。

第一，有助于从根本上改善人类生存于其中的生态环境。无论是“天人合一”还是“人与天调”，强调的都是人与自然的和谐统一，而不是征服自然、改造自然。这对当下全球普遍出现的生态问题有重要意义。因为人类在地球的生存空间本来有限，若因为一味地改造自然而忽视自己本是自然的一分子，就必然会不断重蹈历史的覆辙；而若能爱护自然，追求“浑然与物同体”“民胞物与”的道德境界，则现时代出现的诸多恶劣生态问题就可以得到全面而根本的缓解。

第二，有助于重塑和安顿当代青少年的精神世界。随着经济社会的进步，人类的道德水平在不断下降，特别是青少年品行和道德修养的教育与评价，已然面临着重大挑战，中国传统的心性道德哲学也在外来文化的冲击下岌岌可危。这是时代在呼唤我们振兴中国传统文化和教育事业，以传统的心性道德为基点，变化人们的气质，重塑和安顿当下人们尤其是青少年的精神世界，为中华民族之挺立做准备。

　　总而言之，人生论是中国哲学的重点与核心，宇宙论是基础和前提，两者既是本然的相合，又是应然的"合一"，故此形成中国独有的"天人合一"思想，并在"推天道以明人事"的思路下，实现了真正的"内在超越"。可以说这种"内在超越"的哲学本身也是"超越"的，因为它打破了时空的界限，不但能够安顿现代人们的精神世界，更是未来新文化创造所不可缺少的核心资源。

余　论

对于学术界关于"出土文献能否改写中国哲学史"的讨论，笔者学力有限，不敢妄加评论，但通过本课题的研究，对"出土文献能否改写先秦哲学史"的问题，笔者有一点点思考，不揣冒昧，以就教于方家。

首先，出土文献是一个很大的概念，不只包括各种新旧出土材料，还应该包括对材料的研究，这确实对我们把握先秦哲学之整体起到了很大的作用。但对材料的研究，笔者以为，主要分为两种思路：一是以出土文献和传世文献互证，以回到先秦学术本身为目标和方向，以先秦学术发生发展之思想情实和社会历史背景为基础，不假外求；二是站在秦以后既定的学术立场或现在哲学研究的视野，运用既有的或现代的哲学方法、观念、逻辑去研究。

对于第一种思路，出土文献的出现不啻于给了研究者一把真正打开先秦学术的钥匙，可以将先秦后之学人没看到的先秦学术的本来面目呈现出来。回到先秦社会的历史实际，回到先秦学术发生发展的思想过程，有助于打破秦以后学者的成见，有助于学者从更高、更全的层面把握先秦学术的内在逻辑及其源流，更有助于先秦学术的现代转化。以儒道两家为例，郭店楚简的出土让荀子说的"子思唱之，孟轲和之"找到了学术原型——思孟学派，使得孔孟之间的学术传承得以彰显，孟子的心性论也显得不那么突兀；长沙马王堆帛书的出土则为《老子》的版本、《黄老帛书》的存在提供了新的证据，也为先秦黄老道家的存在提供了有力的证明，对研究老子后学的分化和发展非常有帮助。再如气论思想，"元气论"是否直到汉代才出现呢？再如《鹖冠子》《列子》《文子》等是否都一定如柳宗元说的是伪书或驳书呢？气论是否只是被局限于宇宙论域呢？孟子的"浩然之气"只是偶然的个别人的怪诞之论还是继承思孟的传统呢？又或者是先秦诸子共有的讨论语境呢？笔者以为，这些问题，固然是可以讨论的，但当出土文献出现时，还是能给出较为充分的说明的。一旦肯定了出土文献的上述作用，那么先秦哲学史即使不重写，也会丰富很多内容，乃至于思维方式的转变等。

对于第二种思路，要么是根据秦以后学者的成见去规范、理解先秦学术，如经学视野下的诸子学源起论；要么是将先秦学术当作批判的思想资料，而不是哲学思维和思想的来源，往往是借助现在的哲学概念、思维和方法去裁剪、限定。无论哪一方面，都失了先秦学术之实，且受到外来哲学的影响，使得本身缺乏的主体性、民族性问题更加混乱、支离，根本无法形成源生于先秦传统的一贯的哲学体系。

应该说，两种思路对于先秦学术来说，都是必要的，但有一个先后和轻重的问题，即在中国古代哲学所赖以发生和发展的原创期哲学都没有弄清楚的情况下，采用第二种思路是不合适的，换言之，当中国古代哲学在现时代建立健全了自己特色的话语体系后，才能吸收外来哲学的精华而不被同化，也才能真正实现综合创新。因此，笔者以为，就当前而言，应该是主要采取第一种思路，去全面地还原和总结先秦学术思想的情实，回到中国哲学自身，去建立健全中国古代哲学的主体性和民族性，为当前的民族大融合、文化和经济全球化打好基础。

其次，出土文献固然可以丰富甚至在一定程度上改写先秦哲学史，但是后学是依于出土文献未出之前的情实继承和发展的[①]，则是否全面运用出土文献改变原有的先秦学术格局就有了讨论的空间。比如，《道德经》的通行本是王弼本，而帛书《老子》比王本更早，也有很多不同，偏偏后学主要是根据王本建立的老学，则是否全面以帛本《老子》代替王本就有了争议。在笔者看来，无论是帛本还是王本，与后学一样，都是思想资源，只有研究者才能进行思想生产和学术创造，所以，若严格来说，"出土文献能否改写先秦哲学史或中国哲学史"等问题都是伪命题，因为出土文献只是思想资源，思想资源是不能进行思想生产和学术创造的，自然不可能改写先秦哲学史或中国哲学史。当然，学者提出这个说法的意义其实是"研究者利用出土文献的丰富内容及其价值和意义能否改写先秦哲学史和中国哲学史"，从这个角度讲，研究者是思想生产和学术创造的承载者，都有自己的角度和路径，且思想生产和学术创造本就存在着无可比拟的多样性和特殊性，故此，笔者以为不存在是否改写的问题，因为无论得出什么结论，都最多是一家之见，都是可以的，也都是可能的。

最后，学者之所以提出"出土文献能否改写先秦哲学史"的问题，主要是因为出土文献实在太重要，其中大量的材料补全和纠正了我们对先秦思想的空缺和理解，如思孟学派、儒道两家互补等。根据本课题的研究，笔者以为确实可能在一定程度上改写了先秦哲学史，这突出表现在对先秦

---

①　或其中有曲折，但大体如此。

气论哲学的还原上。当破除了"以西范中"和"以苏范中"的两大枷锁后，先秦气论哲学开始变得丰富起来，尤其是同源于六经、同面临救世之弊的诸子开始争鸣时，笔者发现他们往往有着相同的目标境界——天人合一，有着相同的致思路径——推天道以明人事，有着相同的哲学话语体系和语境——气论，由此，气论一方面成为诸子描述和解释"天"的共同的基础理论，另一方面又成为他们描述和解释"人"之心性道德和精神价值的基础范畴，成为"天""人"沟通的中介，换言之，气论可以推出仁学，"仁学"是气论的高级理论形态。

当然，本课题的研究还很有限，对"气论可以推出仁学"的论证还远远不够，对出土文献的掌握更是有所欠缺的，对"出土文献能否改写先秦哲学史或中国哲学史"的回答也是缺少深度和力度的。正因为如此，这些为笔者接下来的努力指明了方向。

参 考 文 献

白奚. 1995a. 《管子》心气论对孟子思想的影响//陈鼓应. 道家文化研究（第六辑）. 上海：上海古籍出版社.

白奚. 1995b. "配义与道"正解. 学术月刊，（3）：17.

白奚. 1998. 稷下学研究：中国古代的思想自由与百家争鸣. 北京：生活·读书·新知三联书店.

白奚. 2003. 齐地的前道教文化传统. 齐鲁文化研究，（00）：108-117.

白奚. 2007. 先秦哲学沉思录. 北京：中国社会科学出版社.

北京大学《荀子》注释组. 1979. 荀子新注. 北京：中华书局.

北京大学哲学系外国哲学史教研室. 1961. 古希腊罗马哲学. 北京：商务印书馆.

卞崇道，王青. 2005. 明治哲学与文化. 北京：中国社会科学出版社.

步近智. 1982. 我国古代"气"的朴素唯物主义学说简论. 中国哲学史研究集刊，2：108-135.

蔡方鹿，张怀承，岑贤安，等. 1990. 中国哲学范畴精粹丛书：气. 张立文主编. 北京：中国人民大学出版社.

蔡仲德. 1994. 也谈"天人合一"——与季羡林先生商榷. 传统文化与现代化，（5）：8-16.

曹峰. 2012. 出土文献可以改写思想史吗？//杨庆中，廖娟. 疑古、出土文献与古史重建. 桂林：漓江出版社.

晁福林. 2004. 孟子"浩然之气"说探论. 文史哲，（2）：38-43.

晁公武. 1990. 郡斋读书志校证. 孙猛校证. 上海：上海古籍出版社.

陈淳. 1983. 北溪字义. 熊国祯，高流水点校. 北京：中华书局.

陈鼓应. 1984. 老子注译及评介. 北京：中华书局.

陈鼓应. 1989. 《易传·系辞》所受老子思想的影响——兼论《易传》乃道家系统之作. 哲学研究，（1）：34-42，52.

陈鼓应. 1990a. 论道家在中国哲学史上的主干地位——兼论道、儒、墨、法多元互补. 哲学研究，（1）：100-107.

陈鼓应. 1990b. 对两篇商榷文章的答复. 哲学研究，（5）：73-74，128.

陈鼓应. 1992. 道家文化研究（第一辑）. 上海：上海古籍出版社.

陈鼓应. 1998. 论《文子·上德》的易传特色//陈鼓应. 道家文化研究（第十二辑）. 北京：生活·读书·新知三联书店.

陈鼓应. 2005. 论道与物关系问题（上）——中国哲学史上的一条主线. 哲学动态,（7）：55-64.

陈鼓应. 2006. 管子四篇诠释：稷下道家代表作解析. 北京：商务印书馆.

陈鼓应. 2007a. 黄帝四经今注今译：马王堆汉墓出土帛书. 北京：商务印书馆.

陈鼓应. 2007b. 易传与道家思想（修订本）. 北京：商务印书馆.

陈洪. 1997. 庄蝶之梦与浑沌之死——《庄子》"物化""气变"论解析. 苏州大学学报（哲学社会科学版），（1）：66-71.

陈坚. 1999. 《论语》中的"气". 孔子研究，（1）：110-113，95.

陈来. 1994. 马王堆帛书易传与孔门易学//袁行霈. 国学研究（第二卷）. 北京：北京大学出版社.

陈来. 1998. 郭店楚简之《性自命出》篇初探. 孔子研究，（3）：52-60.

陈来. 1999a. 帛书易传与先秦儒家易学之分派. 孔子研究，（4）：23-31.

陈来. 1999b. 荆门竹简之《性自命出》篇初探//《中国哲学》编辑部，国际儒联学术委员会. 郭店楚简研究. 沈阳：辽宁教育出版社.

陈来. 2003. 王船山《论语》诠释中的理气观. 文史哲，（4）：62-67.

陈来. 2005. 郭店楚简与儒学的人性论//庞朴. 儒林（第1辑）. 济南：山东大学出版社.

陈来. 2007a. 竹帛《五行》篇为子思、孟子所作论——兼论郭店楚简《五行》篇出土的历史意义. 孔子研究，（1）：22-29.

陈来. 2007b. 竹简《五行》篇与子思思想研究. 北京大学学报（哲学社会科学版），（2）：5-18.

陈来. 2008. "慎独"与帛书《五行》思想. 中国哲学史，（1）：5-12.

陈来. 2009a. 古代思想文化的世界：春秋时代的宗教、伦理与社会思想. 北京：生活·读书·新知三联书店.

陈来. 2009b. 竹帛《五行》与简帛研究. 北京：生活·读书·新知三联书店.

陈来. 2010. 孟子的德性论. 哲学研究，（5）：38-48，127-128.

陈来. 2013. "中国哲学史"的学科建设//郭齐勇，欧阳祯人. 问道中国哲学：中国哲学史研究的现状与前瞻. 北京：九州出版社.

陈梦家. 1938. 五行之起源. 燕京学报，（24）：36-53.

陈鹏. 2006. 现代新儒学研究. 福州：福建人民出版社.

陈奇猷. 1979. 《吕氏春秋》成书的年代与书名的确立. 复旦学报（社会科学版），（5）：103-104.

陈伟. 2000. 郭店简书《人虽有性》校释. 中国哲学史，（4）：3-13.

陈卫平. 2005. "金岳霖问题"与中国哲学史学科独立性的探求. 学术月刊，（11）：
　　14-22.

陈卫平. 2013. 破除"两军对垒"教条主义的思想前驱——论1957年"中国哲学史座
　　谈会". 学术月刊，（12）：45-54.

陈永杰. 2005. 《庄子》之"气"辨. 江南大学学报（人文社会科学版），（2）：13-15.

陈永栽，黄炳辉. 2001. 老子章句解读. 上海：上海古籍出版社.

陈志良. 1992. 论中国传统思维方式的基本特点. 社会科学战线，（1）：74-81.

程颢，程颐. 1981. 二程集. 王孝鱼点校. 北京：中华书局.

程瑶田. 2008. 程瑶田全集. 陈冠明，等校点. 合肥：黄山书社.

程宜山. 1986. 中国古代元气学说. 武汉：湖北人民出版社.

池田知久. 2005. 马王堆汉墓帛书五行研究. 王启发译. 北京：线装书局.

池田知久. 2009. 道家思想的新研究：以《庄子》为中心. 王启发，曹峰译. 郑州：中
　　州古籍出版社.

崔荣根. 2005. 朝鲜民族传统生死观研究. 北京：中央民族大学.

戴震. 1982. 孟子字义疏证. 2版. 何文光整理. 北京：中华书局.

丁守和. 1997. "天"、"人"关系的思考. 传统文化与现代化，（1）：3-10.

丁四新. 2000. 郭店楚墓竹简思想研究. 北京：东方出版社.

丁为祥. 2013. 孟子"乃若其情"章试解. 人文杂志，（9）：1-7.

丁原明. 1996a. 从原始道家到黄老之学的逻辑发展. 山东大学学报（哲学社会科学
　　版），（3）：37-44.

丁原明. 1996b. 《鹖冠子》及其在战国黄老之学中的地位. 文史哲，（2）：24-29.

丁原明. 1997. 黄老学论纲. 济南：山东大学出版社.

杜维明. 2002. 杜维明文集. 郭齐勇，郑文龙编. 武汉：武汉出版社.

杜维明，王中江，王博，等. 2012. "出土文献与古代思想记忆的新方位论坛"纪要//
　　王中江，李存山. 中国儒学（第七辑）. 北京：中国社会科学出版社.

恩格斯. 1971. 自然辩证法. 中共中央马克思恩格斯列宁斯大林著作编译局译. 北京：
　　人民出版社.

方立天. 1990. 中国古代哲学问题发展史. 北京：中华书局.

方立天. 2012. 方立天文集·第9卷：中国古代哲学（上下册）. 北京：中国人民大学
　　出版社.

方以智. 2011. 药地炮庄. 张永义，邢益海校点. 北京：华夏出版社.

方勇译注. 2015. 庄子. 2版. 北京：中华书局.

费尔巴哈. 1984. 费尔巴哈哲学著作选集（上卷）. 荣震华，李金山，等译. 北京：商
　　务印书馆.

冯达文. 2001. 中国哲学的本源——本体论. 广州：广东人民出版社.

冯达文，郭齐勇. 2004. 新编中国哲学史（上下册）. 北京：人民出版社.

冯契. 2009. 中国古代哲学的逻辑发展. 上海：东方出版中心.

冯友兰. 1941. 孟子浩然之气章解. 清华大学学报（自然科学版），（00）：13-22.

冯友兰. 1961. 中国哲学史. 北京：中华书局.

冯友兰. 1962. 中国哲学史论文二集. 上海：上海人民出版社.

冯友兰. 2001. 三松堂全集. 2 版. 郑州：河南人民出版社.

冯友兰. 2004. 冯友兰论庄子//胡道静. 十家论庄. 上海：上海人民出版社.

冯友兰. 2010. 中国哲学史. 上海：华东师范大学出版社.

冯禹. 1990. "天"与"人"——中国历史上的天人关系. 重庆：重庆出版社.

傅斯年. 2006. 性命古训辨证. 桂林：广西师范大学出版社.

傅永聚. 1992. 孟子"养气说"浅析. 齐鲁学刊，（2）：128-131.

高亨. 1998. 周易大传今注. 济南：齐鲁书社.

高文新. 1988. 欧洲哲学史上的实体范畴与马克思主义哲学的物质范畴. 辽宁大学学
　　报（哲学社会科学版），（3）：47-50.

高专诚. 1989. 孔子·孔子弟子. 太原：山西人民出版社.

葛刚岩. 2004. 《文子》成书及其思想. 兰州：西北师范大学.

葛荣晋. 2001. 中国哲学范畴通论. 北京：首都师范大学出版社.

葛兆光. 2003. 什么可以成为思想史的资料？. 开放时代，（4）：60-69.

葛兆光. 2004. 思想史的写法——中国思想史导论. 上海：复旦大学出版社.

顾炎武. 2011. 日知录校释. 张京华校释. 长沙：岳麓书社.

关锋. 1961. 庄子《外杂篇》初探. 哲学研究，（2）：72-87.

管宗昌. 2006. 《列子》伪书说述评. 古籍整理研究学刊，（5）：11-16.

郭梨华. 2008. 道家思想展开中的关键环节——《管子》"心-气"哲学探究. 文史哲，
　　（5）：61-71.

郭明志. 2000. 孟庄论气发微. 北方论丛，（6）：67-72.

郭沫若. 2007. 十批判书. 北京：中国华侨出版社.

郭沫若，闻一多，许维遹. 1956. 管子集校（上下册）. 北京：科学出版社.

郭沫若著作编辑出版委员会. 1982. 郭沫若全集·历史编·第一卷. 北京：人民出版社.

郭齐勇. 1999. 郭店儒家简与孟子心性论. 武汉大学学报（人文科学版），（5）：24-28.

郭齐勇. 2006. 中国哲学史. 北京：高等教育出版社.

郭齐勇. 2009. 中国哲学史研究范式的探究与省思（专题讨论）——内在式批判与继承
　　性创新. 河北学刊，（2）：36-38.

郭庆藩. 1961. 庄子集释. 王孝鱼整理. 北京：中华书局.

郭绍虞. 2008. 中国文学批评史. 2 版. 天津：百花文艺出版社.

郭沂. 1994. 生命的价值及其实现——孔、庄哲学贯通处. 孔子研究，（4）：65-74.

郭沂. 2001. 郭店竹简与先秦学术思想. 上海：上海教育出版社.

郭沂. 2013. 道哲学概要//郭沂. 开新：当代儒学理论创构. 北京：北京大学出版社.

国家文物局古文献研究室. 1980. 马王堆汉墓帛书（壹）. 北京：文物出版社.

海德格尔. 1996. 海德格尔选集. 孙周兴选编. 上海：生活·读书·新知上海三联书店.

韩东育. 2002.《性自命出》与法家的"人情论". 史学集刊，（2）：9-14.

韩星. 2006. 中国古代思想简史. 西安：陕西师范大学出版社.

韩旭晖. 2000.《郭店楚简》与早期儒家思想研究的新拓展. 孔子研究，（5）：
    123-125，127.

郝大维，安乐哲. 1996. 孔子哲学思微. 蒋弋为，李志林译. 南京：江苏人民出版社.

何宁. 1998. 淮南子集释. 北京：中华书局.

河北省文物研究所定州汉简整理小组. 1995a. 定州西汉中山怀王墓竹简《文子》释文.
    文物，（12）：27-34，1.

河北省文物研究所定州汉简整理小组. 1995b. 定州西汉中山怀王墓竹简《文子》校勘
    记. 文物，（12）：35-37，40.

河北省文物研究所定州汉简整理小组. 1995c. 定州西汉中山怀王墓竹简《文子》的整
    理和意义. 文物，（12）：38-40.

贺来. 2014. 重新反思"哲学基本问题"——哲学观念变革的重大课题之一. 北京大学
    学报（哲学社会科学版），（1）：27-35.

贺麟. 1988. 文化与人生. 北京：商务印书馆.

黑格尔. 1959. 哲学史讲演录（第一卷）. 贺麟，王太庆译. 北京：商务印书馆.

侯才. 1998. 哲学认识论基本问题不等同于哲学基本问题辨析. 社会科学战线，（6）：
    64-66.

侯外庐. 1963. 中国哲学简史（上册）. 北京：中国青年出版社.

侯外庐，赵纪彬，杜国庠. 1957. 中国思想通史（第一卷）. 北京：人民出版社.

胡辉华. 2000. 论哲学基本问题. 暨南学报（哲学社会科学），（3）：6-12.

胡家聪. 2003. 管子新探. 北京：中国社会科学出版社.

胡金旺. 2013. 论儒学的内在超越性——兼与任剑涛先生商榷. 学术界，（12）：
    93-100，308.

胡适. 1997. 中国哲学史大纲. 耿云志，等导读. 上海：上海古籍出版社.

黄柏青. 2004. 庄子的气论及其哲学意义. 中国地质大学学报（社会科学版），（2）：
    72-75.

黄怀信. 2004. 鹖冠子汇校集注. 北京：中华书局.

黄怀信, 张懋镕, 田旭东. 2007. 逸周书汇校集注（修订本）. 上海：上海古籍出版社.

黄俊杰. 1993. 马王堆帛书《五行篇》"形于内"的意涵——孟子后学身心观中的一个
　　关键问题//杨儒宾. 中国古代思想中的气论及身体观. 台北：巨流图书公司.

黄俊杰. 2004. 中国孟学诠释史论. 北京：社会科学文献出版社.

黄俊杰. 2008. 东亚儒学史的新视野. 上海：华东师范大学出版社.

黄开国. 1991. 气论研究的重要成果——《中国气论探源与发微》. 中国社会科学,（5）：
　　187-190.

黄楠森. 1995. 正确评价恩格斯关于哲学基本问题的理论. 马克思主义与现实,（3）：
　　8-11.

黄意明. 2010. "情气为性"与"郭店儒家简"之情感论. 中州学刊,（1）：136-141.

黄玉顺. 2009. 思想及其历史的生活渊源——论"思想史"及其"对象"问题. 湖南社
　　会科学,（2）：14-17.

黄毓任. 2005. 先秦道家的"气"与南方原始宗教. 湘潭大学学报（哲学社会科学版）,
　　（6）：16-19.

黄云眉. 1959. 古今伪书考补证. 济南：山东人民出版社.

黄彰健. 1955. 孟子性论之研究. "中研院"历史语言研究所集刊, 26：227-308.

黄宗羲. 1986. 宋元学案. 全祖望补修. 陈金生, 梁运华点校. 北京：中华书局.

黄宗羲. 2008. 明儒学案（修订本）. 2版. 沈芝盈点校. 北京：中华书局.

纪昀. 2000. 四库全书总目提要. 石家庄：河北人民出版社.

季羡林. 1993. "天人合一"新解. 传统文化与现代化,（1）：9-16.

江琭. 2011. 读子卮言. 上海：华东师范大学出版社.

姜广辉. 1982. 试论汉初黄老思想——兼论马王堆汉墓出土四篇古佚书为汉初作品.
　　中国哲学史研究集刊, 2：136-155.

姜广辉. 1998. 郭店楚简与《子思子》——兼谈郭店楚简的思想史意义. 哲学研究,（7）：
　　56-61.

姜涛. 2009. 管子新注. 济南：齐鲁书社.

胡适. 1991. 胡适学术文集·中国哲学史（全二册）. 北京：中华书局.

蒋国保, 周亚洲. 1992. 生命理想与文化类型——方东美新儒学论著辑要. 北京：中国
　　广播电视出版社.

焦循. 1987. 孟子正义（全二册）. 沈文倬点校. 北京：中华书局.

金春峰. 1986. 论《黄老帛书》的主要思想. 求索,（2）：54-60.

金隆德. 1982. "异中之同"和"同中之异"——从哲学基本问题谈如何看待中外哲学
　　的异同. 江淮论坛,（2）：68-74.

金银润. 2009. 对孟子"浩然之气"的一种解读. 船山学刊,（2）：100-103.

荆门市博物馆. 1998. 郭店楚墓竹简. 北京：文物出版社.

康立. 1975. 《十大经》的思想和时代. 历史研究，（3）：81-85.

康中乾. 1995. 论"天人合一"之"合". 人文杂志，（4）：49-58.

柯阳. 1990. 论《管子》中的道. 学术界，（5）：35-38.

匡钊，张学智. 2012. 《管子》"四篇"中的"心论"与"心术". 文史哲，（3）：
　　81-91.

拉法格. 1963. 思想起源论. 王子野译. 北京：生活·读书·新知三联书店.

郎擎宵. 1992. 庄子学案. 上海：上海书店.

乐爱国. 1996. 《管子》的精气说辨正. 管子学刊，（1）：3-6.

乐爱国. 1998. 《管子·内业》精气说的再探讨. 管子学刊，（2）：58-60.

黎靖德. 1986. 朱子语类. 王星贤点校. 北京：中华书局.

李存山. 1985. 先秦时期的五行说与气论. 社会科学研究，（6）：49-53.

李存山. 1987. 《内业》等四篇的写作时间和作者. 管子学刊，（1）：31-37.

李存山. 1989. 《内业》等四篇的精气思想探微. 管子学刊，（2）：3-9.

李存山. 1990a. 中国气论探源与发微. 北京：中国社会科学出版社.

李存山. 1990b. 道家"主干地位"说献疑. 哲学研究，（4）：54-60.

李存山. 1994. 从"两仪"释"太极". 周易研究，（2）：15-22.

李存山. 1997. 关于《内业》等四篇精气思想的几个问题. 管子学刊，（3）：40-47.

李存山. 1998a. 中国古代的天人观与主客关系论. 哲学研究，（4）：43-50.

李存山. 1998b. 如何探讨气论哲学的"一般性质". 孔子研究，（1）：44-55.

李存山. 1999a. 再谈《内业》篇的精气与形体——答乐爱国同志的《再探讨》. 管子
　　学刊，（1）：8-14.

李存山. 1999b. 再谈《内业》等四篇的写作时间——与学友白奚先生商榷. 中国哲学
　　史，（2）：116-123.

李存山. 2000. 从简本《五行》到帛书《五行》//武汉大学中国文化研究院. 郭店楚简
　　国际学术研讨会论文集. 武汉：湖北人民出版社.

李存山. 2001. 庄子思想中的道、一、气——比照郭店楚简《老子》和《太一生水》. 中
　　国哲学史，（4）：35-39.

李存山. 2002. 李觏的性情论及其与郭店楚简性情论的比较. 抚州师专学报，（4）：
　　13-21.

李存山. 2003. "前哲学概念"的"气论哲学研究"——评曾振宇著《中国气论哲学研
　　究》. 学术界，（6）：115-128.

李存山. 2006. "气"概念几个层次意义的分殊. 哲学研究，（9）：34-41，128.

李存山. 2007. "郭店竹简与思孟学派"复议//郭齐勇. 儒家文化研究（第一辑）. 北京：

生活·读书·新知三联书店.

李存山. 2008b. 中国传统哲学纲要. 北京：中国社会科学出版社.

李存山注译. 2008a. 老子. 2 版. 郑州：中州古籍出版社.

李存山. 2009. 气论与仁学. 郑州：中州古籍出版社.

李存山. 2012. 气论对于中国哲学的重要意义. 哲学研究，（3）：38-48，127.

李道湘. 1994. 从《管子》的精气论到《庄子》气论的形成. 管子学刊，（1）：
　　18-23，10.

李定生，徐慧君校注. 1988. 文子要诠. 上海：复旦大学出版社.

李定生. 1984. 文子道论（下）. 复旦学报（社会科学版），（4）：41-48.

李定生. 1994. 《文子》非伪书考//陈鼓应. 道家文化研究（第五辑）. 上海：上海古籍
　　出版社.

李锦全. 1984. 试论思想史与哲学史的联系和区别. 哲学研究，（4）：58-63.

李锦全，吴熙钊. 1973. 简明中国哲学史. 杨荣国主编. 北京：人民出版社.

李景林. 1989. 论《管子》四篇的"道—气"一元论. 管子学刊，（4）：3-9.

李景林. 1991. 儒学心性论述义. 吉林大学社会科学学报，（3）：27-33.

李景林. 2002. 读上博简《性情论》的几点联想. 吉林大学社会科学学报，（6）：91-95.

李景林. 2006. 教化的哲学. 哈尔滨：黑龙江人民出版社.

李景林. 2007. "浩然之气"的创生性与先天性——从冯友兰先生《孟子浩然之气章解》
　　谈起. 社会科学战线，（5）：12-16.

李景林. 2009. 教养的本原：哲学突破期的儒家心性论. 北京：北京师范大学出版社.

李景林. 2013a. 思想生产与学术研究——中国哲学研究方式之反思//郭齐勇，欧阳祯
　　人. 问道中国哲学：中国哲学史研究的现状与前瞻. 北京：九州出版社.

李景林. 2013b. 教化视域中的儒学. 北京：中国社会科学出版社.

李镜池. 1978. 周易探源. 北京：中华书局.

李林昆. 1985. 关于存在、实体和物质. 哲学研究，（8）：68-74.

李零. 2007. 郭店楚简校读记（增订本）. 北京：中国人民大学出版社.

李明辉. 2008. 四端与七情：关于道德情感的比较哲学探讨. 上海：华东师范大学
　　出版社.

李清良. 1998. "天人合一"与中国哲学的基本问题. 社会科学家，（2）：21-26.

李锐. 2007. 《易传》道家说质疑. 周易研究，（3）：28-33，53.

李世阳. 2005. 论孟子的"浩然之气". 湘潭大学学报（哲学社会科学版），（S2）：
　　135-137.

李天虹. 2002. 郭店竹简《性自命出》研究. 武汉：湖北教育出版社.

李学勤. 1979. 记在美国举行的马王堆帛书工作会议. 文物，（11）：71-73.

李学勤. 1983. 马王堆帛书与《鹖冠子》. 江汉考古，（2）：51-56.

李学勤. 1992.《鹖冠子》与两种帛书//陈鼓应. 道家文化研究（第一辑）. 上海：上海
　　古籍出版社.

李学勤. 1996. 帛书《道原》研究//李学勤. 古文献丛论. 上海：上海远东出版社.

李学勤. 1999. 郭店简与《乐记》//北京大学哲学系. 中国哲学的诠释与发展：张岱年
　　先生九十寿庆纪念论文集. 北京：北京大学出版社.

李学勤. 2002. 读《〈鹖冠子〉研究》. 人文杂志，（3）：160.

李逸安点校. 2001. 欧阳修全集（全六册）. 北京：中华书局.

李友广. 2012. 从心、性分言到心性合一——先秦儒家性论思想演变模式简探. 文史
　　哲，（3）：72-80.

李泽厚. 1986. 中国古代思想史论. 北京：人民出版社.

李泽厚. 2000. 初读郭店竹简印象记要//《中国哲学》编委会. 郭店简与儒学研究. 沈阳：
　　辽宁教育出版社.

李泽厚，刘绪源. 2012. 中国哲学如何登场？——李泽厚 2011 年谈话录. 上海：上海
　　译文出版社.

李志林. 1990. 气论与传统思维方式. 上海：学林出版社.

梁启超. 1999. 清代学者整理旧学之总成绩. 北京：商务印书馆.

梁启超. 2001. 论中国学术思想变迁之大势. 上海：上海古籍出版社.

梁启超. 2011. 中国近三百年学术史（新校本）. 夏晓虹，陆胤校. 北京：商务印书馆.

梁启超. 2012. 梁启超论中国文化史. 北京：商务印书馆.

梁启超. 2018. 梁启超全集. 汤志钧，汤仁泽编. 北京：中国人民大学出版社.

梁启雄. 1983. 荀子简释. 北京：中华书局.

梁枢. 1990. 实体思维与辩证思维. 学术月刊，（9）：25-29.

梁漱溟. 1999. 东西文化及其哲学（修订版）. 北京：商务印书馆.

梁漱溟. 2005a. 梁漱溟全集（第 1 卷）. 2 版. 济南：山东人民出版社.

梁漱溟. 2005b. 人心与人生. 上海：上海人民出版社.

梁涛. 2002. 竹简《性自命出》的人性论问题. 管子学刊，（1）：65-69.

梁涛. 2008a. 郭店竹简与思孟学派. 北京：中国人民大学出版社.

梁涛. 2008b.“浩然之气”与“德气”——思孟一系之气论. 中国哲学史，（1）：13-19.

梁振杰. 2007. 走近原始儒家——战国楚简儒家思想研究. 开封：河南大学.

廖名春. 1993. 论帛书《系辞》的学派性质. 哲学研究，（7）：58-65.

廖名春. 2013. 荀子新探. 北京：中国人民大学出版社.

林可济. 2006. 中国古代哲学基本问题新探. 东南学术，（1）：125-134.

刘宝楠. 1990. 论语正义（全二册）. 高流水点校. 北京：中华书局.

刘殿爵，陈方正. 1996. 老子逐字索引. 香港：商务印书馆（香港）有限公司.

刘节. 2004. 《管子》中所见之宋钘一派学说//曾宪礼. 刘节文集. 广州：中山大学
　　出版社.

刘青泉. 1996. 论《管子》"精"、"虚"概念的科学与哲学意义——兼探讨是否存在
　　《管子》的"精气论"及其他. 管子学刊，（4）：12-16.

刘述先. 2005. 超越与内在问题之再省思//刘述先，林月惠. 当代儒学与西方文化：宗
　　教篇. 台北："中研院"中国文哲研究所.

刘同舫. 2019. 恩格斯对哲学基本问题的认识及其当代价值. 南京师大学报（社会科学
　　版），（4）：5-12.

刘伟. 2011. 郭店儒简所见生死观研究. 长春：吉林大学.

刘文典. 1989. 淮南鸿烈集解（全二册）. 冯逸，乔华点校. 北京：中华书局.

刘文典. 1999. 庄子补正. 合肥：安徽大学出版社.

刘文英. 2001. 中国哲学史百年述评与展望. 中国哲学史，（1）：29-38.

刘翔. 1986. 马王堆汉墓帛书"黄帝书"研究评述//深圳大学国学研究所. 中国文化与
　　中国哲学. 北京：东方出版社.

刘笑敢. 2010. 庄子哲学及其演变（修订版）. 北京：中国人民大学出版社.

刘笑敢. 2012. 孔老同异//曹峰. 出土文献与儒道关系. 桂林：漓江出版社.

刘泽华. 1996. 天人合一与王权主义. 天津社会科学，（4）：83-86，8，88.

刘长林. 1991. "气"概念的形成及哲学价值. 哲学研究，（10）：56-64.

刘长林，胡奂湘. 1993. 《管子》心学与气概念. 管子学刊，（4）：3-10.

刘钊. 2005. 郭店楚简校释. 福州：福建人民出版社.

柳宗元. 1958. 柳河东集. 北京：中华书局.

陆钦. 1983. 庄周思想研究. 郑州：河南人民出版社.

罗根泽. 2010. 管子探源. 长沙：岳麓书社.

吕不韦. 2002. 吕氏春秋新校释（下册）. 陈奇猷校释. 上海：上海古籍出版社.

吕绍纲. 1989. 《易大传》与《老子》是两个根本不同的思想体系——兼与陈鼓应先生
　　商榷. 哲学研究，（8）：20-29.

吕绍纲. 1999. 性命说——由孔子到思孟. 孔子研究，（3）：21-23.

马非百. 1988. 《管子·内业》篇之精神学说及其他. 管子学刊，（4）：4-7.

马叙伦. 1930. 庄子义证. 上海：商务印书馆.

蒙培元. 1991. 论中国哲学主体思维. 哲学研究，（3）：50-60.

蒙培元. 2008. 《性自命出》的思想特征及其与思孟学派的关系. 甘肃社会科学，（2）：
　　36-43.

蒙文通. 1987. 古学甄微. 成都：巴蜀书社.

孟鸥.2011. 《文子》新探. 济南：山东大学.

牟宗三.1997. 中国哲学的特质. 上海：上海古籍出版社.

牟宗三.1999. 心体与性体（全三册）. 上海：上海古籍出版社.

欧阳祯人.2000. 在摩荡中弘扬主体——郭店楚简《性自命出》认识论检析//武汉大学
　　中国文化研究院. 郭店楚简国际学术研讨会论文集. 武汉：湖北人民出版社.

欧阳祯人.2005. 先秦儒家性情思想研究. 武汉：武汉大学出版社.

欧阳祯人.2010. 从简帛中挖掘出来的政治哲学. 武汉：武汉大学出版社.

潘志锋.2003. 近20年关于“天人关系”问题的研究. 社会科学战线，（4）：226-230.

庞朴.1980. 帛书五行篇研究. 济南：齐鲁书社.

庞朴.1982. 沉思集. 上海：上海人民出版社.

庞朴.1984. 阴阳五行探源. 中国社会科学，（3）：75-98.

庞朴.1998. 孔孟之间——郭店楚简的思想史地位. 中国社会科学，（5）：88-95.

庞朴.1999. 竹帛《五行》篇比较//《中国哲学》编辑部，国际儒联学术委员会. 郭店
　　楚简研究. 沈阳：辽宁教育出版社.

庞朴.2000. 马王堆帛书解开了思孟五行说古谜//庞朴. 竹帛《五行》篇校注及研究. 台
　　北：万卷楼图书有限公司.

钱穆.1992. 先秦诸子系年考辨. 上海：上海书店.

钱穆.2001. 中国历史研究法. 北京：生活·读书·新知三联书店.

钱穆.2002. 朱子学提纲. 北京：生活·读书·新知三联书店.

钱穆.2005. 庄老通辨. 2版. 北京：生活·读书·新知三联书店.

卿臻，梅良勇.2002. 气论——世界物质统一性的中国式说明. 广西社会科学，（3）：
　　37-39.

裘锡圭.1980. 马王堆《老子》甲乙本卷前后佚书与“道法家”——兼论《心术上》《白
　　心》为慎到田骈学派作品//《中国哲学》编辑部. 中国哲学（第二辑）. 北京：生
　　活·读书·新知三联出版社.

任继愈.1981. 中国哲学史论. 上海：上海人民出版社.

任继愈.1996. 试论“天人合一”. 传统文化与现代化，（1）：3-6.

任剑涛.2012. 内在超越与外在超越：宗教信仰、道德信念与秩序问题. 中国社会科学，
　　（7）：26-46，203-204.

阮元校刻.1980. 十三经注疏（全二册）. 北京：中华书局.

阮元.1993. 揅经室集（全二册）. 邓经元点校. 北京：中华书局.

王利器.1992. 盐铁论校注. 北京：中华书局.

沈铭贤.1999. 文化思潮与生死观的变革. 复旦学报（社会科学版），（3）：48-53，60.

沈顺福.2013. “性”与中国哲学基本问题. 哲学研究，（7）：78-85.

沈有鼎. 2006. 沈有鼎集. 北京：中国社会科学出版社.

师文. 1991. 《气论与传统思维方式》（李志林著）简介. 时代与思潮，（00）：285-288.

《十三经注疏》整理委员会. 1999. 十三经注疏. 李学勤主编. 北京：北京大学出版社.

史向前. 2004. 老子气论及其对《内经》医学的影响. 锦州医学院学报（社会科学版），
　　（4）：31-33.

司马琪. 2008. 十家论管. 上海：上海人民出版社.

司马迁. 1959. 史记. 北京：中华书局.

宋志明. 1998. 论天人合一. 学习与探索，（4）：54-59.

宋志明. 2004. 中国传统哲学通论. 北京：中国人民大学出版社.

宋志明. 2008. 社会科学研究的区域性和民族性. 学术研究，（4）：5-7.

宋志明 2009a. 现代新儒学的走向. 北京：北京师范大学出版社.

宋志明. 2009b. 论中国哲学的基本问题. 学习与探索，（3）：6-10.

宋志明. 2010. 薪尽火传：宋志明中国古代哲学讲稿. 北京：北京师范大学出版社.

宋志明. 2011. 中国古代哲学发微. 北京：中国人民大学出版社.

宋志明. 2014. 蔡元培的哲学观与中国哲学史学科初建. 学习与探索，（5）：16-19.

闻一多. 1993. 闻一多全集（全十二册）. 孙党伯，袁謇正主编. 武汉：湖北人民出版社.

孙开泰. 1988. 春秋战国百家争鸣及相互影响. 文史知识，（2）：13-19.

孙武. 1999. 十一家注孙子校理. 曹操，等注. 杨丙安校理. 北京：中华书局.

孙希旦. 1989. 礼记集解. 沈啸寰，王星贤点校. 北京：中华书局.

孙以楷，陆建华，刘慕方. 2004. 道家与中国哲学（先秦卷）. 北京：人民出版社.

孙正聿. 1999. 哲学导论. 北京：中国人民大学出版社.

谭家健. 1986. 《鹖冠子》试论. 江汉论坛，（2）：57-62.

汤一介. 1983. 中国哲学史与中国思想史. 哲学研究，（10）：61-63.

汤一介. 1991. 儒道释与内在超越问题. 南昌：江西人民出版社.

汤一介. 2006. 我的哲学之路. 北京：新华出版社.

唐君毅. 2016. 唐君毅全集. 北京：九州出版社.

唐兰. 1975. 马王堆出土《老子》乙本卷前古佚书的研究——兼论其与汉初儒法斗争的
　　关系. 考古学报，（1）：7-38，166-181.

唐明贵. 2012. 20世纪儒道关系研究的回顾与展望//曹峰. 出土文献与儒道关系. 桂林：
　　漓江出版社.

梯利. 1995. 西方哲学史（增补修订版）. 伍德增补，葛力译. 北京：商务印书馆.

田辰山. 2002. 中国的互系性思维：通变. 文史哲，（4）：10-18.

丸山敏秋. 1993. 中国古代"气"的特质. 林宜芳译//杨儒宾. 中国古代思想中的气论及
　　身体观. 台北：巨流图书公司.

王葆玹. 2002. 老庄学新探. 上海：上海文化出版社.

王葆玹. 2012. 黄老与老庄. 北京：中国人民大学出版社.

王弼. 1980. 王弼集校释（上下册）. 楼宇烈校释. 北京：中华书局.

王弼. 2008. 老子道德经注校释. 楼宇烈校释. 北京：中华书局.

王博. 1992. 老子思想探源及研究. 北京：北京大学.

王博. 2004. 庄子哲学. 北京：北京大学出版社.

王德有. 1994. 易入儒道简论. 哲学研究，（3）：31-35.

王菲. 2008. 《庄子》“道”“气”关系新探. 潍坊学院学报，（5）：16-19，32.

王夫之. 1962. 老子衍 庄子通. 王孝鱼点校. 北京：中华书局.

王夫之. 1975a. 张子正蒙注. 北京：中华书局.

王夫之. 1975b. 读四书大全说. 北京：中华书局.

王夫之. 2000. 船山思问录. 严寿澂导读. 上海：上海古籍出版社.

王国维. 2011. 王国维遗书. 上海：上海书店出版社.

王金福. 2002. 马克思主义哲学的基本问题是社会意识和社会存在的关系问题. 洛阳
　　师范学院学报，（1）：5-8.

王明. 1985. 论先秦天人关系. 中国哲学史研究，（4）：3-11.

王念孙. 1983. 广雅疏证. 钟宇讯整理. 北京：中华书局.

王念孙. 2014. 读书杂志（全五册）. 徐炜君，等点校. 上海：上海古籍出版社.

王三峡. 1993. 《文子》韵读所显示的方言时代特点. 荆州师专学报，（1）：33-37，82.

王三峡. 2003. 竹简《文子》新探. 孔子研究，（2）：14-23.

王守仁. 1992. 王阳明全集（全二册）. 吴光，钱明，董平，等编校. 上海：上海古籍
　　出版社.

王守仁. 2008. 阳明先生集要. 施邦曜辑评. 王晓昕，赵平略点校. 北京：中华书局.

王叔岷. 1956. 文子斠证. “中研院”历史语言研究所集刊，27：1-48.

王先谦. 1988. 荀子集解（全二册）. 沈啸寰，王星贤点校. 北京：中华书局.

王先谦. 1999. 庄子集解. 沈啸寰点校. 北京：中华书局.

王先慎. 1998. 韩非子集解. 钟哲点校. 北京：中华书局.

王小虎. 2014. “人与天调”——《管子》天道观刍议. 甘肃理论学刊，（2）：91-95.

王小虎. 2019. “道生一”：老子气生成论试探. 武陵学刊，（3）：33-39.

王兴国. 2012. 《孟子·“知言养气”》章义解——兼论孟子与告子的不动心之道. 深
　　圳大学学报（人文社会科学版），（5）：27-38.

王应麟. 2015. 困学纪闻. 阎若璩，何焯，全祖望注. 栾保群，田松青校点. 上海：上
　　海古籍出版社.

王莹. 2005. 帛书《易传》研究综述//冯天瑜. 人文论丛（2004年卷）. 武汉：武汉大

学出版社.

王中江. 2011. 简帛文明与古代思想世界. 北京：北京大学出版社.

王中江，李存山. 2012. 中国儒学（第七辑）. 北京：中国社会科学出版社.

韦有多. 1998a. 人与自然的关系是哲学的基本问题. 广西民族学院学报（哲学社会科学版），（2）：75-80.

韦有多. 1998b. 哲学基本问题暨人与自然关系的历史演变. 海南师院学报，（3）：72-77，84.

吴光. 1983. 《鹖冠子》非伪书考辨. 浙江学刊，（4）：38-44.

吴光. 1984. 《文子》新考——兼与诸说商兑［汉初黄老学派依托"文子"而立言的一部道家著作］. 河北师院学报（哲学社会科学版），（2）：17.

吴震. 1988. 先秦"天人之辩"是否就是思维与存在关系的争论？//夏乃儒. 中国哲学三百题. 上海：上海古籍出版社.

西周. 2005. 百一新论//卞崇道，王青. 明治哲学与文化. 北京：中国社会科学出版社.

夏甄陶. 1992. 中国认识论思想史稿（上卷）. 北京：中国人民大学出版社.

萧兵. 1997. 道家哲学的原子论——兼论《老子》的气、精、信. 淮阴师专学报，（2）：3-10.

萧萐父. 1993. 《黄老帛书》哲学浅议//陈鼓应. 道家文化研究（第三辑）. 上海：上海古籍出版社.

熊十力. 2001. 熊十力全集. 武汉：湖北教育出版社.

小野泽精一，福永光司，山井涌. 2007. 气的思想：中国自然观与人的观念的发展. 李庆译. 上海：上海人民出版社.

辛华，任菁. 1992. 内在超越之路：余英时新儒学论著辑要. 北京：中国广播电视出版社.

熊铁基. 1981. 从《吕氏春秋》到《淮南子》——论秦汉之际的新道家. 文史哲，（2）：73-78，88.

熊铁基. 1984. 秦汉新道家略论稿. 上海：上海人民出版社.

徐复观. 2001. 中国人性论史·先秦篇. 上海：上海三联书店.

徐复观. 2004. 中国思想史论集. 上海：上海书店出版社.

徐勇注译. 2010. 尉缭子·吴子. 郑州：中州古籍出版社.

许建良. 2015. 老子"袭常"美德论. 武陵学刊，（3）：1-7.

许慎. 1963. 说文解字. 北京：中华书局.

许维遹. 2009. 吕氏春秋集释. 北京：中华书局.

颜元. 1987. 颜元集（全二册）. 王星贤，张芥塵，郭征点校. 北京：中华书局.

杨伯峻. 1960. 孟子译注（全二册）. 北京：中华书局.

杨伯峻. 1979. 列子集释. 北京：中华书局.

杨伯峻. 1980. 论语译注. 北京：中华书局.

杨伯峻. 1990. 春秋左传注（修订本）. 2 版. 北京：中华书局.

杨国荣. 2009. 孟子的哲学思想. 上海：华东师范大学出版社.

杨琦. 1992. 释孟子的"养浩然之气". 陕西师大学报（哲学社会科学版），（1）：111-114.

杨庆中. 2004. 中国古代天人之论真能解决当今人类面临的危机吗？. 河北学刊，（5）：93-98.

杨儒宾. 1993. 中国古代思想中的气论及身体观. 台北：巨流图书公司.

杨生平，李少军. 1997. 对"关于哲学基本问题的再认识"的认识——与俞吾金同志商榷. 北京大学学报（哲学社会科学版），（4）：29-38.

杨树达. 1984. 汉书窥管. 上海：上海古籍出版社.

杨树达. 2007a. 论语疏证. 上海：上海古籍出版社.

杨树达. 2007b. 周易古义·老子古义. 上海：上海古籍出版社.

杨宪邦. 1987. 中国哲学通史（第一卷）. 北京：中国人民大学出版社.

杨宪邦. 1988. 中国哲学通史（第二卷）. 北京：中国人民大学出版社.

杨泽波. 1998. 孟子评传. 南京：南京大学出版社.

杨泽波. 2001. 孟子气论难点辨疑. 中国哲学史，（1）：54-61.

杨祖汉. 2008. 从当代儒学观点看韩国儒学的重要论争. 上海：华东师范大学出版社.

姚际恒. 1977. 古今伪书考. 台北：开明书店.

应劭. 1980. 风俗通义校释. 吴树平校释. 天津：天津人民出版社.

余敦康. 1993. 帛书《系辞》"易有大恒"的文化意蕴//陈鼓应. 道家文化研究（第三辑）. 上海：上海古籍出版社.

余敦康. 2005. 诠释学是哲学和哲学史的唯一的进路. 北京青年政治学院学报，（2）：29-33.

余嘉锡. 1985. 古书通例. 上海：上海古籍出版社.

余明光. 1993. 黄帝四经今注今译. 长沙：岳麓书社.

余英时. 2014. 论天人之际：中国古代思想起源试探. 台北：联经出版事业股份有限公司.

俞吾金. 1997. 关于哲学基本问题的再认识. 北京大学学报（哲学社会科学版），（2）：68-77.

俞樾. 1954. 诸子平议. 北京：中华书局.

禹兰. 2001. 孟子的性善论和养气说. 船山学刊，（2）：69-71.

袁岳，沈尚武. 2009. 《管子·内业》篇道之形象化探析. 管子学刊，（4）：21-25.

曾振宇. 1997. 董仲舒气哲学论纲——兼论中国古典气哲学的一般性质. 孔子研究，
　　（2）：73-82，20.

曾振宇. 2001. 中国气论哲学研究. 济南：山东大学出版社.

张秉楠辑注. 1991. 稷下钩沉. 上海：上海古籍出版社.

张波. 2009. 庄子与张载气论之比较. 江西社会科学，（10）：63-67.

张岱年. 1982. 中国哲学大纲. 北京：中国社会科学出版社.

张岱年. 1985. 中国哲学中"天人合一"思想的剖析. 北京大学学报（哲学社会科学版），
　　（1）：3-10.

张岱年. 1991a. 《管子》书中的哲学范畴. 管子学刊，（3）：3-7.

张岱年. 1991b. 中国哲学基本问题辨析. 社会科学辑刊，（6）：7-10.

张岱年. 1993a. 初观帛书《系辞》//陈鼓应. 道家文化研究（第三辑）. 上海：上海古
　　籍出版社.

张岱年. 1993b. 中国哲学关于终极关怀的思想. 道德与文明，（4）：47.

张岱年. 1993c. 张岱年学术论著自选集. 北京：首都师范大学出版社.

张岱年. 1994. 试谈《文子》的年代与思想//陈鼓应. 道家文化研究（第五辑）. 上海：
　　上海古籍出版社.

张岱年. 1995. 道家在中国哲学史上的地位//陈鼓应. 道家文化研究（第六辑）. 上海：
　　上海古籍出版社.

张岱年. 1996. 张岱年全集（全八卷）. 石家庄：河北人民出版社.

张岱年. 2002. 中国古典哲学概念范畴要论. 赖登译. 北京：外文出版社.

张岱年. 2004. 文化与价值. 北京：新华出版社.

张岱年，杜运辉. 2011. 关于列子. 中国哲学史，（2）：5-11.

张丰乾. 2002. 竹简《文子》探微. 北京：中国社会科学院研究生院.

张刚. 2007. 论中国哲学的基本问题. 山东社会科学，（2）：63-66，62.

张刚. 2010. 中国哲学基本问题的梳理. 玉溪师范学院学报，（1）：30-35.

张固也. 2006. 《管子》研究. 济南：齐鲁书社.

张恒寿. 1983. 庄子新探. 武汉：湖北人民出版社.

张杰，郑建萍. 1997. 《文子》古今本成书年代考. 管子学刊，（4）：73-77，66.

张觉. 2012. 商君书校疏. 北京：知识产权出版社.

张立文. 1988. 中国哲学范畴发展史（天道篇）. 北京：中国人民大学出版社.

张立文. 2004. 中国学术的界说、演替和创新——兼论中国学术史与思想史、哲学史的
　　分殊. 中国人民大学学报，（1）：1-9.

张连伟. 2004. 《庄子》与《管子》散论. 管子学刊，（4）：15-19.

张连伟. 2008. 《管子》哲学思想研究. 成都：巴蜀书社.

张奇伟. 2001. 孟子"浩然之气"辨正. 中国哲学史, （2）: 42-45.

张岂之. 1983. 试论思想史与哲学史的相互关系. 哲学研究, （10）: 63-67.

张世英. 2002. 哲学导论. 北京: 北京大学出版社.

张双棣, 张万彬, 殷国光, 等注译. 2011. 吕氏春秋译注（修订本）. 2 版. 北京: 北京
     大学出版社.

张舜徽. 2005. 周秦道论发微: 史学三书平议. 武汉: 华中师范大学出版社.

张松辉. 2009. 庄子研究. 北京: 人民出版社.

张心澂. 1939. 伪书通考（全二册）. 上海: 商务印书馆.

张义宾. 1999. 孟子"浩然之气"新解. 山东大学学报（哲学社会科学版）, （2）:
     39-40.

张英. 2007. 传统儒家生死观研究. 哈尔滨: 黑龙江大学.

张玉喜. 1990. 哲学基本问题的中西不同表现形态. 学术交流, （4）: 57-61.

张运华. 1992. "气"与"元气"的辨析——关于先秦自然观形态的探讨. 西北大学学
     报（哲学社会科学版）, （3）: 30-35.

张运华. 1995. 先秦气论的产生及发展. 唐都学刊, （3）: 1-6.

张增田. 2005. 黄老治道及其实践. 广州: 中山大学出版社.

张智彦. 1990. 楚文化与老庄哲学. 社会科学辑刊, （2）: 7-16.

章太炎. 1970. 庄子解故. 新北: 广文书局有限公司.

章学诚. 1988. 文史通义. 上海: 上海书店.

赵敦华. 1996. 西方哲学通史（第一卷）. 朱德生主编. 北京: 北京大学出版社.

赵吉惠, 赵馥洁, 郭厚安, 等. 1991. 中国儒学史. 郑州: 中州古籍出版社.

赵建伟. 2000. 《文子》六论//陈鼓应. 道家文化研究（第 18 辑）. 北京: 生活·读书·新
     知三联书店.

赵逵夫. 2006. 关于文子其人其书的探索——兼论《〈文子〉成书及其思想》. 图书与
     情报, （6）: 135-140.

赵行良. 2004. 论终极关怀与哲学基本问题. 湖南科技大学学报（社会科学版）, （3）:
     18-20.

赵修义, 张翼星, 等. 2012. 守道 1957: 1957 年中国哲学史座谈会实录与反思. 上海:
     上海人民出版社.

赵雅丽. 2002. 近年《文子》研究简评. 重庆社会科学, （4）: 58-62.

郑家栋. 1998. 从"内在超越"说起. 哲学动态, （2）: 18-20.

郑家栋. 2001. 断裂中的传统: 信念与理性之间. 北京: 中国社会科学出版社.

郑万耕, 赵建功. 1998. 周易与现代文化. 北京: 中国广播电视出版社.

中共中央马克思恩格斯列宁斯大林著作编译局. 1995. 马克思恩格斯选集（第四卷）. 2

版. 北京：人民出版社.

钟泰. 2002. 庄子发微. 上海：上海古籍出版社.

钟肇鹏. 1978. 黄老帛书的哲学思想. 文物，（2）：63-68.

钟肇鹏. 2001. 儒家和道家的人生观. 浙江社会科学，（4）：139-142.

钟肇鹏，孙开泰，陈升. 1997. 管子简释. 济南：齐鲁书社.

周桂钿. 1993. 道家新成员考辨——兼论《易·系辞》不是道家著作. 周易研究，（1）：1-5，26.

周立升，王德敏. 1983. 《管子》中的精气论及其历史贡献. 哲学研究，（5）：73-78.

周乾溁. 1999. 《管子》"精"说剖析. 管子学刊，（4）：4-8.

周淑萍. 2004. 两宋孟学研究. 西安：西北大学.

周锡山. 1993. 论《老子》之"道"之为气. 阜阳师范学院学报（社会科学版），（1）：51-56.

朱谦之. 1984. 老子校释. 北京：中华书局.

朱熹. 1983. 四书章句集注. 北京：中华书局.

朱玉周，高良荃. 2007. 《管子》天论浅析. 管子学刊，（1）：21-25.

左丘明. 1978. 国语（共二册）. 上海师范大学古籍整理组校点. 上海：上海古籍出版社.

左益寰. 1980. 阴阳五行家的先驱者伯阳父——伯阳父、史伯是一人而不是两人. 复旦学报（社会科学版），（1）：97-100.